内蒙古"十二五"发展战略研究

主　编：杭栓柱

副主编：朱晓俊　张永军

经济管理出版社

图书在版编目（CIP）数据

内蒙古"十二五"发展战略研究/杭栓柱主编. —北京：经济管理出版社，2010.8
ISBN 978 - 7 - 5096 - 1070 - 1

Ⅰ. ①内… Ⅱ. ①杭… Ⅲ. ①经济发展战略—研究—内蒙古 - 2011 ~ 2015②社会发展—发展战略—研究—内蒙古—2011 ~ 2015 Ⅳ. ①F127. 26

中国版本图书馆 CIP 数据核字（2010）第 146417 号

出版发行：经济管理出版社
北京市海淀区北蜂窝 8 号中雅大厦 11 层
电话：（010）51915602 邮编：100038
印刷：北京银祥印刷厂 经销：新华书店

| 组稿编辑：曹 靖 | 责任编辑：曹 靖 |
| 技术编辑：晓 成 | 责任校对：蒋 方 |

720mm×1000mm/16 20.25 印张 342 千字
2010 年 8 月第 1 版 2010 年 8 月第 1 次印刷
定价：40.00 元
书号：ISBN 978 - 7 - 5096 - 1070 - 1

2009 年度《内蒙古发展研究文库》编委会

序

进入新世纪以来，特别是西部大开发战略的实施为内蒙古自治区（以下简称内蒙古）经济发展提供了历史性的发展机遇，内蒙古迅速在中国西部崛起，2002 年以来 GDP 增速持续保持全国第一，书写了中国西部经济增长的新传奇，被称为中国西部开发中的"内蒙古现象"。就内蒙古而言，区内外一些著名的经济学家分析评述这种奇迹的基础推动力，主要表现在三个方面：首先，内蒙古在"西部大开发"、"振兴东北老工业基地"等国家大的政策背景下，准确定位了适宜区情的战略取向，成为推动经济高速增长的一个重要因素。从国内外发展经验来看，一个好的政策可以促进一个地区的高增长；一个适宜自己的政策可以促进这个地区的持续增长。其次，经济增长的资本投入和全要素生产率两个重要变量的增长导致内蒙古经济加速发展。内蒙古经济增长一方面靠资本投入，另一方面靠提高全要素生产率。全要素生产率的改善，表明市场配置效率明显提高，规模效应和基础设施支持能力显著增强，技术创新能力不断改善。最后，经济体制改革完成了投资主体的转型过程，极大地激发了非政府投资活力。内蒙古高于全国的非政府投资源于把央企的资本密集、科技密集、人才密集，特别是在全国乃至全球配置资源的优势与自身优势结合起来，很好地利用了优势资源。

然而，到了"十一五"期末，国际国内经济环境已经发生了新的变化，内蒙古的经济和社会不得不又一次进入新的战略转型的关键时期。首先，内蒙古经济持续发展面临最主要的挑战是发展方式。一方面，伴随着哥本哈根气候大会的结束，国际碳汇贸易规则的提出，节能减排和应对全球气候变化的压力越来越大。"十二五"期间国家将在努力降低能源消耗水平和污染物排放的同时，增加对各地温室气体排放的限制，并对各地提出温室气体减排的约束性要求。以高碳产业应对发展低碳经济、建设低碳城市、构建低碳生活，内蒙古将面临比传统意义上的结构调整内涵更为广泛、任务更为艰巨、形势更为严峻的考验。另一方面，在最近国际金融危机的环境下，被许多人认为成功的发展方式在地区经济中也凸显出较强的不可持续性。现有的发展方式存在的重大缺陷都将直接影响未来一个时期经济社会的可持续增长。其次，内蒙古处于工业化中期向工业化后期转化的关键时期，也是城镇化加速发展的重要时期，内蒙古的发展更面临着全面建设小康社会攻坚任务的关键时期。因此，"从外需到内需，从高碳到低碳，由国强到民富"将在下一个发展阶段使内蒙古经济和社会面临着观念、结构、方式、体制等更多深层次变化。

管理学上最新推崇的一种理论叫"弯道赶超"理论。本意是指两个同向奔跑的运动员，落后的一位若在弯道处能够把握压里道的机会才会更容易超过前一运动员，而在直道上实现赶超反而不那么容易。弯道上发生的这种逆转，被称作"弯道现象"，由此衍生的跨越发展的理论便被称为"弯道赶超"理论。这一理论映射到内蒙古的经济社会发展中，就是要善于把握经济转型这个"弯道"中所蕴涵的重大历史机遇。利用新的发展阶段经济转型的弯道所创造的超越机会，迅速采取一些新的战略措施，在走过弯道后不仅使经济实力仍然保持快速提升，GDP 的"含金量"位次亦能同步赶上发达地区。

《内蒙古发展研究文库》是内蒙古自治区发展研究中心每一个年度部分研究成果的集结。2008 年度，我们出版发行的《内蒙古发展研究文库》，集结了研究探讨政府财政如何更好地推进内蒙古"三化"问题、在工业化发展进程中始终伴随的生态环境可持续发展能力问题、推进内蒙古工业化和信息化融合问题、解析内蒙古奶业发展机制问题等方面的研究成果，在 2009 年度相关部门进行的"十二五"规划咨询研究中发挥了重要作用。2009 年度的《内蒙古发展研究文库》重点展示的研究成果有《内蒙古发展报告（2009～2010)》、《内蒙古建筑业发展与战略研究》、《内蒙古"十二五"发展战略研究》和《内蒙古产业集群战略》。这两套文库从不同侧面反映了该领域的发展轨迹与内在状态以及内蒙古在新的战略转型时期将面临的一些现实问题。这些著作起到的更多是经济发展进程中的研究成果共享与思想传承作用。我们相信本套文库的出版，可以为更准确地反映"内蒙古现象"的内在机理，积极把握经济转型新阶段的"弯道"所创造的超越机会，为研究制定内蒙古应对经济环境变化的适应性战略规划、战略措施以及相关政策咨询工作提供更深层次的研究基础，也可提供给更多关心内蒙古经济社会发展的人士参阅。

2010 年 4 月 1 日

目　　录

总报告　内蒙古"十二五"经济社会发展战略

进入 21 世纪以来，内蒙古经济社会得到快速发展，综合实力显著提升，民生得到不断改善，取得了全面建设小康社会的重大阶段性成果，为全面协调可持续发展创造了良好条件。"十二五"时期是内蒙古全面建设小康社会的关键时期和攻坚阶段。科学分析内蒙古发展的条件和环境，探讨推进经济社会又好又快发展的战略，具有重大的意义。

一、内蒙古经济社会发展所处的阶段

准确把握未来内蒙古经济社会发展所处阶段及其特征，是研究"十二五"发展战略的一个重要前提。

（一）全面建设小康社会的攻坚阶段

全面建设小康社会是党的十六大提出的我国在 21 世纪头 20 年改革开放和现代化建设的奋斗目标和战略任务。党的十七大对建设更高水平的小康社会提出了新的要求，强调增强发展协调性，扩大社会主义民主，加强文化建设，加快发展社会事业，建设生态文明。联合国开发计划署与中国合作项目——"支持中国全面建设小康社会"课题，综合国内外现代化和小康发展的相关研究成果，提出了包括经济指标、社会指标、人民生活指标、民主法制指标和资源环境指标在内的度量小康社会实现程度的指标体系。据此进行测算，2006 年内蒙古全面小康的实现程度达到 64%。从主要指标的发展进程分析，到 2008 年大体完成了 2/3 的建设任务。这表明，内蒙古小康社会已有了相当的发展基础，但距离实现全面建设小康社会的目标还有相当的差距。具体来看，实现程度在 80% 以上的指标有 21 项，实现程度在 60%~80% 之间的有 10 项，实现程度在 60% 以下的有 19 项。需要特别关注的是与农村牧区人民群众生产、生活直接相关的农村牧区基本养老保险覆盖率、城镇保障性住房水平等指标的实现程度低于 40%。总的来看，较易完成的指标目前具有较高的发展水平，较难完成的指标留在了下一阶段。如人民生活，特别是农村牧区社会保障、区域发展的协调性、资源环境的协调性等，这些指标与全国的发展水平存在明显的差距。21世纪前20年的四个五年规划，大致对应着全面建设小康社会的四个战略阶段，即战略启动、战略展开、战略决战、战略收尾阶段。"十二五"期间是内蒙古全面建设小康社会的战略决战阶段和攻坚阶段，只有在滞后领域的发展上取得明显的突破，才能为"十三五"顺利实现全面建设小康社会的目标扫清障碍。因此，要在保持经济持续快速发展的基础上，按照五个统筹的要求，进一步增强发展的协调性，促进经济社会又好又快发展。

（二）工业化中期向工业化后期转化的关键时期

国际经验表明，随着工业化的推进，工业结构变动呈现出一定的规律性，可划分成三个阶段六个时期：第一阶段是重工业化阶段，分为以基础原材料工业为重心和以加工装配工业为重心两个时期；第二阶段是高加工业化阶段，分为以一般加工为重心和以技术密集加工为重心两个时期；第三阶段是技术密集化阶段，分为以一般技术密集型工业为重心和以高新技术密集型工业为重心两个时期。与此相应，当工业结构处于重工业化阶段的第一个时期时，工业化处于初期阶段；当工业结构由重工业化阶段向高加工业化阶段迅速推进时，工业化进入中期阶段；当工业结构由高加工业化阶段向技术密集化阶段转变，技术创新和技术进步对工业增长起主要推动作用时，工业化就进入后期阶段。

内蒙古作为一个国家内陆地区，产业结构的变化更多地受到自身产业分工地位的影响，但仍然遵循产业结构不断升级的规律。"十一五"以来，内蒙古重化工业加快发展，规模以上工业企业中，重工业和轻工业增加值之比由2005年的73∶27转变为2008年的82∶18。根据人均地区生产总值水平、就业结构、产业结构、消费结构等指标综合分析，2007年工业化综合指数为47，接近工业化中期的后半阶段（工业化综合指数位于50~65），工业化处于由中期的前半阶段向后半阶段转变的过渡时期。"十二五"期间，内蒙古将处在工业化中期向后期转变的重要时期，产业结构总的趋势将进一步向高级化转变。同时要看到，当前及今后一个时期，是内蒙古信息化快速推进的时期，信息技术在国民经济各行业、社会各领域的应用越来越深入，要更加积极地走新型工业化道路，积极促进信息化与工业化的融合，通过推进信息化加快工业化进程。

（三）城镇化加速发展的重要时期

根据城镇化发展的规律，一般将城镇化划分为初期、中期和后期三个阶段。其中，第一阶段为初期阶段，城镇人口占总人口的比重在 30% 以下，第一产业就业人口占 50% 以上。第二阶段为中期阶段，城镇人口比重在 30% ~ 70% 之间。第一产业就业比重持续下降，第二、第三产业就业比重上升。第三阶段为后期阶段，城镇人口比重达到 70% 以上。

从内蒙古城镇化发展变化看，处于典型的加速发展阶段。城镇人口所占比重由 2000 年的 42.2% 上升为 2008 年的 51.7%，地级城市数量由 2000 年的 5 个增加到 2008 年的 9 个，其中包头、呼和浩特进入大城市行列。从城市化水平的提高程度看，呈现加速态势。2001 ~ 2005 年，城镇人口占总人口的比重上升了 4.5 个百分点，年均提高 0.9 个百分点；2006 ~ 2008 年，提高相同的比重仅用了 3 年时间，年均提高 1.5 个百分点。若按照 2000 年以来的数据推算，2010 年城镇人口占总人口的比重将达到 54% 左右；2015 年将达到 60% 左右；2020 年可能达到 65% 左右。因此，"十二五"期间仍将是内蒙古城镇化加快推进的关键时期。在城镇化的现有水平上，继续大力发展城镇经济，促进人口向城镇转移，推动第三产业发展，形成具有较强竞争力的城镇群（带），是这一阶段的重要趋势和中心任务。

此外，"十二五"期间还是内蒙古加快推进市场化和国际化的重要时期，要求我们不断完善社会主义市场经济体制，更好发挥市场在资源配置中的基础性作用，进一步拓展对内对外开放的广度和深度。

二、内蒙古经济社会发展面临的机遇和挑战

未来一个时期，内蒙古经济社会要保持又好又快发展，同时也面临着较为复杂的国内外环境。总体来看，机遇与挑战并存。

（一）面临的机遇

1. 我国经济增长仍将保持长期向好的态势

进入 21 世纪，世界经济迎来了一个较长的繁荣期，我国保持了多年的快速增长。外部经济繁荣带来的强大市场需求有力地带动了内蒙古经济的高速增长。世界性的金融危机对我国的影响自 2008 年下半年开始显现，对内蒙古能源、原材料等支柱产业产生了很大的冲击。按照世界经济周期规律，一次经济危机从爆发、加深到稳定，长则 5 ~ 8 年，短则 3 ~ 5 年，前后平均 5 年左右。应该看到，推动世界经济增长的基本因素并未改变。在世界各国的联手干预和金融市场的自行调整下，金融市场将趋于平稳，对世界经济的不利影响也会逐渐消退；经济全球化仍在曲折中发展，对拓展世界经济增长的空间仍然会发挥促进作用。同时考虑到 21 世纪以来世界知识经济、信息经济的突

飞猛进，极大地增强了世界经济的自我修复和调整能力，本次经济危机的周期有可能短一些。面对国际金融危机，我国采取了积极的财政政策和适度宽松的货币政策，经济保持了平稳较快增长的势头，使我国在世界主要经济体系中能够早一些渡过危机。乐观估计，到2010年全球经济危机对我国的影响将发生根本性变化，进入"十二五"以后全国经济将处于经济周期的回升期。

展望未来的发展，我国工业化和城镇化的任务尚未完成。例如，2008年，我国人均用电量大致相当于美国的1/7，日本的1/4，韩国的1/3；人均生活用电量仅为246千瓦时，大致相当于美国的1/20，日本的1/10。有关专家预计，到2020年我国发电装机容量将达到10亿千瓦，全社会用电量将超过6万亿千瓦时。2007年我国人均钢材产量仅373公斤，人均消费量为331.7公斤，同世界发达国家平均600公斤的水平有相当差距，同美国、日本在1973年钢材生产消费的顶峰值差距更远。又如，世界上发达国家的城镇化水平都在70%以上。2008年我国的城镇化率仅45.68%，同发达国家和地区有较大的差距。专家估计中国会在2050年左右实现这个目标。按此计算，我国至少还有42年的城镇化进程。工业化和城镇化水平的提高将产生旺盛的需求，无疑为内蒙古经济发展提供了有利的市场环境，为资源优势的发挥创造了持续有利的条件。

2. 后金融危机时代孕育着新兴产业

一般而言，世界经济的每一次大的危机常常伴随着一场新的科技革命。每一次经济复苏，都离不开技术创新，进而推动产业革命，催生新兴产业，形成新的经济增长点。如1857年的经济危机，引发了以电气革命为标志的技术革命；1929年世界经济危机，引发了以电子、航空航天和核能等先进技术为标志的技术革命。此次由金融危机引发的经济危机，将导致以能源技术革命为核心的新一轮技术和工业革命。新能源领域将形成以光伏能源、风力发电、生物柴油、燃料乙醇为代表的新兴产业；新材料领域将形成以纳米技术为支撑的产业；生物医药领域将形成以基因工程、细胞工程、酶工程为代表的现代生物技术产业。目前，战略新兴产业已引起国家的高度重视，相关产业政策已经或正在出台当中。

经过30多年的改革开放，内蒙古经济社会发展水平已有明显提升，经济实力明显壮大，发展基础较为牢固，已经具备了实施创新型发展战略的基础和条件。前几次产业革命距离内蒙古都比较远，20世纪后期以来的信息经济和知识经济也没有赶上。内蒙古具有发展新能源、新材料、新医药的资源优势、空间地理优势和区位优势。新能源领域，内蒙古风能资源居全国首位，太阳能源资源居全国第二位。目前风电装机及并网装机容量均居全国首位，2009 年底累计并网运行风电容量将达到 300 万千瓦。新材料领域，内蒙古稀土资源丰富，稀土新材料的科研、生产在全国占有重要位置。新医药领域，内蒙古生物医药产业还没有形成，但具备发展生物医药的研发基础和一定的产业基础。因此，面对全球新一轮科技革命的挑战，我们完全有条件在若干关系长远发展的领域抢占新科技革命的制高点，在以"三新产业"为代表的战略新兴产业的发展上取得重大突破。

3. 国内外产业转移加快

20 世纪 80 年代以来，伴随着经济全球化的日益深入，发达国家进行了新一轮的产业结构大调整，将劳动密集型产业以及知识技术密集型产业的低端部分大规模转移到新兴工业化国家和地区。与此同时，我国深化改革，扩大开放，充分利用劳动力成本低、市场容量大等方面的比较优势，积极吸引外资，承接国际产业转移，恰好满足了世界产业结构新一轮大调整大转移的要求。目前，长三角、珠三角等发达地区经过多年的高速发展后，产业发展已进入升级阶段。受土地、融资、劳动力成本以及能源原材料价格逐年增加和环境容量指标逐年削减等因素的制约，部分产业加速向其他地区转移，这给内蒙古经济加快发展带来了难得的机遇。

内蒙古具备大规模承接发达地区产业转移的优势和条件。内蒙古横跨西北、华北、东北三个经济区，是环渤海经济圈的腹地，是西部大开发、振兴东北老工业基地的重点地区之一，是两大欧亚大陆桥的"桥头堡"，是我国向北开放的门户，在我国与欧盟的经贸合作中具有不可替代的战略地位和作用。能源、土地、劳动力资源比较丰富，经济运行成本较低，后发优势明显。产业基础不断增强，基础设施日趋完善，政务环境进一步优化，政策法规日益健全，为吸引众多产业大规模加速向内蒙古转移提供了有利条件。近年来，内蒙古坚持大范围配置资源，积极吸引国内外产业转移，全区固定资产投资 40% 左右来源于招商引资，对经济增长发挥了重大作用。国内外产业转移加快的新形势，为内蒙古发挥综合优势，进一步承接能源重化工业转移提供了可能。

4. 国家针对西部和民族地区的发展政策将进一步完善

国家实施西部大开发、振兴东北等老工业基地、加快少数民族地区发展等区域发展战略，为内蒙古经济社会发展开辟了新的广阔空间。"十二五"期间，国家将继续实施上述发展战略，为内蒙古实现经济快速发展带来了重大历史机遇。西部大开发方面，将出台新的政策，通过投资政策、财政政策等手段支持西部地区抓住机遇，加快转变发展方式，积极调整经济结构，着力提高发展质量,不断创新体制机制,继续保持经济平稳较快发展,提高各族人民的物质文化生活水平。振兴东北等老工业基地方面,国家将进一步充实振兴战略的内涵,及时制定新的政策措施,推动东北等老工业基地建立现代产业体系,全面提升自主创新能力,加快发展现代农业,加强基础设施建设,积极推进资源型城市转型,保护生态环境,推进社会事业发展,深化改革开放。支持少数民族和民族地区加快发展是中央的一项基本方针,基础设施建设、民生改善都将是国家支持的重点。这些都有利于内蒙古把国家的扶持政策同自身实际紧密结合起来,充分发挥自身优势和潜力,推动经济社会又好又快发展。

(二) 面临的挑战和制约因素

1. 全国性的产能过剩使内蒙古面临调整产业结构的挑战

近年来,我国经济保持快速发展的同时,钢铁、水泥、平板玻璃、煤化工、多晶硅、风电设备六大行业出现产能过剩或重复建设。例如,2008年我国粗钢产能6.6亿吨,而需求仅5亿吨左右;水泥生产线全部建成后,产能将达到27亿吨,市场需求仅为16亿吨;2009年上半年甲醇装置开工率只有40%左右,产能过剩30%;2009年风电机组整机制造企业超过80家,预计2010年风电装备产能将超过2000万千瓦,而每年风电装机规模为1000万千瓦左右。一方面,产能过剩使得项目运营面临激烈的市场竞争;另一方面,国家将严格产能过剩行业的市场准入,进一步加强项目审批管理,强化环境监管,严格依法依规供地用地,实行严格的有保有控的金融政策。由于这些产业大多数是内蒙古着力培育的优势特色产业,因此,"十二五"时期内蒙古产业选择面临严峻挑战,产业结构调整面临新的更高的要求。

2. 节能减排和应对全球气候变化的压力越来越大

随着人口增长和经济的快速发展,我国资源环境约束日益突出。2008年,我国一次能源总产量达到26亿吨标准煤,消费总量为28.5亿吨标准煤,是世界第一大能源生产国和第二大能源消费国;2008年我国温室气体排放总量居世界第一位,人均排放大大低于发达国家,但已接近世界平均水平。为了缓解经济增长与资源环境的矛盾,我国在节能减排领域做了大量努力,取得了一定成效,但由于我国正处于工业化、城镇化快速推进的时期,节能减排仍然面临很大的压力。同时,发达国家在温室气体排放削减方面对我国施加了越来越大的压力。我国由于能源结构以煤为主,产业结构不尽合理,在应对气候变化方面面临着繁重任务。胡锦涛主席已向国际社会承诺,将全力落实应对气候变化国家方案,在发展经济的同时努力减缓温室气体排放,不断增强适应气候变化能力。因此,"十二五"期间国家将在努力降低能源消耗水平和污染物排放的同时增加对各地温室气体排放的限制。据有关专家研究,今后几年,为促进低碳经济发展,国家很有可能出台碳税。这是内蒙古产业发展的重要约束条件。

内蒙古正处于资源大规模开发和加工转化的快速发展期,是国家重要的能源、重化工业基地以及冶金、有色金属、建材等原料生产和输出基地,工业重化工型特点突出,2007年,煤炭、电力、钢铁、冶金、建材、化工六大高耗能产业能源消费量已占到全区能源消费总量的65%以上,节能减排和应对气候变化的任务很重。经过"十一五"期间的努力,内蒙古节能减排形势逐步好转。预计"十一五"前4年单位生产总值能耗累计下降19.4%,完成"十一五"规划调整后目标的89%,2010年只要下降约3%就可以完成"十一五"规划22%的目标。到2008年底化学需氧量和二氧化硫减排可分别完成"十一五"规划目标的90%和80%。但是,内蒙古以能源、化工、冶金为主体的重型化产业结构短期内难以根本改变,节能减排和应对气候变化任务仍然艰巨。2007年,自治区单位地区生产总值电耗2101.68千瓦时/万元,居全国第6位,是全国平均水平的1.32倍,较2005年增长22.6%,增幅居全国之首;全区单位地区生产总值能耗为2.305吨标准煤/万元,居全国第5位,是全国平均水平的148.2%;单位工业增加值能耗4.879吨标准煤/万元,居全国第4位,是全国平均水平的172.5%。2007年全区温室气体排放量约为2.56亿吨二氧化碳当量,比2005年增加了38.1%,其中二氧化碳排放量为4.64亿吨,比2005年增长了44.4%。同年,内蒙古二氧化硫排放量占全国的5.9%,化学需氧量占全国的2.1%,均高于地区生产总值占全国的比重。因此,"十二五"期间节能减排和控制温室气体排放面临巨大的考验,要求我们加快调整产业结构,大力发展低碳经济和绿色经济,切实转变经济发展方式。

3. 保持社会和谐稳定面临新的挑战

2008年,内蒙古人均地区生产总值达到4683美元,按照不变价格计算比2000年增长了17.4倍。如果继续保持目前的增长速度,到2010年,人均地区生产总值将超过6000美元,大致相当于英国、法国、德国20世纪60年代中后期的水平,与1971年意大利的人均地区生产总值水平(2218美元)相当。同时与1970年的日本、1971年的意大利、1986年的中国台湾地区、1990年的韩国、1991年的阿根廷、1995年的墨西哥相当。这些国家和地区的发展表明,人均地区生产总值跨越这个阶段向高收入国家和地区行列迈进时,社会结构、社会组织形式、社会利益格局都将发生深刻变化,社会建设和管理面临诸多新的任务。结合内蒙古的发展特点分析，未来社会领域可能出现的问题是：一是由发展水平提高引发的人民对发展目标的新期待。人民群众除了物质生活水平的提高外，对社会公平正义、社会保障、公共服务等方面的要求将越来越强烈，解决社会发展滞后于经济发展的问题会显得更加迫切。例如，今后一段时间，内蒙古总体上仍然处于新增劳动力快速增加的阶段，形成了巨大的就业压力。2008 年，内蒙古城镇就业需求约 50 万人，能够提供稳定就业岗位仅 30 万人，农村牧区还有 250 万富余劳动力需要转移。就业不仅关乎人的尊严、地位和收入，而且与社会稳定和谐息息相关。如果就业问题处理不好，社会生活中的许多矛盾就难以避免。二是城镇化步伐加快，传统的城乡二元结构向现代社会结构的快速转型，在深刻改变人们的生活方式和社会阶层结构的同时，也会给社会组织和社会管理带来压力。例如，进入城镇的农牧民长期处于流动人口管理状态等社会管理的薄弱环节，可能加大社会稳定方面的压力。三是不同社会群体的利益分化明显。当前一个非常突出的问题是牧区群众的收入增长滞后于其他社会群体。2006～2008 年全区牧民人均纯收入年均增速低于农民人均纯收入增速 3.8 个百分点，低于城镇居民人均可支配收入增速 3.9 个百分点，加之牧民生活成本较高，制约了牧民生活水平的提高，导致"三牧"问题更加突出。四是我国将由于人口的快速老龄化而进入人口红利的消退期，对加快建立适应人口老龄化的社会建设模式和社会保障制度提出了新的要求。五是体制改革进入攻坚阶段，继续深化改革将触及深层次的利益调整，利益主体多元化，不同利益群体对不同利益的诉求和矛盾可能进一步凸显，社会突发事件增多。

4. 生态和基础设施承载产业、保护发展的能力亟待提高

生态脆弱的基本面没有得到根本改变。西部大开发战略实施以来，内蒙古生态环境呈现出"整体遏制、局部好转"的良好局面。荒漠化、沙化土地面积首次实现"双减少"；森林面积、林木蓄积实现了持续"双增长"，森林面积居全国第一位，森林覆盖率达到 17.57%。但是，生态脆弱的基本面仍未得到根本改变。中度以上生态脆弱区域占全区国土面积的 62.5%，其中重度和极重度脆弱的占 36.7%。一些草原退化、森林破坏、河湖干涸、土壤侵蚀和水土流失严重，荒漠化、盐渍化加剧，荒漠化面积占全区国土面积的55.7%。生态系统功能减弱，呼伦湖蓄水量 8 年间减少 60%。干旱、沙尘、风灾等灾害频发。荒漠化和土壤侵蚀现象严重，约 2/3 的耕地处于水土流失区域，大多数地区贫水，承载能力较差。生态文明以尊重和维护自然为前提，以人、自然、社会和谐共生为宗旨，以建立可持续的生产方式和消费方式为

内涵,引导人们走上可持续发展道路。内蒙古生态文明建设与发达地区相比还有较大的差距。从中国社会科学院公布的 2009 年全国各省区市生态文明排序看,内蒙古被列入最低水平组。在此背景下,一方面,生态环境的脆弱性和生态文明的低水平,对经济布局和产业选择带来了明显的约束。因此,"十二五"期间必须继续实施生态保护和建设工程,有效修复生态;优化经济布局,经济开发必须充分考虑生态环境的特点,坚持面上保护、点状开发,实现人与自然的和谐发展。另一方面,全面建设小康社会过程中,人民群众的需求,不仅包括对物质产品和服务的需求,也包括对生态产品的需求,在进一步推进新型工业化、城镇化的过程中,一定要从如何满足人民群众物质文化需求转向如何更加全面地满足人民物质文化和生态环境需求,把生态环境的保护和建设作为关系发展全局的重大问题,牢固树立生态立区的战略思想,为人民群众生产生活提供更加优良的生态环境。

基础设施瓶颈制约明显。2008 年全区公路、铁路路网密度分别是全国平均水平的 33% 和 85.8%,高等级公路仅占全区公路总里程的 11.1%。内蒙古作为国家"西煤东运"的重要基地,目前铁路外运能力不足 2.5 亿吨,运能缺口达 2 亿多吨,2008 年请车满足率仅为 40% 左右。随着电子、高载能、化工等产业的发展,仅"呼包鄂"地区的运输需求就达 1 亿吨以上。随着内蒙古煤化工等产业的发展,大量液体产品需要安全快捷运输,对管道运输设施的建设将提出紧迫的要求。京津地区是内蒙古中西部向发达地区开放最近的区域,货物运输量增长很快,到内蒙古旅游的人数越来越多,但通往这个地区的运输通道建设还不尽如人意,铁路运输时间长,公路客货车辆混行,距离安全快捷的要求还有相当大的距离。建设相应的高速铁路和第二条高速公路,是实施对外开放的"东进"战略的客观要求。"呼包鄂"地区是内蒙古经济发展的主要增长极,一体化是未来发展的根本要求,建设现代化的区域交通基础设施,是一体化发展的重要前提,目前这一方面还有较大的差距。

目前,我国装机容量中近八成是火力发电。我国人均占有装机容量仅为0.6 千瓦,如果按照 2020 年达到人均 1 千瓦的水平,还要再发展 7 亿千瓦的装机容量。同时,我国能源资源分布与生产力发展不平衡,煤炭资源的 2/3以上分布在北方,水电资源的 80% 在西部,而 2/3 以上的能源需求集中在东部沿海。因此,内蒙古作为我国煤炭资源最丰富的省区之一,在我国未来火电发展上具有举足轻重的作用。但是,内蒙古作为电力输送的重要区域,电网建设一直比较滞后,现有 500 千伏电网输送能力不能满足大范围电力资源优化配置和电力市场的要求。此外,受电力密集地区电网短路电流控制困难、长链型电网结构动态稳定等问题的影响,受端电网存在多直流集中落点和电压。因而,从全国经济发展的大局出发,加快建设超高压、特高压输电线路刻不容缓。具备可靠、自愈、经济、兼容、集成和安全等特点,是下一代全球电网发展的基本模式。通过建造互动的电网,将推进 IT 革命进入创新阶段;将为消费者提供更好的减少能源消耗的路径;将为整个社会节约成本、降低温室气体排放,并促进绿色经济向主导地位的发展。内蒙古作为我国重要的电力生产和输出大区,有必要在互动电网、智能电网的建设上走在前面。

5. 水资源短缺的矛盾越来越突出

内蒙古水资源相对短缺,时空分布不均衡。水资源总量占全国的 1.83%,人均水资源占有量与全国平均水平相当。降水呈季节性,主要集中在 7 月、8 月、9 月三个月。水资源东多西少,地表径流量的 90.4% 集中在东部呼伦贝尔、兴安、通辽、赤峰四个盟市。水资源短缺问题已经直接影响到内蒙古经济和社会各项事业的发展,未来仍将继续面临水资源短缺的挑战。据统计,呼和浩特、包头、满洲里、二连浩特等 14 座城市水资源存在供需矛盾,广大农村牧区有近 300 万人需要解决饮水问题。部分农村牧区仍然处在靠天等雨、靠天养畜的被动局面中。联合国水资源安全警戒线为人均水资源量 1000 立方米,2008 年,内蒙古水资源总量为 295.9 亿立方米,人均水资源量 1225.9 立方米。根据 2000 年以来内蒙古人口实际增长 3.2‰测算,预计到 2015 年内蒙古总人口将达到 2467 万人,如果水资源总量保持不变,届时人均水资源量为 1078 立方米,水资源供需矛盾将更加突出。

同时,水利建设面临的突出问题是工程性缺水与资源性缺水并存。2008 年内蒙古耕地面积 733.3 万公顷,其中,有效灌溉面积 286.7 万公顷,占耕地面积的 39.1%,低于全国平均水平 8.9 个百分点;全区有草原 8666.7 万公顷,可灌溉面积却只有 21.3 万公顷。不少骨干建筑物都是 20 世纪六七十年代建的,已经老化、损坏,大型排灌泵站老化损坏率较高。河套灌区大部分水利设施始建于 20 世纪 70 年代,因缺乏正常的养护和维修,70% 的桥梁、渡槽、涵洞和尾闸等工程严重破损,直接影响到当地人民群众的生命财产安全和正常农业生产灌溉。这为经济发展特别是能源重化工业发展的水资源保障提出了新的要求。

三、经济社会发展的总体战略

我们认为,内蒙古"十二五"期间及到 2020 年经济社会发展战略,可以概括为:一条主线,五大定位,五大目标。

（一）一条主线：科学发展

科学发展观是立足我国社会主义初级阶段基本国情，总结我国发展实践，借鉴国外发展经验，适应新的发展要求提出来的。进入新世纪以来，内蒙古以科学发展观为指导，结合自治区的实际，提出和实施了"三化互动"的发展战略，努力推进五个统筹，经济社会发展取得了重大成就。同时，我们也必须看到内蒙古工业化、城镇化任务尚未完成的实际，人民群众日益增长的物质文化需要同落后的社会生产力之间的矛盾仍然是社会的主要矛盾，经济社会发展中的不全面、不协调因素仍然广泛存在。因此，"十二五"乃至更长的时期，必须进一步深入贯彻落实科学发展观，针对社会经济发展中的深层次矛盾和问题，把保持经济长期平稳较快增长作为紧迫任务，紧紧围绕改善民生这一科学发展的落脚点和出发点，以深化重点领域和关键环节的改革为强大动力，进一步理清发展思路，创新发展模式，抓住战略重点，把握主攻方向，探索有效途径，推动经济社会转入全面协调可持续发展的轨道，在新的发展阶段继续推进全面建设小康社会。

（二）五大定位

1. 我国重要的现代战略性产业集聚区

资源禀赋和区位条件决定了内蒙古在某些重要战略产业发展上具有独特的优势。"十二五"期间，内蒙古可以通过推进创新，促进现代战略产业加速聚集，加快形成以能源重化工业基地产业、绿色农畜产品生产加工业、战略新兴产业为重点、具有核心竞争力的现代战略产业集聚区。

经过多年努力，内蒙古能源、冶金、化工等重化工业得到快速发展，初步奠定了国家重要的能源重化工业基地地位。在新的发展时期，需要进一步深化能源重化工业基地建设，在全国产业布局中占有更加重要的地位。改革开放以来，我国实施了沿海地区率先发展的非均衡发展战略，优先在沿海地区布局了一批重化工业项目。近年来，东部部分省市再一次提出工业"重型化"或"适度重型化"战略，纷纷扩大能源、化工、装备制造、汽车、冶金等重化工业规模，造成能源资源和环境问题日益突出，对西部地区能源资源的依赖度不断提高，成为国家生产力布局的突出问题。建设内蒙古能源重化工业基地，可以发挥内蒙古的比较优势：一是可以充分利用丰富的资源。2008 年内蒙古已探明煤炭储量占全国的近一半，居全国第 1 位；已探明石油储量达 7 亿吨；稀土储量居世界首位；苏格里气田探明储量 7000 多亿立方米，属世界级大气田。已查明 10 种有色金属矿产资源储量 2539.45 万吨，其中铜、铅、锌、钨、钼矿查明资源储量分别居全国第 4 位、第 2 位、第 2 位、第10位、第6位。二是可以缓解能源资源运输压力和降低运输成本。从内蒙古来看，2007年内蒙古外运煤炭2亿吨，按大秦铁路653公里路段和0.12元/吨公里运价计算，每吨煤的运价为78.36元，少运2亿吨煤可以减少156.72亿元的运输成本。三是可以提高资源利用效率。以准格尔煤田为例，原煤中氧化铝含量达到9%~13%，粉煤灰中氧化铝含量高达40%~51%，相当于中级品位的铝土矿。准格尔煤田已探明储量264亿吨，高铝粉煤灰潜在储量70亿吨，相当于我国铝土矿资源保有储量的3倍。实施粉煤灰提取氧化铝，可以大幅度地替代进口铝土矿和氧化铝，有效地缓解我国铝资源供求矛盾。按2007年准格尔煤田1亿吨开采量计算，理论上可产生高铝粉煤灰3000万吨，如果全部转化利用可提取氧化铝1200万吨，相当于2007年我国氧化铝消费量的50%。外运其他地区发电产生约2000万吨粉煤灰，因分散掺烧而失去了应有的经济价值，相当于每年浪费掉近700多万吨氧化铝，比2008年我国进口量还多241万吨。若按每吨氧化铝进口价格3000元计算，每年废弃高铝粉煤灰造成的经济损失高达200亿元以上。实现能源资源就地转化，还可以减少煤炭损失。通过铁路、公路运输，煤炭损耗为0.8%~1%，按每吨煤运输一次计算，2007年全国可减少煤炭运输损失1700万吨。若就地进行加工转化，煤转电可增值2倍，煤制甲醇可增值约4倍，煤制油可增值8~12倍。四是可以充分发挥环境容量优势。内蒙古地域广阔，人口较少，拥有大面积的戈壁、沙漠，环境容量大。土地面积占全国的12.5%，经济总量占全国的2%，而二氧化碳排放量仅占5%，相对于国土面积来说，排污量比较小。在内蒙古优先布局重化工业项目，可以发挥环境容量优势，缓解东部地区的环境压力。以"北电南送"为例，送出1亿千瓦，可以使东部地区少排二氧化硫326万吨、氮氧化物73万吨、二氧化碳1.4亿吨。五是可以发挥现有产业优势。内蒙古积极承接发达地区产业转移，引进和培育了一批全国知名的龙头企业，基本形成了煤电、煤化工产业链，装备制造产业链，有色金属产业链，铝产业链和建材产业链，市场竞争力不断提高，奠定了坚实的能源重化工业发展基础。因此，从我国经济的可持续发展出发，亟须按照推进形成主体功能区的要求，顺应生产力布局演变趋势，遵循能源重化工产业布局规律，优先在内蒙古等能源资源富集区布局重化工业，建设国家重要的能源重化工业基地。

近年来，内蒙古以农牧业产业化为主要经营形式，大力发展绿色、特色农畜产品生产加工业，在全国占有越来越重要的地位，形成了一批特色优势产业带。涌现出一批规模大、起点高、辐射带动能力强的农畜产品加工龙头企业。2008年粮食产量达到420亿斤，居全国第11位，人均粮食占有居全国第3位。牛奶、羊绒、羊肉产量分别达到912.2万吨、6890吨和219.4吨，均居全国首位；马铃薯产量195.7万吨，居全国首位。目前，内蒙古绿色食品原料生产基地面积达到194.1万公顷，有机食品原料基地面积39.1万公顷，农业部认定绿色产品数量居全国第2位。到2008年，销售收入百万元以上的农畜产品加工企业达到2121户，其中销售收入亿元以上的企业达到320家，获得中国驰名商标的农畜产品加工品牌达到23个。应该看到，内蒙古农牧业发展条件良好，生态环境有利于有机农畜产品、绿色农畜产品的生产，发展绿色农畜产品生产加工的潜力仍然很大。"十二五"以及更长的时期，要继续按照发展农牧业产业化的要求，有效保护农牧业生产环境，在"绿"字和"特"字上下工夫，有效提高农牧业的综合竞争力，同时为国家粮食安全做出更大的贡献。

为应对后金融危机时代的国际竞争，国家提出瞄准未来产业发展的制高点，选择那些潜在市场大、带动能力强、吸收就业多、综合效益好的产业作为新兴产业加以培育，增强经济发展的后劲。内蒙古应积极创造条件，重点发展新能源、新材料和新医药，在全国战略性新兴产业的发展中抓住机遇，确定优势，成为自治区经济发展的新动力。新能源方面，金融危机发生后，一个国际共识已经形成：替代能源不仅可以解决能源短缺和气候变化这两大问题，而且能够产生丰厚的经济回报。目前，新能源产业已引起国家的高度重视，相关产业政策已经或正在出台。应以风能、太阳能产业为重点，加快新能源发展步伐，建设成为我国的"风电三峡"和光伏产业基地。加快掌握关键零部件知识产权，积极培育相关设备制造产业，开发大功率风机和高科技含量的光伏设备。新材料方面，为了突破原材料对经济增长的制约，世界各国都在谋划"新材料解决方案"。进入21世纪以来，新材料技术在复合材料、纳米材料、智能材料等方面有了重大突破。应继续加大投入，在稀土新材料的研发制造方面取得更大突破，真正把稀土新材料打造成为稀土产业的主体。新医药方面，面对金融危机的影响，我国政府出台了生物产业发展规划，在对生物能源和生物信息技术高度重视的同时，将涉及生物和生命科学的新医药列入国家中长期规划的重大专项。内蒙古生物医药产业还没有形成，但具备发展生物医药的研发基础和一定的产业基础，可以以传统医药产业为基础，运用现代技术加以改造，使新医药产业取得突破。

2. 我国重要的经济增长极

经过西部大开发10年的建设，内蒙古已经具备了成为西部地区重要增长极的条件。一是经济总量迅速扩大。2000 年，全区生产总值为 1539.12 亿元，居全国第 21 位，西部第 5 位；人均生产总值 6502 元，居全国第 16 位，西部第 2 位。2008 年，全区完成地区生产总值 7761.8 亿元，居全国第 16 位（实际上，2009 年 9 月份内蒙古已超过黑龙江省，1～9 月内蒙古地区生产总值为 5895.51 亿元，黑龙江为 4955 亿元），居西部第 2 位，生产总值占全国的比重由 1.6% 提高到 2.4%；人均生产总值达到 32214 元，居全国第 8 位，连续 6 年保持西部第 1 位。2006～2008 年，内蒙古地区生产总值的增量相当于全国增量的 2.99%，相当于西部各省市区之和的 12.5%，是西部地区最多的省区。二是基础设施建设取得重要突破。到 2008 年底，形成了贯通东西的大通路；民用机场达到 10 个，运营航线达到 99 条，初步形成以呼和浩特为中心，覆盖全区，辐射全国及周边国家和地区的航空网络。水利骨干工程和大型灌区工程进展顺利。到 2008 年底，全区电网覆盖范围初步形成了以 500 千伏线路为主架，以 220 千伏为补充的电网结构，当年外运电量 846.42 亿千瓦时，居全国第 1 位。此外，信息基础设施建设取得积极进展，为经济发展和电子政务建设提供了有力保障。三是中心城市发展迅速，发展高地雏形显现。2000 年全区城镇化率达到 51.7%，高于全国 6 个百分点。四是特色产业不断做大做强。农牧业产业化迅猛发展；能源、冶金、化工、装备制造、农畜产品加工和高新技术六大特色优势产业增加值占全区规模以上工业增加值的 90% 以上；物流、商贸流通、旅游等特色服务业也得到了长足发展。五是经济自主增长机制初步形成。以市场为基础配置资源和大范围资源重组的格局基本形成，已经成为资金净流入区。因此，"十二五"期间，内蒙古完全有条件继续保持经济快速发展的态势，如果"十一五"后两年及"十二五"内蒙古地区生产总值的增长速度保持在 15% 左右，则到 2015 年，内蒙古地区生产总值将超过 2 万亿元，可以为全国经济实现平稳较快发展做出更大贡献。

3. 祖国北疆生态安全屏障和安全稳定屏障

西部大开发战略实施以来，内蒙古把生态建设作为最大的基础设施，在国家的大力关怀和支持下，相继启动实施了天然林保护工程、退耕还林工程、京津风沙源治理工程、水土保持工程、退牧还草工程等八大重点生态建设工程，范围涉及 90% 以上的旗县。全区生态环境呈现出"整体遏制、局部好转"的良好局面，为维护国家生态安全做出了重大贡献。到 2007 年，荒漠化、沙化土地面积首次实现"双减少"；森林面积、林木蓄积实现了持续"双增长"，森林面积居全国第一位，森林覆盖率达到 17.57%；自然保护区面积达到国土面积的 11.2%。同时要看到,内蒙古大部分地区属于干旱半干旱气候类型,特殊的地理环境和气候特点决定了生态系统的脆弱性和不稳定性,也决定了生态保护与建设的艰巨性和长期性。目前,荒漠化土地面积仍在扩大;黄河、西辽河、嫩江、海河等流域水土流失仍很严重。内蒙古加快生态保护与建设,建立祖国北方重要生态屏障,不仅关系到北疆人民的安居乐业,更牵系着华北、东北地区乃至全国的生态安全和粮食安全。"十二五"期间,要把生态环境的保护和建设作为关系发展全局的重大问题,贯彻生态立区战略,进一步筑牢祖国北疆生态安全屏障,生态环境保护和建设由初见成效转变为明显改善。在祖国北疆生态安全屏障的建设中,焦点的问题是如何处理好生态保护与经济发展的关系。我们认为,这两者之间既有矛盾,又有一致之处。首先,良好的生态环境可以为经济发展提供优良的条件。其次,经济发展如果超出生态环境的承载能力,就会对生态造成损害。最后,经济发展的成果可以为生态环境的保护和建设提供必要的物质基础。内蒙古鄂尔多斯市在经济大发展的基础上,投入巨资进行生态的修复,取得了积极的成效,就是一个很好的例子。因此,构筑祖国北疆生态屏障,一是要加强生态环境的保护和建设。二是经济开发要在生态环境可承载的范围内适度开发,特别是大力发展低排放的循环经济和绿色产业,同时经济发展的成果要有效运用到生态环境治理中去。

改革开放以来,内蒙古经济社会持续快速健康发展。同时必须清醒地认识到,内蒙古和谐社会建设还面临着一些亟待解决的矛盾和问题:居民收入水平仍然偏低,城乡、区域收入差距继续扩大;就业、社会保障体系尚不健全,社会事业发展滞后;社会管理水平偏低,民主法制建设需要进一步加强等。内蒙古作为祖国北疆少数民族地区,是维护民族团结的重要阵地,是通往欧亚的大陆桥,是首都北京的"护城河",在全国稳定大局中具有十分重要的战略地位。特别是民族团结,一直是内蒙古的光荣传统。内蒙古自治区是我国最早成立的省级少数民族自治区。内蒙古民族团结也得到了中央的肯定,周恩来总理在 20 世纪 50 年代就把内蒙古誉为"模范自治区"。在内蒙古成立40 周年、50 周年、60 周年大庆的时候,中央领导都对内蒙古在民族团结方面的成就给予了很高的评价。"十二五"时期,要紧紧抓住内蒙古构建和谐社会诸多有利条件,大力推进和谐社会建设,建立民族团结、边疆稳定、社会和谐的内蒙古,创建安全稳定地区,构筑祖国北疆安全稳定屏障。

4. 我国重要的沿边开放经济带

内蒙古自治区与蒙古国和俄罗斯交界,分布有 19 个口岸,拥有相对完善的口岸基础设施。有两条欧亚大陆桥经过，是我国向北开放最有优势的地区。发展对俄、蒙的政治经贸关系，在我国对外开放中占有重要地位。近年来，内蒙古与俄罗斯、蒙古国的经济贸易和文化联系日益紧密。2008年全区外贸进出口总额达到89.33亿美元，比2001年增长了3.5倍；内蒙古口岸进出境货运量达到3340.5万吨，是2005年的1.54倍。截至2008年底，全区在俄罗斯、蒙古国的工程承包、劳务合作项目累计1430个，合同总额8.1亿美元，营业额4.4亿美元。双边文化交往不断加深，政府间友好往来不断加深。近年来，中、俄、蒙三国正处于加快发展的关键时期，各自都把寻求更广泛的国际合作作为重要的出发点，特别是中俄两国战略合作伙伴关系进一步稳固。在金融危机冲击下，俄罗斯和蒙古国经济面临困难，深化与我国经济合作的重要性更加凸显。中俄、中蒙双方具有较强的产业互补性，这为开发利用俄蒙资源、发展资源型产业提供了可能。因此，"十二五"期间，要充分发挥地缘、产业等方面的优势，进一步加大向北开放力度，拓展经济贸易合作的形式，把内蒙古建设成为我国重要的沿边开放经济带。

5. 我国草原文明重要的承载区

文化作为人类社会发展的重要组成部分和存在方式，深刻地影响和改变着人类社会的文化面貌、生态结构和生存方式。地区间的文化差异带来不同的特点和优势，深层次的文化影响着地区的发展。草原文明和大河文明、海洋文明一样，在人类文明史上都有着重要地位。内蒙古草原文化是中华文化的三大主源之一，凝聚着草原各族人民的聪明才智，体现着独特的思想观念、思维方式、宗教信仰、风俗习惯、审美情趣，具有历史的原创性、浓厚的民族性、广泛的群众性、博大的开放性、强烈的进取性以及淳朴的自然性。建设内蒙古草原文化，能够更好地促进经济社会协调发展。一是草原文化提倡人与自然和谐共处，落实到经济建设中，可以促进内蒙古经济社会的可持续发展；二是草原文化是原生态文化，代表着纯天然、无污染、绿色环保，可以促进内蒙古更好地发展绿色经济；三是发展草原文化，可以更好地贯彻落实内蒙古建设"民族文化大区"的战略，以新的体制和机制为推动力，使文化产业成为民族文化大区建设的重要支撑点和经济发展新的增长点；四是发展草原文化可以提升全民思想道德素质和文化素质，激发建设社会主义政治文明、物质文明、精神文明、生态文明的积极性，推动建设民族团结、和谐社会的自觉性。因此，从未来内蒙古发展趋势看，要突出地区和民族文化特色，搞好文化发展布局规划，挖掘整合各地区文化资源，打造各具优势的文化产业品牌，形成布局合理、各具特色、相对集中、城乡联动的区域文化产业发展格局，把内蒙古建设成为草原文化的重要载体，为草原文化的传承做出贡献。

（三）五大目标

1. 继续保持经济的平稳快速增长

进入 21 世纪以来，内蒙古经济增长连续 8 年在全国领先。2008 年内蒙古地区人均生产总值为 32214 元，折合为 2000 年价格约为 8900 元；如果按照党中央提出的到 2020 年人均生产总值比 2000 年翻两番计算，内蒙古到 2020 年人均生产总值需达到 35600 元（2000 年价格）。这样从 2009 年到 2020 年的 12 年间，人均生产总值达到 12.2% 以上的增速就可完成这一目标，换算成国内生产总值增速约为 12%。当然，这是一个增长的底限。事实上，2001～2008 年，内蒙古自治区生产总值年均增长 17.6%，比同期全国增速快 7.3 个百分点。从经济发展的内在条件看，内蒙古基础设施水平逐步提高，投资环境优良，资本和要素的集聚能力不断提高；从外部市场看，随着我国工业化的持续推进，内蒙古的资源优势还将进一步发挥，在"十二五"期间保持经济平稳快速增长是可能的。据研究，未来我国的潜在经济增长率在 7%～8%。考虑到结构调整的需要，"十二五"期间，内蒙古经济增长速度可达到 13%～15%；到 2020 年，人均国内生产总值比 2000 年翻两番以上。如果全国按照 8% 的速度增长，内蒙古按照 15% 的速度增长，则到 2015 年，内蒙古经济总量占全国的比重将由 2008 年的 2.4% 提高到 3.7% 左右。

2. 率先在西部地区建成更加全面的小康社会

内蒙古已经奠定了全面建设小康社会的基础。"十二五"期间，要更加突出"以人为本"的核心理念，按照党的十七大提出的"发展为了人民、发展依靠人民、发展成果由人民共享"的要求，以"富民强区"为目标，在经济发展和综合实力不断增强的基础上，调整国民收入分配格局，把发展的成果更多地体现在全区各族人民的共同富裕上，打好全面建设小康社会的关键战役，在西部地区率先建成更加全面的小康社会。

提出富民强区，是现代化建设"三步走"战略的本质要求。这里所讲的"富民"，不仅指的是在生产力大发展的基础上提高人民群众的物质生活水平，走共同富裕的道路，而且要扩大人民群众的民主权利，促进社会公平正义，发展政治文明，建设和谐文化，弘扬民族文化，建设文化大区，提高精神文明水平；发展社会事业，改善生态环境，使人民群众拥有更好的生活和生产环境。"富民强区"，绝不是一个简单的词语搭配问题，而是体现了一种新的发展理念。首先，富民是强区的基础，人民群众满意不满意是检验内蒙古发展成果的根本标准，没有富民就不可能有强区。近年来，在经济快速增长的同时，内蒙古城镇居民收入也获得了较快增长，然而与经济增长相比，居民收入增长速度明显偏低。因此，"十二五"乃至更长的时期，即使一定程度上影响了经济增长的速度，也要始终把富民作为头等大事，采取有效措施提高人民群众的生活水平。其次，强区是富民的保障，强区为富民创造更加有利的条件。从内蒙古看，进入21世纪以来，经济实现了重大跨越。在经济实力快速提升的条件下，推动人民共同富裕，实现居民、企业和政府的共同富裕，有着有力的物质保障。

基于此，"十二五"期间要在经济继续保持快速增长的同时，全面落实"富民强区"的理念，坚持"富民"和"强区"并重，着重在城乡居民收入水平的提高和公共服务能力的完善上下工夫，率先在西部地区建成更加全面的小康社会。一是城乡居民收入大幅度提高。2006～2008年城镇居民人均可支配收入和农牧民人均纯收入年均分别增长12.4%和11.4%，分别低于地区生产总值增速6个百分点和7个百分点。"十二五"期间，要着力改善居民收入增长滞后于经济增长的局面，在经济快速增长的基础上，努力提高城乡居民收入。城镇居民人均可支配收入保持西部地区第1位，由2008年的第19位进入全国前6位；农牧民人均纯收入保持西部地区第1位，由2008年的第14位进入全国前10位。二是公共服务水平明显改善。社会建设加快，国民平均受教育年限增加，医疗卫生体制改革基本完成，公共卫生和医疗服务体系比较健全。以基本养老、基本医疗、最低生活保障为重点的社会经济覆盖全社会。社会治安、食品安全、生产安全得到切实保障，社会主义民主得到发扬，公民政治参与有序扩大，人民对经济社会发展重大问题，关系切身利益的法规、公共政策和知情权、参与权、表达权、监督权得到保证。

3. 率先转变经济发展方式

经济的持续快速发展为内蒙古转变经济发展方式创造了极为有利的条件。内蒙古应抓住宏观经济处于大调整期的有利时机，在西部地区率先实现发展方式的转变。一是在产业结构优化升级方面取得重大突破。在工业平稳快速发展的基础上，现代服务业在经济总量中的比重得到明显提升，现代农牧业稳步推进，由主要依靠第二产业带动向依靠第一、第二、第三产业协同带动转变；传统优势特色产业得到改造提升，战略新兴产业、现代制造业、文化产业等得到较快发展。二是在投资继续保持较快增长的同时，推动消费需求在需求结构中的地位稳步上升，由2008年占地区生产总值的37.6%提高到2015年的40%以上，实现经济增长由主要依靠投资拉动向依靠投资、消费、出口协调拉动转变。三是自主创新能力不断提高,研究与试验发展支出占国内生产总值的比重提高到 2%,由主要依靠增加物质资源消耗向主要依靠科技进步、劳动者素质提高、管理创新转变。

4. 绿色经济发展取得突破性进展

经济与环境的和谐是"十二五"发展的重大主题。要加快建立绿色发展的体制机制,加大绿色投资,掌握低碳技术,倡导绿色消费,促进绿色增长,推动绿色经济和低碳经济成为内蒙古经济发展的主要形态。一是把推动新能源、清洁能源和节能环保产业作为重要突破口,加快建设以低碳排放为特征的工业、建筑和交通体系,创造以低碳排放为特征的新的"绿色经济"的经济增长点。风能、太阳能等清洁能源在能源消耗中的比重明显提高。实施绿色保险、排污权交易和生态补偿等环境经济政策,碳排放强度有所下降,绿色产品市场占有率有效扩展。二是加速林业发展,森林覆盖率稳步提高,自然保护区面积基本稳定;生态系统稳定性明显提高,草原退化、沙漠化、耕地盐碱化等问题明显改观,实现山清水秀、环境优美。三是生态建设后续产业得到发展壮大,草产业、沙产业等特色产业成为农牧民收入增长的重要来源。四是主要污染物排放得到有效控制,单位地区生产总值能耗、二氧化硫和化学需氧量排放总量持续下降,城镇污水处理率和主要城市空气优良率均达到 100%。火力发电装机容量全部使用燃煤脱硫装置。

5. 实现由草原文化大区向文化强区的跨越

要围绕推动文化大发展大繁荣,发掘文化内涵,努力建立健全有利于面向群众、面向市场的全新现代文化管理体制和运行机制,推动民族文化大区向民族文化强区跨越。具体来看,实现由草原文化大区向文化强区的跨越。一是文化品牌在全国有较强的影响力。文化也要创品牌,通过实施品牌带动战略,只有创造大量文化名牌,才会使优秀文化有吸引力和影响力。二是高素质文化人才群体在全国有较高的知名度。实施文化人才培养战略,在充分发挥现有人才作用的前提下,营造良好的人才环境,努力培养造就一批坚持正确方向、精通专业、德艺双馨、受群众拥护的文化人才。三是文化产业在经济发展中的地位明显提高。以文艺演出、文化会展、文化娱乐、工艺美术品、民族音像为主体,各业并举,协调发展的文化产业格局更加完善。涌现出一批文化产业骨干企业。内蒙古文化产业产值相当于地区生产总值的 1.05%,不仅远低于发达省市 5% 的水平,也远远低于全国 2.8% 的平均水平。到 2015 年,文化发展与经济发展间的"跷跷板"现象得到根本改变,实现文化产业产值占地区生产总值的 3% 左右的目标。

四、若干重大问题的思考

"十二五"时期是实现全面建设小康社会奋斗目标承上启下的关键时期。在"十一五"经济快速发展的背景下，内蒙古经济和社会生活中还存在着许多矛盾，产生了一些明显的偏差。如社会发展滞后于经济发展，居民收入提高之后与经济增长，消费需求对经济增长的贡献持续下降等。这些问题如果不能得到顺利解决，将会打乱快速发展的步伐，制约全面建设小康社会的实现。因此，着力解决发展中的偏差，是推进"十二五"全面小康社会建设的关键。同时，"十二五"实现又好又快发展，还必须针对发展中存在的问题，努力创新发展模式，寻求体制机制的突破。

（一）调整产业结构，培育新的经济增长点

能否在"十二五"以及"十三五"期间实现又好又快发展，是内蒙古在西部率先建成全面小康社会的关键环节。从一定意义上来说，经济增长过程实质上就是产业结构转换的过程。在经济快速发展的过程中，内蒙古产业结构存在不可忽视的偏差。突出表现在：一是产业单一。能源、冶金和农畜产品加工占到全部工业增加值的 80% 左右，这导致内蒙古产业结构的抗风险能力较弱，金融危机传导到内蒙古后，短时期内出现了大批高能耗企业停产、发电企业大面积亏损的局面就是很好的说明。二是产业发展对能矿资源依赖性强，非能矿产业发展不足。以能矿资源为原材料的能源、冶金等加工业占到全部工业增加值一半以上。三是产业链条短，加工程度低，技术水平不高，集群化发展不够。四是产业结构与就业结构不平衡。2007 年第一产业增加值占地区生产总值的比重只占 12.5%，但是全区第一产业就业人数占全社会就业人员的比重高达 52.6%。产业结构与就业结构不平衡，主要是三次产业发展不协调，特别是现代服务业发展滞后，第三产业比重由 2005 年的 40.2% 下降到 2008 年的 33.3%，对农村牧区劳动力的吸纳作用没有充分体现。调整优化产业结构，是"十二五"期间必须面对和认真解决好的重大课题。应按照新型工业化的要求，以加快发展现代服务业为突破口，促进第一、第二和第三产业协调发展；在加快改造提升传统优势特色产业、推动产业延伸升级的基础上，大力培育一批科技含量高、市场潜力大、吸纳就业多、综合经济效益好的新兴产业，培育新的经济增长点。

加快工业结构升级。工业结构的调整涉及一个产业分类的认识问题。一个时期以来，内蒙古把产业发展按照资源型产业和非资源型产业进行分类。但是这种分类由于把加工业和相应的资源采掘统一核算，一方面掩盖了能源

加工、冶金等产业的实际发展程度，另一方面也没有充分体现矿业经济的实际价值。从澳大利亚等发达国家看，矿业经济是一个独立的产业，在经济发展中起着支柱性作用。内蒙古矿业的发展除了满足区内能源重化工业发展的需求外，相当大一部分将支持其他地区的产业发展。内蒙古矿产资源富集，开发程度相对较低，同时距离国内主要市场较近，发展矿业经济的优势明显。伴随着自治区经济的快速发展，自治区矿业经济发展迅速。内蒙古地矿集团2008年经营收入达到41.6亿元，2005~2008年年均递增86.8%，比同期全区生产总值增速高56.8个百分点（按当年价格计算）。从产业本质看，矿产的开发属于采掘业，是与制造业相对的概念；而工业生产就是自然资源转化为产品的过程。因此，今后应当把工业部门分为矿业、非能矿产业和战略性新兴产业，分别进行统计和规划能矿产业。一是创新发展。能源、冶金、化工等行业大力提高资源利用水平，努力延长产业链条，推进形成产业集群。如能源工业随着规模不断扩大，面临着产业升级和进一步提高市场地位的问题。要努力实现三个转变：由能源大区向能源强区转变，由传统能源基地向新型能源基地转变，由能源初级产品的供给地向能源中间产品和最终产品供给地转变。又如煤炭的利用，煤的洁净化已经成为21世纪解决环境问题的主导技术，是煤化工发展的主要趋势。同时，随着我国与世界经济一体化进程的发展，煤焦化、煤气化合成等正向规模大型化、技术综合化、产品多元化过渡，具有国际竞争力的大集团不断组建。内蒙古应顺应这一趋势，走煤化工科研生产一体化的道路，成为我国乃至世界煤化工科研生产的重要基地。二是加强薄弱环节。特别是要加快发展装备制造业，大力发展劳动密集型加工制造业。适应能源重化工业对相关设备的需求，加快发展先进制造业，如重型汽车、矿山机械、铁路车辆、风电设备、化工机械等。战略性新兴产业要积极创造条件，在全国"三新"产业的发展中抓住机遇，确定优势，要实现超常规发展，成为自治区经济发展的新动力。力争到2015年，新能源产业实现规模化发展，成为我国的"风电三峡"和光伏产业基地；推动包钢集团把稀土新材料的开发作为今后的主攻方向，在稀土新材料的研发水平上取得更大突破；依靠传统医药产业与现代技术的结合，实现新医药产业跨越式发展。要把矿业放在与六大特色优势产业同等重要的地位，通过与周边地区和国家的互补与互动聚引资源，走市场化、集团化的道路，逐步使内蒙古主要矿业企业成为我国具有重要影响的矿业集团。

提升现代服务业地位。内蒙古经济的发展，特别是工业化、城镇化和农牧业产业化的推进，为服务业提供了越来越大的市场需求。据有关专家测算，我国工业经济每增长 1%，将为服务业带来 1.2% ~1.5% 的直接需求。"十一五"头 3 年，内蒙古工业增加值年均增长 27%，按此推算，服务业可达到 32.4% ~40.5% 的增长速度，但实际增长仅为 15.7%。这表明内蒙古工业化快速推进带来的服务业需求是由外部提供的，自身发展的潜力没有充分发挥。"十二五"期间，内蒙古工业化的快速发展和城镇化的加快发展将为服务业提供更为广阔的前景。要坚持创新发展、集聚发展、统筹发展的思路，以发展提速、比重提高、结构提升为目标，以服务业积聚区为载体，在服务业的规模发展、特色、档次上实现突破。要着重从以下几个方面入手：①突出重点，特别是着力发展物流、金融信息服务业、金融保险业、现代会展业等生产性服务业。②创新发展模式。③坚持积聚发展。如物流业要整合和优化商贸流通业、交通运输业、邮政通信业，以呼和浩特等中心城市和满洲里、二连浩特等口岸城市为重点，大力培育引进现代商贸物流主体，建设商品集散中心和物流中心，积极发展"陆港经济"，提高现代物流业发展水平。又如，旅游业要融合内蒙古传统特色活动和现代冬季活动，开展冬日旅游、冬日体验等服务；发挥生态环境优良、夏季气候宜人、交通便利的优势，宣传推广"中国夏都"品牌，突出草原风情和蒙元文化，推广蒙式服务。④要政策推动。目前，内蒙古服务业发展的国民待遇还没有真正解决，市场准入门槛高、行业歧视、税费负担重等问题的困扰还比较突出。尽管个体工商户所得税起征点最近由 3500 元提高到 5000 元，但是相对于营造鼓励自主创业的环境还远远不够。为推动服务业发展，自治区出台了一系列促进服务业政策措施，但一些政策还没有落实到位。"十二五"期间，要充分认识服务业的产业属性，按照公平、公正的原则，认真落实国家和自治区相关政策，同时针对服务业发展的特点，在政策支持上推出新的举措。⑤体制创新。如可以充分发挥 CEPA 创造的机遇，加强与港澳的经济合作，争取国家支持设立港澳特别经济区，引进港澳地区大型赛马机构和赛马会，开展民族赛马活动和相关旅游项目，开发高端房地产，带动服务业发展水平和层次的提升。

积极发展现代农牧业。现代农牧业是农牧业发展的根本方向。与传统农牧业相比，现代农牧业的发展更加依靠科技进步和劳动者素质的提高，更加依靠现代生产要素的提高，更加依靠现代生产要素的引进使用，更加依靠市场的力量。建设现代农牧业就是用现代物质条件装备农牧业，用现代科学技术改造农牧业，用现代农牧业的发展理念引领农牧业，用培养新型农牧民发展农牧业。因此，"十二五"期间农牧业发展面临四个重大的转型。一是由常规农牧业向设施农牧业转变。内蒙古在发展设施农业发展上进行了有益探索，全区设施马铃薯面积新增 2.7 万公顷，达到 6.7 万公顷，设施蔬菜面积新增 1.7 万公顷，达到 6.7 万公顷；但是设施农业面积仅占种植业面积的不到 1%。在农牧业机械设备中，20 马力以下的拖拉机占拖拉机总数的 76%，且 40% 多的拖拉机超期服役，玉米的机收面积只有 5% 左右；全区 74% 的农田没有灌溉条件，灌溉饲草料地面积仅占可利用草原面积的 0.4%。要坚持以发展温室设施农业、建设改造农田水利工程、牲畜棚圈建设等为手段，夯实常规农牧业向现代农牧业跨越的设施基础，提高规模化、集约化和现代化水平，进而实现常规农牧业向设施农牧业的转变。二是由普通大路产品生产向绿色安全农畜产品生产转变。绿色农牧业的核心是在确保农畜产品质量安全、生态安全、资源安全的前提下，以标准化生产为主要手段。要充分发挥内蒙古绿色环境优势和丰富的农畜产品资源优势，积极实施绿色品牌战略，加强无公害农畜产品、绿色食品、有机食品的发展和认证。当前最受消费者青睐、最有市场竞争力的农畜产品主要是绿色食品、有机食品、非转基因食品等。"三聚氰胺"事件对内蒙古奶牛养殖业、乳制品产业的影响很大。2008 全区奶牛存栏 313.8 万头，同比减少 1.3%；牛奶产量 324.5 万吨，同比下降 14.1%。可以看出，牛奶等畜产品的产量及奶牛的存栏数出现了大幅度的下降。但是总体看，内蒙古农牧业资源环境受污染的程度不大，符合生产绿色食品、有机食品等无污染、安全、优质营养类食品的基本条件的地域很多，只要生产过程与加工、运输、包装、储藏等按照规范的要求进行，完全可以生产出符合国际标准的高质量产品。要有效保护农牧业生产环境，为发展绿色、安全农畜产品生产创造条件。三是由以种植业为主向以畜牧业为主转变。畜牧业是内蒙古农牧业产业结构调整的重点，并且取得了明显成效。2008 年，畜牧业占第一产业的比重为 45.9%，农区牲畜存栏占全区牲畜总存栏的 70%；牲畜良种及改良种比率达到 93.3%。同时要看到，由以种植业为主向以畜牧业为主转变的过程还没有结束。要大力发展农区畜牧业，通过增速的增量带动畜牧业加快发展，加快农村经济由种植业为主向养殖业为主转变。四是由依靠资源优势向依靠科技优势转变。内蒙古农牧业的科技贡献率由"十五"期末的 41% 左右提高到 2008 年的 45.41%；但是仍然低于我国"十五"期末的农业科技进步贡献率 48% 的水平。内蒙古农牧民文化素质低，具有一定技术、技能的人才严重短缺，阻碍了新农村新牧区建设和现代农牧业的发展。据内蒙古第二次农牧业普查资料，到 2006 年底，内蒙古农牧民家庭劳动力中大专以上文化程度者不足 1%。要通过加强农牧业自主创新能力、农牧业科技推广、农牧业机械化的应用和农牧民培训力度的提高，推动农牧业创新水平的提高和技术转移能力的提升。

（二）增强自主创新能力，建设创新型内蒙古

创新作为区域经济发展的助推器，是衡量一个地区发展的重要标尺。创新能力是提升地区经济整体素质的关键，也是提高一个地区竞争力和抗风险能力的关键。历史经验表明，每一次大的危机常常伴随一场新的科技革命。

随着世界金融危机的逐步消退，"后金融危机时代"将随之到来，内蒙古将面临更为复杂的国内国际环境和严峻挑战：一是随着工业化进程的快速发展，资源、环境问题日趋严重，资源、环境约束不断加大。二是随着国家实施可持续发展战略的不断深入，全国主体功能区划开始实施，国家对土地、资源、环境保护的力度越来越大，这使得原来传统的资源依赖型发展方式越来越受到资源、环境约束和国家政策的严格限制。三是金融危机将使原有世界产业分工格局发生巨大变化，高技术产业由发达国家向发展中国家转移的步伐将明显加快。当前，国际上新能源、新材料、生物医药技术日趋成熟，随着高新技术产业规模的不断扩大，国际跨国企业为了降低研发成本，获取更高的利润，纷纷将包括新产品开发、中期试验等研发环节向低成本市场转移。在这种复杂的发展形势下，内蒙古能否把握机遇，发挥后发优势，克服劣势，实现历史性跨越发展，关键在于创新能力的提升。只有实施创新发展战略，建设创新型内蒙古，才是逐步缩小与经济发达地区差距，加速发展模式转变，在未来经济发展中分享到更多利益的唯一正确抉择。

改革开放以来，尽管内蒙古实现了经济的快速增长，但在很大程度上是依赖于高消耗的粗放增长方式实现的。内蒙古是全国创新能力较弱的地区之一，根据《2008 年中国区域创新能力报告》分析结果，高耗能、高载能的资源型产业依然是拉动内蒙古地区生产总值的主要动力。2008 年内蒙古的创新能力综合指标列全国第 26 位，与 2007 年的第 23 位相比，有所下降。在知识创新能力、知识获取能力、企业创新能力、创新环境和创新绩效五个分指标中，知识获取能力综合指标列第 22 位，企业创新能力指标、创新环境综合指标和创新绩效综合指标分列第 26 位、第 24 位和第 27 位，处于较低水平，知识创新能力综合指标列全国最后一名。在知识创新能力方面，内蒙古的研究开发投入综合指标、专利综合指标和科研论文综合指标均处于低水平，多数指标排名 25 位之后。在企业创新能力方面，企业研发投入综合指标、制造和生产能力综合指标和新产品销售收入综合指标均处在低水平。在创新环境方面，劳动者素质综合指标与 2007 年相比下降了 12 位，为全国最后一名，金融环境综合指标列第 16 位，比上一年上升了 12 位。

高新技术产业在很大程度上体现了自主创新的能力。目前内蒙古高新技术产业发展较快,以呼和浩特如意开发区为代表的电子信息产业制造加工基地,以托克托工业园区为代表的生物制药基地,以包头稀土高新技术开发区为代表的新材料基地等创新产业聚集区正在形成,但总体规模仍然偏小。内蒙古近几年高技术产业发展迅速,总资产增长率一直保持在20%,2005年更是达到了37.22%。但是,①内蒙古高新技术产业占全国高技术产业比重微乎其微,2006年仅占全国总量的0.33%。2006年,内蒙古高新技术产业产值占本地区生产总值的比重仅为2.89%,与全国的19.82%相差甚远。②产业水平较低。内蒙古高新技术产业的整体技术水平、生产工艺及最终产品的知识、技术含量处于较低层次,专业化分工与协作水平也比较低。在我国技术产业分工体系中,目前内蒙古仍处于价值链的中低端水平,劳动密集型产业居多,技术密集型产业相对较少。

"十二五"期间,必须按照自治区政府提出的建设创新型内蒙古的要求,加快自主创新能力建设,使之成为加快经济增长的新引擎。一是实施创新发展战略,创新发展理念,建立创新机制、转变发展模式,实现内蒙古经济增长方式由要素投入拉动型向科技创新驱动型的转变。提高区域创新能力,建设创新型社会。二是认真落实国家《关于发挥科技支撑作用促进经济平稳较快发展的意见》,争取国家重大专项资金支持。三是紧紧抓住国际金融危机引发对重大技术突破和产业变革的需求,积极发展内蒙古具有比较优势和一定产业基础的新材料、新能源等产业。四是在一些重点领域实现突破。如风机制造方面,内蒙古作为重要的风能资源富集区,要改变目前仅是简单组装的局面,在关键零部件生产技术上实现突破。五是积极创造条件支持企业提高自主创新能力。推进创新型企业建设,引导创新要素向企业集聚,形成一批拥有核心技术和自主品牌的优势企业。六是加快推进农牧业科技创新。扩大内需,最大潜力在农村牧区,实现经济平稳较快发展,基础支撑也在农村牧区。因此,要引导科技资源和要素向农村牧区转移。开发和应用设施农牧业新技术,建设特色产业基地。七是实施人才战略,广集众智,加大培养创新型人才队伍的力度。八是充分利用全球科技资源,通过引进大企业,引进制约自主创新的关键技术、知识产权和关键零部件,提高自主创新能力。

(三)调整国民收入分配格局,努力提高居民收入水平

经济发展的最终目标是让人民群众都能享受到经济快速发展的成果,实现共同富裕。近年来,内蒙古经济实现了快速发展,居民收入大幅提高,但居民收入的增长速度仍远远滞后于经济增长速度。国民收入是在政府、企业

和居民部门三者中进行分配的，居民收入占生产总值的比重与政府、企业之间存在着此消彼长的关系。因此，居民收入的增长滞后于经济增长导致居民收入在国民收入分配中的比重明显下降，形成了社会生活中的重大偏差。例如，2008 年城镇居民可支配收入相当于地区生产总值的23.2%，较 2000 年下降了 4.7 个百分点；农牧民纯收入相当于地区生产总值的 7%，较 2000 年下降了13.3 个百分点；同期，地方财政总收入占地区生产总值的比重达到14.3%，较 2000 年提高 4.2 个百分点。国民收入分配格局的偏差，背后是发展理念的偏差。以财政收入为例：作为经济后发地区，内蒙古财政实力不强，各级政府都把加快经济发展作为首要任务，把财政收入在量上的扩张作为政绩考核的重要内容。从一般意义上讲，这是合理的，但是在实际运行过程中容易矫枉过正，过分注重了财政收入的增长速度。税务征管部门为了完成税收任务，过多地强调组织税收收入的功能，税收对经济的调节功能关注不够。在实际工作中，一方面不能根据地方特点，创新税收理念和办法；另一方面对国家和内蒙古出台的税收优惠政策执行不到位，造成优惠政策实施效果不明显。很长一个时期，内蒙古个体工商户营业税起征点为月营业额 3500 元（直到最近才调整到 5000 元），相对于其他地区而言，增值税和营业税的起征点比较高。2003 年北京市营业税起征点就提高到月销售额 5000 元。2008 年广东和宁夏的营业税起征点也是月营业额 5000 元。2004 年以来，内蒙古为加快第三产业和非公有制经济发展，增加居民收入，增强发展后劲和活力，出台了重要政策措施，但在财税实践中没有得到很好的落实。这些倾向导致的直接结果就是财政收入规模扩大。其负面影响，首先表现在国民收入分配格局中居民收入的比重持续下降，严重影响了消费与投资的合理结构，不利于形成经济增长的长期动力。其次，从社会政治角度看，由于在劳动、资本、技术、管理诸要素中，劳动在分配中比例过低，导致社会出现了极为不公平的情况，劳资矛盾突出，导致社会隐患，长期下去将危及社会稳定。最后，根据目前实行的财政转移支付办法的总体精神，某地区标准财政支出与标准财政收入的差越大，财政转移支付额越多。在一定时期内，标准财政支出变化较小。因此，标准财政收入的增长直接影响到标准财政支出与标准财政收入的差值，地方财政收入的过快增长客观上不利于争取中央的转移支付。如2007 年中央补助收入（包括各项税收返还、财力性转移支付和专项转移支付）达到 634.5 亿元，占一般预算支出的比重为 58.6%，比 2000 年下降了6.4 个百分点。

因此，"十二五"期间必须从提高人民生活和转变发展方式的大局出发，树立和贯彻富民强区的理念，逐步理顺收入分配关系。一是建立科学合理的工资增长机制，多渠道开发农牧民增收途径，逐步提高社会保障水平，提高居民收入在国民收入分配中的比重，提高劳动报酬在初次分配中的比重，形成经济增长—就业扩大—收入提高—消费增长—经济增长的良性循环。农牧民收入的提高是居民收入增长的难点，除了生产的发展，还要通过城乡统筹，才能真正使经济发展的成果惠及农牧民。目前，内蒙古农牧民人均纯收入中，财产性收入只占11%。这一情况提醒我们，在工业化、城镇化过程中，鼓励土地要素城乡间的流动，让农牧民通过平等交换获得更多财产性收入应该被放到重要位置。要通过改革农村牧区土地制度和土地管理，充分发挥市场的作用，让资金、土地要素流动起来，为农牧民带来长期持久的财产性收益。要切实落实被征地农牧民的安置补偿政策，探索采用土地投资、土地作价入股等新型用地方式，确保失地农牧民长期享有土地收益权。如前所述，牧区群众的收入增长滞后于其他社会群体。其原因，有草原生态退化的问题，有畜产品价格下降的问题，同时也有政策制定和实施偏差的问题。近年来，农民种粮享受到一系列相关补贴，但牧民享受补贴很少，仅相当于前者的1/66；牧民为有效保护草原资源，为恢复、维持、扩大草原生态系统做出了很大贡献，但草原生态补偿制度还没有建立起来。从理顺收入分配关系出发，迫切需要建立相关的制度。二是树立藏富于民的财政发展观，从培植长期财源的角度出发，更加重视税收对经济的调节功能，把"放水养鱼"作为财税工作的重要指导思想，积极调整国民收入的分配关系，适当控制内蒙古财政收入增长速度，让经济发展的成果更多地惠及企业和人民群众。要积极创造条件，加强部门间的协调，进一步落实促进第三产业和非公有制经济发展的优惠政策，使政策真正落到实处。

（四）优化人口和生产力布局，促进区域城乡协调发展

近年来，内蒙古实施了非均衡发展战略，人口和生产力布局日趋合理。但从经济、人口和生态的协调发展看，仍存在许多问题，突出表现在：一是"呼包鄂"与东部地区区域发展不平衡。2008年"呼包鄂"三市土地面积为13.17万平方公里，占全区土地面积的11.13%，而地区生产总值达到4679.37亿元，占全区地区生产总值的53.67%。二是城乡发展不平衡。内蒙古城镇居民人均可支配收入与农牧民人均纯收入之比由2005年的3.06∶1扩大为2008年的3.1∶1。农牧民人均生活消费支出2446.2元，仅相当于城镇居民的33.4%。三是资源开发与环境保护问题突出。有些地区不顾资源环境承载能力，盲目开发。资源开发利用不合理，经济发展方式粗放，导致资源浪费和损失严重，环境压力越来越大，二氧化硫排放量占全国的5.9%，化学需氧量占全国的2.1%。一些地区滥垦、乱伐、过牧，造成草原退化、森林破坏、河湖干涸、土壤侵蚀和水土流失严重，荒漠化、盐渍化加剧，荒漠化面积占全区国土面积的55.7%。生态系统功能减弱，呼伦湖蓄水量8年间减少60%。干旱、沙尘、风灾等灾害频发，致使不适宜人类居住的空间进一步增加。

"十二五"时期，如何实现区域城乡协调发展，必须充分考虑内蒙古的现实。内蒙古既是一个资源富集区，也是一个生态极其脆弱的地区；既是国家能源重化工业基地，也是祖国北疆重要的生态屏障。内蒙古中度以上生态脆弱区域占内蒙古国土面积的62.5%，其中重度和极重度脆弱的占36.7%。荒漠化面积占全区国土面积的55.7%。在这种条件下发展经济和集聚人口，必须加强对生态资源的保护和建设。这一现实提醒我们，内蒙古经济开发和人口布局不可能在118万平方公里的土地上遍地开花，否则就会导致空间利用结构的不合理和生态的破坏。同时，区域协调发展并不仅仅表现在经济指标的发展上，还包括生态安全和粮食安全方面。但是，由于体制和认识上的问题，人口生产力布局与自然环境不匹配的现象仍然在一定范围存在，部分地区仍然存在不顾自然条件，片面追求地区生产总值的现象。近年来，在一些煤炭资源富集地区发展煤化工的氛围下，一些不具备煤炭资源和水资源开发利用的地区，盲目跟风发展煤化工项目，既破坏了生态环境，也导致资源配置的低效率。区域城乡的协调发展，必须把推进工业化、城镇化与生态保护、农牧业发展有机结合起来，核心是协调好经济发展与生态保护的关系。应该认识到，当前生态受到的压力与人的发展密切相关。生态脆弱地区的人民为了提高收入、改善生活，进行不合理的工业开发，过度发展草原畜牧业，导致生态环境的破坏。因此，缓解生态压力的根本途径是把超出生态环境承载能力的人口转移出来。为此，就必须在生态和其他条件适宜的地区积极推进工业化、城镇化进程，发展生产力，为生态脆弱地区和农村牧区人口转移提供良好的物质基础，创造更多的就业岗位。同时，经济发展的最终目标是惠及更多的人民群众，提高人民群众的福祉水平，这就需要把公共服务的均等化推向所有地区。当经济积聚到重点区域和城市后，生态脆弱地区、农牧业为主的地区公共服务水平如何提高成为必须认真解决的重大问题。在重点开发区域经济发展的基础上，可以积聚更多的财力进行转移支付，提高后者的公共服务水平，从而实现公共服务的均等化。因此，未来强调公共服务的均等化并不是要求所有地区经济发展的均等化，通过区域功能的划分和经济向重点地区集中仍然可以做到公共服务的均等化。

人口生产力布局的相对集中，不仅是内蒙古自然条件的客观要求，也是国内外经济发展的共同规律，更是内蒙古之所以保持快速发展的经验所在。内蒙古拥有国家和自治区重点开发区（工业园区）45个，审核面积为279平方公里，占全区土地总面积的0.02%。2007年实现工业增加值1028.5亿元，占全区工业增加值的38.5%。同年，全区地级市和县级市（不包括市辖县）按当年价计算的生产总值达到3450.13亿元，占全区经济总量的56.6%。从2005～2008年内蒙古城市人口增长看，2000～2007年年均增长1.2%，而同期全区人口年均增长0.18%。城市人口的增长速度远远快于总体人口的增长，这说明城市人口的集聚能力比较强。通过集中发展，通过1%的土地的开发换取99%地区的生态保护，用较少的土地支撑了经济发展。

因此，"十二五"期间，要按照推进形成主体功能区的要求，依据资源环境的承载能力、现有开发强度和未来发展潜力，合理划分生产空间、生活空间和生态空间，科学定位主体功能，促进人与自然的协调发展。工业化、城镇化、农牧业产业化发展要按照"点上开发、面上保护"的发展思路继续实施"收缩转移"战略，促进"工业向园区集中，人口向城镇集中，农牧业向发展条件好的地区集中"。

在工业化、城镇化的推进上，要注意三个问题。一是在考虑经济布局时，选择一些资源环境承载能力强的地区推进大规模的工业化和城镇化。目前，"呼包鄂"、锡林郭勒—赤峰—通辽地区和海拉尔—满洲里地区以及乌兰浩特市、锡林浩特等部分重点城市和资源富集地区及工业园区、重要口岸所在地，这些区域集中了全区的大部分人口和经济，也是发展条件较好的区域。土地面积不到全区的20%，人口占全区的一半以上，地区生产总值占全区的3/4。要继续培育这些地区的主导产业，扩大经济规模，提高集聚和吸纳人口的能力。二是在人口生产力布局的集中化过程中，经济发展和人口分布要平衡。从世界都市圈的发展规律看，巴黎大都市圈占法国国土面积的2.18%，却容纳了18.8%的全国人口，聚集了法国28%的国内生产总值。大阪大都市圈面积占日本国土面积的7.2%，人口占日本总人口的16.5%。2008年"呼包鄂"地区生产总值占全区的一半以上，而人口仅占全区的27%。显然，内蒙古人口积聚与经济积聚水平是不相称的。三是在城镇化道路的选择上，要坚持大中城市为主，小城市为辅，提高人口集中度。一般而言，集聚效益决定大城市增长，需要通过经济的集聚带动人口的集中，反之，人口的集中又能促进经济的发展。这主要是由于：大城市有良好的协作条件和基础设施，有利于工业组团布局。大城市有巨大的消费市场，促使加工工业提高效率。有些高层次的第三产业只有在一定城市规模基础上才能建立。如国际空港只能建在大城市。总部经济也一般集中在大城市，如日本 15 家最大的百货公司集中在东京、大阪和名古屋，10 家最大的银行总部在东京和大阪。大城市有较高的教育水平，便于企业选择优秀人才。从内蒙古看，特大城市和大城市的数量相对较少，只有包头市、呼和浩特市、赤峰市（特大城市）和通辽市与巴彦淖尔市（大城市），"十二五"期间，内蒙古要继续着力培育壮大大中城市。

在生态空间的发展上，要突出保护优先、强化建设的思想。结合内蒙古的草原、森林、沙漠等特点，选择大兴安岭生态功能区和阴山北麓生态功能区、呼伦贝尔沙地、科尔沁沙地、浑善达克沙地、乌珠珠沁草原、黄土高原丘陵沟壑水土流失区、毛乌素—库布其沙漠化防治区、阿拉善沙漠化防治区，以及生态保护区等禁止开发区，要加大保护力度，形成内蒙古生态安全战略格局。同时，要把生态保护建设与适宜产业发展紧密结合起来。如积极发展旅游产业，发展草产业、沙产业等生态建设的后续产业，在沙漠地区发展太阳能发电等，提高生态保护和建设的外溢效益。

在农牧业空间的发展上，要积极发挥内蒙古北方粮食基地功能，提高粮食安全保障水平。2008 年内蒙古粮食产量达 420 亿斤，人均粮食产量居全国第 3 位。根据国家新增 1000 亿斤粮食生产能力的有关规划，结合内蒙古粮食生产基础条件和发展潜力，通过不开垦草原扩大种植面积，采取综合措施提高粮食单产的方式，可以完成 100 亿斤粮食增产目标。"十二五"时期，要积极构筑河套—土默川平原农业主产区、西辽河平原农业主产区，大兴安岭沿麓农业发展带和呼伦贝尔—锡林郭勒草原畜牧业发展带的"两区两带"农牧业战略格局，保障农牧业的持续稳定发展。

（五）正确处理投资消费关系，保持经济长期平稳较快发展

从内蒙古投资、消费和出口"三驾马车"对经济增长的拉动作用看，消费和投资成为主要推动力。从 2002 年开始，消费率处于下降态势，由 58.5% 下降到 2007 年的 43.2%，比全国平均水平低 5.6 个百分点，而世界平均水平在 78% 左右，其中美国为 86% 左右、日本为 73% 左右。而投资率处于上升态势，投资率由 44.4% 上升到 2007 年的 73.2%，投资成为内蒙古拉动经济增长的重要力量。这一现象具有一定合理性，当前内蒙古正处在工业化快速推进的过程中，在消费不足的前提下，需要较高的投资率来支撑经济的快速发展。但是长期过高的投资率会造成投资过度和生产过剩，还会对消费需求形成排挤效应，阻碍国内消费市场的扩展，影响宏观经济的持续稳定快速增长。投资率长期偏高，加上投资结构的不合理，还会导致结构性问题，即第三产业增长滞后于第二产业，使得三次产业结构呈现出愈加不合理的趋势，不仅影响到总体产业结构的优化和升级，还会影响到其他各类型、各层次结构问题的调整，最终将影响宏观经济总体增长的稳定性和可持续性。

因此，"十二五"时期，要进一步理顺投资和消费的关系，实现经济发展方式由主要依靠投资拉动向消费、投资、出口协调拉动的根本性转变。

一是考虑到投资作为三大需求中作用最直接，最易启动的因素，要实现经济的平稳发展，仍然需要保持相当的投资规模。因此，今后要以项目建设为切入点，优化投资结构，提高投资效益，促进有效投资较快增长。遵循工业化和产业结构升级的阶段性规律，在结构优化的前提下保持适当的投资率，避免单纯的投资规模扩张。引导投资方向和优化投资结构，按照三次产业结构和工业内部结构升级的需要，运用规划、政策和信息发布等手段，引导投资方向和优化投资结构；各类投资主体应当以市场导向为主要依据，关注政策导向，优化投资资源的配置。鼓励投资更多投向技术改造以及新兴战略性产业，推进工业投资结构的调整，推动经济增长更多依靠技术。

二是扩大消费是保增长的稳定动力，因此要结合改善民生，推动消费快速增长。首先要大力发展第三产业，增加就业岗位，以此增加中低收入者群体的收入水平，不断提高他们的购买力和消费能力。其次要千方百计地增加农牧民收入，尽快提高农牧民的购买力和消费能力，积极培育农村牧区消费市场，使"消费洼地"转变为消费市场。最后要逐步消除现有抑制消费的各种不利因素，为营造良好的消费环境做出实际的努力。

三是提高进出口对经济增长的拉动作用。要发挥与俄罗斯和蒙古国等国家的互补优势，加强保税区、出口加工区、物流园区等对外开放载体建设。拓展经济技术合作的领域和深度。进一步优化出口商品结构，提高市场占有率。加大引进资源力度，积极发展进口资源加工产业。

（六）加强社会管理，促进社会稳定和谐

经济发展和社会进步是人类社会发展的两个轮子，它们需要相互协调，同步发展。国外发展经验表明，人均地区生产总值达到3000美元往往会成为一个国家或地区发展的分水岭，其经济社会的发展往往存在较大变数。处理得当，通常会出现一个较长的经济高速增长期，并在较短时间内实现人均地区生产总值的更高突破；反之，则可能出现经济震荡，徘徊不前，甚至倒退。在这个阶段，如果社会管理相对落后，公共服务不能普遍惠及广大群众，就会滋长不满，并导致事故频发、社会无序、行为失范等诸多社会问题。如果收入差距拉大、就业增长缓慢、腐败问题加剧，就很容易引发社会不稳定。

从内蒙古情况看，2008 年人均地区生产总值达到 4638 美元，超过 3000 美元，居全国第 8 位，而内蒙古的人类发展指数为 0.765，仅居全国第 16 位。也就是说，在经济快速发展的同时，社会发展相对比较落后，如果这种状况不能得以改善，势必会带来一系列的社会问题，从而影响全区的和谐发展。可见，内蒙古已经步入一个关键的发展阶段，即由生存型社会走向发展型社会的阶段。这一时期，既是内蒙古继续实现跨越发展的重要机遇期，又是内蒙古面临各种新矛盾、新问题的凸显期。能否处理好发展与稳定的关系，对内蒙古未来发展具有基础性、全局性的重大影响。因此，必须在经济发展的基础上，更加注重社会建设，着力保障和改善民生，推进社会体制改革，扩大公共服务，完善社会管理，促进社会公平正义，推动经济与社会的和谐稳定发展。

经济发展是由市场主导的，而加强社会建设，扩大公共服务，应是政府主导的，通过市场、社会力量是不能实现的，这就需要不断地完善社会管理。比如：①各方利益关系的统筹协调问题。目前，社会利益关系更趋复杂，统筹协调各方面利益关系难度加大。如城乡差距不断扩大，城镇居民可支配收入与农牧民人均纯收入的比由 2000 年的 2.5∶1 扩大为 2008 年的 3.1∶1，绝对差距由 3091 元扩大为 9776 元。又如，劳动关系向多元化转变，一方面为更多的人提供了就业机会；另一方面也为构建和谐劳动关系提出了新的挑战，劳资矛盾开始突出，劳动争议案件激增。2008 年，全区共受理劳动争议案件 5123 件，与 2006 年的 2856 件相比，增长了 44.3%。再比如，矿产资源中的收益分配问题也较为突出。要想统筹兼顾不同地区、不同阶层、不同行业、不同群体的利益，统筹兼顾不同方面群众的经济、政治、文化、社会权益，统筹兼顾国家、集体与个人的利益，统筹兼顾发展能力强的群体与发展能力弱的群体的利益，统筹兼顾改革中得益较多的群体与得益较少的群体的利益，使改革中利益受损的群体得到合理补偿，使社会不同群体互惠互利、共同发展，只有政府通过利益分配机制的改革创新才可实现。②社会保障问题。社会保障是经济运行的"减震器"，是社会和谐的"安全网"，是国家一项重要的社会制度。社会保障体系不完善，既不利于保障民生，也不利于通过稳定消费预期、扩大消费，促进经济健康发展。据 2008 年内蒙古社会科学院对内蒙古地区社会稳定状况的调查研究结果显示，当问及"您认为社会领域影响内蒙古社会和谐稳定的主要因素是什么"时，在问卷列出的 8 个选项中，"社会保障不健全"占到56.4%。可见,社会保障体系建设是构建和谐社会的重要内容。随着人口结构的变化,家庭结构发生了重大变化。内蒙古家庭人口规模从1990年的4.1人下降到2007年的2.9人。人口老龄化以及家庭结构的变化,对以传统家庭养老为主的养老模式提出了严峻挑战,需要构筑以政府投入为主导的保障体系。再比如,社会事业的发展问题,食品安全、生产安全、社会治安等方面的监督管理问题,都需要政府通过加强和改进社会管理来逐步完善和规范。

总的来讲,"十二五"乃至今后更长一段时间,随着经济社会转型加快,各种社会矛盾会越凸显,越需要我们把保持社会和谐稳定放在发展的突出位置。促进社会和谐稳定,关键是要在不断提高人民收入水平的同时,履行好政府的公共服务和社会管理职责。面对新形势、新任务对社会管理工作提出的新挑战、新要求,需要我们切实转变社会管理理念,加强和改进社会管理。一是应不断加强社会事业的投入力度,努力使全体人民学有所教、劳有所得、病有所医、老有所养、住有所居。二是应关注社会困难群体,保障其基本生活,维护其合法权益,尊重其人格尊严,体现社会主义人道主义和人文关怀。三是应按照转变职能、权责一致、强化服务、改进管理、提高效能的要求,深化行政管理体制改革。优化公共资源配置,注重向公共服务薄弱的农村牧区、基层、欠发达地区倾斜,逐步形成惠及全民的基本公共服务体系。四是把维护社会公平正义作为社会政策的重要取向,正确处理公平和效率的关系,初次分配注重效率,再分配注重公平。

(七) 推动重点领域和关键环节改革,为经济社会发展注入强大动力

改革开放以来,内蒙古在社会事业、投融资体制、农村牧区等重点领域和关键环节又迈出了新的步伐,取得了一定成绩。如内蒙古通过深化农村牧区改革,巩固了农牧业在国民经济中的基础地位。1984年在全国率先打破了牧区"三级所有,队为基础"的旧体制,实行了"草场共有,承包经营,牲畜作价,户有户养"的"草畜双承包"责任制。又如,全面展开城镇职工基本医疗保险制度改革,完善失业保险制度。截至2008年底,全区参加基本养老保险人数389.47万人;参加基本医疗保险的人数373.7万人。2008年,全区有95个旗县开展新型农村合作医疗工作,覆盖农村牧区人口1434.4万人。全区有198.85万人得到国家最低生活保障救助。这些无疑对经济和社会发展起到了积极的推动作用。但是随着内蒙古经济发展进入新的发展阶段,在经济、社会和政府管理等领域,仍然存在一些制约内蒙古经济发展的体制机制性矛盾,这些问题若不实现突破,势必影响内蒙古今后经济的快速发展。"十二五"时期，必须树立改革是为发展经济更好服务的理念，抓住今后经济发展的主线，加快制约经济社会发展的关键环节和重点领域的改革，努力构建充满活力、富有效率、更加开放、有利于科学发展的体制机制。

必须深化经济体制改革，满足转变经济增长方式对改革的现实需求。内蒙古的经济发展存在明显的偏差，如投资和消费的偏差、产业结构偏差。还有城镇化发展滞后于经济发展，2008 年内蒙古人均地区生产总值达到 32214 元，达到工业化中后期的水平。但城镇化水平为 51.71%，远低于应该具有的工业化中后期的均值 60%，在很大程度上抑制了消费需求的释放与升级。此外，就业压力越来越大，长期形成的高投入、高污染、低产出、低效益的格局没有根本改变。究其原因，有产业政策、能源政策、环保政策等原因，但深层次原因是经济体制改革的不到位，制约经济增长方式转变的体制因素难以消除，并与特定的宏观经济形势结合在一起，不断固化现有经济增长方式。如内蒙古消费率长期偏低，而且呈现逐渐走低趋势，与投资较高相联系，更与城市化进程缓慢相联系，但还是根源于传统发展模式中的体制机制缺陷，尤其是国民收入分配没有破题。因此，"十二五"时期，必须从内蒙古的现实需求出发，以调整经济结构发展偏差为着力点，加快推进资源环境价格形成机制改革，加快推进民营经济发展的制度建设，加快推进城乡一体化的制度建设，加快推进国民收入分配结构调整，加快推进就业体制改革等。

值得一提的是，内蒙古作为资源大区，在资源开发中存在着一些典型问题，主要表现在：一是能源利益问题。一批中央企业在资源开发中担当主力，但是由于利益分配机制尚未理顺，中央企业与地方企业、政府和当地群众之间的利益冲突正在不断升级，已经影响了未来能源的有序开发。如在煤炭开采方面，中央企业和地方企业相比，同样采 1 吨煤留给地方财政的实际可支配收入相差 8~9 倍。煤炭主产区希望掌控更多的资源加工项目，但从事能源一次性开采的中央企业基本上不考虑地方的规划。又如，内蒙古为用于建立重要商品储备和平抑物价、对困难煤矿和煤矿老企业进行补助，对矿区环境和生态恢复治理，对煤炭资源枯竭矿区转产补助，对农村牧区贫困户冬季取暖用煤补贴等，拟设立煤炭价格调节基金，却由于一些煤炭企业属于中央企业，价格基金的征收需要上级主管部门的审核等原因而搁置。二是资源环境问题。在煤炭的开采、加工、储运、燃烧使用过程中，破坏地表，污染地下水资源，排放大量二氧化硫、二氧化碳和烟尘，造成大气污染。平均每开采 1 万吨煤炭可造成草原或农田塌陷 0.2 公顷，开采 1 吨原煤需排放 2 吨污水。如何在大规模开发利用地下资源的同时保护好生态环境，在保证国家能源需求的同时实现区域生产发展、生活富裕、生态良好。解决这个问题，核心是要积极创新矿产资源开发模式，推进资源开发的生态和经济补偿。要在政策层面上尽快建立健全补偿机制，切实按照"开发利用地下资源、建设地上生态环境"的思路，从煤炭、石油、天然气等资源开发收益中安排一定比例的资金用于当地社会事业发展和生态环境治理，建立长效机制。山西省出台了《山西省煤炭工业可持续发展政策措施试点总体实施方案》，从煤炭开发收益中按吨煤提取了一定比例资金用于水土保持，对当地生态环境的治理和资源产业的可持续起到了重要的促进作用。内蒙古可借鉴山西的经验和做法，争取国家支持，加快推进相关政策的出台。同时，在矿产资源开发过程中坚持"谁开发、谁保护、谁破坏、谁治理"的原则，工矿企业要付起社会责任，主动承担矿区环境治理和生态恢复，为生态治理和环境保护提供资金。如可从煤炭成本中提取资金，用于治理水土流失、防风固沙、改善环境，从生产成本中列出专项资金在塌陷区进行生态修复。

深化社会体制改革，适应社会公共的转型需求。可以说，未来 5 ~ 10 年，是内蒙古社会转型十分重要的历史时期，机遇与挑战并存，能否实现平稳转型，关键取决于我们对社会问题的估计与改革决策的选择。"十二五"时期及今后一个较长时期，我们将面临着比较突出的公共需求全面快速增长与基本公共产品短缺的矛盾。公共产品短缺将成为制约发展方式转型的一个重要因素。解决公共产品短缺问题成为扩大内需的基本条件。这也需要我们在协调利益关系中才能求得和谐稳定。加快建立基本公共服务体制，尤其是城乡二元公共服务的制度安排。迫切要求在公共服务体制建设、政府责任、分工体制、财政体制、干部考核机制等多方面取得实质性突破。把解决劳动就业问题放在经济社会发展的重要战略位置。不仅要实施积极的劳动就业政策，构建发展型的劳动就业体制，更要建立公共就业服务体系，提高就业服务水平。如，在加大民生投入的同时更加注重基本公共服务体制改革；在加大农村牧区基本公共服务投入的同时加快推进城乡基本公共服务制度对接；在采取各种措施处理社会矛盾冲突的同时要更加注重社会管理体制改革；在采取各种措施保就业的同时更加注重就业体制改革。

深化行政管理体制改革，推进向服务型政府转型。经济社会体制改革能否取得实质性进展，很大程度上取决于公共服务型政府建设能否实现重大突破。发展方式转变对政府转型依赖性全面增强。由经济建设型政府转向公共服务型政府，对扩大内需有决定性影响。建设公共服务型政府并不是要削弱政府抓经济的实力，而是要把政府的经济职能转移到经济性公共服务上来。

尽管这几年行政管理体制有所推进，但是深层次矛盾问题不仅没有减少，而且在增多。仍然存在着政府主导型经济运行机制、政府基本公共服务职责不到位、政府自身建设滞后等矛盾和问题。

如目前内蒙古行政效率与其他省区相比还比较低，行政区管理幅度较小。内蒙古二级行政区管理幅度仅为 8.4 个，低于国家二级行政区平均管理幅度 0.2 个，更远远低于发达国家地方政府的管理幅度。美国县和市二级行政区平均管理幅度为 431 个，俄罗斯二级行政区平均管理幅度为 21 个，德国二级行政区平均管理幅度为 40 个。如果实施"区直管旗（县）"改革可以实现行政体制由"金字塔型"向"扁平型"转变，使公共行政权力"零距离"地接近服务对象，缓解旗（县、市）事权与财权不相称的矛盾。同时，可以减少政府审批的事项。据统计，实行审批制度改革以来，中央和地方行政审批项目削减幅度达到 50% 左右。也可以减轻规费负担。据统计，浙江省实施"省直管县"后，平均每年每个县（市、区）群众节约费用 1000 万元。义乌市仅下放机动车变更登记这一事项，一年为老百姓节省费用 500 万元。因此，"十二五"期间有必要按照旗（县、市）的不同特点，进行试点区直管旗（县）的改革试点。

（八）扩大开放，形成合作共赢新优势

当前，我国已进入对外开放的新阶段，努力完善内外联动、互利共赢、安全高效的开放型经济体系，是我国实施对外开放战略的重大举措，也体现出我国目前对外开放的新特点、新趋势。改革开放以来，内蒙古充分利用地缘和资源优势，坚持"对内搞活，对外开放"的方针，不断扩大开放领域，优化开放结构，提高开放质量，对外开放取得显著成效。面向即将到来的"十二五"时期，站在一个新的历史起点上谋划内蒙古的对外开放战略，就是要利用全球化带来的难得机遇，顺应新时期我国对外开放的新特点、新趋势，大力实施互利共赢的开放战略，充分利用国内外两个市场、两种资源，把扩大出口与引进先进技术、短缺资源结合起来，把对内开放和对外开放结合起来，把大力发展货物贸易和服务贸易结合起来，全面构筑"东联、北开、西出"的对外开放新格局，努力推动区位优势和资源优势向开放优势和经济优势转变，全面提高开放型经济发展水平。

深刻认识新时期内蒙古对外开放的基本功能，在努力扩大出口规模的同时，更要充分开发利用国外资源，提升进口贸易的层次与水平。对外开放水平低是内蒙古经济发展的薄弱环节之一，2008 年内蒙古进出口总额为 89.33 亿美元，全区对外贸易依存度仅为 8% 左右，比全国平均水平低近 52 个百分

点，外贸出口对经济发展的拉动作用极为有限，这与内蒙古的产业结构密切相关，能源重化工产业是内蒙古的主导产业，其生产需要依存大量的能源矿产资源，产品主要是为了满足国内市场需求，而不是国际市场。进口就成为未来内蒙古对外开放的重要功能，内蒙古地处祖国北疆，相邻的俄罗斯、蒙古国资源富集，有效开发好俄罗斯、蒙古国的石油、天然气、煤炭、黑色及有色金属和森林资源是我国资源供求满足经济平稳较快持续发展的需要，而俄罗斯资源富集的远东地区和蒙古国由于其区位特点形成对我国市场的依赖，以及对我国轻工、农畜产品的旺盛需求，内蒙古对俄、蒙合作要基于上述互补关系，坚持以全球化的视野，从满足我国经济增长对能源原材料需求、深化中俄蒙经贸关系、把内蒙古建设成国家能源重化工业基地的高度，去认识和把握与俄罗斯和蒙古国等国家的经济技术合作，充分利用俄蒙资源，以满洲里、二连浩特、甘其毛都、策克—乌斯太、珠恩嘎达布其等进口资源加工基地为重点，高度重视口岸工业园区建设，发展资源落地加工产业，解决好"扩张优势"、"弥补劣势"这个关键问题，大力发展"临边经济"，不断提升进口贸易的层次和水平，实现对俄蒙合作持续稳定发展。使内蒙古对俄蒙的全面合作成为更大范围国际合作的桥梁和纽带，成为我国向北开放的大通道，使向北开放成为国家经济安全、边疆稳定的重要保障。

　　将对国外开放与向国内其他省区开放结合起来。扩大对国内其他省区的开放仍将是未来内蒙古对外开放的主线，需要给予高度重视。重点需要实现三个结合：一是要把承接产业转移与促进产业多元、产业延伸、产业升级结合起来。一方面，立足于提升内蒙古传统产业规模、档次和水平，搞好产业承接；另一方面，大力承接非资源型产业，加快构筑多元产业支撑的现代化产业体系。二是要把承接产业转移与构筑要素流入区结合起来。在承接产业转移中，同步做好对技术、装备引进和吸收。优化政策、法制、人文等软环境，着力打造商务成本"洼地"、投资兴业"宝地"、要素集聚"高地"。三是要把承接产业转移与扩大"东联、北开、西出"结合起来。扩大对东部沿海地区全方位、宽领域、多层次开放，在主动接受发达地区辐射带动中提升产业发展层次。

　　把发展货物贸易与服务贸易结合起来，大力培育和发展服务贸易，以服务贸易的加快发展提升服务业发展水平。2002年以来，内蒙古国民经济连续7年保持了高速增长，重化工业是主要拉动力量，服务业对经济增长的贡献十分有限，服务业在地区生产总值中所占的比重已由2003年的41.9%持续下降到2008年的33.3%，不仅低于发达国家70%、发展中国家48%，也低于全国 40.1%的平均水平，与内蒙古工业化、城镇化快速发展的形势不相适应。当前和今后一个时期，特别需要在提高服务业发展水平上下工夫，发展服务业已经成为内蒙古调整和优化产业结构的一项重大而长期的战略任务。服务业是服务贸易发展的基础，与发展服务贸易相得益彰，发展服务贸易有利于提升服务业水平。目前内蒙古服务贸易发展严重滞后，提升内蒙古对外开放的层次和水平，必须顺应世界服务贸易迅速发展的总体趋势，重视服务贸易的发展，推进对外贸易转型和升级，为经济运行提供充分而有效的服务供给和支持，满足内蒙古重化工业发展对生产性服务业更高层次的需求，促进货物贸易及整个对外贸易的高效发展，使区位优势和资源优势转变成为开放优势和经济优势。

分报告一 战略环境变化对中长期发展的影响

一、世界经济周期性变化发展趋势

经济发展总是呈周期性变化,货币变动、投资过度、消费不足、技术革新、价格变动、信用扩张、金融内在的不稳定性、自然灾害、政治变动、战争等因素都能引起经济周期性变化。经济周期存在着存货周期(典型存货周期,也称基钦周期)、资本性支出周期(典型资本性支出周期,也称朱格拉周期)和房地产周期(典型房地产周期,也称库兹涅茨周期),分别持续 4.5 年、9 年和 18 年左右,多个周期下降趋势一致时会引发经济危机和经济萧条。现代经济学认为,在开放经济条件下,市场经济变化多端,但唯一不变的是经济发展的周期性。变化趋势是一个经济周期内经济增长的时间越来越长,经济周期正由短周期向中长周期转变。一国国民经济生产总值构成中投资是最活跃的因素,投资与国民经济之间有乘数原理和加速数原理。由于乘数和加速数原理互相作用,扩张与紧缩交替更迭,经济发展就形成了由繁荣到萧条再到繁荣的周期性运动。从供需关系看,经济周期性变动基本上是社会总需求与社会总供给出现重大不协调引起的。因此,金融危机是经济周期叠加效应的结果,是经济发展出现重大问题的爆发。从积极意义上讲,经济周期性变动是经济发展、复兴的关键力量。每一次经济周期变动,经济增长模式都会发生明显变化,世界经济乃至政治格局都有可能发生改变。

(一)美国经济周期性变化概况

1929 年以前,美国曾多次发生金融危机或经济危机。1929 年美国股市崩溃拉开了经济大萧条的序幕,到 1933 年股票市值损失了 85%。这次大萧条之后,诞生了凯恩斯主义。第二次世界大战后,美国经济在世界经济中占有全面优势。

从 1955~1968 年,美国经济以年均 4% 的速度增长了 106 个月,被西方经济学家称为"黄金时代",到 1971 年美国国内生产总值达到 10634 亿美元。

在"黄金时代",美国经历过5次一般的经济危机。

20世纪70年代初,美国由于越南战争耗资巨大,长期赤字财政,通货膨胀加重,出现了美元危机。1971年美国出现了19世纪末以来的第一次外贸逆差,国际收支赤字上升,不少国家将大量美元资产兑换成黄金,美元大幅贬值。1973年以美元为中心的布雷顿森林货币体系宣告瓦解。

1973年10月第四次中东战争爆发,因石油危机引发了西方国家经济危机。1981年,美国提出"经济复兴计划",标志着美国经济政策从凯恩斯主义的干预性膨胀政策向自由放任性紧缩政策转变。之后,1987年发生了全球性金融危机,美国经济增长放慢,从净债权国沦落为净债务国。

20世纪90年代后,以高新科技和信息技术为载体的世界经济网络化、数字化推动经济全球化深入发展,到2000年3月,美国经济连续107个月保持增长,年均实际经济增长率达3.5%,国内生产总值占世界生产总值的比重上升了4个多百分点,成为美国历史上最长的经济繁荣期。这一时期支撑经济增长的主要动力是美国政府赤字经济和过度消费特别是大量的个人消费。近10年来美国消费支出的季度平均增长率为3.7%。

2000年美国发生IT泡沫之后,美联储连续27次降息,增加市场的流动性,刺激了房地产业快速发展,为这次国际金融危机埋下了祸根。2005年美国经济开始明显进入下行区间,2005~2007年经济增长率逐步下降,分别为2.9%、2.8%、2.0%。

(二) 世界其他主要经济体经济周期性变化概况

1955~1968年,西欧各国和日本经济增速赶上了美国,法国、联邦德国、日本经济增速分别为5.7%、5.1%、7.2%,推动全球经济保持了长时期增长。1973年由石油危机导致的西方国家经济危机与第二次世界大战后历次经济危机相比,持续时间更长、损害更重。

日本经济在第二次世界大战后经过10年努力恢复到了战前水平。之后,日本经济在1955~1973年为高速增长阶段,平均年增长率为9.24%;1974~1990年为稳定增长阶段,平均增长率为3.81%。1973年第一次石油危机后,日本经济以年均5%的速度缓慢增长。1979年第二次石油危机对日本经济造成重创。20世纪80年代日本土地价格以年均40%的速度增长,1991年经济出现泡沫后处于爬行增长阶段。日本企业开始向海外转移,国内出现产业空洞化。2002年日本经济增长略有加快,2007年达到2.6%。受日本政治格局变动、政策调整和美国次贷危机影响,日本经济很快出现下降趋势。

欧盟经济20世纪90年代以年均2.2%的增长率持续了10年。2001年后,欧盟经济陷入不振。2004 年、2005 年欧盟经济有所恢复，但欧元区经济增长仍未达到 2%。2006 年欧元区经济上升，增长率达到 2.8%，但增长动力固定资产投资减弱。2007 年受美国次贷危机等影响欧元区经济下行。英国经济增长走势与欧元区基本一致。

亚洲经济在克服 1997 年亚洲金融危机后，保持了较快增长。2006 年亚洲经济增长率达到了 8.5%，创 1995 年以来最高纪录。2007 年亚洲地区生产总值占世界地区生产总值的 35% 以上，经济增量占世界经济增量的 50% 以上。中国和印度经济是亚洲经济快速增长的主要因素。

其他新兴市场和发展中国家 1989 年至 1998 年经济增长率为 3.8%，1999 年至 2008 年经济增长率为 6.5%，总体上持续增长。其中，拉美国家 2004 ~ 2007 年地区生产总值增长率超过 5%，是 20 世纪 80 年代以来少有的。非洲经济从 1995 年开始增长，2004 ~ 2007 年年均增长 5.6%，超过了同期世界经济平均增长水平。

（三）我国经济周期性变化概况

我国经济周期主要体现在改革开放后经济发展变化上。改革开放以来，我国经济 29 年年均增速为 9.8%，比 1952 ~ 1978 年高出 3.7 个百分点。

1. 第一轮经济发展周期为 1977 ~ 1990 年

1981 年、1984 年经济增长分别是周期的波谷、波峰，分别为 5.2%、15.2%；1990 年经济回落到周期的波谷，谷值为 3.8%，是改革开放以来的最低值。在这轮周期中有 3 个小周期，第一次是 1977 ~ 1981 年，由于政治大变动引发了经济大增长，造成投资过热、比例失调、消费增加、财政赤字，国民收入超分配。1979 年 3 月中央实行"调整、改革、整顿、提高"八字方针，采取了"计划"式宏观调控。经济增长率降为 1981 年的 5.2%，波动幅度为 6.5 个百分点。第二次是 1982 ~ 1986 年，1984 年经济增长率达到 15.2%，出现了投资需求和消费需求双膨胀，社会总需求超过总供给，信贷过度扩张引发通货膨胀。1985 年和 1986 年实施了"双紧"式宏观调控。1986 年经济增速下降到 8.8%，波动幅度 6.4 个百分点，通货膨胀率下降到 6.2%。第三次是 1987 ~ 1990 年，由于上次调控不到位，经济继续过热。1988 年中央实行价格和工资改革、治理经济环境、整顿经济秩序。但 1989 年政治风波使宏观调控不能有效贯彻。1989 年 11 月，中央采取了"硬着陆"式宏观调控，坚决压缩总需求，迅速抑制增长和通货膨胀，1990 年经济增速骤降到 3.8%，波动幅度 7.8 个百分点，当年商品零售价格指数增长率急剧下降到 2.1%。

2. 第二轮经济发展周期为 1990～1999 年

1990 年经济增长处于波谷，1992 年达到周期的波峰，峰值为 14.2%，1999 年经济回落到周期的波谷，谷值为 7.6%。在这轮周期中有两个小周期，第一次是 1990～1996 年，1992～1993 年上半年经济生活中出现房地产热、开发区热、集资热、股票热；高投资、高工业增长、高货币发行和信贷投放、高物价上涨；交通运输紧张、能源紧张、重要原材料紧张、资金紧张等现象。1994 年通货膨胀率达到 21.7%，是新中国成立以来物价上涨的最高峰。1993 年 6 月，中央坚持改革与调控相结合，综合运用财政货币政策和各种调控等手段，实行"软着陆"式宏观调控取得成功。第二次是 1997～1999 年，1997～1998 年突发亚洲金融危机，我国政府采取人民币不贬值、不自由兑换，支持香港托市并准备改变交易规则，坚决控制投机资本等措施，实行积极的财政政策和稳健的货币政策，实施"激励"式宏观调控，使我国经济在亚洲金融危机中保持了较快增长。1997～1999 年经济增长率分别为 8.8%、7.8%、7.1%。

3. 第三轮经济发展周期为 1999 年至今并还在延续

1999 年经济开始增长，2003 年经济增长率达到 10.0%，通货膨胀率仅为 1.2%。从 2003 年到 2007 年上半年，投资规模进一步扩大，经济增长加速，经济运行中出现了粮食供求关系趋紧、固定资产投资过猛、货币信贷投放过多、煤电油运供求紧张、物价上涨较快等不稳定、不健康问题。2007 年经济增速 11.5%，达到周期的波峰。2004 年至 2007 年上半年，中央实行了"未雨绸缪"式宏观调控，从 2007 年第三季度开始经济逐季回落，到 2008 年第三季度累计回落 3.6 个百分点，平均每个季度回落 0.7 个百分点，这既是宏观调控的结果，也是受国际金融危机冲击的结果。尽管 2008 上半年地区生产总值增长速度为 11%，通货膨胀率为 8%，但是我国经济受世界经济增速下降和自身处在本轮经济周期回落区间等影响，特别是受国际金融危机影响，经济增速明显下行。

改革开放以来，我国经济增速比同期世界经济增速快 3 倍多。1978 年我国地区生产总值只有 3645 亿元，2008 年达到 300670 亿元，剔除价格因素是 1978 年的 15 倍。我国经济总量占世界经济总量的比例由 1978 年的 1.8% 达到 2008 年的 6%。

进入 21 世纪以来，全球经济在 2005 年美国经济进入新一轮下行周期特别是 2007 年美国发生次贷危机后，逐步开始进入下行状态。

二、国际金融危机对全球发展的影响

这次国际金融危机是 20 世纪 20 年代美国大萧条以来全球化条件下发生的最为严重的金融危机。美国、欧洲、日本三大经济体同时出现负增长，目前国际金融危机仍不能轻言结束。

（一）国际金融危机发展变化情况及产生原因

这次国际金融危机，源于美国次贷危机即次级房贷危机、次债危机，次级抵押贷款机构破产、投资基金被迫关闭、股市剧烈震荡引起的从虚拟经济向实体经济演变形成金融海啸，致使全球主要金融市场出现流动性不足，进而发展成全球性金融危机。

1. 国际金融危机发展变化情况

美国次贷危机是从 2007 年春季逐步显现的。在房地产泡沫不断被吹大的过程中，美国各类金融机构通过资产证券化和所谓的金融创新，放松条件大量发放住房抵押贷款特别是次级抵押贷款，在此基础上通过多次资产证券化衍生出诸如住房抵押贷款支持债券（RMBS）、担保债务权证（CDO）、信用违约掉期（CDS）等金融衍生品，使贷款人与各类金融机构和投资人逐渐形成错综复杂的债务债权关系，将房贷蕴藏的拖欠风险扩散到整个金融体系。2004 年美国经济出现过热，美联储逐步将利率从 1% 上调至 5.25%，房价下跌、次贷违约率上升，2007 年 2 月爆发了次贷危机。2007 年 4 月，美国第二大次级房贷公司——新世纪金融公司破产拉开了金融危机序幕。2007 年 8 月 15 日，纽约股市三大股指大幅下挫，造成美国和世界各地金融市场持续动荡，最终演变成全球金融危机。

2008 年 9 月以来，包括房利美、房地美、雷曼兄弟、美林、高盛和摩根士丹利以及全球最大的保险公司美国国际集团（AIG）在内的金融巨头或破产倒闭、或被其他公司和政府收购接管、或转型为商业控股银行。2008 年 9 月美国三大汽车公司向政府申请巨额贷款，汽车行业陷入金融危机之中，从虚拟经济到实体经济出现了"多米诺骨牌效应"。同时，美国金融危机迅速蔓延到欧洲等其他国家和地区。2008 年 7 月，世界经济"火车头"美、欧、日三大经济体经济进入"再减速"阶段。2009 年初国际金融危机祸延东欧，东欧各国经济剧烈波动。国际清算银行统计，截至 2008 年底，东欧国家外债总额已超过 1.54 万亿美元。

美国金融业损失惨重，2008 年第四季度银行业整体亏损 262 亿美元，银行破产案明显增加，全年共有 25 家银行倒闭，2009 年仅前 2 个月又有 14 家银行破产。金融危机重创《财富》美国 500 强企业，128 家企业亏损总额高达 5193 亿美元。

这次金融危机基本符合 1909 年罗杰·沃德·巴布森提出的"标准的十阶段经济周期模型"，即提高货币利率、债券价格下跌、股票价格下跌、商品价格下跌、房地产价格下跌、货币利率较低、债券价格上涨、股票价格上涨、商品价格上涨、房地产价格上涨，也印证了 1862 年法国经济学家克莱门特·朱格拉指出的萧条的唯一原因是过度繁荣。

2. 美国次贷危机演变成国际金融危机的原因

从现象上看，这次金融危机源于美国利率上升和住房市场持续降温导致美国次级住房抵押贷款大量违约和金融衍生品泡沫破裂，造成流动性全面紧缩，引发全面信用危机后发生金融海啸。从本质上看，是美国等发达资本主义国家宏观经济政策不当、政府监管缺失和不力、企业和民众过度贪婪造成的，是美国建立在低储蓄和负债消费基础上依靠长期负债消费拉动经济增长模式不可持续，是新兴市场和发展中国家建立在高储蓄和外需基础上的出口导向型经济发展模式不可持续，是建立在全球经济失衡基础上的世界经济增长不可持续。

产生金融危机的主要原因，一是美国过度依赖超前消费引发流动性突然中断。近 20 年来美国储蓄率逐年下降，自 2005 年后一直处在负储蓄状态，以资产膨胀型过度消费模式刺激经济增长。2008 年美国总负债达到 53 万亿美元，是其地区生产总值的 4～5 倍，这意味着平均每个居民都有 20 万美元负债。由于美国每年国内生产总值不抵债务增量，必须每天吸纳 25 亿美元的国外资本才能维持自身的流动性，这使美国次贷危机迅速演变成国际金融危机。二是美国政府不当的房地产金融政策为危机埋下了伏笔。房利美、房地美虽是私人持股企业，却享有政府隐性担保特权，其发行的债券与美国国债有同样的评级。从 20 世纪末期开始，在货币政策宽松、资产证券化和金融衍生产品加快创新的情况下，"两房"的隐性担保规模迅速膨胀，其直接持有和担保的按揭贷款和以按揭贷款作抵押的证券由 1990 年的 7400 亿美元猛增至 2007年的 4.9 万亿美元。三是金融衍生品"滥用"，扭曲地拉长了金融交易链条。"两房"购买商业银行和房贷公司流动性差的贷款，通过资产证券化将其转换成债券在市场上发售，助长了贪婪投机行为。次贷危机本是信贷市场问题，经过复杂衍生品，最后变成了证券市场问题。由摩根大通首创的金融衍生产品 CDS（信用违约掉期）拖垮了包括贝尔斯登、雷曼、美林、AIG 和"两房"等众多公司。四是美国货币政策推波助澜。2001 年 1 月至 2003 年 6 月，美联储连续13次下调利率至1%，低利率促成了美国房地产泡沫持续膨胀。在货币政策收紧时，信用最差的次级贷款最早出现了问题，房地产泡沫破灭。同时美联储过度宽松的货币政策也是全球流动性过剩，大宗商品、黄金和石油价格暴涨，全球通胀迅速恶化的原因。

（二）对世界的影响

国际金融危机对世界的影响可以概括为"五变五不变"。一是世界经济增长格局会发生变化，同时发达经济体占经济主导的局面不会短期改变。国际金融危机重挫了美国经济，美国、日本经济实力会有所下降，新兴市场国家和发展中国家经济实力会有所上升，世界经济将向多极化方向转变，但是发达国家在经济科技领域占优势的地位还将长期存在，世界经济格局短期内不会发生根本性改变。二是世界贸易保护主义会有所加剧，同时经济全球化和区域经济一体化不会发生改变。短期内各种形式的贸易保护主义增加，但是以科技进步和生产力全球配置为基础的经济全球化不会逆转，各国经济互相联系、互相依赖继续加强，区域经济一体化进程仍会加快推进。三是国际金融体系会稳步改革，同时美元作为主要国际货币的地位短期不会改变。国际金融危机后多数国家要求改革国际金融货币体系，但是并没有从根本上动摇美国在国际金融领域的实力地位，美元作为主要国际货币的地位在短期内不会发生根本改变。四是政府维护经济发展职责会加强，同时市场在资源配置中的基础性作用不会改变。国际金融危机使越来越多的国家认识到合理的政府干预对于维护市场机制、纠正市场缺陷、防范各类风险、保证经济健康发展是十分必要的，政府对市场经济的监管职能将会加强，但是市场高效配置资源的基础性作用不会改变。五是世界政治格局会逐步变化，同时和平与发展的主题在较长时期内不会改变。国际金融危机使世界大国政治力量对比会有所改变，新的政治秩序将加快构建，世界多极化进程将加快推进，同时随着美国调整外交政策、推行软实力外交，和平解决国际争端的机制有望维持，和平与发展仍是世界主题，相对平稳的国际环境将得到持续。

三、国际金融危机后我国发展战略及中长期发展趋势

党的十七大指出，当今世界正在发生广泛而深刻的变化，当代中国正在发生广泛而深刻的变革，机遇前所未有，挑战前所未有，机遇大于挑战，必须抓住和用好重要战略机遇期。2008年底召开的中央经济工作会议指出，我国发展的重要战略机遇期仍然存在，必须坚持社会主义市场经济的改革方向，坚持对外开放基本国策，坚定不移地推进改革开放和社会主义现代化建设。

（一）我国受国际金融危机的影响及"十二五"和 2020 年前发展环境预测

国际金融危机是对全球经济失衡的强制性调整，是我国改革开放以来在新的国际政治经济环境下第一次和世界经济同步发展中应对国际金融危机。受国际金融危机与我国经济周期性下降影响，2007 年第四季度开始，我国经济增速连续五个季度减缓，2008 年经济增速持续放缓，11 月以后经济加速下滑。我国适时三次调整宏观调控政策，采取了促进经济平稳较快发展的一揽子政策措施，全年地区生产总值增长 9.0%，达到 300760 亿元。较为可喜的是我国银行业保持稳健发展。2008 年银行业实现税后净利润 5834 亿元，同比增长 30.6%；资本回报率 17.1%，比全球银行业平均水平高 7 个百分点以上；全行业利润总额、利润增长和资本回报率等指标名列全球第一。

进入 2009 年，我国经济开始逐季回暖，总体形势好于预期，国民经济运行出现积极变化，总体形势企稳向好。但是经济回升基础还不稳固，外需严重萎缩，经济效益仍在下滑，部分行业产能过剩突出，制约我国经济健康发展的体制机制矛盾依然存在，世界经济环境中不稳定、不确定因素仍然较多。

1. 外部环境的不利方面

短期上，受国际金融危机影响，我国经济增速将明显放缓。一是外部需求将大幅下降。据我国 2002～2007 年出口数据测算，我国出口增长率与美国地区生产总值增长率之间存在正相关关系，美国地区生产总值增长率每下降 1 个百分点，我国出口增长率平均下降 5.2 个百分点。国际金融危机使我国出口主要目的国的需求大幅度减少，外需拉动经济增长的动力明显不足。二是金融风险将依然存在。据国资委对相关企业调查，截至 2008 年上半年，中国持有的美国债券投资组合总额为 1.06 万亿美元，其中 51% 是美国国债，42% 是 GSE（美国政府相关企业）债券，剩余 7% 是企业债券（包括资产支持证券和抵押债务证券等），国际金融危机中中资金融机构有上千亿美元的资产损失。同时，美国增加货币发行量、加快美元贬值将反馈到我国金融业上来。三是就业压力将明显增加。我国 2009 年新增高校毕业生 610 万人，2008 年尚有未落实就业的毕业生 150 万人，城市下岗职工有 830 万人，全国还有约 2000 万失业农民工返乡，考虑就业岗位减少，失业人数增加，2009 年需要新增就业岗位 3000 多万个，而我国经济增长创造城镇新增就业岗位每年大约 900 多万人，就业岗位供需差距非常大。四是社会矛盾将更加集中。中低收入特别是低收入群体生活压力增大。亚洲开发银行指出，2009 年亚太地区贫困人口将超过 6000 万人。经济增速下降会使贫困人口增多，失业人口上升，各种社会矛盾和问题会进一步暴露和集中发生，社会不稳定因素增多。

　　长期层面，包括"十二五"和 2020 年以前，我国外部环境不利因素较多。一是世界经济形势复杂多变。尽管预测世界经济衰退或低迷 3～5 年后将保持较长周期发展，但是世界经济增长的不确定不稳定因素较多，全球经济失衡问题短期内不会有效解决。二是资源能源约束较大。目前我国经济规模已经相当大，又处于工业化加速发展阶段，同时为实现 2020 年全面建设小康社会目标，中国经济必须保持年均 7.2% 以上增速。而我国钢铁、有色金属、电力、化工等 8 个高耗能行业单位产品能耗，比世界先进水平平均高 40% 以上；工业用水重复利用率比国外先进水平低 15～25 个百分点；矿产资源回收率比国外先进水平低 20 个百分点；能源资源"高投入、高消耗、低产出、低效益"发展方式没有根本转变。我国人均拥有资源量极低，消费量较大，石油、煤炭、天然气人均储量不足世界人均值的 1/10，主要金属人均储量不足世界人均值的 1/4，能源、铁、铜、铝消费量分别占全球消费量的 1/6、1/3、1/5、1/3，到 2020 年我国石油、天然气、铁、铜、铝需求缺口均将超过 50%。我国近 2/3 的城市不同程度缺水，受水量和水质影响的城镇人口近 1 亿。三是我国被动承担国际责任增大。国际社会要求我国在应对能源安全和气候变化、粮食安全、法治、反恐、维和、贫困和疾病等诸多方面承担的任务增多。尽管我国已经成为世界第三大经济体，但是我国人均国内生产总值排在全球第 86 位，承担过多的国际责任将增加我国经济发展的成本和加剧发展中的问题。四是大国间和周边政治环境复杂。我国经济快速发展使一些大国、周边国家对我国和平崛起心存疑惧，大国利用我国地缘政治进行暗中角力，不断制造各种摩擦。某些国家和海外"三股势力"图谋西化、分化我国的贼心不死。同时，非传统安全威胁较大，在海外华人、华商利益保护问题增多。

　　2. **外部环境的有利方面**

　　国际金融危机给我国经济发展创造了难得的战略空间和良好机遇。一是经济全球化和区域经济一体加快推进，将有利于我国在世界多极化发展中崛起。当前经济全球化趋势不可逆转，国际分工和产业转移加快。国际金融危机后，各国要求改革金融货币体系、修改完善经济全球化规则，有助于我国更多地分享受经济全球化利益和参与经济全球化规划制定。从经济大国需要具备的"三个 5%"标准看，即国内生产总值占世界生产总值的 5% 以上、对外贸易总额占世界贸易总额的 5% 以上、本国货币是国际储备货币并且占世界外汇储备总额的 5% 以上，我国在世界经济发展变化中崛起的进程可能加快。二是世界大宗商品及生产要素价格下跌，为我国利用国际资源提供了较好条件。国际市场上在较短时期内能源和自然资源产品、技术、资金、设备等价格较大回落，我国外汇储备和企业相对资金充裕，有利于我国利用国际各种要素资源。三是产业转移和技术进步加快，将有利于我国经济的长远发展。一个国家经济长期持续增长，必须建立在包括体制创新、结构调整和科技创新在内的广义技术进步的基础上，这已经得到了现代经济增长理论证明。发达国家制造业和高新技术产业的生产加工甚至部分非核心研发环节继续向有成本和市场优势的发展中国家转移，国际产业从投资高危险国家向投资环境良好国家加快转移，全球跨国企业战略性兼并重组和战略性投资加快，为我国承接先进生产力转移提供了良好机遇。更重要的是我国可以借此引进人才、技术，以提高我国自主创新水平。四是有助于我国进一步调整生产力布局，缩小地区和城乡差异。我国经济能够保持30年高速增长，重要原因是我国巨大的战略空间相继释放出的巨大经济能量。目前，我国产业升级转型加快、产业加速向中西部转移扩散，以空间变换为载体的产业变换有利于推动我国经济发展，有利于改善我国地区发展差距。五是在经济调整中实施扩大消费的政策措施，有助于加快改善国民收入分配格局。我国实施扩大内需的政策措施，需要增加居民收入，尤其是要改善低收入居民的收入，这对收入分配差异扩大化形成倒逼机制，使国民最终需求中投资和消费比例关系趋向合理，使拉动经济增长的三大需求更加协调。六是进一步完善市场经济体系，有利于以市场化带动工业化、城镇化加快发展。市场化改革是推动我国经济增长的基本动力。我国坚定不移继续推进改革开放，进一步完善社会主义市场经济体制，着力构建充满活力、富有效率、更加开放、有利于科学发展的体制机制，进一步完善社会主义市场体系，市场自发调节经济发展能力不断增强，有利于带动我国加快推进工业化、城镇化进程。

有关预测对我国经济发展充满信心。南开大学发布"南开指数"预测，我国经济本轮周期的谷底出现在2009年第一季度，2009年下半年以后经济逐步复苏，2009年末或2010年初景气指数将回升到100点以上，中国经济会进入新一轮增长周期。2009年4月，联合国发布的《2009年世界经济形势与展望》指出，2008年中国对全球经济增长的贡献度达到22%，2009年将进一步增至50%，中国经济将保持平稳较快增长。

综合判断，国际金融危机使我国的发展环境发生明显改变，挑战与机遇前所未有，总体上是重大的发展机遇。我国经济仍保持"两个没有根本改变"，即经济发展的基本面没有根本改变，经济发展长期向好的趋势没有根本改变。目前我国经济发展正处于企稳回升的关键时期，有望率先实现恢复性较快增长。同时我国经济增量在未来几年世界经济增量中所占的比例将会最大。

从我国经济周期变化趋势看，经济周期逐渐从短周期向中周期过渡，周期时间延长，波动幅度减缓，波峰和波谷的位势从"高位型"向"中位型"转变。走出低谷后，我国经济较长时期将以增长型周期为主，经济发展的长周期有可能延续到 2020 年左右。

（二）我国应对国际金融危机及今后发展战略措施分析

按照发展经济学对经济成长阶段的一般划分，人均国内生产总值在 400 美元至 2000 美元为经济起飞阶段，2000 美元至 10000 美元为经济加速成长阶段。2008 年我国突破了被视为国家成长阶段转折点的人均国内生产总值 3000 美元，工业化和城镇化加速推进、消费和产业加快转型升级，与发达国家相比第三产业和消费需求比重都低了 30 个百分点左右，投资增长、工业增长和城镇化建设仍将长期存在，经济有很大的结构性增长空间；城乡之间、地区之间经济发展差距很大，有增长潜力和动力；人均国内生产总值仍大大低于发达国家，经济增长空间很大；劳动力成本还比较低，农村市场潜力很大，国内市场整体回旋余地巨大，在战胜国际金融危机后经济自身发展将进入较快增长的长周期。

2007 年，我国全面小康社会实现程度达到 72.9%，第一次现代化已达到 68.5%，以知识经济和工业经济为主的第二次现代化进程明显加快，我国经济正从传统发展模式向科学发展模式转变。"十一五"前三年，我国经济保持了较快发展，经济社会发展的部分预期指标基本完成，预计能够完成"十一五"预期目标。"十二五"是推进全面小康社会建设的关键阶段，也是实现发展方式转变的攻坚阶段。改革开放以来，我国经济发展在需求上主要依靠投资拉动、产业上主要依靠工业拉动、要素上主要依靠物质资源消耗拉动的阶段性特征明显。要实现 2020 年全面建设小康社会目标，决定了今后我国经济发展必须在加快转变经济发展方式、完善社会主义市场经济体制方面取得重大进展，必须走科学发展、和谐发展和安全发展之路。

从"十一五"以来，特别是应对国际金融危机以来，我国按照科学发展观的要求，采取的比较鲜明、带有方向性的重大战略和措施有：

一是坚持把扩大内需要作为长期发展战略。我国外贸依存度在 60% 以上，外需变化带来的经济风险较高。扩大内需将是我国经济发展长期坚持的一项战略方针。我国正在利用国际经济结构调整形成的倒逼机制，在有效改善外需的同时把经济增长的立足点更多地放在扩大国内需求上，加快形成主要依靠内需特别是消费需求拉动经济增长的格局。

二是坚持把提高自主创新能力作为国家发展战略的核心。在国际金融危机影响下，具有自主知识产权、技术水平较高、产业层次较高的产业企业受到影响较小。对照建设创新型国家标准，即研发投入占国内生产总值比重达到 2.5%、科技成果对经济增长贡献率达到 70%、技术对外依存度低于 30%，2007 年我国这 3 个指标分别是 1.4%、39%、60%。我国已提出到 2020 年把研发投入占国内生产总值的比重提高到 2.5% 以上，加大实施科教兴国战略、人才强国战略、可持续发展战略，加快建设一批国家级实验室、研发中心和区域性创新中心，加进推进技术创新、制度创新、产业创新，通过原始创新、集成创新和引进消化吸收再创新支撑产业提升发展层次和水平。

三是坚持加快转变发展方式和调整经济结构。国家制定出台的汽车、钢铁、纺织、装备制造、船舶、电子信息、轻工业、石化、有色金属和物流业等十大产业调整振兴规划，主要是通过推进经济结构战略性调整、促进产业升级转型、转变经济发展方式来提升产业抵御风险能力、整体竞争能力。同时加快发展以金融业、文化产业、创意产业、旅游业、物流产业等为重点的现代服务业以及新能源产业、环保产业、高技术产业、新材料产业和生物医药和航空航天等战略性产业。我国坚持立足国内粮食基本自给的方针，采取多种长期性、战略性措施确保国家粮食安全。

四是坚持以区域经济协调发展和区域整合获取新一轮经济增长的巨大动力。区域经济是宏观经济的战略支撑。世界知名的城市群经济圈对国民经济的贡献率大都接近 70%，我国三大城市群地区生产总值对全国经济总量的贡献率只有 36.4%（1/3 强）。区域经济结构与产业经济结构升级将是启动新一轮经济增长周期的重要内生动力。我国主导经济发展的两条战略主线，一个是加快优化调整产业结构和促进产业升级转型，提升产业推动经济增长的动力；另一个是加快区域整合，统筹区域经济协调发展，以区域经济增长带动宏观经济发展。我国已制定了促进长三角、珠三角地区改革发展规划纲要等区域政策措施，加快打造若干拉动区域增长的动力源。

五是坚持以改善民生为重点构建和谐社会。越是困难时期越是加强和改善民生，注意解决社会矛盾和问题，把维护稳定作为第一责任。我国将加快推进社会体制改革，扩大公共服务，完善社会管理，促进社会公平正义，着力扩大就业，全力维护社会稳定，推进人权事业发展，努力推动和谐社会建设。

六是坚持以加强基础设施和生态文明建设为重点提高可持续发展水平和

保障能力。我国将着力加强重大基础设施和基础产业建设，为长远发展打基础、增后劲。生态文明是十七大提出的重大任务。难度较大的是节能减排工作，节能 2009 年和 2010 年每年必须递减 6.83% 以上；减排 2009 年和 2010 年每年必须递减 1.73% 以上。

七是坚持改革开放，着力构建充满活力、富有效率、更加开放、有利于科学发展的体制机制。我国继续推进经济体制、政治体制、文化体制、社会体制改革创新，加快重要领域和关键环节改革步伐，不断完善适合我国国情的发展道路和发展模式。坚持对外开放基本国策，拓展对外开放广度和深度，提高开放质量，完善内外联动、互利共赢、安全高效的开放型经济体系，加大保护我国企业在国外的合法利益。

八是坚持积极参与经济全球化和区域经济一体化，拓宽我国发展空间。我国将抓住机遇在更高层次、更广范围、更深领域上全面参与经济全球化和区域经济一体化并在其中发挥重要作用。同时加快建设具有中国特色的价值体系和核心思想，弘扬中华文化，增强我国文化文明的影响力。

四、国际国内环境变化对内蒙古发展的影响

"十五"以来特别是 2002 年以来，内蒙古经济增长连续 7 年保持全国领先，逐步完善了科学发展的新思路，初步奠定了科学发展的新基础，开始形成了科学发展的新机制，开创了经济社会全面发展、重点领域实现赶超的新局面。

受国际金融危机和我国经济周期性下行影响，内蒙古经济发展明显放慢，特别是 2008 年下半年内蒙古经济下滑较快。2008 年全区地区生产总值增长 17.2%，同比回落 1.9 个百分点。2009 年以来，内蒙古认真贯彻中央扩大内需、保持经济平稳较快发展的一揽子政策措施，积极出台促进经济增长的政策措施，经济增长逐步回升。一季度全区地区生产总值增长同比增长 15.8%，比上年第四季度提高 0.6 个百分点，财政总收入增长 34.4%，增速保持全国领先。2009 年上半年，全区完成地区生产总值 3512.8 亿元，居全国第 15 位，总体上经济保持了较快发展但增长势头不稳定，经济发展面临的短期问题和长期矛盾相互交织，保持经济又好又快发展和维护社会稳定的压力增大。

"十一五"前三年，内蒙古经济保持了年均 18.4% 的增速，比预期目标高 5.4 个百分点，21 项经济社会发展预期指标中有 16 项指标达到或超过了规划进度要求，提前实现了经济总量进入全国中等行列的目标，为如期完成"十一五"规划目标任务创造了条件，为"十二五"经济社会发展和 2020 年

全面建成小康社会奠定了基础。

国际金融危机是危机，更蕴藏着重大的发展机遇。内蒙古人均地区生产总值已达到 5000 美元，近年来经济保持较好发展态势，正处于工业化和城镇化加快推进、经济结构加快调整的发展阶段，内蒙古外部发展挑战和机遇并存，总体上机遇仍然大于挑战。在世界经济联系日益紧密、内蒙古经济开放度不断提高的情况下，国际金融危机发生后，内蒙古经济发展面临的国际发展环境复杂多变，短期内经济发展环境不利因素较多，在"十一五"后两年面临的困难较多，但是仍然有很多发展机遇；长期上内蒙古经济发展面临的机遇较多，在"十二五"和 2020 年以前，可以预测到的区内外发展环境总体上对内蒙古发展比较有利，内蒙古能够继续发挥优势实现较长时期、更好质量、更高水平的发展。

（一）外部环境变化对内蒙古经济发展的有利影响

（1）我国经济发展将率先走出国际金融危机的影响，有可能保持较长时期的经济增长周期，为内蒙古经济发展提供了较好的国内发展环境。在国际金融危机影响下，尽管我国经济增速放缓，但是仍保持比较稳定增长。据经济学家研究，我国经济保持 8%～10% 的增速对我国经济社会稳定健康持续发展有利，引发的问题较少，经济过热和过冷都非常有害。从长期看，我国宏观调控政策也保持经济在合理增长空间内运行。从当前发展态势和长期发展趋势看，我国经济逐步回升，已处在企稳回升的关键时期，实现全年保持 8% 的预期目标很有希望，走出低谷后将保持一个较长周期的增长。内蒙古经济外向度较低，经济发展主要依赖国内市场，国内良好的经济发展环境为内蒙古经济社会发展提供了很好的保障。同时，内蒙古能源资源富集，资源性产业规模较大、实力较强，在内蒙古经济处于上升周期时，内蒙古经济随之将保持较快发展。

（2）经济全球化和区域经济一体化深入发展，我国经济将更全面地融入国际经济体系并逐步在世界经济格局发挥更加重要的作用，与新兴市场国家和发展中国家经济贸易合作更加深入，特别是与俄罗斯、蒙古国等周边国家的经济技术合作将更加密切，为内蒙古提供了更为广阔的发展空间。内蒙古与俄罗斯、蒙古国接壤，是连接欧亚大陆的大通道，有公路、铁路、水运、空运等一、二类口岸 19 个。这有利于内蒙古充分发挥区位优势，大力实施互利共赢开放发展战略，坚持"引进来"和"走出去"相结合，统筹推进对内对外开放，构筑全方位、宽领域、多层次对外开放新格局，提高开放型经济发展水平。

（3）国际国内科技进步日新月异，以先进制造业和现代服务业以及高技术产业为主导的产业结构大调整格局正在形成，国际国内产业转移、产业升级进一步加快，特别是在金融危机下企业联合重组转移速度加快，为内蒙古发挥资源优势，承接产业转移，提升产业分工地位，发展壮大产业集群，培育发展新产业，转变发展方式，优化经济结构带来了战略机遇。内蒙古经济主要是工业拉动型经济，工业增加值占地区生产总值的48.9%，工业内部结构单一，六大优势特色产业增加值占全部工业增加值的85%以上，六大优势特色产业中主要是能源、农畜产品加工和冶金中的钢铁产业发展较好，高新技术、先进制造业等产业比重较小，轻重工业比例不够协调，企业组织结构不够合理，整体上产业竞争实力不强、抗风险能力不高。内蒙古第三产业占地区生产总值的比重从2005年的39.4%下降到2008年的33.3%，中小企业和非公有制经济发展较慢。国际国内产业加快转移，有利于内蒙古充分利用现有产业基础、发展成本、资源环境等优势承接先进生产力，有利于内蒙古提高产业发展水平、优化生产要素配置、弥补经济薄弱环节、改善经济结构、提升经济综合实力。

（4）我国以区域经济作为推动经济增长新动力，长三角、珠三角等加速区域融合和优化区域分工，大区域发展战略逐步加强，为内蒙古加强区域经济合作，承接发达地区科技、人才、资本等生产要素和发展空间提供了良好的契机。发挥后发优势，关键在科技、人才等先进生产要素。科技是第一生产力，人才是第一资源，实现内蒙古从资源大区向经济强区转变，必须形成科技、人才、资本等先进生产要素流入区。随着产业向内蒙古加快转移，先进生产要素必然加快流入，有利于内蒙古依靠吸引科技、人才、资本等先进生产要素的政策措施加快提高科技发展水平、提高自主创新能力、改善人才队伍、提高区域竞争软实力。

（5）我国把扩大内需作为长期发展战略，加强基础设施建设、加强社会事业发展和支持产业升级转型，加快建设交通、信息、通信、电网、油气管道等支撑经济发展的"通道建设"，将有利于内蒙古经济保持长期向好发展、有利于基础设施更新改造和建设、有利于减少发展成本、有利于促进不同区域合作。内蒙古连续7年经济增长居全国领先地位，但是由于历史欠账多、地域面积大、发展不均衡，发展基础仍然比较薄弱，同时内蒙古城镇化水平较低，城镇基础设施和功能不完善，城镇建设任务较多，特别是农牧业生产力发展水平较低，农牧业抗灾减灾能力不强，农牧业规模化、集约化、优质化、现代化程度不高，制约农牧业发展因素较多，农村牧区基础设施建设、社会事业建设任务较重，这决定了内蒙古在相当长的时期内仍然以投资拉动经济增长为主。国家扩大内需，进一步加强基础设施和基础产业建设，加强农村牧区基础设施，加强社会事业和民生工程，有利于内蒙古改善经济发展中的"短板"，有利于统筹城乡、区域经济社会协调发展。

（6）国家继续实施西部大开发战略、振兴东北等老工业基地战略，继续实施一系列促进民族地区加快发展的政策措施，为内蒙古提供了得天独厚的政策环境。随着西部大开发扶持产业政策调整加大、内蒙古东部盟市正式享受振兴东北等老工业基地政策、国家加大扶持民族地区边疆地区贫困地区力度，内蒙古经济社会发展的政策环境比较好，有利于内蒙古进一步改善生态环境、加强基础设施建设、发展壮大特色优势产业、发展民族事业，有利于内蒙古争取更多具体政策促进经济社会发展。

（7）我国加快建设和谐社会，有利于内蒙古加强经济社会发展的薄弱环节，提高内蒙古协调发展水平和可持续发展水平。内蒙古经济社会发展不平衡，相对经济发展社会发展较慢，社会事业总体水平不高，人民群众的生产生活条件特别是农牧民生产生活条件有待进一步改善，社会保障水平较低，民生工作面临的任务较重。2008 年，内蒙古人均地区生产总值为全国平均水平的 142%，而城镇居民人均可支配收入和农牧民人均纯收入分别为全国平均水平的 91.4% 和 97.8%，不同群体收入水平差距较大，全区仍有 100 多万绝对贫困人口，促进社会公平正义任务较重，维护社会稳定和谐的任务在特定区域特殊时期比较突出。发展经济的目的是为了改善和提高人民生活水平。国际金融危机发生后，我国更加重视和谐社会建设，更加重视维护社会稳定，更加关注和改善民生，这有利于内蒙古借助国家政策加强以改善民生为重点的社会建设，有利于建立健全保障民生长效的机制，使人民更幸福、社会更公平。

（8）我国坚定不移地推进改革开放，改革制约经济社会发展的深层次矛盾力度加大，开放的范围领域逐步扩展和方式多样化，为内蒙古长远发展提供了良好的体制机制环境，为内蒙古发挥区位优势，全方位扩大对外开放，实施走出去战略，打造欧亚大陆桥提供了机遇。促进经济平稳较快发展，离不开生产要素的投入，更要靠体制机制的创新。我国抓住国际金融危机有利于改革的时机，推出资源性产品价格改革、财税金融体制改革等多项改革，统筹扩大内需和开拓外需，努力提高对外开放水平。这些改革开放措施以及国际金融危机形成的倒逼机制，为内蒙古逐步建立有利于科学发展的体制机制、加快淘汰落后产业、提升产业素质提供了良好机遇，有利于内蒙古结合实际加快深化改革，努力扩大开放，尽快构建充满活力、富有效率、更加开放、有利于科学发展的体制机制。

（二）外部环境变化对内蒙古经济发展的不利影响

在外部环境改变的情况下，一方面对内蒙古经济发展带来新的不利影响，另一方面使内蒙古经济社会发展中原已存在的问题和矛盾会有所增多和加重。一是经济发展短期内面临的外部环境将使经济增长速度明显放慢，发展的质量和效益明显降低。二是短期内六大优势特色产业突出面临产能过剩或生产不足，部分企业生产经营困难，产业发展艰难，企业面临重组调整，六大优势特色产业受到较大冲击。由于产业结构相对单一、产业不够多元、产业链条不长、产业配套发展和集群式发展不够，外部环境改变使产业抵御风险能力不高。短期内招商引资困难增大，经济发展的新增长点不多。三是内蒙古以大型企业、资本密集型产业为主的产业结构，以先进制造业、高新技术产业、科技进步为特点的产业升级趋势，以新能源、新材料、生物医药为主的新兴产业，均存在吸纳就业能力不强的特质，导致就业困难将在一定时期内继续存在。四是生态环境保护建设任务仍然较重，节能减排压力较大，基础设施建设和更新改造需求较多，水资源等战略性资源支撑经济发展压力过大。五是城乡居民增收难度加大，贫困人口较多，社会不稳定因素增多，和谐社会建设难度增大。经济增长与城乡居民增收没有形成同步增长机制。六是区域发展差距长期存在，优势地区对落后地区形成事实上的"挤出效应"使城乡之间、盟市旗县之间协调发展难度较大。

"十二五"和2020年以前，内蒙古将处于建设全面小康社会的关键发展阶段。胡锦涛总书记在2007年视察内蒙古时指出，内蒙古这些年经济增长速度比较快，没有发展速度的压力，有条件在经济结构调整等方面下工夫。在国际金融危机影响下，"十二五"期间，实现内蒙古经济又好又快发展，必须科学准确提出内蒙古发展的目标、思路、任务和措施，必须把提高经济发展质量和效益放在更加重要的位置，在困难中提高经济素质，在困难中提高协调发展水平和可持续发展水平，下更大力气调整经济结构、转变发展方式，坚决克服不计发展成本和代价、不考虑自身发展条件盲目追求快增长而忽视好增长的做法，坚决摒弃唯地区生产总值论英雄而不注重支撑发展的构成因素的做法。要切实把资源优势、后发优势、区位优势、地广人稀优势等比较优势转化为产业优势、环境优势和经济优势，大力实施科教兴区、人才强区战略，坚持走新型工业化道路和特色城镇化道路，加快产业转型升级，促进三次产业协调发展，统筹经济社会协调发展，加快形成国家北方重要的一条经济隆起带，建设国家生态安全屏障、北疆安全稳定屏障"两大屏障"，维护国家能源安全、粮食安全"两个安全"，建成国家重要的战略性能源基地、绿色农畜产品生产加工基地、冶金化工基地、先进制造业基地、高技术产业基地"五个基地"，到2010年使一个综合实力较强、经济结构合理、地区特色鲜明、社会稳定和谐、充满生机活力的内蒙古崛起在祖国北疆。到2015年，在本世纪前10年保持较好较快发展的基础上，再保持5年又好又快发展，自治区经济社会发展力争有更好的发展成就，总体上进入国家各省市中等行列。到2020年，与全国一道全面建成小康社会。从远期目标上，争取实现"走进前列"和"成为重要支点"的目标。

五、对内蒙古经济社会发展的建议

在国际金融危机新形势下，站在新的历史起点上，内蒙古要实现近期、中期发展目标，必须着力解决制约内蒙古经济社会发展的突出矛盾和深层次问题，认真研究符合科学发展要求、符合内蒙古实际、符合国家大政方针的战略思路和政策措施。

（1）加快完善有利于科学发展的产业政策。内蒙古六大优势特色产业发展初具规模，非资源型产业加快发展，新的产业不断出现。要认真分析产业发展存在的问题，结合主体功能区规划，按照不同产业、不同地区制定比较稳定的产业指导政策，对鼓励类、允许类、限制类和禁止类产业进行细化，引导产业差异化发展，防止产业政策随意变动，防止产业趋同、无序竞争。对同一产业的不同所有制、不同地域的业主给予同样的政策，对拥有自主创新技术、技术装备达到国际国内同行业先进水平、节能环保、经济效益好、拉动就业能力强的各类产业研究给予更多的优惠政策，比如可以采取以煤炭、有色金属等优势资源配置发展新兴产业和高技术产业等。

（2）加快建立比较规范合理的投资政策。内蒙古是典型的投资驱动型经济增长模式，固定资产投资的规模大小对地区经济增长有着举足轻重的作用。提高固定资产投资效益是支撑经济较好较快发展的关键。从内蒙古近年来建设项目投产率、固定资产交付使用率、固定资产投资效果系数以及能耗系数和就业弹性等间接性指标分析，投资效益还比较低，投资拉动经济增长与就业增长之间出现了"背离"现象，究其原因是投资管理体制不完善、重复投资造成的无效生产力、投资区域产业结构不平衡等。今天的投资结构就是明天的产业结构，要从投资入手转变发展方式，调整经济结构，进一步完善投资体制改革，建立规范合理的投资政策，引导资金投向鼓励类、允许类产业，投向不同领域、不同地区，吸引更多资金投入到重大基础设施建设、生态保护建设、农村牧区生产生活和公共基础设施建设上来。特别要规范政府投资行为，以建立公共财政体制为目标，建立公开透明的财政管理制度，强化预算管理，提高财政资金引导作用和投资乘数效应。

（3）加快建立健全比较发达的金融资本市场。金融是现代经济的核心。和发达省市相比内蒙古金融资本市场还不完善、不健全，地方和区域性金融业实力较弱，农村牧区金融机构较少，村镇银行刚刚起步，总体上资本市场发育较慢，对经济的支撑能力较差。要制定政策，大力引进银行业、保险业、证券业、期货业，积极培育地方性商业银行、投资担保公司和村镇银行，优化金融业合理布局，促进金融资本市场健康发展。

（4）加快建立统一规范的资源开发利用政策。内蒙古能源资源丰富，以市场配置资源的机制基本建立。但是在配置资源的政策上，各地差别很大。要加快制定明确的全区统一规范、以市场配置为主、以公开招投标和拍卖等方式为主的资源开发利用政策，防止低水平开发和地方政府随意配置或变相随意配置资源以及人为操纵资源。

（5）加快建立促进区域经济协调发展的政策。区域发展不平衡是经济发展中的常态，但是区域发展差距过大也不正常。要制定促进县域经济协调发展的政策，探索实行自治区直管县，扩大旗县经济自主权，扩大财政一般性转移支付规模，尽快调整国家扶持贫困旗县范围，采取盟市内先进旗县与落后旗县结对子办法扶持落后旗县发展。要建立促进区域协调发展机制，对资源禀赋差、经济发展慢的盟市，可以采取"飞地经济"的办法，在资源富集地区划出一定的资源由双方共享，可以在先进盟市与落后盟市之间建立产业协作制度和干部交流制度，缩小不同区域经济发展差距。要加强城镇建设步伐，在抓好大中城市发展的同时，采取有效措施加快中小城镇建设，形成合理的城镇化体系，打造区域经济增长极。

（6）加快建立配套的科技、人才、教育政策。要统筹考虑科技、人才、教育等政策，制定有利于自主创新、科技推广、科学普及的科技政策；制定有利于培养现有人才、引进高层次人才、培训专用技术和职业技术人才的政策，整合人才培训力量、资金和渠道，建立多层次的人才市场；认真落实国家教育方针，制定有利于教育资源合理配置、提高素质教育的教育政策。

（7）进一步完善对外开放政策。内蒙古是向北开放的前沿，是两条欧亚大陆桥的桥头堡。要在国家政策允许的范围内，进一步完善对内对外开放的政策，积极开放更多的口岸，积极建立自由贸易区、加工贸易区和保税区，支持国内大企业走出去利用俄蒙资源在内蒙古有条件边境地区投资建厂，积极扶持内蒙古有条件的企业走出去开发利用境外资源。

（8）进一步加强推进体制机制改革。内蒙古经济发展面临的体制机制矛盾多，必须加快构建充满活力、富有效率、更加开放、有利于科学发展的体制机制，以制度建设焕发经济发展活力。要以完善社会主义市场经济体制为目标，加快推进和完善资源性产品价格、公共财政管理体制、投资体制、农村牧区综合配套等改革，增强改革措施的协调性。要进一步推进医疗卫生体制、财税金融体制、文化体制改革、社会管理体制、政府管理体制、投资管理体制等体制机制，以体制机制创新增强经济发展动力活力。

分报告二 经济增长前景分析

一、"十一五"前三年内蒙古经济增长情况

"十一五"时期以来,在自治区党委、政府的领导下,以邓小平理论和"三个代表"重要思想为指导,以科学发展观统领经济社会发展全局,认真执行国家宏观调控政策,继续深化改革,扩大开放,调整优化经济结构,加快转变发展方式,推进社会主义新农村新牧区建设,加速农牧业产业化、新型工业化和城镇化进程,强化生态和基础设施建设,坚持以人为本,努力构建社会主义和谐社会,克服各种不利因素影响,抢抓机遇,积极作为,经过全区上下的共同努力,经济社会实现了又好又快的发展,发展的稳定性、协调性和可持续性进一步增强。

(一) 整体经济运行趋势

进入"十一五"以来,随着改革开放进程的加快,市场经济体制的建立和逐步完善,内蒙古经济增长波动幅度大大减小,并且保持在较高水平的平稳增长。全区综合经济实力跃上新台阶。全区生产总值2008年达7761.8亿元,2006年至2008年年均增长18.3%,连续7年增速居全国第一。2008年全区人均生产总值达到32214元,人均生产总值年均增长18.0%。财政收入进一步增加。2008年地方财政总收入达到1107.31亿元,年均增长27.3%。固定资产投资继续增加。2008年,全社会固定资产投资达到5596.45亿元,年均实际增长27.7%。2008年,社会消费品零售总额达2363.33亿元,比2005年增长75.8%,年均实际增长20.7%。人民生活更加殷实,2008年,城镇居民人均可支配收入达到14431元,农牧民人均纯收入达到4656元,分别比上年增长16.6%和17.8%。年均实际分别增长12.4%和11.4%。

在主要约束性指标也有所改善。2008年全区单位地区生产总值能耗为2.16吨标准煤/万元,2006年、2007年、2008年分别比上年下降2.8%、4.2%和6.3%,三年均下降4.4%,2008年降幅居全国第7位。减排方面,2007年化学需氧量排放量和二氧化硫排放量分别比上年下降3.46%和6.5%。

2008 年底，全区参加企业基本养老保险人数达到 389.47 万人，参加基本医疗保险人数 373.7 万人，均已完成规划目标的 95% 以上。三年新增城镇就业人数 64.4 万人，城镇登记失业率和人口自然增长率控制在规划目标范围内。

（二）三次产业及其内部结构变化情况

"十一五"以来，全区经济持续快速健康发展，是在经济结构不断优化升级的基础上实现的。

从三次产业结构来看，二、三产业占地区生产总值的比重由 2005 年的 84.9% 提高到 2008 年的 88.3%，提高了 3.4 个百分点。从农牧业内部结构看，畜牧业产值占第一产业的比重由 2005 年的 45.4% 上升到 2008 年的 45.9%，其中农区的畜牧业比重已占到了 70%。全区牛奶、羊肉、羊绒产量均居全国首位。从工业内部结构看，大力推进新型工业化，充分发挥后发优势，以经济结构调整为主线，积极引进国内外资金技术，加大重点工业项目投资力度，培植和壮大了一批优势特色产业集群，推动了全区工业经济从工业化初期阶段跨入工业化中期加速阶段的历史性跨越。2005 年至 2008 年，全部工业增加值由 1477.88 亿元增加到 3798.6 亿元，年均增长 27%，占地区生产总值的比重由 37.9% 提高到 49%。全区乳制品、液体乳、羊绒衫、稀土化合物产量均居全国第 1 位，原煤产量居第 2 位，发电量由第 9 位进入全国第 4 位。拥有鄂尔多斯、蒙牛、伊利、河套（面粉、酒）等中国驰名商标，成为中国西部获得中国驰名商标最多的省区之一。2008 年，能源、冶金、化工、装备制造、农畜产品加工和高科技六大优势产业增加值已占全区工业增加值的 90%。与此同时，内蒙古第三产业在优化产业结构、吸纳就业人员，方便人民生产生活中，发挥着越来越重要的作用。第三产业增加值由 2005 年的 1532.78 亿元增加到 2008 年的 2583.79 亿元，年均增长 15.7%，明显快于同期全国第三产业 11.4% 的平均水平。2006～2007 年两年间，第三产业新增就业人数 10.7 万人。随着消费结构的不断升级，住房、汽车、旅游等新的消费热点形成，刺激消费需求持续扩大。2008 年，社会消费零售总额达 2363.3 亿元，年均增长 20.7%。在内蒙古的小肥羊等一批全国知名连锁餐饮企业的迅速发展带动下，为餐饮业提供物流配送的服务业走进了全国前列。

多种所有制经济共同发展的格局基本形成。目前全区非公有制经济增加值占地区生产总值比重为 42% 左右，比 2000 年上升近 20 个百分点以上。非公有制经济已成为支撑国民经济的重要力量。

从城乡区域发展格局看，城镇化进程不断加快。经济的发展为加快城镇化进程提供了有利条件，城镇的建设和产业的发展为劳动力向城镇转移奠定了基础，城镇化水平明显提高，2008 年末全区城镇人口 1248.26 万人，占全区总人口的比重为 51.7%，比 2005 年提高 4.5 个百分点；2008 年城市的建成区面积 885.42 平方公里，比 2000 年扩大了 50%；城市人口密度由 289 人/平方公里增加到 622 人/平方公里。

（三）投资、消费、出口三大需求情况

经济的增长分为供给拉动型经济增长和需求拉动型经济增长。从经济增长的主要动力供需双方来看，我国的经济增长是以 1998 年为分水岭的。1998 年之前我国的经济增长主要是由计划经济向市场经济体制的制度改革带来的；1998 年之后经济的增长主要由三大需求拉动，从供给型经济增长向需求拉动型经济增长转变。由 2000 年以前主要依靠消费拉动经济增长逐步转变为消费、投资"双轮"驱动经济增长。剖析内蒙古经济快速增长的动力，我们可以从分析构成生产总值的投资、消费和净出口（即国民经济核算中的固定资产形成总额、最终消费和净出口）三大需求入手。

（1）从地区生产总值构成看，投资和消费此消彼长，周期性变化。从投资、消费和净出口占地区生产总值的比重看，消费和投资构成了地区生产总值的主要部分。2003 年以前，消费率高于投资率。但从 2003 年开始至今，消费率由 2002 年的 58.5% 下降到 2007 年的 43.2%，而对应地，投资率由 2002 年的 44.4% 上升到 2007 年的 73.8%。我们可以看出消费与投资此消彼长、周期性变化的规律。尤其是 2003 年以来，全区固定资本形成率连续 6 年超过最终消费率，有力地推动了内蒙古经济持续快速增长。

表 2-1 内蒙古投资率、消费率和净出口率　　　　　　　　单位:%

年份	消费率	居民消费率	政府消费率	投资率	净出口率
2002	58.5	70.0	30.0	44.4	-2.9
2003	52.6	67.4	32.6	56.1	-8.7
2004	49.1	64.5	35.5	64.0	-13.1
2005	46.5	66.2	33.8	73.0	-19.5
2006	44.0	65.0	35.0	71.6	-15.6
2007	43.2	64.4	35.6	73.8	-17.0

资料来源：据《内蒙古统计年鉴》（2008）计算。

（2）从对经济增长的贡献看，投资和消费的拉动作用周期性变化特征明显。"十五"时期以来，内蒙古消费、投资对经济的拉动作用的周期性变化较为明显，投资的周期长度基本上在 5 年左右，消费对经济的拉动作用相对稳定，周期长度相对长一些。

表 2 - 2 内蒙古消费、投资和净出口对经济增长的贡献

年份	地区生产总值年均增长%	消费对地区生产总值增长		投资对地区生产总值增长		净出口对地区生产总值增长	
		拉动	拉动率%	拉动	拉动率%	拉动	拉动率%
2000	10.8	4.9	45.8	3.6	33.6	2.2	20.6
2001	10.7	6.3	59.4	2.1	19.8	2.2	20.8
2002	13.2	9.5	71.7	11.1	84.1	-7.4	-56.1
2003	17.9	4.8	26.6	22.3	124.6	-9.2	-51.2
2004	20.5	4.8	22.8	22.5	107.6	-6.8	-33.2
2005	23.8	6.0	25.2	26.5	111.3	-7.4	-31.1
2006	19.0	6.5	32.7	13.2	70.6	-0.7	-3.7
2007	19.1	8.2	42.9	17.0	89.2	-6.1	-32.1

第一，消费对经济的拉动作用较稳定，且一直以来都保持较高水平，是经济平稳增长的主导力量。消费是三大需求中波动最小、较为稳定的一部分。进入"十五"以来，随着国家经济建设的高潮，固定资产投资迅猛增长，由此消费对经济的拉动作用明显地下降，2002 年以前消费都扮演着一种稳定经济、拉动经济的重要角色，消费对经济的拉动作用大于投资对经济拉动作用。特别是 2001 年，消费对经济的拉动作用比投资高出 39.2 个百分点。在最终消费中，居民消费占主导，居民消费所占比重以及居民消费对经济的拉动作用高于政府消费。可以说，消费是经济发展的稳定器。

第二，投资拉动作用波动特征明显，对经济波动影响较大。进入"十五"时期以来，内蒙古在三大需求中，投资的变动与地区生产总值的变动趋势高度相关。投资的变动会影响经济的走向，对经济的发展起到举足轻重的作用。"十五"时期到"十一五"前三年，投资对经济的拉动作用呈现明显的周期性变化。投资对经济的拉动作用先由 2001 年的 19.8% 最后上升到 2007 年的89.2%，最高和最低的两个时期相差 69.4 个百分点。经济的增长速度也随之周期性变化，"十五"期间的 17.1%，"十一五"前三年的 18.3%，相差 1.2个百分点。

投资下降的年份，地区生产总值的增长率也随之下降，且投资的波动幅

度明显大于经济的波动幅度。进入"十五"以后，投资又出现了新一轮的高潮。2001~2008 年全社会固定资产投资年均增长 37.8%，2003 年出现了 69.1% 的高增长。2003 年投资对经济增长的拉动作用达到 58.5% 的高点，地区生产总值增长速度也达到了 1996 年以来的新高点。

(3) 净出口的拉动作用较弱。从 2000 年以来的平均净出口贡献率来看，净出口拉动作用较弱，2001 年以后基本上是负数。这表明内蒙古净出口是未来三大需求中发展潜力最大的。

二、内蒙古经济增长的外部需求条件

当前，国际国内经济环境已经和正在发生一系列带有转折性、阶段性的深刻变化。认真分析"十二五"时期及其以后一个时期所面临的经济社会发展的环境，对于我们正确判断形势变化可能产生的影响，积极地采取应对措施将起到重要作用。

(一) 从长期看国外需求将进一步扩大

当前，世界经济正处于结构性调整时期，贸易自由化的加深和网络信息技术的发展，将使交易成本进一步下降，因而从中长期看，国际分工还将进一步加深，世界贸易增长速度进一步加快。我国作为发展中国家，劳动力成本相对较低，出口产品价格有较明显的竞争优势。加入世界贸易组织以来，实施出口多元化战略取得成效，增强了我国出口的回旋余地。出口产品结构得到优化，机电产品和许多传统产品具有一定的竞争力，随着我国经济结构调整的推进，出口产品的科技含量和附加值将会继续提高。此外，出口退税、出口信贷、发展境外投资和支持非国有经济出口等鼓励出口政策措施的逐步完善，有利于在一个较长时期内保持出口需求的较快增长。当然从近期来看，受国际金融危机的影响，当前国际经济环境中不利因素和不确定因素增多，发达国家中普遍出现信用和信心危机，商业银行惜贷企业从资本市场融资下降。美国、欧盟和日本经济增长前景不容乐观，资本市场和房地产市场价格大幅度调整，严重打击了经济信心，专家普遍认为，世界经济的复苏可能进一步推迟，2009 年世界经济增长率和贸易增长率均将低于 2008 年。

(二) 未来 10 年我国需求增长潜力比较大

经济增长始终是宏观经济运行中的重要方面。进入 20 世纪 90 年代以来，宏观经济环境发生了重大变化，买方市场取代了卖方市场，决定经济增长的主要因素由生产能力转变为市场需求。而且从趋势看，这种格局将长期持续下去。为了适应新的形势，研究经济增长必须更多地考虑需求因素，通过分析需求增长潜力来观察经济增长潜力。通过对经济理论和各国实践的归纳，说明中长期内（未来 20 年）我国经济继续保持较快增长的可能性。

（1）经济理论表明，我国中长期所处的发展阶段是一个经济快速增长阶段。由威廉·阿瑟·刘易斯最初提出的二元结构理论揭示：如果一国经济具有二元结构性质，那么该国经济是不发达经济；在二元经济向一元经济转变的过程中，必然伴随着产业结构的升级和经济的高速增长。我国经济是典型的二元结构，城乡发展很不协调，农村人口过多，劳动力供过于求的状况十分突出。尽管通过改革开放的 30 年，我国已踏上了改变这种二元经济结构之路，到 2008 年我国的城镇人口比率已达到 45.7%，但与 70% 才算基本实现城市化相比，我国调整二元经济结构的路还很长。配第—克拉克定理揭示了伴随经济发展而产生的劳动力和产业结构的演变规律，这就是：劳动力先从农业流向制造业，再从制造业流向商业和服务业，相应地，三次产业生产比重也逐步向第三产业集中。三次产业结构的推进和演变，不仅是数量上的增减，而且是一个国家、地区经济水平质变的过程。许多发达国家工业化的完成、现代化的实现，重要标志就是第一、二产业向第三产业逐渐推进。这不仅表现在劳动力由第一、二产业向第三产业转移，而且还表现在第三产业占国内生产总值的比重逐渐增大。多数发达国家第三产业增加值占国内生产总值的比重为 65%~75%，就业比重为 50%~75%。而目前我国第三产业增加值占国内生产总值的比重则处于 40% 左右，就业比重虽在稳步提高，但到 2008 年也只有 32%。相比较，我国人均收入水平还很低，在工业化的道路上还将持续相当长的时间。当今世界经济中，一个国家在进入高收入国家行列之前，其国内生产总值增长率相对较高。对我国而言，才刚刚跨入中等收入国家行列，与高收入水平相距甚远，这意味着在今后相当长的时间内，我国经济有可能保持较快增长。

（2）从我国现实情况看，增长潜力也是明显的。一是经济发展的不平衡性突出，城乡差别、地区差别、第三产业发展滞后都为中长期需求增长留下了较大空间。城乡差别主要表现在城乡居民生活水平上的差距。2008 年，占人口 54.3% 的农村居民家庭人均纯收入为 2253 元，相当于同年城镇居民家庭人均可支配收入的 30%。消费需求也显示出类似的差别，农村居民人均消费支出相当于同年城镇居民人均消费支出的 32%。我国地区经济差别也十分明显，2008 年人均生产总值最高的地区（上海）为 73124 元，而最低的地区（贵州）只有 8824 元，前者与后者之比为 8.3∶1。为了缩小地区差别，国家正在实施西部大开发战略，通过加快西部地区发展，扩大需求。二是国际市场的互补性决定了其他国家对我国产品仍有较大的需求。我国出口产品的特点是："三资"企业产品多，价格相对较低。近年来，"三资"企业出口已占我国出口总额的40%左右，最近几年投资的"三资"企业将在未来几年形成较大的生产能力，有利于出口规模的扩大。我国对外关系的不断改善，特别是加入世界贸易组织以后，对扩大出口产生积极作用。三是满足新增人口和农村剩余劳动力转移的消费需求的需要。2000年以来，我国每年的人口自然增长率约0.6%，速度虽然不算快，但因基数大，总量仍很可观，2008年我国新增人口673万人，即使按低线（农村居民）水平计算，一年扩大消费需求113亿元。农村剩余劳动力转移是拉动消费需求的另一重要因素。据推算，每年有700万~1000万人从农村转到城市，由此增加的年消费需求为230亿~330亿元。

此外，从目前可预见的因素分析，以下几个方面将对我国中长期增长产生不同程度的影响：

首先，城镇化的推进。城镇化是随着社会经济发展，人口不断从农村向城镇集中的过程。2008年，我国城镇人口占总人口的45.7%，比2000年增加了9.6个百分点，平均每年增加1.2个百分点，表明近10年来我国城市化水平有了较大的提高。尽管如此，目前我国城市化水平仍比世界平均水平低11个百分点，比中等收入国家平均水平低22个百分点，比高收入国家低42个百分点，表明我国城镇化还有很大潜力可挖。在未来10年中，如果政策措施得当，城镇化进程有进一步加快的可能。如按城镇化率每年提高1.2个百分点推算，到2020年我国城镇化率将达到60%，相当于中等收入国家水平。城镇化对扩大居民消费有直接带动作用。城镇化将使大量农村居民成为城镇居民，相应地，其消费水平、消费结构随之变化，由此增加了一部分新的消费需求。如按城乡人均消费差额5000元计，则未来10年由城镇化增加的消费支出超过1万亿元。另外，推进城镇化有利于扩大投资需求。城镇化水平提高意味着城市规模的扩大和一批新城市的建设，从而直接带动城市基础设施和住宅投资需求。按人均增加3万元基础设施和住宅投资测算，未来10年将带动数万亿元的投资需求。

其次，西部大开发战略及振兴东北老工业基地战略的实施。目前西部地区与东部地区相比，有较明显的差距。为了改变这种状况，党中央、国务院审时度势，及时提出了西部大开发战略及振兴东北老工业基地战略。在资金方面，中央财政将增加对西部地区的转移支付和建设资金投入，同时积极吸引社会资金和外资参与西部开发和建设。青藏铁路、西电东送、西气东输、节水和开发水资源等一批具有战略意义的重点工程为今后几年投资需求的增长拓展了空间。

（3）随着我国进入重化工业阶段，保持平稳较快发展对以能源为主的资源的需求将不断增加。以能源为例，自 2001 年下半年以来，随着国家宏观经济的快速增长，煤炭需求强劲，煤炭工业投资又出现了快速增长的局面。从 2002～2007 年，煤炭行业固定资产投资增速明显加快。完成投资额（城镇投资口径）从 2002 年的 301.19 亿元增加到 2007 年的 1804.58 亿元，增长了 5 倍，平均每年增长 43.1%。国家发展和改革委员会的《煤炭工业"十一五"发展规划》指出，"十一五"期间全国新开工大中型煤矿将主要分布在大型煤炭基地内，大型煤矿产量将达到 14.5 亿吨；大型煤炭基地产量将达到 22.4 亿吨，煤炭产量占全国的 56%；同时形成 6～8 个亿吨级和 8～10 个 5000 万吨级大型煤炭企业集团，煤炭产量占全国的 50% 以上。这一规划实现之后，将进一步改善煤炭工业投资结构，提高产业集中度，煤炭工业的市场竞争力将进一步增强。相关产业纷纷投资煤炭工业，给煤炭工业的发展注入了活力。在煤炭供应偏紧、资源价格普遍上涨的形势下，电力、钢铁、水泥等下游企业也开始向煤炭行业延伸，以稳定企业自身的利益。比如为了控制发电的成本，大唐发电投资、参股、控股了 4 个煤矿，分别分布在山西、河北、内蒙古。4 个煤矿储备量约 150 亿吨，预计 2011 年后能够全部实现投产，每年的产能是 7000 万吨，大约可以解决公司煤炭需求的 50%。随着煤炭价格高位波动，优质炼焦煤、动力煤资源紧缺，作为煤炭行业下游的钢铁企业也纷纷向上游延伸以获取资源。随着煤炭企业经营理念的转变和经济效益的增加，越来越多的企业开始注重产品结构和产业结构的调整和优化。一些大型煤炭企业在加大煤炭产能建设的同时，积极发展煤基多元产业，努力调整产业和产品结构，延伸煤炭产业链，一大批煤焦、煤电、煤建材、煤化工产业园区开始建设，有的已初具规模。近几年来，国家煤炭资源勘察投入很少，与煤炭工业可持续发展对资源需求差距甚远。据专家测算，到 2020 年，煤炭精查储量缺口 1250 亿吨，详查储量缺口 2100 亿吨，普查储量缺口 6600 亿吨，需要投资 400 亿元以上。同时，随着国家加大煤炭铁路运输建设投资规模，加快煤运通道建设和既有线扩能改造力度，将形成运力强大、组织先进、功能完善的煤炭运输系统，将根本解决煤炭运输瓶颈，提高煤炭外运能力。再看电力，近年来，随着我国经济社会的发展，国家加大了电力投资的力度，稳步实施电力体制改革，推进电力市场化建设，对我国电力工业的建设发展产生了深远的影响，特别是对电源和电网的合理规划和布局，我国电力建设在发展大机组、大电厂、超高压、自动化的同时，进入了跨大区、跨独立省、区联网以充分发挥送电效益和联网效益的新阶段。尤其是 2000 年以来电网投资规模明显增加，电网基本建设投资占电力建设投资总额的比例逐步提高，对于改善我国电网建设发展相对滞后于电源建设的状况起到了重要的支持作用。电力工业从最大范围资源优化配置出发，全面推进战略结构调整和"西电东送、南北互供、全国联网"。这就为内蒙古电力工业发展提供了广阔的空间。

冶金工业。进入 21 世纪以来，我国经济高速、持续、健康的发展，带动了钢铁工业的发展。伴随着钢铁工业改革开放后第三次投资高潮期的到来，从 2001 年起，钢铁工业规模处于快速扩张时期，8 年间粗钢产量同比增加 3.72 亿吨。到 2005 年结束了自新中国成立以来连续 57 年净进口钢的历史，彻底扭转了钢总体生产能力不足、制约国民经济发展的局面；2008 年钢产量达到 5 亿吨，比 1978 年增长 14.7 倍，年均增长 9.6%，占全球钢产量的比重由 4.4% 上升至 37%；2007 年我国钢材、钢坯进口和出口相抵并折合成粗钢，全年净出口 5488 万吨。我国常用有色金属矿产资源相对不足，尤其是铜、铝矿产资源自给率低。国家把引导企业到海外投资多元化开发有色金属矿产资源，鼓励企业到有色金属资源丰富的地区建立原料供应基地，并通过多渠道增加铜、铅、锌精矿、铝土矿供应量，作为我国的一项长期战略任务。从内蒙古看，近几年通过加大对重点有色金属成矿带和现有矿山深部、外围地质勘察力度，发现许多有色金属矿，扩大资源储量，并结合西部开发有关政策，开发建设新矿山，提高内蒙古铜、铅、锌等常用有色金属矿山原料的自给率。从保持经济平稳较快增长的角度看，2009 年，虽然国际环境面临不利影响，随着国家扩大内需 4 万亿元的投资计划及相关政策措施的落实到位，将逐渐发挥出积极的作用，为促进经济平稳较快发展提供强有力的保障。

（三）应对当前国家金融危机对内蒙古经济形势的影响

就当前来看，虽然全球性的金融危机正呈蔓延势头，我国经济增长也出现了回落，但党中央、国务院果断出击，出台了 10 项扩大内需的政策措施，力保经济增长。随着这些政策的逐步落实到位，我们应该对内蒙古经济保持平稳较快发展充满信心。我们认为，当前有利于全区经济发展的机遇有以下三点：

（1）用好用足中央的政策措施，将有利于保持内蒙古经济的又好又快发展。当前，内蒙古经济又好又快发展的基本面没有改变，经济自主增长机制和惯性保证了其增长的稳定性。随着国家的 4 万亿元投资的逐步落实和积极的财政政策和适度宽松的货币政策的实行，再加上内蒙古有一些新项目的陆续开工或投产,以及传统产业改造升级,都将给内蒙古经济增添新的动力和后劲。

(2)用好用足中央的政策措施,将有利于加快内蒙古基础设施的建设步伐。当前国家要扩大投资总量和优化投资结构并举,加大对基础设施建设和公共服务设施建设力度,这些投资项目必将会带动新一轮的资源、能源的消费热潮。这样将会刺激内蒙古工业、交通运输、基础设施建设等相关产业保持平稳较快增长。

(3)用好用足中央的政策措施,将有利于内蒙古大力推进农村牧区的改革。党的十七届三中全会通过的《中共中央关于推进农村改革发展若干重大问题的决定》,将会进一步解放和发展全区农村牧区生产力,推进全区农村牧区的新一轮改革,为解决"三农"问题提供科学的指导和政策支撑。

在看到面临经济发展机遇的同时,我们也清醒地注意到,在当前的国际国内大背景下,全区经济发展也存在着一些突出的问题,面临着新的挑战:一是部分行业和企业亏损严重,亏损额增幅有所加快。二是节能降耗形势依然严峻。三是对外贸易将会受到一定的影响。四是就业形势也不容乐观。

三、内蒙古经济发展的潜力及趋势判断

展望"十二五"时期及到2020年的经济形势,内蒙古的发展面临着不同以往的时代背景,经济发展的任务远比过去艰巨而复杂,但现有基础和条件也是过去不能比拟的。今后内蒙古的生态和基础设施建设将有突破性进展,既会拉动即期经济增长,也必将为未来经济社会发展打下坚实的基础。从内蒙古今后的经济发展潜力来看,还是很大的,预计今后10年全区经济年均增长在13%左右,经济总量在全国的位次将继续前移。

(一)从供给情况看,二、三产业对经济发展的拉动作用将明显增强

第二产业仍是内蒙古经济增长的主动力,并且根据国内发达省份的经验来看,在未来一段时间内,仍然是拉动经济增长的主要因素。内蒙古三次产业不仅影响当期地区生产总值,还影响下期地区生产总值。据测算,第一产业增长1%,带动地区生产总值增长0.115%;第二产业每增长1%,带动地区生产总值增长0.547%;第三产业增长1%,带动地区生产总值增长0.338%。回归方程的计算也说明今后一个时期带动内蒙古地区生产总值增长的主要产业还是第二产业。

(1)第一产业在加快农牧业产业化步伐的推动下,将逐步走上一条市场化、规模化、效益最大化的健康发展的路子。内蒙古有希望在今后一段时期进一步发展成为全国重要的绿色产品基地。近年来,我们通过搞好基地建设,

做大做强"龙头"企业，围绕"绿色品牌"开拓区内外市场方面取得了一定的成就，已形成了20多个驰名商标和一批优势骨干企业。今后，只要我们继续保持乳、肉、绒等具有领先优势的畜产品产业化发展的优势，迅速挖掘粮油果蔬药草等特色种植产品产业化的潜力，推进内蒙古农牧业产业化经营上规模、产品上档次，就可以带动第一产业加快发展，带动农牧业结构调整和农牧民增收。

（2）第二产业特别是工业主导作用逐步增强。近年来，内蒙古经济的高速增长主要得益于工业的强势拉动，能源、化工、冶金、农畜产品加工、装备制造、建材六大特色产业已成为内蒙古经济增长的重要支柱。目前内蒙古工业化推进已呈现明显成效，为下一步工业经济的大发展搭造了高起点的平台，形成了一批在全国乃至世界有很大影响和较强竞争力的特色产业，发展后劲十足。今后我们要继续培育优势突出、特色鲜明、在国际国内市场具有较强竞争力的能源、冶金、化工、装备制造、农畜产品加工和高科技等几大优势特色产业群。力争把内蒙古建成在全国具有一定影响的特色农畜产品加工基地和能源工业基地。但其需求受区外影响较大。

（3）第三产业将保持较快的发展势头。内蒙古目前刚刚进入工业化中期，以速度为标志的增长逐渐向优化结构和提高效益转变，更需要现代服务业给予强有力的支撑。2008年，内蒙古第三产业占生产总值的比重仅为33.3%，与全国及世界平均水平尚存在一定的距离。随着服务业投资的快速上升，居民收入的不断提高，基础设施的改善，消费的趋旺，服务业也将加快增长。今后，内蒙古将把推进服务业加快发展作为今后一个时期的工作重点，必将有力地促进第三产业的发展。随着城市化的推进，房地产业、社区服务业、文化、卫生、体育和娱乐业将快速发展；适应经济规模的扩大和社会事业的发展，金融保险业、信息服务业将获得更大的发展空间；旅游业经过精心培育将成长为内蒙古的支柱产业。特别是要发挥内蒙古草原、森林、沙漠、冰雪、口岸、民族风情等资源优势，把内蒙古建设成为我国北方重要的旅游热点地区。

（二）从需求情况来看，投资、消费和出口"三驾马车"对经济的拉动作用将逐步增强

（1）适当合理的投资增长速度将是拉动经济较快增长的主要动力。近期受宏观环境的影响，进一步投资上升动力不足。国家为应对金融危机新增的投资为内蒙古提供了巨大机遇。内蒙古经济社会发展程度相对不高，基础设施较为落后，民生亟待改善，而东北经济一体化和向北开放进程的加快，都

为内蒙古未来投资的扩大提供了客观依据。因此,未来内蒙古在工业化进程中投资在相当长的时期里仍然是拉动经济增长的首要推动力。目前,内蒙古经济运行仍然处于投资拉动的阶段。投资的适度增长仍将是未来几年的主要趋势。依据投资增长周期,目前内蒙古投资位于投资周期的下降阶段,并且,内蒙古的经济发展方式还未从粗放型增长完全转变,经济的增长仍需要大量的投资来支持。内蒙古现在仍然处于工业化、城市化发展的重要阶段,第二产业尤其是装备制造业、高新技术产业的发展还需要大量的投资。因此,在一定时期内,高投资率是正常的,也是必需的。在未来一段时间里,内蒙古的投资还要继续保持适度的增长速度。在地区生产总值保持13%的增长速度的前提下,投资增长速度保持在20%左右是比较合适的。投资对政策反应灵敏,可以作为政府调控经济发展的重要途径。政府的宏观调控政策措施,不管是扩张性政策还是紧缩性政策,很快就可以从投资的变化中体现出来。因此,作为三大需求之一的投资是经济中最为活跃的因素。在未来几年中,投资增速的变动趋势还必须考虑国家宏观调控政策措施的影响。按照国家西部大开发规划和振兴东北老工业基地战略,未来10年内蒙古的生态和基础设施仍将处于建设高峰期,内蒙古的"西电东送"、"西气东输"、"煤化工"、"煤制油"等项目以及一批重大技术改造项目和产业升级项目,将陆续进入实施阶段,也可以支撑国民经济的快速增长。

(2)消费是拉动经济增长的重要力量。"十一五"以来,内蒙古消费需求对经济的贡献率不断上升,2007达到了40%的近年来最高水平。其主要原因,一是居民收入尤其是农牧民收入增长加快。二是消费结构升级提高了消费增长的内在动力。针对目前国内外形势,国家和自治区相继出台了一系列刺激消费的政策,内蒙古相继出台了切实提高居民收入的政策措施,为消费的增长提供直接动力。消费的增长较为稳定,其实在很多年份里,消费对经济的拉动作用大于投资,但是往往因为消费具有稳定性,波动幅度不大,容易被我们忽视。并且,与投资相比,消费对政策的敏感程度较低。目前,消费快速增长的机制还未形成。从经济周期来看,经济从复苏阶段走向繁荣的过程中,居民的收入快速增长,消费成为经济增长的主要动力。影响消费增长的不利因素主要是当前国内外经济形势的变化。当前国际金融危机,对我国以及内蒙古的经济造成了一定的影响,但是内蒙古居民消费增长却没有得到释放,内需严重不足。消费的潜力没有很好地释放出来。原因是多方面的,但是目前收入分配的结构不合理,政府、企业、居民在分享经济发展成果时,政府和企业得到更多,而居民得到的较小。现实表现就是政府财政收入、企业利润的增长速度远远快于地区生产总值的增长速度，而居民收入的增长速度特别是农村居民收入的增长低于经济的增长速度。这种"两高一低"的利益分配格局促进了投资的增长，抑制了消费的增长。不同阶层、不同利益集团之间的收入分配也存在一定的问题，各地区、各阶层之间的收入差距在拉大。根据研究发现，城镇居民消费倾向与居民收入差距呈明显的反方向变动，城镇基尼系数每上升1个百分点，平均消费倾向就下降0.7个百分点。同时，就业、教育、医疗等各项社会保障还不够完善。居民在人均可支配收入整体不高的情况下，还要留存一部分以满足保障性需求，这些支出更是导致了居民的高储蓄和低消费。近两年来，"两高一低"的收入分配格局正在逐步改变，居民生活水平不断提高，恩格尔系数逐年下降，消费结构不断升级。特别是十七大报告也提出"逐步提高居民收入在国民收入中的比重，提高劳动报酬在初次分配中的比重"，居民收入水平的提高将极大地促进消费。同时，随着新农村建设的推进，农村消费市场的打开，农村居民的消费加快增长。综合分析多年来消费总量平稳增长的趋势，内蒙古的消费将保持平稳较快增长，实际增速（扣除价格因素）保持在10%左右。内蒙古人均地区生产总值已经超过4000美元，人们对住宅、汽车、文化教育、医疗卫生、养老保健、环境保护以及生活质量等方面的要求均有明显提高。因此，随着城乡居民生活水平的不断提高和社会保障体系的不断完善，居民消费能力将不断改善，消费需求对经济增长将保持适度的拉动作用。

表2-3　内蒙古财政收入、企业利润和居民收入的增速　　　　单位：%

年份	地区生产总值	财政总收入	企业利润	城镇居民人均可支配收入	农村居民人均纯收入
2002	13.2	23.3	91.7	8.4	4.7
2003	17.9	24.8	74.2	14.1	6.0
2004	20.5	41.3	118.9	13.0	8.6
2005	23.8	47.1	65.4	9.8	11.0
2006	19.0	32.9	48.3	12.0	10.0
2007	19.1	42.8	84.1	14.6	13.2
2008	17.2	1107.31	40.7	10.6	11.0

注：地区生产总值、城乡居民收入增长速度为扣除价格因素的实际增长速度。

（3）出口将成为拉动经济增长的重要力量。随着西部大开发战略和振兴东北老工业基地战略的深入实施、加入世界贸易组织后逐步形成的出口多元化和内蒙古"向北开放"及"走出去"进程的加快，以及经济结构的优化升级，充分发挥口岸资源优势，扩大对俄蒙贸易规模，实现进口货物的就地转化增值，将进一步优化外贸出口结构。进一步发掘出口的潜力，逐步形成对内蒙古经济增长较强的拉动作用。进出口已是内蒙古经济中不可或缺的重要组成部分。但是，受到汇率、国外经济发展水平、出口退税政策等多种因素的不确定性影响，内蒙古的净出口波动性仍然比较大，但是总体上仍将保持快速增长的态势，到 2010 年，全区外贸进出口总额将达到 110 亿美元，增速有望在 15% 左右。

（三）重点区域对全区经济发展的带动作用进一步增强

随着呼和浩特、包头、鄂尔多斯等城市经济发展速度的加快，"呼包鄂"地区将继续保持全区经济增长极的重要地位。今后国家将全面实施振兴东北等老工业基地战略，将为内蒙古东五盟市的加快发展创造难得的历史机遇。首先，"呼包鄂"地区的发展基础较好。目前，"呼包鄂"地区生产总值、地方财政收入、规模以上工业增加值占全区 50% 以上。其次，该地区新的经济增长点较多。内蒙古的优势资源密集于这一区域，已经被国家规划为"西电东送"北通道的重要电源基地和"西气东输"重要的后备资源基地，内蒙古的煤炭、电力、钢铁、电解铝、羊绒加工、乳业等优势产业以及重型汽车、医药、稀土等成长性较好的产业，也大多集中在这一区域。同时，"呼包鄂"地区已正式纳入全国主体功能区的重点开发区。最后，东部五盟市积极参与东北经济区的合作开发，加强政策、项目等方面的对接工作，加快经济发展步伐，将成为内蒙古持续发展新的增长极。

（四）城市化对经济发展的促进作用将会不断增强

今后内蒙古将加快城市基础设施建设，突出不同城市的优势和特色。加快构建内蒙古的中心城市，呼和浩特将建成现代化的首府城市，建设成为功能设施完善、文化底蕴深厚、民族特色突出、人与自然和谐相处的具有较高现代化水平和层次品位、具有浓郁民族文化和草原特色、具有良好环境质量和适宜人居、具有较高综合服务功能和辐射带动力的区域性中心城市；包头要力争建成节能减排高于全国和自治区的平均水平，主要经济指标增速要高于我国中西部大城市的平均水平，综合实力在全国地级城市中的位次有大幅前移的城市；鄂尔多斯市将全力打造"更具实力、充满活力、文明和谐的鄂尔多斯"；赤峰市将建成为国家重要的矿产资源战略接替基地、东北地区重要能源基地、辐射蒙冀辽三省接壤区域的农畜产品生产加工基地、中国北方草原文化旅游胜地、京津与辽沈地区重要生态屏障、内蒙古东部百万人口区域性中心城市和内蒙古最便捷的出海通道。城市基础设施方面，通过改造建设，城市的人均铺装道路面积、供水供气普及率、城市污水处理率、城市生活垃圾无害化处置率将有明显提高。

（五）建设资源节约和环境友好型社会将取得新成就

以节能、节水、节地为重点，大力发展循环经济，积极推进资源节约。大力提高工业用水重复利用率和中水回用率，加大土地整理和复垦工作力度。以煤矸石、粉煤灰、废渣、废气、废水等综合利用为重点，建立循环经济产业链，建设一批循环经济示范园区。加强生态建设和环境保护，加强荒漠化土地治理，确保完成国家下达的主要污染物减排任务。

（六）支撑经济增长的资源潜在优势十分明显

内蒙古是我国自然资源最为富集的地区之一，有 62 种矿产探明保有储量居全国前 10 位。其中，稀土矿储量达 1 亿吨，占全国的 80% 以上，居世界之首；煤炭资源的查明储量 6583.4 亿吨，居全国第一位；新探明的内蒙古鄂尔多斯盆地苏里格天然气田，是迄今我国发现的几个为数不多的世界级陆上特大整装气田，已探明储量达 7000 多亿立方米。除了能源矿产资源外，内蒙古还拥有得天独厚的天然草原资源和土地资源，旅游资源也十分丰富。利用内蒙古独特的资源优势，加大技术创新力度，加快优势特色产业培育，重点发展煤化工、天然气化工、盐化工，延长产业链，加强交通基础设施建设，为经济发展提供有力动力和支持。今后内蒙古将进一步摸清矿产资源底数，划定开采区域和详细勘察区域，并开发大量工业后备项目，实现整体经济的快速发展。

综合判断，目前内蒙古经济正进入调整转型阶段。预计"十一五"后两年经济发展速度将比前 3 年有所放缓。从经济发展周期看，在经过 2002～2008 年连续 7 年增速保持全国第一后，受国际金融危机影响，国内外发展环境变化较大，预计未来一个时期，内蒙古经济的总体趋势是"增长幅度适度回落，结构调整步伐加快"。预计到 2010 全区生产总值年均增速达 16% 左右。2008 年内蒙古三次产业结构为 11.7：55.0：33.3，2005 年三次产业比为 15.1：45.5：39.4，第三产业比重逐年下降，这是由于内蒙古还处于工业化中期加快发展时期，以重工业为主，工业盘子大、增长速度快。今后一段时期，随着自治区政府对服务业发展的高度重视，鼓励支持服务业发展的政策措施的出台，内蒙古服务业有望进一步加快。"十一五"以来，内蒙古万元生产总值综合能耗继续下降，2006年、2007年、2008年单位GDP能耗同比分别下降2.82%、4.15%、6.34%，前3年年平均下降4.52%。"十一五"以来，内蒙古就业状况有所改善，2006年至2008年全区累计新增城镇就业人数64.93万，完成"十一五"目标的64.4%。后两年按每年新增就业人员20万人计算，虽然经济稳定持续发展面临一定挑战，就业压力比较大，但随着内蒙古各级政府各类扶持就业政策的贯彻落实，预计至2010年内蒙古完成5年新增城镇就业100万人以上的预期目标还是有可能的。

表2-4 1978年~2008年的内蒙古地区生产总值及增长

年份	地区生产总值（现价）	地区生产总值指数（上年=100）	地区生产总值指数（1978年=100）	年份	地区生产总值（现价）	地区生产总值指数（上年=100）	地区生产总值指数（1978年=100）
1978	58.04	108.0	100.0	1994	695.06	111.2	453.5
1979	64.14	109.8	109.8	1995	857.06	110.1	499.5
1980	68.40	101.7	111.7	1996	1023.09	114.4	571.4
1981	77.91	110.6	123.5	1997	1153.51	110.8	632.8
1982	93.22	118.6	146.5	1998	1262.54	110.7	700.2
1983	105.88	109.8	160.8	1999	1379.31	108.8	762.1
1984	128.20	116.1	186.7	2000	1539.12	110.8	844.0
1985	163.83	117.2	218.8	2001	1713.81	110.7	934.3
1986	181.58	105.9	231.8	2002	1940.94	113.2	1057.3
1987	212.27	109.0	252.6	2003	2388.38	117.9	1246.6
1988	270.81	109.8	277.4	2004	3041.07	120.5	1502.1
1989	292.69	102.7	284.9	2005	3895.55	123.8	1859.6
1990	319.31	107.5	306.2	2006	4841.82	119.0	2213.0
1991	359.66	107.5	329.2	2007	6091.12	119.1	2635.6
1992	421.68	111.0	365.4	2008	7761.80	117.2	3089.0
1993	532.70	110.6	454.8				

四、对2010~2020年内蒙古经济发展的情景分析

我们研究认为，"十二五"期间，内蒙古地区生产总值年均增长率将达到15%左右，到期末地区生产总值总量将超过2万亿元，人均地区生产总值将

达到 7 万元左右。"十三五"（2016～2020 年）期间，地区生产总值年均增长率将达到 12% 左右，到期末，人均地区生产总值折算美元将超过 10000 美元。未来 10 年，内蒙古经济快速增长的主要动力仍然是资本的快速积累，其贡献率仍将在 50% 以上。在产业结构方面，未来 10 年，第一产业比重将不断下降，第二产业比重在波动中趋于下降，第三产业比重将稳步上升。

研究提出"十二五"时期到 2020 年内蒙古经济增长的前景，并以情景分析为基础，根据内蒙古实际，来确定今后 10 年的改革因素、后发优势、投资率变化和外资流入的规模及大小。综合起来对未来 10 年的地区生产总值进行预测，得出几种方案，然后再进一步优化，给出"十二五"和未来 10 年经济发展的三种方案。

2002～2008 年，内蒙古的经济增长率连续 7 年增速保持全国第一，这暗示内蒙古经济的潜在增长率在此后可能得到进一步发挥。经济潜在增长率的上升至少部分地来源于大规模固定资产投资形成的资本积累的加快，技术进步和劳动生产率在此期间也许同样出现了加速势头。内蒙古改革开放 30 年经济年均增长速度超过 11%。我们相信，内蒙古经济大船还会继续乘风破浪向前进。在解决好经济与民生问题方面，政府须在发展经济的同时顾及发展方式，包括要注重减排，也要调整经济结构及国民收入分配，落实最低工资制度，致力于改善人民的生活。下面我们给出全区经济总量和结构的基准方案，测算步骤如下：

首先，根据前面内蒙古改革开放 30 年经济增长速度，结合内蒙古经济发展的实际情况，确定全区地区生产总值总量和三次产业增加值，即确定 2010 年、2015 年和 2020 年地区生产总值增速，分别取 17.9%、15% 和 12% 的 3 个 5 年年均增长速度，以 2008 年为基点，按可比价计算 3 个时点的地区生产总值。

其次，确定第一产业增加值和第三产业增加值在 3 个时点 2010 年、2015 年、2020 年占地区生产总值的比重，从而计算第一产业和第三产业在这 3 个时点的增加值，然后分别计算第一产业增加值和第三产业增加值在 3 个时点的 3 个 5 年年均增长率，检验其与地区生产总值增长率之间的合理性。

对于在基准预测方案的基础上，对国民经济增长进行多方案设计，考虑到内蒙古经济在最近经济周期波动中的表现，在增长潜力速度值的上下波动幅度，为此我们设定以下两种情景：

（1）高增长方案。未来 10 年世界经济保持稳定增长局面，不会出现全球性经济危机，国际国内环境有利于内蒙古的经济发展，内蒙古经济继续保持快速增长的势头。一方面，据预测，目前内蒙古人口生育在 2012 年将达到一

表 2 - 5　2010～2020 年内蒙古地区生产总值和三次产业增加值及其增长速度预测（基准方案）

指标名称	2000 年	2005 年	2008 年	2010 年	2015 年	2020 年	"十五"年均增长	"十一五"年均增长	"十二五"年均增长	"十三五"年均增长
地区生产总值（现价）（亿元）	1539.12	3895.55	7761.80	10600.0	20000.0	33000.0	17.1	17.9	15.0	12.0
可比年均增速（%）	10.80	23.80	17.20	17.9	15.0	12.0				
一产增加值（亿元）	350.80	589.56	906.98	990.0	1400.0	1700.0	6.6	3.5	6.0	6.5
可比年均增速（%）	2.60	9.10	7.50	3.5	6.0	6.5				
占地区生产总值比重（%）	22.80	15.10	11.70	9.5	7.0	5.0				
二产增加值（亿元）	582.57	1773.21	4271.03	6200.0	11000.0	17000.0	22.1	22.4	15.0	12.0
可比年均增速（%）	11.70	34.90	20.50	22.4	15.0	12.0				
占地区生产总值比重（%）	37.90	45.50	55.00	58.0	53.0	51.0				
三产增加值（亿元）	605.74	1532.78	2583.79	3400.0	8000.0	14300.0	17.0	15.3	16.0	13.0
可比年均增速（%）	14.50	18.10	15.50	15.3	16.0	13.0				
占地区生产总值比重（%）	39.30	39.40	33.30	32.5	40.0	44.0				
工业增加值（亿元）	484.19	1477.88	3798.60	5500.0	9500.0	15000.0	21.5	24.0	15.0	12.0
可比年均增速（%）	12.20	38.50	23.10	24.0	15.0	12.0				
占地区生产总值比重（%）	31.50	37.90	48.90	52.0	50.0	46.0				
建筑增加值（亿元）	98.38	295.33	472.43	640.0	1100.0	2000.0	25.0	16.0	13.0	13.0
可比年均增速（%）	8.90	21.30	3.70	16.0	13.0	13.0				
占地区生产总值比重（%）	6.40	7.60	6.10	6.0	6.0	6.0				

个高峰，按照人口自然增长率5‰测算，到2020年，内蒙古人口总量预计将在2600万人左右。同时城市化加快，预计到2020年城市化率达到60%，进入中后工业化时期。人力资本投入增加，劳动力结构更加适应工业化中后期和后工业化的需要，对经济增长具有促进作用。另一方面，内蒙古资本市场将进一步发达，资本的有机构成和市场化程度提高，科技投入占地区生产总值或财政收入的比重有较大的提高，科技进步对经济增长的促进作用增强。预计从2010～2020年时期的高方案为2010年、2015年、2020年地区生产总值增速，分别取17.9%、16%、13%的3个5年年均增长速度（见表2-6）。

（2）低增长方案。在未来10年内，内蒙古经济受到较大的外部冲击和内部结构调整相对滞后的影响，进入经济波动的波幅振动较大，特别是内蒙古的后发优势受到限制和科技创新滞后等因素影响，同时考虑资本市场受到一定冲击，工业化进程减缓，城镇化放慢，经济增长速度比前10年有较大下降，平均下降2个百分点左右，从2010年到2020年时期的低方案为2010年、2015年、2020年地区生产总值增速，分别取17%、13%、11%的3个5年年均增长速度（见表2-7）。

五、未来全国发展趋势及内蒙古在全国的位次变化

（一）全国未来发展趋势

进入21世纪以来，我国紧紧抓住全球产业调整和资本流动的机遇，在世界经济普遍不景气的背景下，我国经济一枝独秀，国内生产总值增速一直保持10%以上的快速增长势头。但进入2008年，受国际金融危机蔓延的影响和国际初级产品价格的持续上涨，全球经济出现减缓的趋势，拉动我国经济增长的外部需求减弱，国际经济环境对我国的不利影响进一步显现，我国经济最终难以独善其身，特别是2008年第四季度以来，随着国际金融危机影响的不断加深，快速发展的经济开始出现放缓的迹象，2008年第四季度和2009年上半年，全国经济增长均比2008年有所回落。由于我国国情与世界主要国家不一样，一直以来经济发展模式也不相同，国外主要由"消费—服务"型经济结构来拉动经济增长，而我国目前拉动经济增长的结构主要还是"投资—生产"型。2000年以来全国及大部分省份第二产业比重基本上呈上升的势头，特别是沿海主要发达省份第二产业比重较大，山东、江苏、浙江第二产业比重都超过或接近55%，表明目前我国经济处在工业化、城镇化加速推进的阶段，第二产业对经济增长的贡献率较高，而第三产业的潜能尚未完全发挥出来。国家统计局研究"十二五"期间，国内生产总值年均增长率将达到8%左右，

表2-6 2010~2020年内蒙古地区生产总值和三次产业增加值及其增长速度预测（高增长方案）

指标名称	2000年	2005年	2008年	2010年	2015年	2020年	"十五"年均增长	"十一五"年均增长	"十二五"年均增长	"十三五"年均增长
地区生产总值（现价）（亿元）	1539.12	3895.55	7761.80	10600.0	21600.0	35000.0				
可比年均增速（%）	10.80	23.80	17.20	17.9	16.0	13.0	17.1	17.9	16.0	13.0
一产增加值（亿元）	350.80	589.56	906.98	990.0	1400.0	1800.0				
可比年均增速（%）	2.60	9.10	7.50	3.5	6.0	5.0	6.6	3.5	6.0	5.0
占地区生产总值比重（%）	22.80	15.10	11.70	9.5	7.0	5.0				
二产增加值（亿元）	582.57	1773.21	4271.03	6200.0	12000.0	18000.0				
可比年均增速（%）	11.70	34.90	20.50	22.4	16.0	12.0	22.1	22.4	16.0	12.0
占地区生产总值比重（%）	37.90	45.50	55.00	58.0	54.0	50.0				
三产增加值（亿元）	605.74	1532.78	2583.79	3400.0	8200.0	16000.0				
可比年均增速（%）	14.50	18.10	15.50	15.3	17.0	14.0	17.0	15.3	17.0	14.0
占地区生产总值比重（%）	39.30	39.40	33.30	32.5	40.0	45.0				
工业增加值（亿元）	484.19	1477.88	3798.60	5500.0	10700.0	16000.0				
可比年均增速（%）	12.20	38.50	23.10	24.0	16.0	12.0	21.5	24.0	16.0	12.0
占地区生产总值比重（%）	31.50	37.90	48.90	52.0	51.0	46.0				
建筑增加值（亿元）	98.38	295.33	472.43	640.0	1300.0	2000.0				
可比年均增速（%）	8.90	21.30	3.70	16.0	15.0	12.0	25.0	16.0	15.0	12.0
占地区生产总值比重（%）	6.40	7.60	6.10	6.0	6.0	6.0				

表 2-7　2010～2020 年内蒙古地区生产总值和三次产业增加值及其增长速度预测（低增长方案）

指标名称	2000年	2005年	2008年	2010年	2015年	2020年	"十五"年均增长	"十一五"年均增长	"十二五"年均增长	"十三五"年均增长
地区生产总值（现价）（亿元）	1539.12	3895.55	7761.80	10300.0	18000.0	30000.0	17.1	17.0	13.0	11.0
可比年均增速（%）	10.80	23.80	17.20	17.0	13.0	11.0				
一产增加值（亿元）	350.80	589.56	906.98	980.0	1100.0	1600.0	6.6	4.0	6.0	6.0
可比年均增速（%）	2.60	9.10	7.50	3.5	6.0	6.0				
占地区生产总值比重（%）	22.80	15.10	11.70	9.5	7.0	5.0				
二产增加值（亿元）	582.57	1773.21	4271.03	6000.0	10000.0	15500.0	22.1	22.2	13.0	11.0
可比年均增速（%）	11.70	34.90	20.50	23.0	13.0	11.0				
占地区生产总值比重（%）	37.90	45.50	55.00	58.0	54.0	51.0				
三产增加值（亿元）	605.74	1532.78	2583.79	3300.0	7000.0	13000.0	17.0	15.4	16.0	13.0
可比年均增速（%）	14.50	18.10	15.50	15.4	16.0	13.0				
占地区生产总值比重（%）	39.30	39.40	33.30	32.5	39.0	44.0				
工业增加值（亿元）	484.19	1477.88	3798.60	5380.0	9000.0	14000.0	21.5	23.0	14.0	12.0
可比年均增速（%）	12.20	38.50	23.10	23.5	14.0	12.0				
占地区生产总值比重（%）	31.50	37.90	48.90	52.0	50.5	47.0				
建筑增加值（亿元）	98.38	295.33	472.43	620.0	1000.0	1500.0	25.0	16.0	12.0	10.0
可比年均增速（%）	8.90	21.30	3.70	16.0	12.0	10.0				
占地区生产总值比重（%）	6.40	7.60	6.10	6.0	5.5	5.0				

到期末国内生产总值总量将超过 42 万亿元，人均国内生产总值将接近 3 万元，中国将由下中等收入发展中国家进入上中等收入发展中国家。"十三五"（2016～2020 年）期间，国内生产总值年均增长率将达到 7％左右，到期末，人均国内生产总值折算美元将超过 5000 美元。

（二）内蒙古主要指标预计及在全国位次变化

（1）近几年内蒙古地区生产总值总量和人均地区生产总值的发展进程。自 2000 年以来，内蒙古经济运行的实际情况比预料的要好，2001～2008 年地区生产总值分别增长 10.7％、13.2％、17.9％、20.5％、23.8％、19.0％、19.1％和 17.2％，分别比全国高 2.6、3.7、7.3、10.1、12.6、7.2、6.9 和 8.2 个百分点；已连续 7 年增速居全国各省区市之首，年均增长率达到 17.6％，是全区经济发展最快的时期。从 2004 年开始内蒙古人均地区生产总值已经超过全国平均水平，分别达到 12767 元、16331 元、20264 元、25393 元和 32214 元，居全国各省区市的第 8 位。

（2）支撑实现地区生产总值总量和人均地区生产总值翻两番的目标的优势分析。对于支撑内蒙古实现地区生产总值总量和人均地区生产总值比 2000 年翻两番的目标，有必要从内外部投资环境优势进行多因素、多层面透视和分析。我们认为突出表现在以下几个方面的优势：今后一个时期，内蒙古经济社会发展面临着良好的环境。从国际看，经济全球化深入发展，国际贸易和投资继续扩大；科技进步日新月异，以高技术产业为主导的产业结构大调整格局正在形成；区域经济一体化趋势增强，我国将更多地融入国际经济体系，特别是与俄罗斯、蒙古等周边国家的经济技术合作将更加密切。所有这些都为内蒙古提供了更为广阔的发展空间。从国内看，一是我国处于工业化和城市化加速发展时期，产业结构调整和消费结构升级进一步加快，为内蒙古发挥资源优势，承接产业转移，全面提升产业分工地位，发展壮大产业集群，优化经济结构带来了战略机遇。二是京津冀经济圈加快发展、东北等老工业基地振兴和中部地区崛起，为内蒙古加强区域经济合作提供了良好的契机。三是西部大开发进入新阶段，国家继续加大对西部地区的支持力度，为内蒙古进一步改善生态和基础设施、发展壮大特色优势产业创造了良好的政策环境。四是落实科学发展观，建设和谐社会，更加注重经济社会协调发展和社会公平，有利于内蒙古加强薄弱环节。"十一五"时期内蒙古经济社会发展的主要目标是：在优化结构、提高效益和降低消耗的基础上，全区生产总值年均增长 13％以上，产业结构优化升级，自主创新能力增强，资源开发利用效率明显提高，单位生产总值能源消耗比"十五"期末降低 22％左右。

（3）发展前景目标预测。2006 年，内蒙古自治区第八次党代会上提出未来 5 年全区经济社会又好又快发展的主要目标是：提高"两个水平"，即提高协调发展水平，落实"五个统筹"取得明显进展，发展不平衡问题有效缓解；提高可持续发展水平，资源综合开发利用水平显著提高，生态环境明显改善，单位生产总值能耗下降22%，污染物排放总量稳定达标。保持"两个高于"，即地区生产总值、城乡居民人均收入增长速度高于全国平均水平。确保"两个实现"，即实现地区生产总值和财政收入翻一番，实现经济总量进入全国中等行列、人均主要经济指标力争进入前列。在 21 世纪第一个 10 年结束的时候，一个综合实力较强、经济结构合理、地区特色鲜明、社会稳定和谐、充满生机活力的内蒙古将崛起在祖国北疆。2009 年第一季度内蒙古自治区党委召开的经济形势分析会上，储波书记又强调要坚持解近忧与谋长远相结合，努力实现在困难中发展、崛起和提高。全区广大干部群众要坚定信心，迎难而上，以更加积极进取的态度工作，力争 2009 年发展速度继续保持全国领先，2010 年经济总量突破万亿元，经济总量在全国的位次将上升至第 15 位，内蒙古经济总量突破 1 万亿元用了 60 多的时间。而到 21 世纪第二个 10 年结束的时候，内蒙古通过发挥后发优势，积极推进发展方式转变，努力实现发展新跨越，经济总量将分别跃上 2 万亿元和 3 万亿元台阶，经济总量将进入全国前十位。一个综合实力较强、经济结构合理、地区特色鲜明、社会稳定和谐、充满生机活力的内蒙古将崛起在祖国的北疆，成为全国经济增长的"重要支点"，实现党的十七大提出的我国到 2020 年实现全面小康社会的奋斗目标。

（三）未来全国发展趋势对内蒙古产业的需求

（1）加强生态环境和基础设施建设，促进可持续发展。进一步加强生态保护和建设。内蒙古是全国土地荒漠化最严重的省区之一，全区分布有五大沙漠和五大沙地，沙漠化土地 0.42 亿公顷，占总面积的 36.5%，水土流失面积 0.19 亿公顷，占总面积的 15.8%。温家宝总理 2006 年视察内蒙古时指出，内蒙古的最大劣势在于生态环境脆弱。经过长期不懈努力，内蒙古初步遏制了生态环境继续恶化的势头，但要达到生态环境的全面好转，实现山川秀美的目标，把自治区真正建设成祖国北方最重要的生态防线，任务还十分艰巨。按照优先保护、积极治理、合理开发、集约利用的原则，继续实施退耕还林、退牧还草、京津风沙源治理、天然林保护、"三北"防护林等生态建设重点工程，加快防沙治沙以及草原退化和水土流失治理步伐，逐步提高生态自我恢复能力。加强湿地、野生动植物保护及自然保护区建设，有效保护生物多样性。

（2）加强交通基础设施建设。经过近 10 年来的发展，内蒙古"公路、铁路、电网"三大通道建设取得突破性进展，通信、水利、市政等基础设施明显改善。但是，交通基础设施的"瓶颈制约"因素依然存在，因此，要继续加强交通基础设施建设。以铁路和公路为重点，加快运输通道建设，构建"贯通区内、畅通三北、联通俄蒙"的综合交通运输网络。铁路要以出区通道、口岸通道、煤炭运输通道为重点，进一步加大新线建设和已有线路电气化扩能改造和提速力度，建成比较完善的铁路运输网络及出区、达海通道。自治区已经出台了《关于进一步加快铁路建设的意见》，确定从 2009 年到 2013 年铁路建设投资累计达到 1700 亿元以上；公路方面要加强路网建设，提高路网密度和等级，实施乡村通达工程，加强站场建设。出区通道和首府至盟市通道基本建成一级以上公路，盟市至旗县基本建成二级公路，旗县至苏木乡镇基本通油路，嘎查村全部通公路。加强口岸公路建设，形成联通俄蒙的公路运输通道。加强机场建设，提高综合配套能力，构建区域支线航空网。加快以天然气输送为重点的输气输油管道建设。自治区出台的《关于进一步加快公路建设的意见》，确定从 2009 年到 2013 年全区公路建设累计投入 2200 亿元。电网方面，从 2009 年到 2013 年开始三年完成投资 200 亿元。

（3）加大民生方面的投入力度。2009 年自治区政府在 2008 年承诺办好"八件实事"的基础上，又提出为群众办好"十件实事"，即：提高城镇居民最低生活保障水平、提高农村牧区最低生活保障标准、提高企业退休人员养老金水平、完善城镇居民基本医疗保险制度、提高农村牧区新型合作医疗参合率、完善困难家庭大中专学生资助政策体系、加大农牧业保险财政补贴、解决农村牧区安全饮水、廉租住房保障、清理行政事业性收费；实施"十项民生工程"，即：改善农牧民生产生活条件工程、推进扶贫开发工程、改善城乡困难居民住房条件工程、优化教育保障机制工程、社会保障体系工程、城乡公益事业建设工程、城镇维护建设工程、社会就业和再就业工程、生态环境保护治理工程、平安和谐社会建设工程。2009 年，自治区本级财政安排资金 62.5 亿元，用于民生工程建设，比上年增加 17.5 亿元。

六、保持经济又好又快发展的对策建议

今后一个时期，全区要以党的十七大和十七届三中全会精神为指导，紧紧抓住机遇，积极应对各种挑战，贯彻实施有关国家已经出台的扩大内需一系列政策措施，认真解决规划实施中存在的突出矛盾和问题，全面落实科学

发展观，推动科学发展，促进社会和谐，进一步提高内蒙古综合经济实力，为全面建设小康社会奠定坚实的基础。实现党的十七大提出了我国到 2020 年实现全面小康社会的奋斗目标。

（一）坚持以科学发展观统领经济社会发展全局，切实转变经济增长方式

全区要按照自治区党委提出的"七个转变"的目标要求，深入学习实践科学发展观，增强发展的稳定性、协调性和可持续性，在保障和改善民生方面下工夫，在进一步解决"三农三牧"问题上下工夫。在调整结构上下工夫。加大高耗能行业的关停并转力度，坚决淘汰落后产能；加快发展能耗低、技术含量高的新材料产业、高新技术产业、装备制造业和市场前景好的轻工业，促进工业结构的根本性转变。加快产业结构调整和产业升级步伐，加大企业资源整合力度，把扩大增量与盘活存量结合起来，重点扶持一批企业做大做强，尽快进入大企业行列，增强企业发展后劲和拉动力。要切实采取措施，从政策配套、营造环境、完善制度等方面支持服务业加快发展，促进服务业在扩大规模和提高比重上取得突破。继续加大和提高技术改造投资在全社会投资中的比重，提高投资项目的技术含量，提升建设项目的层次，促进投资结构的优化，培育经济新的增长点，促进经济持续较快发展。另外，要将那些有潜力、有后发优势和有发展条件的地区努力培育打造成内蒙古新一轮发展的经济增长极。

（二）加大产业结构调整和优化的力度，促进经济稳步增长

目前，内蒙古三次产业结构实现从"二、三、一"向"三、二、一"转换的目标还有一定的距离。今后，要继续在"优农业、强工业、兴三产"上下工夫，努力把一产做优、二产做强、三产做大，促进经济增长由主要依靠第二产业向依靠一、二、三产业协同带动转变。根据内蒙古实际，大力发展现代服务业和优势特色产业对调整和优化产业结构，转变经济发展方式尤为重要。根据发达国家经验，当人均生产总值超过 4000 美元时，服务业将成为经济发展最具活力的增长点。但当前内蒙古的服务业发展并不十分理想，占地区生产总值的比重仅为 33.3%，远低于世界平均水平，而且，服务业内部结构还是以生活型服务业为主，金融、保险、咨询、物流等生产型服务业比重较低。因此，今后内蒙古要进一步明确服务业发展的战略定位，制定和完善现代服务业的发展规划，加强政策扶持和引导力度，提升生产型服务业规模和层次，打破服务行业垄断，引进市场竞争机制，推进事业单位改革，提高服务业的对外开放水平，主动承接国际服务业转移。针对内蒙古工业六大优势特色产业中存在的"三大三小"问题，要加快有色冶金加工基地建设，加快以运输机械、工程机械、风力发电设备为主的装备制造业，以稀土高新、电子信息、生物制药为主的高新技术产业，加快提升传统产业竞争力，大力推进信息化与工业化的融合。重视中小企业发展，采取有效措施，从融资、技术、就业培训等环节给予支持，不断优化中小企业发展环境。

（三）逐步扩大固定资产投资规模，进一步优化投资结构，推进建筑业加快发展

当前，内蒙古经济增长和全国一样，既面临严峻挑战，又面临着难得的历史机遇。应积极做好与国家产业政策的对接，要抢抓有利时机，突出重点，制定有力的措施，继续加大招商引资工作力度，在更高的起点上，谋划大项目，培植大项目。要以民生工程、基础设施和生态环境建设为重点领域，加大投资力度和优化投资结构。加快重大项目的策划、组织和储备，积极申请国家用于基础设施建设的国债投资，弥补由于需求不足导致的投资下滑。加强对市场自主投资的鼓励和引导，支持引导民间资本投向政府鼓励项目和符合国家产业政策的领域。建议建设连接"呼包鄂"地区的高速轨道交通设施，为形成内蒙古中部"呼包鄂"城市群提供便利的交通基础条件。要按照优化结构、突出重点、加强薄弱环节、集中力量办大事的要求，切实用好管好建设投资，运用补助、贴息、税收、价格等经济手段和发挥政府投资的引导作用，促进社会资金更多地投向服务业、节能环保和自主创新。进一步加强水利基础设施建设，加快病险水库的改造和修复。全面改善科技、教育、文化、卫生等行业的硬件环境条件，提高公共服务水平。各级政府应进一步采取措施促进和引导民间投资者。建筑业发展要落实好自治区关于加快建筑业发展的指导意见，进一步深化内部改革，积极引导和支持建筑企业合并重组，尽快培育一批专业特色突出、技术实力雄厚、行业竞争力强的大型建筑企业。要加大对建筑业的支持力度，在招投标、劳动用工及资质评价等方面，认真落实自治区出台的扶持措施，促进内蒙古建筑业健康发展。

（四）提高自主创新能力，形成后发优势加快发展

大力提高原始创新能力，形成创新的重要基础和科技竞争力的主要源泉。加快引进、消化、吸收、再创新，充分利用全球科技存量，形成后发优势加快发展。为了提高自主创新能力，必须确立企业在自主创新中的作用，加快建设产学研相结合的技术创新体系，努力实现新技术的产业化。发挥政府的战略导向、综合协调和服务功能，创造更好的创新环境。强有力的创新激励体系是增强自主创新能力的根本性制度保障，深化科技体制改革，加快建立以保护知识产权为核心的激励体制框架，建立和完善创业风险投资，增强税收制度对创新的激励作用，努力吸引集聚高层次创新领军人才，为提高自主创新能力提供强大的动力来源。

（五）加强节能减排和环境保护的力度，实现可持续发展，千方百计完成确定的能耗下降任务

根据全区实际，应采取有效的节能措施。①建设环境产权制度。必须推动资源和环境领域的市场化改革；建立符合市场化改革要求、有约束力的现代资源和环境产权制度；明确资源和环境产权交易主体、产权交易规则和产权招标拍卖等制度；完善自然资源有偿开采、有偿使用制度；加快用水、用地、用电和排污权交易制度建设，使利益相关者和受影响者共同分担由于资源开采所带来的影响。②建立节能降耗的利益驱动机制。价格和税收是节能降耗的重要政策工具，是引导资源和环境配置的最直接、最灵敏的杠杆。企业节能降耗，无论是技术创新、设备更新还是运行污染处理设施，都不得不花费一定的成本。如果污染物排放收费和超标排放收费低于污染处理设施运行成本，每个趋利避害的经济体考虑机会成本后，很难作出节能降耗的决定。③加快产业结构调整。严把高能耗行业准入关，从严控制高能耗项目，管好土地和信贷两个闸门，把能耗标准作为项目审批、核准的强制性门槛，严把能耗增长的源头关；依法淘汰落后生产能力，压缩类似于电石、铁合金等耗能高、污染大、附加值低的行业规模，抓好产业延伸、扩大产出、增加附加值、降低能耗。要重视第一、第三产业和建筑业生产的节能降耗，关注全社会能耗水平的逐步降低，要坚决贯彻落实承接产业转移的基本原则，更加注重资源环境保护，防止高污染、低效益的产业向内蒙古转移的同时制止过度外延扩张和低水平重复建设；大力发展服务业和高新技术产业。以专业化分工和提高社会效率为重点，积极发展生产和生活服务业，提高服务业在国民经济中的比重；积极开辟能源供给新领域。积极实施能源多样化方针，大力发展太阳能、风能、生物质能等新能源和替代能源的开发利用。④要强化节能减排的监管力度，实行严格的目标责任制和行政问责制，建立节能减排激励机制和污染浪费惩罚机制，增强节能减排实效。

（六）着力扩大消费需求特别是居民消费需求

着力扩大消费需求特别是居民消费需求。一是要提高居民收入，改善居民消费预期，努力消除制约消费的制度和政策障碍，建立收入增长与经济增长良性互动机制，推进收入分配制度改革，提高劳动报酬在初次分配中的比重，促进收入来源多样化、增收稳定化、分配公平化。要抓好社会保障工作，发展各项社会事业。按照推进城乡基本公共服务均等化的要求，健全覆盖城乡居民的社会保障体系。要抓好社会保障工作，发展各项社会事业。按照推进城乡基本公共服务均等化的要求，健全覆盖城乡居民的社会保障体系。二是发展消费信贷，完善信用消费体系。加快改革福利型、供给型、集团型消费体制，逐步建立起以个人商品化消费为主体的消费制度。利用消费信用制度。三是要加快城乡的水、电、路、气和通信等基础设施建设，完善城乡商品商业网络，重点加强农村牧区市场商品流通体系建设，丰富各种档次的商品和服务，拓展新的消费领域与新的消费市场。规范市场秩序，加大市场秩序监管力度。

（七）切实增加城乡居民收入，将解决民生问题放在突出位置来抓

努力推进经济增长与职工收入增长相协调。要继续采取切实有效的措施，提高城乡居民收入，适当扩大国民收入初次分配的比例与份额，增大居民收入分配在国民收入分配中的比例。各地区要适时提高机关事业单位津贴的水平，督促企业建立职工工资正常增长机制，落实工效挂钩机制，确保职工平均工资的适度增长。更加注重社会的公平正义，把调节居民收入分配制度、缩小收入差距作为政府工作的主要目标之一来抓，完善社会保障体系，普及新型农村合作医疗制度。加强对垄断性行业收入分配监管，健全国有资本收益、国有企业利润分配调节机制，逐步缩小行业收入差距。加快廉租住房建设，着力解决城市低收入家庭住房困难。加快构建覆盖全社会的公共文化服务体系，更好地满足人民文化需求。政府财政要加大对改善民生投入的力度，要重点关注国际及国内能源、原材料价格较大幅度上涨给居民生活新增加的成本和负担，特别是对低收入居民的生活带来的较大冲击，政府相关部门要结合居民的心理承受能力和实际情况，兼顾多方利益，认真研究制订好这些涉及居民切身利益的热、电价格的上调幅度和方式等，适当加大政府财政的补贴力度，切实做好此项民生工作，确保政府承诺办好的各项实事落实到位。

分报告三　消费和投资需求中长期变动趋势

近年来，内蒙古经济获得了平稳较快的增长。在大需求中，由于进出口的依存度较低（2008年为8%），对经济增长的贡献较小，所以本报告分析需求中长期变动趋势时，以总投资（资本形成）和总消费需求为主。

一、近年来内蒙古消费和投资需求变动特征

(一) 消费和投资需求的关系

1. 投资和消费需求对经济增长的贡献存在着此消彼长的关系。图3－1为内蒙古"九五"以来投资和消费需求对经济增长贡献率变化，假设将总投资和总消费的贡献率之和看作1的话，比较二者对经济增长的贡献，可以看出二者之间存在着此消彼长的关系。2001～2003年是经济加速上升阶段，投资的贡献率也加速上升，从低于消费到远远高于消费（见表3－1）；2003～2005年经济上升势头不减，但投资的贡献相对减缓，而消费贡献逐步回升；2005～2007年经济增速回落，消费的贡献略有增加；2008年受金融危机影响，投资增幅较低，而消费相对表现平稳，预计其贡献将有所上升；2009年随着国家加大投资促进消费的一揽子计划逐步实施，投资的贡献率将进一步加大。

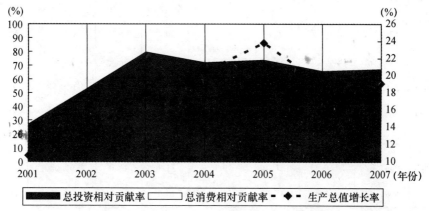

图3－1　内蒙古自治区"九五"以来投资和消费需求对经济增长贡献率变化

2. 从占地区生产总值比重变化上，消费和投资具有反向变化性。2001～2007 年，消费占地区生产总值的比重由 56.86% 下降到 43.2%，而总投资的比重由 39.65% 上升到 73.79%，二者在生产总值中的地位发生了根本性变化。究其原因，主要是近年来内蒙古经济的高速增长主要是靠投资拉动，生产力的提高，未能有效地转化为企业利润并与居民收入水平密切联系起来，经济增长与居民收入增长的不同步，以及社会保障体制的不健全，影响了居民消费心理预期，导致消费增长的相对乏力。

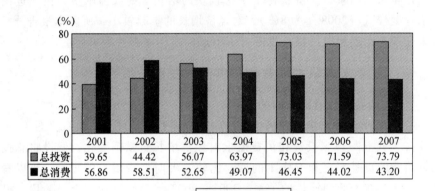

	2001	2002	2003	2004	2005	2006	2007
总投资	39.65	44.42	56.07	63.97	73.03	71.59	73.79
总消费	56.86	58.51	52.65	49.07	46.45	44.02	43.20

图 3-2　"九五"以来内蒙古自治区总消费、总投资占地区生产总值的比重变化

表 3-1　"九五"以来消费和投资率及对消费和投资经济增长的贡献

年份	地区生产总值（亿元）	资本形成总额（亿元）	总消费（亿元）	地区生产总值增长率（%）	资本形成率（%）	最终消费率（%）	资本形成总额贡献率（%）	消费贡献率（%）
2001	1713.81	679.54	974.44	10.7	39.7	56.9	21.45	57.70
2002	1940.94	862.20	1135.65	13.2	44.4	58.5	80.42	70.98
2003	2388.38	1339.07	1257.47	17.9	56.1	52.6	106.58	27.23
2004	3041.07	1945.29	1492.27	20.5	64.0	49.1	92.88	35.97
2005	3895.55	2845.06	1809.52	23.8	73.0	46.5	105.30	37.13
2006	4841.82	3466.11	2131.20	19.0	71.6	44.0	65.63	33.99
2007	6091.12	4494.40	2631.52	19.1	73.8	43.2	82.31	40.05

（二）消费需求变动特征

1. 当前消费与投资关系中存在的主要问题

表3-2数据显示，"九五"以来内蒙古投资率从2001年高出全国3.2个百分点增加到2007年的31.5个百分点；消费率则从低于全国4.5个百分点增加到5.6个百分点。可以看出，内蒙古投资率增长十分迅速，2007年在全国仅次于西藏（79.6%）名列第二。与内蒙古投资率相近的省区市有宁夏73.6%、吉林69.3%、青海63.4%以及重庆62.3%，多为西部相对不发达省区。

表3-2   "九五"以来内蒙古消费率和投资率与全国的对比   单位:%

年份	内蒙古自治区资本形成率	全国资本形成率	高于全国	内蒙古自治区最终消费率	全国最终消费率	低于全国
2001	39.7	36.5	3.2	56.9	61.4	4.5
2002	44.4	37.9	6.5	58.5	59.6	1.1
2003	56.1	41.0	15.1	52.6	56.8	4.2
2004	64.0	43.2	20.8	49.1	54.3	5.2
2005	73.0	42.7	30.3	46.5	51.8	5.3
2006	71.6	42.6	29.0	44.0	49.9	5.9
2007	73.8	42.3	31.5	43.2	48.8	5.6

不可否认，投资在经济上升期具有主导作用，然而投资率长期偏高，加上投资结构的不合理，不但会造成投资过度和生产过剩，还会对消费需求形成排挤效应，阻碍国内消费市场的扩展，影响宏观经济的持续稳定快速增长。投资和消费是国民收入分配中此消彼长的一对矛盾，长期过高的投资率也会导致另一个结构性问题，就是第三产业增长滞后于第二产业，并使最终消费率连续下降，而消费率偏低直接影响即期人民生活水平的提高，对国民经济是有危害性的。

2. 消费率降中趋缓，消费贡献率降中趋升

从表3-2可见，"九五"期间内蒙古最终消费率快速下降（总消费占生产总值的比重），从2001年的56.9%下降到2005年的46.5%，下降了10余个百分点；"十五"以来降速趋缓，2007年消费率仅比2005年下降了3.3个百分点。与此同时，消费对经济增长的贡献率呈先降后升的态势。"九五"期

间从2001年的57.7%下降到2005年的37.1%，下降了20余个百分点；"十五"以来降中趋升，2007年消费率约比2005年上升了3个百分点。表明内蒙古消费在经济增长中的作用正在逐步加强，与投资贡献的差距呈逐步缩小之势。

3. 消费支出结构中政府和城镇支出比重不断上升

最终消费结构中，居民消费比重较快下降，已远远低于全国平均水平。2000年以来，最终消费支出结构中，内蒙古居民消费所占比重不断下降，与政府消费之比从2000年的72.8∶27.2变为2007年的64.4∶35.6，下降了8.4个百分点；而政府消费比重从2000年低于全国2.3个百分点，变为2007年高于全国8.7个百分点。表明在近年来经济快速增长的同时，内蒙古居民消费增长较慢，而政府消费增长过快。

表3-3　内蒙古消费支出结构变化

	最终消费					最终消费支出比重（%）		居民消费支出比重（%）	
	支出（亿元）	居民消费			政府消费支出	居民支出	政府支出	农村支出	城镇支出
		支出	农村居民	城镇居民					
2000年									
全国	61516.00	45854.60	15147.40	30707.20	15661.40	74.5	25.5	33.0	67.0
内蒙古	873.65	636.10	237.88	398.22	237.55	72.8	27.2	37.4	62.6
2005年									
全国	97822.70	71217.50	19228.20	51989.30	26605.20	72.8	27.2	27.0	73.0
内蒙古	1809.52	1197.75	309.42	888.33	611.77	66.2	33.8	25.8	74.2
2007年									
全国	128444.60	93317.20	23913.70	69403.50	35127.40	72.7	27.3	25.6	74.4
内蒙古	2631.52	1693.96	398.90	1295.10	937.56	64.4	35.6	23.5	76.5

但是内蒙古的消费也存在着一些问题，主要表现在：一是居民消费支出结构中，农牧民消费比重下降较快，已低于全国平均水平。2000年以来，内蒙古居民消费支出构成中，农村牧区居民所占比重不断下降，与城镇居民消费之比从2000年的37.4∶62.6变为2007年的23.5∶76.5，下降了5.9个百分点；而城镇居民消费比重从2000年低于全国4.4个百分点，变为2007年高

于全国 2.1 个百分点。表明近年来内蒙古居民消费水平提高的同时，农牧民消费增长过于缓慢。

二是消费水平不断提高，但城乡消费差距迅速加大。从总体消费水平看（见表 3-4），2000 年以来，内蒙古居民消费水平有了很大提高，与全国的差距逐渐缩小。2000 年人均居民消费 2687 元，是全国平均水平的 74%；2007 年上升到 7062 元，是全国平均水平的 99.7%，基本与全国水平持平，比 2000 年增长了 2.63 倍，年均增长率为 14.8%，高于全国平均增速 10.8 个百分点（未考虑价格因素）。

从城乡消费水平对比看，城乡差距扩大迅速。2000 年内蒙古城乡消费水平之比（农牧民 = 1）为 1∶2.36，2005 年已经扩大为 1∶3.3。与全国情况对比，全国城乡消费水平之比从 2000 年的 1∶3.7 变到 2007 年的 1∶3.6，呈缩小趋势。可见内蒙古城乡差距扩大在全国也较为突出，值得高度关注。

表 3-4　2000~2007 年内蒙古城乡消费水平变化

	人均消费绝对数（元）			城乡消费水平对比	指数（上年=100）		
	全体居民	农村居民	城镇居民	（农村居民=1）	全体居民	农村居民	城镇居民
2000 年							
全国	3632	1860	6850	3.70	108.6	104.5	107.8
内蒙古	2687	1720	4045	2.36	105.3	106.2	103.1
2005 年							
全国	5463	2560	9410	3.70	107.9	107.6	105.7
内蒙古	5021	2426	8004	3.30	111.6	114.6	108.5
2007 年							
全国	7081	3265	11855	3.60	110.2	108.0	109.2
内蒙古	7062	3286	10930	3.30	116.5	110.9	115.9

（三）近年来内蒙古投资需求变动特征

1. 投资总量迅速增长，对经济增长的贡献呈先升后降趋势

毋庸置疑，投资依然是拉动内蒙古经济增长的主要力量，当从表 3-1 可见，投资对内蒙古经济增长的贡献在"九五"和"十五"期间，呈现先升后降的不同特点。2001~2005 年，资本形成率从 39.7% 上升到 73%，资本形成总额贡献率则从 21.45% 上升到 105.3%，均呈快速上升之势；2005~2007

年，资本形成率从73%仅微升到73.8%，而资本形成总额贡献率在消费关系上升的同时，从105.3%下降到82.31%，呈现反转下降趋势。

2. 投资产业流向结构变化与三次产业结构变化趋势相同，由"三、二、一"变为"二、三、一"

投资结构对产业结构的变化起着决定性的作用。2000年内蒙古三次产业结构为22.8∶37.8∶39.4，2007年变为12.5∶51.8∶35.7；而投资结构变化方向与产业结构相同，全社会固定资产投资结构从2000年的11.09∶34.33∶54.59变为2007年的4.73∶57.28∶37.99，即投资结构与产业结构同向变化，三次产业投资结构由"三、二、一"变为"二、三、一"（见表3-5）。

表3-5　按三次产业划分的全社会固定资产投资

年份	投资总额（亿元）				三次产业投资比重（%）		
	第一产业	第二产业	第三产业	合计	第一产业	第二产业	第三产业
2000	38.03	117.76	187.25	343.04	11.09	34.33	54.59
2001	40.79	152.86	206.74	400.39	10.19	38.18	51.63
2002	80.83	245.55	290.37	616.75	13.11	39.81	47.08
2003	90.78	508.49	495.90	1095.17	8.29	46.43	45.28
2004	110.72	920.37	623.63	1654.72	6.69	55.62	37.69
2005	129.48	1462.36	889.99	2481.83	5.22	58.92	35.86
2006	171.92	1815.51	1044.75	3032.18	5.67	59.87	34.46
2007	183.41	2222.96	1474.53	3880.90	4.73	57.28	37.99

3. 投资来源构成中，其他投资类型比重大幅度上升，国有、集体和个体投资均有不同程度下降

从表3-6可见，按登记注册类型划分的全社会固定资产投资中，国有及国有控股、集体、个人和其他类型投资构成中，国有及国有控股、集体、个人投资所占比重均有不同程度的下降，其中国有和个体投资比重降幅最大；只有其他类型（包括联营、股份制、外商、港澳台商等）投资比重上升幅度较大，升幅约为26个百分点。

此外，在投资总额中，住宅投资尽管总量增长了6倍，但比重下降了约8个百分点，表明住宅投资增长速度远远低于投资总额的增长。

表3-6 按等级注册类型分的全社会固定资产投资

年份	投资总额	按登记注册类型分							按隶属关系分	
		住宅	国有及国有控股	集体	城镇集体	个体	农村个人投资	其他类型投资	中央项目	地方项目
		亿元								
2000	430.42	87.38	275.06	27.15	3.61	51.64	45.88	76.57	60.41	370.01
2001	496.43	96.04	269.69	28.00	4.01	86.25	48.74	112.49	60.31	436.12
2002	715.09	98.35	370.96	27.94	7.54	100.57	52.16	215.62	103.75	611.34
2003	1209.44	114.27	630.70	33.04	11.16	138.86	55.68	406.84	129.78	1079.66
2004	1808.91	154.19	1191.80	35.69	13.48	79.67	58.24	501.75	150.82	1658.10
2005	2687.84	206.01	1644.71	41.14	14.84	84.26	62.05	917.73	255.66	2432.18
2006	3406.35	374.17	1724.00	61.69	28.73	76.11	65.57	1544.55	412.73	2993.60
2007	4404.75	523.85	2222.19	88.61	45.46	88.38	74.73	2005.58	507.23	3897.50
		比重（%）								
2000	100	20.30	63.91	6.31	0.84	12.00	10.66	17.79	14.04	85.96
2001	100	19.35	54.33	5.64	0.81	17.37	9.82	22.66	12.15	87.85
2002	100	13.75	51.88	3.91	1.05	14.06	7.29	30.15	14.51	85.49
2003	100	9.45	52.15	2.73	0.92	11.48	4.60	33.64	10.73	89.27
2004	100	8.52	65.88	1.97	0.75	4.40	3.22	27.74	8.34	91.66
2005	100	7.66	61.19	1.53	0.55	3.13	2.31	34.14	9.51	90.49
2006	100	10.98	50.61	1.81	0.84	2.23	1.92	45.34	12.12	87.88
2007	100	11.89	50.45	2.01	1.03	2.01	1.70	45.53	11.52	88.48

4. 不同行业投资构成中，新兴产业和资源型产业投资上升较快

分行业看，2000~2007年内蒙古全社会固定资产投资构成中，信息传输、计算机服务和软件业投资增长最快，但占比重较小；其次为采矿业和制造业，投资上升快，比重也较大；再次为电力、燃气及水的生产和供应业比重增长稳定；最后交通运输、仓储和邮政业比重则较快下降（见表3-7）。

表3-7 按行业划分的全社会固定资产投资

主要指标	2000 年投资额（亿元）	比重（%）	2007 年投资额（亿元）	比重（%）	年均增速（%）
全区	2420326		37859871		48.12
农、林、牧、渔业	176092	7.28	1327825	3.51	33.46
采矿业	134928	5.57	5942058	15.69	71.73
制造业	212594	8.78	9402423	24.83	71.83
电力、燃气及水的生产和供应业	335382	13.86	6710588	17.72	53.42
建筑业	14484	0.60	227949	0.60	48.25
交通运输、仓储和邮政业	735952	30.41	5215259	13.78	32.28
信息传输、计算机服务和软件业	2682	0.11	563925	1.49	114.70
批发和零售业	59341	2.45	709531	1.87	42.54
住宿和餐饮业	14986	0.62	474244	1.25	63.81

注：增长速度未包含价格因素。

二、影响内蒙古消费与投资需求变动的主要因素

（一）影响投资与消费需求的关系的几个主要因素

经济周期性因素对于投资率和消费率的波动具有明显影响。2000～2007年，内蒙古正处于经济高速增长期，经济周期性因素对投资率、消费率波动具有明显影响。当经济短期波动时，经济上升期投资率提高而消费率降低，下降阶段则相反。

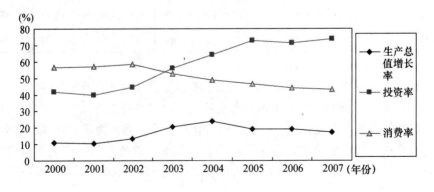

图3-3 经济波动与投资率、消费率的变化关系

　　在内需主导型经济中，经济回升主要靠投资增长带动，除了扩张性政策刺激外，根本上是由于消费升温，并通过生产领域的产业关联，引发投资的自我加速或乘数效应。与投资快速扩张相比，消费增长比较稳定。在控制总需求膨胀时，重点也是使投资增速放慢，而消费一般会保持稳定增长。此外，城市化加速期以及第三产业的发展，对拉高投资率的作用也不可低估，导致投资率上升较快，而消费率呈缓慢下降的态势。

（二）影响投资率的决定性因素是工业化进程和产业结构

　　在快速工业化阶段，投资率主要取决于第二产业比重。据世界银行研究，发展中国家的投资率在工业化初期平均为 15%，中期为 20%，末期则为 23%。而亚洲一些国家在工业化加速期，第二产业比重和投资率一直远远超出世界平均水平。20 世纪 60 年代以来，日本、韩国、新加坡、泰国、马来西亚等国先后出现过投资率 10 年平均为 35% 以上，或 40% 左右，其中新加坡达到 43% 以上，一些新兴工业化国家的投资率都曾连续数年高于 40%。

　　近年来我国投资率明显提高，主要是由于工业和为之服务的基础设施行业投资快速增长：2000～2007 年，重工业增加值占工业的比重由 58% 上升为 70%，投资率和消费率之比由 35.3：62.3 变为 42.3：48.8，投资率上升而消费率大幅度下降；内蒙古投资率和消费率之比由 41.7：56.8 变为 73.8：43.2，可见投资率上升幅度远远大于全国平均数，消费率下降幅度小于全国平均数。2007 年内蒙古投资率大于全国平均数，消费率低于全国平均数，究其原因除了内蒙古和全国工业化阶段不同外，进出口占国民经济比重偏小也是其中原因之一。

　　据有关部门预测，到 2020 年，投资率和消费率之比可能大体为 40：60，其间还会出现一定波动，但由于工业化程度相对稳定，投资率上升的空间并不大；考虑到内蒙古产业结构偏重的倾向，预计届时内蒙古投资率和消费率之比大体为 50：50。

（三）影响消费需求的主要因素为居民收入的变化

　　居民收入水平的提高是投资和消费变化的基本动因。从图 3-4 可见，内蒙古居民收入与消费增长基本同向变化，收入增长加快时，支出增长也相应加快，反之亦然。究其原因：一是收入水平直接决定了消费支出水平；二是收入水平的变化影响了居民消费心理预期和储蓄意愿，当收入预期好转时，居民将增加消费并减少储蓄，反之亦然。

　　值得注意的是，内蒙古消费支出增长幅度大于收入增长幅度，城镇居民这一特征尤为明显，反映了内蒙古城镇居民当前正处于消费水平升级换代阶段，随着居民收入水平的提高，消费结构已从温饱型农畜产品消费过渡到小康型工业品消费，部分向比较富裕型的服务类消费迈进，消费潜力得以加快释放；而社保体系的不断健全，也在一定程度上改善了居民消费支出预期，减轻了后顾之忧。目前，农牧民消费增长也呈现出进一步加快增长的趋势，其增长潜力不可低估。

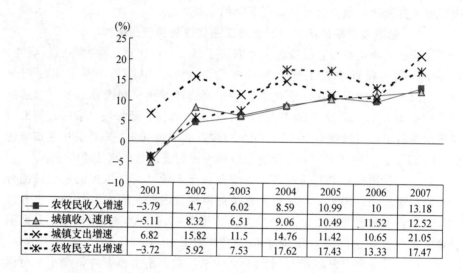

	2001	2002	2003	2004	2005	2006	2007
■— 农牧民收入增速	-3.79	4.7	6.02	8.59	10.99	10	13.18
△— 城镇收入速度	-5.11	8.32	6.51	9.06	10.49	11.52	12.52
-×- 城镇支出增速	6.82	15.82	11.5	14.76	11.42	10.65	21.05
-✳- 农牧民支出增速	-3.72	5.92	7.53	17.62	17.43	13.33	17.47

图 3-4 "九五"以来内蒙古居民收入和消费支出增长对比

三、到 2020 年内蒙古投资和消费变化趋势预测

（一）经济增长预测分析

从国外经济增长的经验来看，从经济起飞到完成工业化，是一个相当长的高速增长时期。比如，日本 1956～1973 年保持了 17 年的高速增长，年均增长速度达到 9.8%；新加坡 1966～1984 年保持了 18 年的高速增长，年均增长速度高达 9.9%；韩国 1963～1989 年保持了 26 年的高速增长，年均增长速度也高达 9%。

从我国的情况看，我国目前人均国内生产总值为 3000 美元左右，从发展经济学的角度分析，人均国内生产总值在 400～2000 美元为经济起飞阶段，在 2000～10000 美元为加速成长阶段，在 10000 美元以上为稳定增长阶段，我国目前还处于工业化的中期阶段，在产业结构、消费方式、研究开发和技术创新、基础设施等方面都具有巨大的后发优势。按经济周期理论分析，金融危机之后经济增长的内在机制将推动整体经济向上回升，预计"十二五"时期我国经济发展将进入下一个快速增长时期，其周期将持续到"十三五"末。

在全国经济高速增长的背景下，随着全球经济受金融危机影响后的见底回升，国内外下一轮经济增长的启动，内蒙古未来经济仍将保持平稳较快增长，并持续到"十二五"和"十三五"。"十一五"期间，内蒙古经济的高速增长主要得益于资本的快速积累和生产率的提高。内蒙古未来5~10年的经济增长潜力能否持续，大部分取决于上述因素能否继续保持下去。2008年，内蒙古生产总值达到7761.8亿元，增长17.2%，增速连续7年居全国各省区市第一，经济总量已进入全国中游行列。按常住人口计算，2008年人均地区生产总值32214元，增长16.7%，按年平均汇率折算达4638美元，已达到中等发达国家水平。产业结构方面，未来5~10年内蒙古将基本实现工业化，其关键标志将是第一产业增加值和就业比重大幅度下降，第二产业增加值和就业比重保持相对稳定，第三产业增加值和就业比重大幅度上升。工业内部进一步实现较高的加工度，资本技术密集型产业得到快速发展，生产要素由第一产业向第三产业加速流动，服务业比重明显提高，将超过第二产业比重。

"十二五"期间，内蒙古第二产业比重将小幅上升，主要表现在能源需求的上升将导致能源部门扩张，高投资带来资本产品需求的上升。但目前的工业化率和第二产业占自治区生产总值的比重已经达到较高水平，提升空间很小。"十三五"期间，采矿业和低技术产业比重的下降将使第二产业比重有所回落。在进入"十三五"时期，由于内蒙古市场化程度已达到中级阶段，宏观调控和市场作用的能力增强，在经过前面的经济波动后，波动幅度将会缩小，周期也将有所拉长。尽管在2015~2020年内蒙古经济增速将会有所减缓，但回落幅度不会很大，总体仍将保持相对稳定的增长态势，其增长速度下限应保持在10%以上。

"十二五"时期，内蒙古城镇居民购买力将进一步提高，适宜于住、行和服务的消费结构升级，居民储蓄率将维持较高水平，区内外资本流入保持增长态势，有利于保持较高的投资率。根据内蒙古人口增长和结构特点以及目前的就业状况，未来一段时期内蒙古劳动力资源会保持增长，而且随着教育的发展，劳动力的素质将不断提高。

综合考虑各方面因素，根据内蒙古高、中、低不同增长情景进行预计，结果如下：高速增长，假定未来5~10年，内蒙古生产率的提高和"十一五"时期基本相当，"十二五"期间，生产总值年均增长率将达18%左右，到期末地区生产总值总量将超过25000亿元，人均地区生产总值将接近80000元左右,折算美元将超过 10000 美元;"十三五"期间,地区生产总值年均增长率将达 14% 左右,到期末人均地区生产总值折算美元将超过 18000 美元。中速增长,假定未来 5 ~ 10 年,内蒙古生产率的提高略低于"十一五"时期的基本水平。"十二五"期间地区生产总值年均增长率将达 16% 左右,到期末地区生产总值总量将超过 21000 亿元,人均地区生产总值将接近 70000 元,折算美元将超过 9000 美元;"十三五"期间,地区生产总值年均增长率将达 12% 左右,到期末人均地区生产总值折算美元将超过 16000 美元。低速增长,假定未来 5 ~ 10 年,内蒙古生产率的提高低于"十一五"时期的基本水平,"十二五"期间地区生产总值年均增长率将达 14% 左右,到期末地区生产总值总量将超过 18000 亿元,人均地区生产总值将接近 60000 元,折算美元将超过 8000 美元;"十三五"期间,地区生产总值年均增长率将达 10% 左右,到期末人均地区生产总值折算美元将超过 14000 美元。

(二)投资与消费比例关系预测分析

从经济增长的周期规律看,经济增速经过后金融危机时期将有所回调,按照上述经济增长中等方案预测,经济增长重心将进一步向注重质量和效益转变,摆脱经济增长单纯追求较快增速的低级阶段,社会各阶层也将充分分享经济发展的成果。政府在行使公共服务职能时也将发生重要的转变,主要体现为政府消费支出的增加和政府投资的相对减少,非公共领域的投资将基本上由企业和个人承担进行。这些都是合理调整内蒙古投资和消费比例关系的重要前提。

2007 年,投资率和消费率之比为 74:43。从其他省区市的经验来看,与目前同样经济发展水平的省区市以及各省区市普遍情况相比,内蒙古投资率偏高,消费率偏低。其中居民消费率偏低的情况尤为突出,这种差距表明内蒙古调整投资和消费关系存在着很大的余地。随着消费水平的提高,投资拉动作用的减少,第三产业比重持续上升并明显超过第二产业的比重,则消费率将会大幅提高,而投资率会相应降低。值得注意的是,居民较高的储蓄率在今后的 5 ~ 10 年内仍将保持较长时间,但伴随人口老龄化趋势,储蓄率可能会逐步下降。预计"十二五"时期由于适龄劳动力持续增长,养老负担相对较轻,将有利于居民储蓄率保持较高水平,投资率也将可能保持在 60% 左右;之后由于适龄劳动力增长速度放慢,老龄人口增加,养老负担加重,导致居民储蓄率下降,投资率也将逐步降低,投资率可能降低到 50% 以下。

根据经济增长高中低不同增长情景,综合考虑各方面因素对内蒙古投资率和消费率变化趋势进行不同情境预测如下:

到 2015 年，高速增长情况下投资总量为 15000 亿元，投资率下降为 60%，其中政府投资率为 25%，非政府投资率为 35% 以上；消费总量为 10000 亿元，消费贡献率将上升为 55% 左右，其中居民消费率为 70% 左右，政府消费率为 10% 左右。中速增长情况下投资总量为 13000 亿元，投资率下降为 62%，其中政府投资率为 28%，非政府投资率为 34% 以上；消费总量为 8000 亿元，消费贡献率将上升为 50% 左右，其中居民消费率为 70% 左右，政府消费率为 10% 左右。低速增长情况下投资总量为 11000 亿元，投资率下降为 61%，其中政府投资率为 30%，非政府投资率为 31% 以上；消费总量为 6000 亿元，消费贡献率将上升为 45% 左右，其中居民消费率为 70% 左右，政府消费率为 10% 左右。

到 2020 年，高速增长情况下投资总量为 22000 亿元，投资率下降为 35%，其中政府投资率为 10% 左右，非政府投资率为 40% 以上；消费总量为 12000 亿元，消费贡献率将上升为 65%，其中居民消费率为 80% 左右，政府消费率为 10% 左右。中速增长情况下投资总量为 20000 亿元，投资率下降为 40%，其中政府投资率为 10% 左右，非政府投资率为 40% 以上；消费总量为 10000 亿元，消费贡献率将上升为 60%，其中居民消费率为 80% 左右，政府消费率为 10% 左右。低速增长情况下投资总量为 18000 亿元，投资率下降为 45%，其中政府投资率为 10% 左右，非政府投资率为 40% 以上；消费总量为 8000 亿元，消费贡献率将上升为 55%，其中居民消费率为 80% 左右，政府消费率为 10% 左右。

按照目前的情况看，根据 1978～2007 年投资率和消费率的历史数据进行外推，中等方案实现的可能性最大，预计到 2020 年，内蒙古居民最终消费率将由目前的 43% 逐步提高到 55% 左右，政府消费率将保持在 20% 左右的水平，投资率和消费率之比将基本稳定在 55∶45 的水平。

（三）投资预测分析

1. 影响未来内蒙古投资增长的有利因素和不利因素

"十五"以来，内蒙古经济形势总体是好的，尤其是当前高储蓄率、能源等基础产品供给良好，以及农牧业丰收为内蒙古当前及今后的发展奠定了重要基础，因此内蒙古经济长期平稳较快增长的基本面不会发生改变。

（1）有利因素。

未来一段时期，影响内蒙古投资实现稳定增长存在的有利因素主要表现在以下几个方面：

第一，利好的宏观政策。目前国家宏观政策是实施积极的财政政策和适

度宽松的货币政策,下调贷款基准利率和中小金融机构存款准备金率,取消
对商业银行的信贷规模限制,合理扩大信贷规模,其政策支点主要是加强对
市场自主投资的鼓励和引导,支持引导民间资本投向政府鼓励项目和符合国
家产业政策的领域,加大对重点工程、"三农"、中小企业和技术改造、兼并
重组的信贷支持,有针对性地培育和巩固消费信贷增长点,政策方向主要向
中西部地区倾斜,政策导向一定程度上增强了投资者对未来的预期,有利于
内蒙古预算内和银行贷款资金的注入,促进中小企业、企业自有资金及区外
资金投入。国家加强基础设施、保障性安居工程、自主创新和结构调整等方
面的投入,为稳定内蒙古能源、化工、冶金和建材等能源、原材料和现有产
业优化、投入升级提供了重要保障。这些政策导向不仅仅是着眼于目前,更
是着眼于未来 10 年乃至 20 年的发展,为产业和投资结构的调整奠定基础。

第二,市场需求的保证。从经济社会发展总体趋势看,内蒙古仍然属于
落后地区,正处于工业化中期阶段,工业、基础设施投资等需求将长期保持
旺盛。目前内蒙古交通等基础设施总量仍然不足,制约着各种资源在区域间
的合理流动和全社会范围内的优化配置。2007 年内蒙古铁路、公路和等级公
路网面积密度分别为 0.57、11.72 和 7.68 公里/万平方公里,路网密度分别是
我国平均水平的 70%、31% 和 29%,基础设施建设投资存在很大提升潜力。
为进一步保障国家建设中的能源、原材料供给和实现内蒙古经济社会的又好
又快发展,需要大力改善目前的局面,这些都需要内蒙古固定资产投资保持
相对高的增长速度。

第三,投资重点领域提升空间较大。从内蒙古投资重点领域来看,投资
规模和速度有很大的提升空间。内蒙古投资规模虽然较贵州、陕西、青海等
西部地区规模有很大程度提高,但同河北、山东和河南等中东部地区相比较,
整体投入规模比较低,在制造业和农村建设等重点领域和方面存在严重不足,
其增长潜力巨大。

综合以上方面,未来的 5~10 年中,内蒙古经济发展的投资拉动型特征
将不会明显减弱。虽然国内外环境波动的不利影响将引致一系列的矛盾和问
题,对内蒙古投资结构和流向产生一定的影响,但基于内蒙古经济发展的阶
段性特征,促使内蒙古投资继续保持增长的基本因素仍然将长期存在,从中
长期来看投资依然是未来促进其经济发展的主要拉动力量。

(2) 不利因素。

未来一段时期,影响内蒙古投资实现稳定增长存在的不利因素主要表现
在以下几个方面:

第一，产业投资结构风险显现。内蒙古投资主要以能源、冶金、化工和建材等工业和房地产投资为主，占固定资产投资比重高达 60% 以上，由于内蒙古产业投资结构比较单一，容易受工业和房地产需求萎缩的影响，当工业品和房地产消费等实体经济发展出现下滑时，这些行业的低迷将会使内蒙古主要投资领域面临下滑风险，从而影响内蒙古的整体投资。

第二，资金来源方面受牵制较大。内蒙古自筹资金占建设资金的比重高达 80% 左右，自筹资金主要来自企业自有资金和区外招商引资。当企业存在自有资金短缺、周转困难等问题的时候，就限制了企业自有资金的投入。而内蒙古招商引资资金约占全社会固定资产投资的 40% 左右，当国内发达地区的资金输出能力下降时，招商引资受阻无疑会加剧内蒙古投资下滑的风险；银行贷款方面，在企业投资意愿不强时，银行出于风险考虑，极易出现惜贷心理，使企业融资陷入僵局；国家预算方面，从 2005 年开始内蒙古国家预算占全社会固定资产投资的比重进一步降低，2009 年国家加大了对基础设施和民生方面的投资力度，从一定程度促进了内蒙古投资新的增长和个别行业的投入水平，但国家预算资金仅占内蒙古全年固定资产投资预计值尚不足 1%，国家明后年计划安排中央投资最多也就占到全部投资额的 2% 左右，这些均不足成为内蒙古未来新增投资的主体。

第三，国内外投资扩张意愿的波动将直接影响内蒙古未来的投资。经济全球化、一体化的趋势日趋明显，内蒙古投资也日益受到国内外形势变化的影响。例如 2008 年底至 2009 年初，国内外经济发展趋势的不确定性和市场前景的不明朗，导致投资者信心严重下降，许多企业都处于观望状态，新开工项目增长缓慢，支撑内蒙古投资增长的采矿业、制造业新开工项目数也有所下降，2009 年上半年内蒙古后续项目存在明显不足，虽然目前投资者信心恢复较快，但之前的投资者信心的严重下降对内蒙古投资增长的后劲将产生不利影响。

2. 投资来源分析和预测

"十一五"时期以来内蒙古投资资金来源变化的趋势是自筹资金和利用外资比重在稳步增加，国内贷款和国家预算内资金合计占资金总来源比重呈现下降的趋势。以 2005～2007 年为例，自筹资金占总资金的比重由 2005 年的 64.5% 提高到 2007 年的 79.7%，提高了 15.2 个百分点；国内贷款和国家预算内资金的合计由 2005 年的 25.73% 下降到 2007 年的 14.1%，下降了 11.63 个百分点。目前来看，国内贷款和预算内资金比例的下降会对公益性、基础性项目投资产生一定的影响；但从长远来看，随着内蒙古政府投资观念的转变,公益性、基础性等项目将会越来越多地走市场化道路,在使广大人民充分享受到公益性、基础性等项目带来益处的前提下,将会更加科学化和人性化地使其长时间地运行和运营下去。

内蒙古未来 5~10 年投资资金来源的变化趋势是自筹资金和利用外资比重将继续稳步增加,国内贷款和国家预算内资金占资金总来源比重将继续呈现下降的趋势,而且国内贷款和预算内资金比例的下降对公益性、基础性项目投资产生的资金缺口,将由自筹资金和外资来补上。

综合考虑以上各方面的因素,预计到 2015 年,按照内蒙古经济增长中速运行的情况,投资总量为 13000 亿元,其中国家预算资金将达到 450 亿元,国内贷款将达 1300 亿元,利用外资将达 100 亿元,自筹资金将达 11000 亿元,其他为 150 亿元;预计到 2020 年,按照内蒙古经济增长中速运行的情况,投资总量为 20000 亿元,其中国家预算资金将达到 600 亿元,国内贷款将达 1800 亿元,利用外资将达 200 亿元,自筹资金将达 17100 亿元,其他为 300 亿元(见表 3-8)。

表 3-8 内蒙古投资资金来源变化情况

	2020 年		2015 年		2007 年		2006 年		2005 年	
	数量(亿元)	增长(%)	数量(亿元)	增长(%)	数量(亿元)	增长(%)	数量(亿元)	增长(%)	数量(亿元)	增长(%)
国家预算	600	–	450	–	155.2	-1.50	157.55	1.43	155.33	20.46
国内贷款	1800	–	1300	–	448.9	12.00	402.42	-22.24	517.51	70.12
利用外资	200	–	100	–	30.2	11.55	21.83	42.03	15.37	6.22
自筹资金	17100	–	11000	–	3407.4	34.04	2542.15	48.93	1706.97	50.85
其他	300	–	150	–	231.0	11.00	208.10	-5.31	219.78	25.60
合计	20000	–	13000	–	4273.0	28.23	3332.10	27.42	2615.00	49.07

3. 产业投向分析和预测

"十一五"时期以来,内蒙古投资运行的整体态势较好,但长期以来一、二、三产业之间及各产业内部结构投向之间存在很多不合理问题未能得到根本解决。投资产业结构流向特点目前主要表现为:第一产业投入增长缓慢。第二产业经历了快速增长后,从 2005 年开始逐步趋稳。第三产业投入呈现波动增长态势,目前投入水平有全面加快之势。房地产投资占全社会投资比重整体呈现波动下降趋势，房地产投资增速经历了 2002 年到 2006 年的快速增长后，2007 年、2008 年增速有很大回落。

从第一产业的投入趋势看，由于国家惠农政策的力度逐渐加大，粮食战略逐步深入实施，对内蒙古农牧业的投入也将稳中有升，未来 5~10 年，预计投入水平将呈稳步增长趋势。

从工业投资结构变化情况看，内蒙古工业投资增长快的行业主要集中在资源型产业，而加工制造业增速相对较慢。随着我国重化工业发展阶段的到来，对能源重化工业产品的需求日益加大，内蒙古以冶金化工、能源、建材和装备制造业为主的特色产业获得了良好的发展机遇，从而将继续拉动工业投资的快速增长。从投入水平看，内蒙古制造业投入目前存在很大不足，占固定资产投资的比重不足 30%，低于河北、山东和河南等多数省市的比重。未来 5~10 年，预计工业投入将继续得到快速增长，加工制造业投资增长在"十二五"时期前半段虽然不会有较大的突破，但"十三五"时期将会得到大幅提升。

从第三产业的投入情况看，其投资水平和质量不仅影响到生产的发展和人民生活质量的提高，而且对就业等民生问题的解决也至关重要。然而长期以来内蒙古第三产业投入增长较为平缓，从投入内部变化情况看，传统服务业稳定增长，新型服务业增速明显，比重提高迅速。未来 5~10 年，预计第三产业投入将稳定增长，部分行业投入将大幅提高。

综合考虑以上各方面的因素，按照内蒙古经济增长中速运行的情况，预计"十二五"期间，到 2015 年投资总量将达到 13000 亿元，其中第一产业将达到 520 亿元，年均增速为 27%；第二产业将达 5980 亿元，年均增速为 20%；第三产业将达 6500 亿元，年均增速为 32%；预计到 2020 年，按照内蒙古经济增长中速运行的情况，投资总量为 20000 亿元，其中第一产业将达到 700 亿元，年均增速为 7%；第二产业将达 8300 亿元，年均增速为 8%；第三产业将达 11000 亿元，年均增速为 14%（见表 3-9）。

表 3-9　内蒙古投资产业流向变动及预测

		2000 年	2005 年	2006 年	2007 年	2015 年	2020 年
第一产业	数量（亿元）	38.03	129.48	171.92	188.50	520.00	700.00
	比重（%）	11.09	5.22	5.67	4.28	400.00	3.50
	增速（%）	-	16.94	32.78	9.64	27.00	7.00

续表

		2000 年	2005 年	2006 年	2007 年	2015 年	2020 年
第二产业	数量（亿元）	117.76	1462.36	1815.51	2245.78	5980.00	8300.00
	比重（%）	34.32	58.93	59.87	50.98	46.00	41.50
	增速（%）	–	58.89	24.15	23.70	20.00	8.00
第三产业	数量（亿元）	187.25	889.99	1044.75	1970.47	6500.00	11000.00
	比重（%）	54.59	35.86	34.46	44.73	50.00	55.00
	增速（%）	–	42.71	17.39	88.61	32.00	14.00
房地产	数量（亿元）	45.22	162.10	325.02	500.88	–	–
	比重（%）	13.18	6.53	10.72	11.37	–	–
	增速（%）	–	46.01	100.51	54.11	–	–
总投资	数量（亿元）	343.04	2481.83	3032.18	4404.80	13000.00	20000.00
	增速（%）	–	49.98·	22.18	45.27	–	–

4. 城乡投向分析和预测

内蒙古城镇固定资产投资主要集中在工业、房地产、基础设施和教育卫生文化等民生领域，而农村牧区投入则主要体现在住宅、基础设施和教育卫生文化以及少量的工业投入。从基础设施和民生投资的总体看，城镇和农村牧区投资都呈现下降的趋势，在农村牧区总投入和城镇固定资产投入中，减去房地产和工业投入，将很大程度上反映城乡基础设施建设和教育卫生福利保障等民生投入情况。据此分析，"十一五"以来内蒙古农村牧区基础设施和民生投资方面呈现绝对量和增速双双下降的趋势，其增长远低于全国平均水平。随着国家保增长、利民生政策倾斜力度的加大，预计"十二五"时期城镇和农村牧区的基础设施和民生投资将呈现平稳加快趋势，"十三五"时期将稳步上升。

从城乡基础设施和教育卫生保障等投入分配和共享情况看，目前城乡分配差距较大并且有进一步扩大的趋势。以 2007 年为例，内蒙古农村基础设施和教育医疗保障等方面投入较全国平均水平低 17.67 个百分点，较 2004 年下降了 2.77 个百分点，同城镇投入比例差距进一步扩大。这一状况在未来 5～10 年难以根本扭转，预计"十二五"时期，基础设施和教育卫生保障等投入的城乡分配差距将进一步扩大，"十三五"时期在政策导向和需求回升的拉动下，城乡差距有望有所缩小。

综合考虑以上各方面的因素，按照内蒙古经济增长中速运行的情况，预计到 2015 年投资总量 13000 亿元中，城镇投资将达到 11700 亿元，农村牧区投资将达 1300 亿元；预计到 2020 年，投资总量为 20000 亿元中，城镇投资将达到 17000 亿元，农村牧区投资将达 3000 亿元（见表 3 - 10）。

表 3 - 10　城乡基础设施和民生投资变动趋势

			2004 年	2005 年	2006 年	2007 年	2015 年	2020 年
内蒙古	城镇	投资（亿元）	1707.50	2555.30	3307.82	4255.00	11700.00	17000.00
		比重（%）	95.50	96.66	97.11	98.27	90.00	85.00
		增速（%）	–	61.48	24.99	12.95	–	–
	农村	投资（亿元）	80.50	88.35	98.53	74.70	1300.00	3000.00
		比重（%）	4.50	3.34	2.89	1.73	10.00	15.00
		增速（%）	–	9.75	11.52	- 24.19	–	–
全国	城镇	投资（亿元）	18093.40	28258.40	44889.60	56310.70	–	–
		比重（%）	61.24	67.38	72.97	73.93	–	–
		增速（%）	–	56.18	58.85	25.44	–	–
	农村	投资（亿元）	11449.30	13678.50	16629.50	19859.50	–	–
		比重（%）	38.76	32.62	27.03	26.07	–	–
		增速（%）	–	19.47	21.57	19.40	–	–

注：城镇投资数 = 城镇固定资产投资 - 房地产 - 工业，农村数用实际投资数表示。

（四）消费预测分析

1. 影响消费的有利因素

未来一段时期影响内蒙古实现消费稳定增长的有利因素主要体现在以下几个方面：

（1）居民收入增长将为扩大消费需求提供原动力。近年来，内蒙古不断提高居民收入水平，针对居民收入滞后于经济增长这一突出矛盾，自治区党委和政府十分重视，出台了一系列政策措施，并提出 2009 年内使内蒙古城镇居民收入水平达到全国平均水平的目标。尤其是对城镇低收入群体和农牧民收入增长慢的问题予以高度重视。国家和自治区十分重视加快农牧业发展，国家出台了提高粮食最低收购价格、提高良种补贴标准、扩大补贴范围等一揽子强农惠农政策，加上农民土地承包经营权流转、提高农村牧区地保补助、家电和汽车下乡等措施，都将有利于农牧民增加收入，扩大消费。增加城市低保补助，继续提高企业退休人员基本养老金水平和优抚对象生活补助标准等措施，也将成为长期的促进居民收入的政策，使居民收入不断得到提高，为促进消费需求的持续上升提供根本保证。

（2）税制改革有利于消费增长。增值税转型改革和行政事业收费减免将大大减轻企业负担，给企业特别是中小企业提供更多的生存活力和空间。中小企业是内蒙古就业的根本，中小企业健康发展才能稳定地提供就业、增加收入，从而提高全区居民消费能力，促进消费增长。同时贷款利率下调和降低个人所得税起征点的政策，也将有助于提高居民消费信心。

（3）民生工程的加快实施有利于扩大消费需求。国家和自治区将加大政府投资力度，通过加大廉租住房建设、加快医疗卫生、文化教育事业发展和加快农村牧区基础设施建设等增加社会福利和改善民生的举措，将有利于集中偿还民生领域的历史欠账，进一步完善内蒙古社会保障体系，从而有助于居民改善生活，消除"后顾之忧"，将储蓄意愿转化为消费信心。

综上可以看出，从中长期来看，内蒙古消费在经济增长中将起到越来越重要的作用，随着经济增长方式的不断转变，消费将超过投资在经济增长中的作用，成为经济发展的主要生力军。从国内需求看，城乡居民在解决了吃、穿和用以后，生活水平进入小康阶段，无论是城镇居民对中高档商品的需求期望，还是农牧民对日常生活用品的需求，都是相当高的。这表明工业产品还有很大的发展空间，目前的需求不足仅仅是阶段性现象。"十二五"时期农牧民由于受其收入增长的限制，消费水平增长不会太高。未来一个时期，城镇居民将在住、行方面继续形成大量现实的消费，农牧民也将逐步实现或赶超城镇居民的生活条件。近年来，内蒙古在投资增长趋缓，出口依存度较低的情况下，经济仍然保持了较快增长，究其原因，主要是消费增长不断加快，对经济增长的贡献率不断加大所致。受世界经济增长放缓和我国经济进入本轮经济增长周期下行区间影响，内蒙古经济面临下滑风险，消费出现调整态势，增速将有所下降。但在国家扩大消费政策刺激下，内蒙古消费需求将企稳后回升，在投资的拉动作用逐渐减弱后，对经济增长发挥更大的拉动作用。

2. 影响消费的不利因素

未来一段时期影响内蒙古实现消费稳定增长存在着不利因素，主要体现在以下几个方面：

（1）城乡居民收入增速与生产总值增速相比，相对速度较慢将导致消费者相对购买力下降。城镇居民财产性收入比重较低。农牧民工资性收入占农牧民人均纯收入近40%。这些情况会不同程度影响到消费的提升和扩张。

（2）房地产市场前景的波动将对消费需求产生较大负面影响，连带对钢铁、建材、家装、家具等的需求也会受到波动。

（3）物价波动、社会保障体系不健全不利于消费增加。物价的波动，尤其是物价的上涨，不利于低收入群体的消费增加。加之社会保障体制尤其是农村牧区社保体制的不健全，将一定程度上影响居民消费预期心理。通胀压力的加大，将使得居民消费成本升高，居民宁愿储蓄而不敢消费，将减少对部分消费品的消费需求。

3. 居民收入与消费行为变化分析

（1）城镇居民收入与消费行为变化分析。

"十五"时期以来，内蒙古居民收入与消费增长基本同向变化，收入增长加快时，支出增长也相应加快，收入降低时，支出也相应降低。居民收入水平的提高是投资和消费变化的基本动因。主要原因是收入水平直接决定了消费支出水平，以及收入水平变化影响居民消费心理预期和储蓄意愿。主要体现为当收入预期好转时，居民将增加消费并减少储蓄，随着居民收入的提高，消费支出占收入的比重呈下降趋势。随着收入的提高，只有最低收入户消费比重有所提高，而其他消费群体的消费比重均有不同程度的下降。

未来 5～10 年，预计内蒙古城镇居民的消费行为变化将是中等偏上以上的收入户其收入增加到一定程度时，消费意愿将会明显增强，其消费扩大和升级的速度明显提高。最低收入者收入绝对量虽然有所增加，但其相对量增长缓慢，几乎全部收入将用于日益膨胀的消费支出，其生活水平基本持平或略有所提高。

（2）农牧民收入与消费行为变化分析。

"十五"时期以来，内蒙古农牧民收入构成中，转移性和财产性收入比重迅猛增加，劳动者报酬收入也有所增加，家庭经营纯收入下降，表明内蒙古农牧民收入来源脱离了传统模式，更趋向多样化和市场化。消费支出中，交通通信、医疗保健支出比重较快上升，其余各项支出均有不同程度下降。货币性消费支出水平及增长速度均高于实物性消费支出，表明内蒙古农牧民支出能力的增长基本体现在货币性支出的增长上，货币支付能力有了较大提高。

未来 5～10 年，预计内蒙古农牧民的消费行为变化将是食品消费占消费总支出的比重将继续下降，恩格尔系数也将相应持续下降，大型农牧机械、交通等消费支出将持续上升，货币性消费支出水平及增长速度仍然将快于实物性消费支出，农牧民支出能力的增长将越来越多地体现在货币性支出的增长上。

4. 消费贡献率预测

"十五"以来，内蒙古消费贡献率总体下降较快，虽然"十一五"时期内蒙古消费贡献率缓慢上升，尤其是 2006 年和 2007 年两年增长较快，但由于之前消费贡献率下降得也较快，目前内蒙古的消费贡献率仅为 40% 左右，总体来看仍维持在较低水平。

在内蒙古消费贡献率较低的前提下，消费支出增长幅度大于收入增长幅度。这一特征在城镇居民身上反映得尤为明显，表明内蒙古城镇居民正处于消费水平升级换代阶段。随着居民收入水平的提高，消费结构从温饱型农产品消费过渡到小康型工业品消费，部分向比较富裕型的服务类消费迈进，消费潜力得以加快释放。与此同时，不断健全的社保体系也在一定程度上改善了居民消费支出预期，减轻了后顾之忧。未来 5～10 年，预计城镇居民消费结构向比较富裕型的服务类消费迈进，消费潜力加快释放；农牧民消费增长也呈现出进一步加快增长的趋势，其增长潜力不可低估。

综合考虑以上各方面的因素，预计到 2015 年，按照内蒙古经济增长中速运行的情况，消费总量为 8000 亿元，消费贡献率为 50%；预计到 2020 年，消费总量为 12000 亿元，消费贡献率为 55%。

5. 社会消费品零售总额预测

"十一五"以来，内蒙古社会消费品零售总额增速不断上升，高于全国平均水平。与全国相比，2004 年以来内蒙古社会消费品零售总额增幅平均高出全国平均水平 2～3 个百分点，内蒙古社会消费品零售总额增长动力要强于全国平均水平。

内蒙古正处在一个新的经济上升周期，工业化进程也明显加快，正在完成从初期向中期的过渡。如前所述，这一发展时期必然伴随着投资的快速增长。然而，当经济发展到一定阶段时，消费作为最终需求，其地位和作用会逐渐上升，其发展速度对投资增长的影响也将日益显现。中国经济转型的压力扑面而来，作为崛起中的大国，中国已经进入了从一个传统的出口大国向消费大国转变的关键时期。挖掘国内庞大的消费市场潜力，不但可以改善民生，还可以为中国制造业的再生提供良好的机遇。未来 5～10 年，预计内蒙古社会消费品零售总额高出全国平均水平的情况将继续延续，消费的地位和作用将逐渐上升，消费市场将释放积蓄已久的潜力。

综合考虑以上各方面的因素，预计到 2015 年，按照内蒙古经济增长中速运行的情况，社会消费品零售总额将达 8000 亿元，年均增长 33%；预计到 2020 年社会消费品零售总额将达 12000 亿元，年均增长 10%。

四、对策建议

(一) 合理调整投资和消费关系，促进二者协调平稳发展

尽快消除投资中的无效增长成分，对目前已经出现投资过热的行业如房地产、钢铁、建材（电解铝）、汽车以及纺织业等进行结构性调控，从行业准入制度、投资审批、土地供给、环保评估、银行贷款以及进口设备退税等方面进行控制。同时采用经济手段，在过热行业实行扶优扶强的策略，加快大企业的技术进步，让其兼并中小企业，通过重组兼并消除过剩和重复建设。

积极调整地方债券的使用结构和方向，将使用重点放在改善城乡居民消费环境方面。将债券的投资方向调整到有利于刺激居民扩大消费的公共设施环境方面，比如加强小城镇和农村的公共基础设施建设，从水、电、路、通信、学校、医院等设施供给上改善消费环境问题，以降低居民的消费成本。

增加中低收入者群体的收入水平，不断提高其购买和消费能力。当前，内蒙古消费不足主要是由城市中低收入者和农牧民的购买能力不足造成的，而购买能力不足又是由于这部分人群的收入增长缓慢引起的。因此，提高这部分人的收入水平就成为当前扩大国内市场消费的关键所在。具体包括扩大社会保障的覆盖面，将社会保障范围从目前的城市进一步向小城镇和农村牧区延伸，并适当提高社会保障水平，这不但能直接降低低收入群体的消费成本，还能提高他们的消费能力，低收入者的边际消费倾向要明显高于中高收入者，把钱送给他们更能刺激即期消费。千方百计地增加农牧民收入，尽快提高农牧民的购买力和消费能力，在财政政策上支持农牧民调整农村牧区经济结构，为农牧民增加直接和间接补贴，帮助他们建立优质、专用农畜产品基地，扶持发展农畜产品加工业，创造条件增加收入。同时，还要对农牧民实行免税和减税政策，进一步减轻他们的负担，增加其有效消费能力。

把经济发展的宏观目标由紧盯地区生产总值转向就业目标上来，通过增加就业岗位来提高中低收入者的收入水平。目前，全国各地把工业化作为本地经济发展的重要目标，但是，从实际情况看，工业化往往只是带来第二产业乃至国内生产总值的增加，并没有带来就业的增长。如果全社会就业不增加，就无从谈起增加中低收入者的收入。因此，经济发展的当务之急是要创造尽量多的就业岗位，把城镇失业人员和农村牧区剩余劳动力吸纳进来。今后考核各级领导干部的政绩也应该把增加本地就业岗位作为重要目标之一，同时还要在财政、税收以及投资政策上鼓励各地发展劳动密集型产业，努力推进城市化。通过第三产业的发展和城市化的推进，最终提高中低收入者的

收入水平，以增强他们的消费能力。

此外，逐步改革现有抑制消费的各种不利因素，为营造良好的消费环境做出实际的努力。具体包括增加普通商品房和经济适用房的供给；发展各种形式的个人消费信贷，鼓励城乡居民进行房屋建设、装修及耐用消费品购置等消费。同时，要大力支持各种新兴消费方式，引导人们进行旅游、文化、休闲娱乐等方面的消费。

（二）政府应适当减少投资，将工作重点转向引导优化投资方向及结构上来

政府应遵循工业化和产业结构升级的阶段性规律，引导投资方向和优化投资结构。按照三次产业结构和工业内部结构升级的需要，运用规划、政策和信息发布等手段，引导投资方向和优化投资结构；各类投资主体应当以市场导向为主要依据，关注政策导向，优化投资资源的配置。在结构优化的前提下保持适当的投资率，避免单纯的投资规模扩张。

在未来的 5~10 年中，政府应适当减少经济建设投资，最理想的是只保留必要的公共投资，重点应放在引导和优化投资方向及结构方面。政府所承担的一般经济建设职能向公共服务职能转换，按照完善社会主义市场经济体制的要求，政府投资将基本退出一般竞争性领域，尽可能削减政府投资所担负的一般经济建设职能，保留必要的公共投资。更进一步，公共服务职能由政府投资所实施的部分也应当尽量减少，而转向主要由政府最终消费来体现。

增强政府投资对社会投资的带动效应，各级政府除了直接投资项目建设外，应拿出一定比例资金，通过资本金注入、补助和贴息等多种方式，引导和带动社会投资。并应当适度偏重投向高新技术产业、现代制造业和现代服务业等有潜力、有后劲的竞争性、经营性项目、公共基础设施项目、民生工程以及生态环境保护等公益性项目，充分发挥政府投资的引导和放大作用。

调动社会资本的积极性，研究出台促进社会投资的相关优惠措施，消除制约社会资本的制度性障碍，逐步取消各类不合理的行政性收费，为社会资本的注入提供平等待遇。拓宽社会资本的投资领域，加快垄断领域的开放步伐，放宽市场准入，扩大非国有企业和个人等民间投资的准入领域，为各类非政府投资主体创造平等竞争条件。加快促进各类投资主体平等竞争的制度建设，包括财产保护、税收、政府规制、市场准入和退出等方面的制度。做好社会投资项目信息的统计、分析和公告工作，加快改进对社会投资项目的管理，规范投资管理部门的核准和备案行为。政府对全社会投资波动的调节，主要应当运用法律和经济的手段。

加大招商引资力度，围绕产业多元、产业延伸和产业升级，以承接配套产业集群转移为重点，在继续加大特色优势产业引资力度的基础上，积极引进劳动密集型加工业和非资源型产业，加快推进建筑企业内引外联，加快引进现代物流、金融服务等优势特色产业，发展急需的生产性服务企业和旅游企业。

（三）避免单纯追求工业投资增速，同时全面促进工业投资

自治区应加强对未来投资项目前期准备工作，研究国家产业政策和扩大内需后续政策。根据政策导向超前谋划、筛选和储备自治区中长期重大项目，预留好项目建设所需用地指标。在建立奖优罚劣的激励制度的前提下，有序使自治区工业重点项目建设和管理工作退出政府绩效考核范围，使内蒙古的工业投资保持适度增加，避免单纯追求工业投资的快速增长。

对国家审批或核准备案的项目，自治区相关部门要帮助企业积极争取国家支持，协调落实土地、环保、水资源等项目建设前置条件和项目的核准审批。对自治区审批或核准备案的项目，环评、安评、节能评估、土地预审、城市规划等相关部门要加强协调配合，倒排工期、落实各项配套条件。加强项目监督考核，按照投资工作目标的要求，对重点项目工作和任务进行逐项分解，落实到具体单位、部门和承办人，明确责任和工作目标。

（四）提高为中小企业的服务水平，积极调动中小企业投资

提高为中小企业的金融服务水平。抓住国家加快发展中小企业的机遇，加快推进金融创新，建议各类银行优先在各盟市以及条件较好的旗县设立专门面向中小企业的金融机构，制定专门针对中小企业信贷业务的管理办法、评级标准和操作流程；度身定做能满足中小企业融资需求的信贷品种；制定专门的中小企业信贷考核办法及责任制度等。完善中小企业融资担保制度，建立由政府和企业共同组建，为中小企业贷款提供担保的市场化担保机构，建立由政府主导的风险投资基金和政策支持体系，设立政府担保基金、民间互助担保基金和营利性担保公司等，为中小企业提供多形式银行贷款担保。支持担保机构简化贷款担保手续，缩短贷款担保办理时间。加强与银行协商，争取在授信额度内采取"一次授信、分次使用、循环担保"方式，提高放贷效率。加快发展民间融资，使符合条件的民间融资合法化，加快培育以民营资本为主的中小型金融机构。对符合基本条件申报小额贷款公司的，给予快速审批，在监管上给予技术帮助和人力支持，促进小额贷款公司规范健康发展，为中小企业融资拓宽渠道。改组改造非金融机构，合理引导民间资金转化为资本，加快村镇银行、社区银行等民营银行建设步伐。降低中小企业股票上市和债券发行的门槛，给予中小企业发行企业债券的平等机会。

（五）推进形成房地产市场投资的可持续性

优化土地出让政策，在坚持净地拍卖的基础上，增加净地（期地）拍卖和净地（期地）挂牌的出让方式。细化经营性用地分类，在原有商业、住宅、商住混合（综合用地）的基础上，对商业用地按大型商场、宾馆、旅游、农贸市场和大型交易市场等不同用途，合理确定土地价格。结合当地实际，通过扩大城镇面积和景观绿化的带动，引导和鼓励房地产企业增加投资。引导和鼓励房地产企业在加大住房项目投资的同时，投资旅游房地产、商业地产和保障性住房项目，实现多元化发展。加强房地产项目配套基础设施建设，对即将进行房地产开发的地块先期启动基础设施配套工程建设，提前完善其周边的供水、供暖、供气、路网、绿化等基础设施和公共服务设施，为房地产的开发建设创造良好的配套设施环境。加快污水处理配套建设，房地产开发项目鼓励同步建设中水设施。

（六）拓宽消费领域，提高最终消费率

适应居民收入水平提高和消费结构升级的趋势，加快发展服务类消费和工业品消费，拓宽居民消费领域，鼓励居民增加即期消费。积极培育消费热点，提振消费信心。全面落实全区职工带薪休假制度，深入挖掘节日消费市场的潜在需求，支持企业开展各类促销活动，拉动消费需求。引导广大零售及服务企业，积极开展各类营销活动，扩大市场销售。广大企业更要整合各类资源，因地制宜开展形式多样、内容丰富的消费促进活动。积极组织旅游节庆活动，推动全民旅游休闲。旅游消费是关联度大、拉动性强的消费领域。积极扩大旅游消费，不仅可以带动旅游企业和旅游地相关产品的销售，扩大当地消费，而且可以吸纳更多的人就业。继续培育汽车和电信等消费热点，鼓励二手车交易消费。同时，还要继续推动住房和汽车消费，配合安居工程建设，扩大和带动家具、家纺和家饰等消费。随着网络技术的不断发展，软件供应的日益丰富，市场价格的不断下降，电脑及相关信息技术产品成为许多家庭的消费对象。3G移动电话快速增长，数字高清电视的走俏及3G网络的运行证明了信息消费需求的潜力巨大。随着人们生活水平的提高，消费观念的改变，居民对精神生活和身体健康的追求不断增强，这使得娱乐、体育健身行业的快速发展成为可能。健全旧货流通网络，加大旧货收购点、旧货交易市场建设，增建、改造、规范专业化分拣中心和跨区域集散市场，鼓励企业开展"收旧售新"、"以旧换新"业务。这不仅有利于资源节约，引导社会形成科学消费、循环消费的模式，而且可以满足低收入家庭和贫困群体消费需要并带动新品消费，形成新的消费热点。提高居民最终消费占国内生产总值的比重。

城镇要推进社区商业建设，拉动城市消费，推广便民消费进社区、便民服务进家庭的工程，支持购物、餐饮、服务类连锁企业进入社区。改善商业环境，减轻企业负担，全面实施商业与工业用水用电同价措施，解决商业用电价格与一般工业用电价格并轨问题，改善商业发展环境，降低企业经营成本。

农村牧区要加快农村牧区市场体系建设，强化流通基础设施建设，发展现代流通网络方式和新型流通业态，培养多元化、多层次的农村牧区市场流通主体，构建开放统一、竞争有序的市场体系。建设农村牧区消费品市场体系、批发市场和物流体系以及服务体系，健全农村牧区流通网络，拉动农村牧区消费。推动工业品下乡，促进农村牧区消费升级，扩大工业品下乡的产品及地区范围，增加以旧换新产品的补贴额度，全面落实补贴资金。鼓励金融机构开展下乡产品和以旧换新产品信贷业务，以满足和促进农村牧区消费信贷的需求。

（七）改善消费环境，释放消费潜力

完善城乡商品商业网络，丰富各种档次的商品和服务，拓展新的消费领域与新的消费市场。顺应消费结构升级的大趋势，因势利导，在进一步增强经济竞争优势中，引导企业转换经营思路，开发适销对路的商品和服务，形成各自拥有发展空间的消费商品。根据消费群体、市场定位、商品经营范围和商品组合，决定卖点，形成优势互补，不同消费档次的商品供给局面。培育新的消费热点，推动旅游、文化、健身等服务性消费健康有序发展。发挥连锁经营优势，用新型业态改造传统商业，大力扶持连锁经营企业。积极探索赊购赊销等新型消费方式，不断拓展消费领域。

加快改革福利型、供给型、集团型消费体制，逐步建立起以个人商品化消费为主体的消费制度，增加消费贷款总量，扩大消费信贷的范围，调整消费信贷结构，简化消费信贷手续。成立非营利性担保机构，为成长型企业提供贷款担保服务。增加建设住房、汽车等消费品二级市场，规范贷款抵押拍卖市场，减少抵押财产和担保物品变现的障碍和风险，保证债权人的合法权益。

（八）全面做好社会保障工作，深入实施民生工程

建立和完善城镇无收入老年居民养老保险制度。开展新型农村牧区社会养老保险试点工作，采取"先行试点，逐步推开"的方式进行，2011 年进行试点旗县，2012 年逐步扩大试点，2015 年试点地区达到 50%，2020 年达到

80%以上。

建设社会保障服务中心。为了改变内蒙古各级社会保障基础服务设施落后的状况，适应社会保障事业快速发展的要求，建设盟市级社会保障服务中心和旗县级社会保障服务中心。争取形成布局合理、运行规范、管理科学、服务到位的社会保障经办管理服务体系，为广大参保人员和服务对象提供优质高效的社会保障服务。

建设廉租住房和节能改造既有居住建筑。通过实物配租解决符合廉租住房保障条件的低保家庭，对低保住房困难家庭全部实现实物配租。到2015年，完成内蒙古既有居住建筑改造任务。

完善公共卫生服务体系。加强旗县级疾病预防控制机构、妇幼保健机构和卫生监督体系建设。完成农村牧区医疗服务体系建设任务，加强旗县综合医院、中蒙医院标准化建设、苏木乡镇卫生院基础设施和嘎查村卫生室建设。健全城市社区卫生服务体系，对所有社区卫生服务中心完成基础设施建设任务。

教育方面全部完成企业办学校的剥离改造工程，实施初中、小学学生生活用房建设工程、义务教育阶段校外借宿生生活用房建设工程和普通优质高中建设工程。

分报告四　工业化发展阶段和工业结构变动趋势

国际经验表明，产业结构调整与升级是工业化阶段经济增长和发展的主题。"十五"以来，内蒙古工业经济高速发展，工业化快速推进，工业经济实力显著增强，但产业结构、区域结构、所有制结构、企业组织结构和产品结构依然存在较多问题，制约了工业经济增长质量和效益的进一步提高。今后一个时期，促进工业结构升级成为内蒙古经济持续发展的关键。准确判断内蒙古工业化发展所处的阶段，分析产业结构、区域结构、产品结构、所有制结构和企业组织结构的特征和存在问题，采取有效措施，加速工业结构优化升级，对于加快内蒙古增长方式转变，推动经济又好又快发展具有重大意义。

一、国际产业结构演变趋势

（一）产业结构演变的一般规律

产业结构是指一个国家或地区各次产业之间、各次产业内部各部门或行业间的比例构成和它们之间相互依存、相互制约的关系，即一定时空结构中各产业之间质的联系和量的比例。产业结构的演进具有明显的规律性，它具有从低水平均衡到高水平均衡有序演变的特征。产业结构演变的过程中伴随着产业结构的优化，包括产业结构合理化（产业部门之间协调能力的加强和关联水平的提高）与产业结构高度化（产业结构从低水平状态向高水平状态的发展过程）两个方面。

对于产业结构演进趋势，不同时代经济学家的归纳总结也不同。著名的经典理论有配第—克拉克定理、库兹涅茨的现代经济增长理论、钱纳里经济发展阶段理论等。

1. 配第—克拉克定理

随着经济的发展，第一产业的就业比重不断降低，第二、第三产业的就业比重将增加，亦即劳动力会由第一产业向第二产业与第三产业转移。

2. 库兹涅茨的现代经济增长理论

现代经济增长过程中的产业结构变化呈以下特点：在工业结构内部明显存在着由非耐用消费品向耐用消费品、由消费资料生产向生产资料生产的转移趋势，各产业的雇佣率（从事生产的就业者分为业主、家族从业者与雇佣者三类，雇佣者人数与总就业人数之比即为雇佣率）与附加值率同时增长，采掘业比重下降。

3. 钱纳里经济发展阶段理论

钱纳里等人通过对 101 个发达国家和发展中国家的数据分析，将经济发展分为初级产品生产、工业化阶段、发达经济三个过程，揭示了不同经济发展阶段的结果变化的标准模式。

4. 霍夫曼的工业化阶段理论

工业内部的产业结构演进规律是，先从由轻工业为主导地位转向以重工业为主导：重化工发展中又从以原材料、采掘工业为主导转向以加工组装制造为主导，由制造初级产品逐步向以制造中间产品和最终产品占优势为主演进。从生产要素的投入结构演变看，其顺序是由劳动密集型为主转入资源密集型，再向技术密集、智力信息咨询型演进。

从以上理论可以看出，工业结构演进是一个产业结构高度化过程，其演进趋势可以归纳为以下几个阶段：

（1）工业化的起初阶段，即工业化首先是从以轻工业为主导开始的。

（2）重工业化阶段。工业由以轻工业为重心的发展向以重工业为重心的发展推进，产业以资本密集型产业为主，即所谓"重工业化"或"重化工业化"。

（3）高加工度化阶段。即重工业化过程中由以原材料为重心的结构转向以加工、组装工业为重心的结构。这个阶段，实际上开始了产业结构的技术密集型产业比重提高的阶段。

（4）技术高度密集化阶段。在这个阶段，各工业部门越来越多地采用高级技术，导致以知识技术密集型为特征的尖端工业的兴起。

（二）主要发达国家产业结构的演变

由于各国经济发展的时间、内外环境和基础条件的不同，各国产业结构演进的具体过程存在着差异性。以美国为代表的发达的市场经济国家，和以日本和韩国为代表的通过出口导向战略崛起的新兴工业化国家产业结构升级的一般规律，为内蒙古工业结构调整提供了有益的启示。

1. 美国产业结构演变

美国的产业结构的演变是在经济发展过程中逐步实现的，按顺序依次发展了农业、工业、服务业，先后出现了以第一产业为重点、以第二产业为重心、以第三产业为重心的产业结构调整过程：

（1）工业化前期（建国至1884年）。第一、二、三次产业比重依次为50%、36%、14%，农业占主导地位。工业经济方面，轻纺工业占主要地位，纺织、食品、木材制品等劳动密集型行业，在工业所占产值份额较大。

（2）工业化早期阶段（1884年~20世纪上半叶）。美国进入经济增长的时期，工业加速发展，第二产业上升为主导产业，占53%左右，第一产业下降为28%左右，第三产业占19%。工业经济方面，电子器材、化学工业、汽车工业等发展迅速。

（3）工业化阶段（20世纪20~50年代）。第一产业下降到14%左右，第二产业也下降到37%左右，第三产业变为主导产业，占50%左右。在工业总产值中，轻工业中的纺织、食品和造纸、印刷等工业所占比重在逐步降低，而重工业中的金属制品、非金属制品以及化工、石油制品所占比重则逐步上升。

（4）工业化后期阶段（20世纪50~70年代）。第一产业比重不断下降，不足3%；第二产业比重略有下降，占26%左右；第三产业比重一直呈上升趋势，超过70%。工业经济方面，美国重点发展资本密集型的生产部门，把钢铁、汽车、建筑、机电产品作为工业发展的支柱，重工业中的金属制品、非金属制品以及化工、石油制品所占比重，大大超过轻工业中纺织、食品、造纸、印刷等工业所占比重。

（5）后工业化阶段（20世纪80年代开始至今）。国民经济的重心向第三产业继续转移，第三产业在美国经济结构中的地位越来越重要。工业经济方面，美国大力发展航空航天工业、大规模集成电路、新型电子计算机、新材料、新能源等高新技术的新兴部门，以及生物工程、激光技术、光导通信等新技术群，资本密集部门的领先地位逐渐为高新技术部门所取代，使美国的工业结构日益走向高级化。

美国在推进产业结构调整过程中的主要经验表现在两个方面：一是注重产业政策与宏观、微观经济环境协调配合，通过努力营造促进产业结构优化的宏、微观经济环境，实现产业结构逐步优化，经济持续增长。二是十分注重经济政策和科技政策的协调配合，避免国家有限资源的分散重复、低效浪费。

2. 日本产业结构演变

"二战"后日本产业结构可以分为三个阶段：

（1）经济恢复重建时期（1945～1950年）。这个时期是以农业为中心重建产业结构，整个经济恢复到战前那种以轻工业—农业为主导的产业结构，工业生产恢复到战前或战时的最高水平。同时，大力发展出口贸易，推行资本积累，积极培育中小企业，为20世纪50年代中后期开始的重化工业化时期做准备。

（2）产业结构合理化与重化工业化阶段（1950～1970年）。从20世纪50年代开始，日本大力推行产业合理化，制定了关于产业结构的长期规划，大力发展钢铁、汽车、煤炭、化肥、造船、电源等重化工业，产业结构转向重化工业方向发展。到70年代初，基本完成了产业结构的重化工业化过程。

（3）向"知识密集型"产业的转变（20世纪70年代以后）。进入20世纪70年代以后，由于石油危机、日元升值，日本经济增长率下降，物价大幅度上涨，日本加快发展知识密集型产业，具体包括：电子计算机、飞机、电气机车、产业机械手、原子能、精密化学、海洋开发等研究开发工业；数控机床、防止公害机械、工业生产住宅、自动仓库、高级成套设备等高级装配工业；高级服装、高级家具、电器音响器具等时兴型工业；信息处理服务、信息提供服务、系统工程、咨询服务等知识产业。产业结构由重化工业化转向以技术和信息为中心的知识技术密集化产业。

日本进行产业结构调整的经验主要包括：一是针对资源配置制定合理的产业政策，政府的干预强调以市场机制的作用作为资源配置的主要途径，政府干预主要通过产业政策针对市场失灵进行市场修正。二是加快中小企业群的发展，加强中小企业与大企业的分工协作，提高专业化水平，优化企业组织结构，为提高产业结构优化水平、减少结构转换中的摩擦起到了很大的作用。三是高度重视技术创新，制定了引进吸收外国的先进技术、促进本国技术更新的"技术立国"战略，高度重视引进技术的消化吸收并提高二次创新能力，由此强化产业技术创新，促进企业技术进步。

3. 韩国产业结构演变

韩国产业结构演变的阶段可以分为以下几个阶段：

（1）工业化以前阶段（1954年以前）。在此期间，农业生产力有所恢复，农业比重进一步上升，而工业生产力两次遭受破坏，降低到20世纪40年代以后的最低水平。

（2）工业化准备阶段（1954～1962年）。农业生产继续增长，但由于进口农产品的冲击，使农业产品陷入停滞状态。工业实施进口替代的发展战略，凭借劳动力资源优势和美国大量推销到韩国的农产品，重点发展了国内急需的轻工产品的生产，迅速促进了投资少、见效快的轻纺工业。

（3）工业化阶段（1962～1986 年）。第一个五年计划的实施，标志着韩国工业化的正式起步。在此期间，韩国大力发展轻工业，并致力于轻工业产品的出口，实施出口导向战略，使轻工业取得了长足进展。从第二个五年计划开始，韩国致力于大力发展重化工业，先后重点扶持了化学合成纤维、石油化学、电子、钢铁、机械、造船、汽车等产业。到 1981 年第四个五年计划的完成，重工业已经超过轻工业，在工业中居于主导地位，从而完成了工业化的基本任务。

（4）后工业化阶段（1987 年以后）。韩国工业在国民经济中的比重不断上涨的趋势开始逆转，第三产业比重增长很快，到 20 世纪 80 年代末期已经接近 60%，在工业内部，新兴产业发展十分迅速，而传统工业发展速度开始减缓。

韩国产业结构调整过程中的主要经验在于：一是注重对外开放。通过加快发展外向型经济，通过参与国际分工，发展本国工业，解决了战后资源贫乏、资金极度紧张和技术落后等难题。根据国际市场需求的变化，积极承接每一轮发达国家产业结构调整中转移出的产业，打破了产业结构内向发展的封闭模式。二是注重技术进步。与美国等发达国家不同的是，韩国的技术进步主要是依靠引进技术获取的，从而推动了产业结构的高级化。三是发挥产业政策的作用。从"二五"时期开始，韩国政府根据高附加值和比较优势原则，确立了重化工业化的目标。为实现这一目标，韩国政府先后制定了发展钢铁、机械、电子和造船等政策，从而有效地促进了韩国产业结构的高级化。

（三）国内发达地区产业结构演进及启示

改革开放以后，沿海地区的产业结构发生了历史性的变化，经济实现了高速的增长，创造了亚洲乃至世界范围内的奇迹。由于功能定位、要素条件和产业基础的差异，沿海不同地区产业结构高级化的动力机制也表现出不同的特征，进而在工业化和以后的产业升级中遵循不同的演变模式。

1. 珠江三角洲地区产业结构的演变

珠江三角洲地区是我国国土开发总体架构中沿海和京广两大发展主轴的核心枢纽，目前已成为全国以至东亚、亚太地区最活跃的经济增长中心之一。总体看，珠江三角洲产业结构演变是一种外力输入、产品输出、政策驱动的模式。改革开放之前，珠江三角洲与香港之间经济发展差距大，客观上形成了一个二元经济结构。改革开放以来，珠江三角洲从自身工业基础相对较弱的现状出发，在发展战略上选择了出口加工工业的道路，即先重点发展轻型的纺织、食品、建材等劳动密集型工业，然后再转变为重点发展电子、信息技术、新材料与生物工程等资本密集型和技术密集型产业。通过将自身的土地要素和港澳资本要素以及外来打工的劳动力要素相结合，以"三资"企业、"三来一补"企业为载体，珠江三角洲与香港形成了"前店后厂"的发展格局以及与之相对应的劳动密集型、出口导向型的产业体系，实现了由原来的农业区向工业区的转变，成为全国经济最具活力的区域之一。

2. 长江三角洲地区产业结构的演变

长江三角洲地区处于我国沿海与沿江"T"型生产力布局主轴线结合部，兼有两带的资源、产业和政策优势，是我国目前经济发展速度最快、经济总量规模最大、最具有发展潜力的经济板块，是长江流域经济带的核心区，中国经济的增长极之一。长江三角洲产业结构演进模式与珠江三角洲不同，是以内生力量为主、产品内销为主的模式。主要原因在于，长江三角洲与珠江三角洲不同，它不存在一个与之相邻的收入高于自己的外部地区，收入差距所产生的要素流动主要来自长江三角洲内部，即上海等增长极与其他区域之间在发展速度、产业结构调整、技术档次、金融贸易等第三产业发展和城市建设方面形成的落差。由于工业基础不强，长江三角洲的发展战略与珠江三角洲有些相似，积极发展出口加工业，也是先重点发展纺织、服装等劳动密集型工业，然后发展机械、电子、石化、汽车、微电子、生物技术、新材料等资本密集型和技术密集型产业。同时，长江三角洲发挥自身优势，大力发展金融保险、房地产、商品流通、邮电通信和旅游等服务业。

二、内蒙古工业化评价与特征分析

科学评价内蒙古的工业化进程，对于准确判断和调整内蒙古工业结构，加快推进新型工业化，实现工业经济又好又快发展具有重要的意义。对工业化发展阶段的划分，国际上有多种评价方法和标准，反映出研究者的不同研究角度和研究目的。其中比较有代表性的方法包括：H. B. 钱纳里等的基于人均国民收入水平划分，W. G. 霍夫曼基于霍夫曼系数的划分，罗斯托基于主导产业扩散效应的划分，南亮进基于物质生产的特征的划分，联合国基于制造业占总商品生产增加值比重的划分。另外，还有按照三次产业结构（包括产值结构和就业结构）划分，按照主导产业技术含量划分等方法。

上述每种工业化阶段划分方法和指标都有其相应的优点和局限性。由于内蒙古特定的历史和现实因素的影响，如果简单套用某种单一的评价方法和标准进行工业化阶段评价，其结果往往不能准确、全面地反映内蒙古工业化发展的实际情况。这就需要综合运用多种方法和指标从多个角度进行评价才能克服片面性，抵消个别因素对特定研究对象工业化进程的高估和低估问题。因此，本报告选择了人均生产总值、三次产业产值比、制造业占总商品比重、人口城市化率、三次产业就业比例等五个指标来衡量内蒙古的工业化进程。

（一）内蒙古工业化进程的评价指标

1. 人均生产总值

人均生产总值是综合反映一个国家或地区经济发展水平的重要指标，它和工业化水平有直接的关系。工业化水平越高，劳动生产率和人均国内生产总值就越高，反之亦然。钱纳里等人在《工业化和经济增长的比较研究》中，借助多国模型，通过对各种不同类型国家人均国内生产总值水平和经济发展水平相互关系的统计分析，按人均生产总值的变化，将经济发展分为 3 个阶段 6 个时期（见表 4 - 1）。

表 4 - 1 人均生产总值变动反映的工业化阶段

工业化阶段	前工业化阶段	工业化阶段			后工业化阶段	
时期	初级产品阶段（1）	工业化初期（2）	工业化中期（3）	工业化后期（4）	发达经济初级阶段（5）	发达经济高级阶段（6）
人均地区生产总值（1964 年美元）	100～200	200～400	400～800	800～1500	1500～2400	2400～3600
人均地区生产总值（1970 年美元）	140～280	280～560	560～1120	1120～2100	2100～3360	3360～5040
人均地区生产总值（1996 年美元）	620～1240	1240～2480	2480～4960	4960～9300	9300～14880	14880～22320
人均地区生产总值（2000 年美元）	660～1320	1320～2640	2640～5280	5280～9910	9910～15850	15850～23771
人均地区生产总值（2005 年美元）	745～1490	1490～2980	2980～5960	5960～11170	11170～17890	17890～26830

注：1970 年与 1964 年美元的换算因子为 1.4，1964 年与 1996 年的换算因子为 6.2，是由郭克莎计算的，请参考郭克莎：《中国工业化的进程、问题与出路》，《中国社会科学》2004 年第 1 期；1996 年与 2000 年、2005 年的换算因子分别为 1.065、1.202，是由陈佳贵等人根据美国经济研究局（BEA）提供的美国实际地区生产总值数据（以 2000 年美元为基准）计算的，请参考陈佳贵等：《中国工业化进程报告》，社会科学文献出版社，2007 年版。

2. 三次产业产值比

西蒙·库兹涅茨等人研究认为,工业化作为产业结构变动最迅速的时期,其演进阶段也通过产业结构的变动过程表现出来。在工业化的初期,工业化的演进使第一产业比重逐步下降,第二产业比重较快上升,并拉动第三产业比重的提高;随着工业化的推进,当第二产业的比重超过第一产业时,工业化进入中期,即中期的第一阶段;当第一产业比重下降到20%以下,第二产业的比重超过第三产业而在生产总值结构中占最大份额时,工业化进入中期的第二阶段;当第一产业比重下降到10%以下,第二产业比重上升到最高水平并保持稳定或有所下降时,工业化到了后期结束阶段(见表4-2)。

表4-2 工业化各阶段的产业结构变化

工业化阶段	产业产值结构的变动
工业化前期	第一产业产值占比 > 第二产业产值占比
工业化初期	第一产业产值占比 < 第二产业产值占比,且第一产业比重 > 20%
工业化中期	第一产业产值占比 < 20%,第二产业比重 > 第三产业比重
工业化后期	第一产业产值占比 < 10%,第二产业比重 > 第三产业比重
后工业化阶段	第一产业产值占比 < 10%,第二产业产值占比升到最高水平

资料来源:郭克莎:《中国工业化的进程、问题与出路》,《中国社会科学》2004年第1期。

3. 制造业增加值占总商品生产增加值的比重

在联合国工业发展组织和世界银行联合主持的《发展中国家的工业发展政策》的一项研究中,科迪等人提出了划分工业化水平的一种方法,即根据制造业增加值占总商品生产增加值的比重(简称为科迪指标),把工业化水平分为非工业化(20%以下)、正在工业化(20%~40%)、半工业化(40%~60%)、工业化(60%以上)等四类。其中制造业是工业的主体部分(工业还包括采掘、自来水、电力、蒸汽、热水、煤气等比重较小的行业),总商品生产增加值额(农业、渔业、林业;矿产业;制造业;电力及其他公用事业;建筑业等)大体上相当于物质生产部门(第一产业、第二产业)的增加值。

4. 就业结构

劳动力向制造业的转移是工业化的重要标志之一,衡量经济结构变化及工业化阶段的另一重要标尺是劳动力就业结构。钱纳里、塞尔奎因、艾尔金顿和西姆斯等人的研究结果表明,不同工业化阶段表现出不同的就业结构(见表4-3)。由于各种原因,第一产业转移到第二、三产业就业的部分农牧民处于不稳定状态。此外，就业统计不能准确反映部分不定期进入第二、三产业就业的农牧民就业情况，而继续将其列入第一产业的就业人数中。为克服选用就业结构评价工业化进程出现的不稳定和不准确问题，本研究以具有较强代表性的第一产业就业比重衡量内蒙古的工业化发展水平，即前工业化阶段（60%以上）、工业化初期（45%~60%）、工业化中期（30%~45%）、工业化后期（10%~30%）、后工业化阶段（10%以下）。

表 4-3　工业化不同阶段的就业结构　　　　　　　　单位:%

工业化阶段	第一产业就业比重	第二产业就业比重	第三产业就业比重
工业化初期	58.7	16.6	24.7
工业化中期第一阶段	43.6	23.4	33.0
工业化中期第二阶段	28.6	30.7	40.7
工业化中期第三阶段	23.7	33.2	43.1
全面实现阶段	8.3	40.1	51.6

资料来源：吕政等：《论我国传统工业化道路的经验和教训》，《中国工业经济》2003 年第 5 期。

5. 城市化水平

以工业化为特征的城市化的发展是经济社会发展的客观规律。钱纳里运用"多国模型"对一些国家城市化水平进行测算发现，城市人口比重与人均收入增加之间存在较高的正相关关系：人均收入超过 500 美元（1964 年美元）时，在总人口中城市人口开始占主导地位，直到其比重达到 75% 时趋于稳定（见表 4-4）。此外，其他实证研究也证明了经济发展水平和城市化之间的关系。世界银行 1997 年的发展报告指出，1995 年，全世界低收入国家的城市化率为 29%，中低收入国家 60%，高等收入国家为 75%。陈佳贵等人将城市化率为 30% 以下界定为前工业化阶段，30%~75% 为工业化实现阶段，75% 以上为后工业化阶段（见表 4-5）。本研究选用陈佳贵等人的城市化划分指标衡量内蒙古的工业化发展水平。

表 4-4　人均生产总值与城镇化率的对应关系　　　　　　单位:%

人均地区生产总值(1964 年美元)	<100	100	200	300	400	500	800	1000	>1000
城市化率	12.8	22	36.2	43.9	49	52.7	60.1	63.4	65

资料来源：霍利斯·钱纳里等：《发展的型式（1950~1970）》，李新华等译，经济科学出版社，1988 年版。

表 4 - 5　工业化不同阶段的城市化率　　　　　　　　单位:%

名称	前工业化 阶段（1）	工业化实现阶段			后工业化 阶段（5）
		工业化初期（2）	工业化中期（3）	工业化后期（4）	
城市化率	30%以下	30%~50%	50%~60%	60%~75%	75%以上

资料来源：陈佳贵等:《中国工业化进程报告》，社会科学文献出版社，2007 年版。

　　根据上述衡量工业化的指标体系和相应的评价指标，本研究参照陈佳贵等人的工业化综合评价方法，选用指标含义清晰、综合解释能力强的传统评价法（即加权合成法）来构造计算反映内蒙古工业化水平的综合指数 K，公式如下：

$$K = \sum_{i=1}^{n} \lambda_i w_i \Big/ \sum_{i=1}^{n} w_i$$

　　式中，K 为工业化水平的综合评价值；λ_i 为单个指标的评价值，n 为评价指标的个数；W_i 为各评价指标的权重。采用层次法分析确定内蒙古工业化各项指标的权重，见表 4 - 6。

表 4 - 6　工业化水平评价各指标的权重　　　　　　　　单位:%

名称	人均地区生产总值	三次产业产值比	制造业增加值占 总商品增加值比重	第一产业就业比重	城市化率
权重	36	22	22	12	8

资料来源：陈佳贵等:《中国工业化进程报告》，社会科学文献出版社，2007 年版。

（二）内蒙古工业的综合实力

　　走新型工业化道路，是实现内蒙古工业化、全面建设小康社会和加快基本实现现代化的必由之路。"十五"以来，内蒙古坚持以科学发展观为指导，紧紧抓住西部大开发、振兴东北老工业基地以及国际国内产业转移、生产要素转移的大好机遇，发挥优势，突出特色，遵循经济发展规律，把握发展来势，创新发展模式，调整产业结构，提升产业水平，工业经济呈现出速度加快、质量提高、结构优化、后劲增强的良好态势。

　　1. 工业经济持续健康快速发展

　　"十五"以来，内蒙古加快推进工业化，不断优化投资环境，积极引进国内外资金技术，加大重点工业项目投资力度，工业投资规模和质量创历史最高水平，投资乘数效应显著增强，2002~2008 年，累计完成工业固定资产

9764 亿元, 年均增长 76.1%。投资拉动了工业经济的高速增长, 2008 年工业增加值达到 3798.6 亿元, 是 2000 年 484.19 亿元的 6.8 倍 (见图 4 - 1); 2001 ~ 2008 年期间年均增长 23.5%, 高于生产总值增速 5.9 百分点, 其中 2003 ~ 2006 年规模以上工业增加值增速连续 4 年居全国第 1 位 (见图 4 - 2), 占生产总值的 48.9%, 比 2000 年提高 16.4 个百分点。

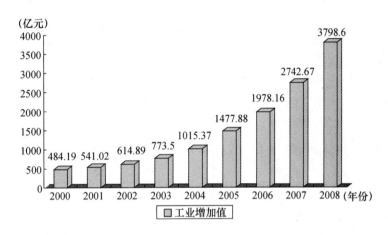

图 4 - 1 2000 ~ 2008 年内蒙古工业增加值变化情况

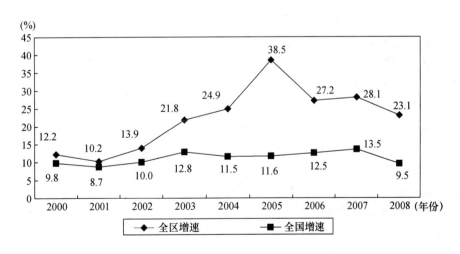

图 4 - 2 2000 ~ 2008 年内蒙古与全国工业增加值增速比较

2. 工业经济效益和质量明显提高

"十五"以来, 内蒙古不断提高资源综合开发利用水平, 延长产业链条,大力发展精深加工,工业产品结构调整成效显著,产品附加值和竞争力逐步提高,有力地促进了工业经济效益和质量的提高。2007年1~11月,全区规模以上工业企业经济效益综合指数达到295.8,比2000年全年提高了207点。2007年,规模以上工业企业实现主营业务收入5775.3亿元,约为2000年的7.8倍;实现利润642亿元,约为2000年的40倍(见表4-7)。

表4-7 2000~2007年规模以上工业企业经济效益情况

年份	经济效益综合指数	主营业务收入(亿元)	利润(亿元)
2000	88.8	739.5	16.1
2001	90.62	821.2	19.5
2002	103.73	972.5	37.3
2003	125.56	1357.5	65.0
2004	163.84	2113.6	142.2
2005	203.61	3051.0	235.1
2006	240.68	4205.3	348.7
2007	295.8(1~11月)	5775.3	642.0

资料来源:《内蒙古统计年鉴》(2006)。

3. 工业经济地位明显提升

随着工业经济持续快速发展和经济效益不断提高,内蒙古工业经济在全国工业经济发展中的地位显著上升、影响力明显扩大。工业增加值占全国的比重由2000年的1.15%上升至2008年的2.55%,在全国的位次由第25位上升至第15位;规模以上工业实现主营业务收入占全国的比重由1.23%提高到1.69%;规模以上工业利润总额占全国的比重由0.4%上升至2.52%。

(三)内蒙古的工业化水平

采用加权合成法,对表4-8中内蒙古工业化数据进行处理,得出评价内蒙古工业化进程的综合指数。其中,前工业化阶段综合指数为0,工业化初期综合指数大于0小于33,工业化中期综合指数大于等于33小于66,工业化后期综合指数大于等于66小于99,后工业化阶段综合指数等于100。工业化初期、工业化中期和工业化后期均分为前半阶段(综合指数小于该阶段中间值)和后半阶段(综合指数大于该阶段中间值)两个阶段。

表 4 – 8　2000 年、2005 年和 2007 年内蒙古工业化评价指标

年份	人均地区生产总值(人民币,当年价)(元/人)	三次产业增加值比例	制造业增加值占总商品增加值比重(%)	城镇化率(%)	三次产业就业比例
2000	5872	25 : 39.7 : 35.3	20.1	42.7	54.4 : 16.5 : 29.1
2005	16331	15.1 : 45.5 : 39.4	31.4	47.2	53.8 : 15.6 : 30.5
2007	25393	12.5 : 51.8 : 35.7	40.2	50.1	52.6 : 17 : 30.4

注：制造业增加值＝工业增加值－电气水增加值－采掘业（煤、电、黑色金属、有色金属）增加值。

资料来源：《中国统计年鉴》（2001）、《内蒙古 2008 年国民经济和社会发展统计公报》。

表 4 – 9　2000 年和 2005 年中国工业化评价指标

年份	人均地区生产总值(人民币，当年价)(元/人)	三次产业增加值比例	制造业增加值占总商品增加值比重(%)	城镇化率(%)	三次产业就业比例
2000	7078	15.9 : 50.9 : 33.2	33.7	36.2	50 : 22.5 : 27.5
2005	14040	12.6 : 47.5 : 39.9	52.0	43.0	44.8 : 23.8 : 31.4

注：制造业增加值：工业增加值－电气水增加值－采掘业（煤、电、黑色金属、有色金属）增加值。

资料来源：陈佳贵等：《中国工业化进程报告》，社会科学文献出版社，2007 年版。

　　从人均生产总值指标看，2007 年内蒙古人均生产总值达到 25393 元，工业化评分为 53 分，分别比 2000 年和 2005 年提高 50 分和 10 分。从工业化进程看，"十五"时期内蒙古实现了人均生产总值指标赶超全国平均水平，由 2000 年的比全国低 1206 元转变为 2005 年的高于全国 2291 元，2007 年内蒙古高出全国平均水平 6459 元（见表 4 – 7、表 4 – 8、表 4 – 9）。

　　从三次产业产值指标看，2007 年内蒙古的三次产业结构为 12.5 : 51.8 : 35.7，工业化评分为 53 分，分别比 2000 年和 2005 年提高 4 分和 33 分。从工业化进程看，"十五"时期内蒙古产业结构优化调整成效显著，第一产业比重由 2000 年高于全国平均水平 9.1 个百分点下降至 2.5 个百分点，第二产业比重由低于全国水平 11.2 个百分点变为低 2 个百分点，第三产业比重由高于全国水平 2.1 个百分点变为低 0.5 个百分点。"十一五"以来，内蒙古产业结构进一步优化，第一产业比重进一步下降，2007 年达到 12.5%，仅比全国平均水平高 1.2 个百分点；第二产业比重显著提高，达到 51.8%，比全国平均水平高 3.2 个百分点；第三产业比重下降较快，达到 35.7%，与全国水平

40.1%差距进一步拉大，达到 4.4 个百分点（见表 4 - 7、表 4 - 8、表 4 - 9）。

从制造业增加值占总商品增加值比重看，2007 年内蒙古制造业占比为 40.2%，工业化评分为 34 分，分别比 2000 年和 2005 年提高 34 分和 15 分。而 2005 年全国制造业占比就已达到了 73 分，这表明在内蒙古工业化进程中依然存在"粗放增长"的问题（见表 4 - 7、表 4 - 8、表 4 - 9）。

从城镇化率看，2007 年内蒙古城镇化率达到 50.1%，工业化评分为 33 分，分别比 2000 年和 2005 年提高 12 分和 5 分。这表明，"十五"以来内蒙古城镇化进程加快，取得了显著成效（见表 4 - 7、表 4 - 8、表 4 - 9）。

从三次产业就业结构看，2007 年内蒙古第一、二、三产业吸纳就业人口的比重为 52.6:17:30.4，工业化评分为 17 分，分别比 2000 年和 2005 年提高 5 分和 3 分。其中，第一产业就业比重比全国平均水平 40.8% 高 11.8 个百分点，第二产业就业比重比全国平均水平 26.8% 低 9.8 个百分点，第三产业就业比重比全国平均水平 32.4% 低 2 个百分点（见表 4 - 8、表 4 - 9、表 4 - 10）。

表 4 - 10　2000 年、2005 年和 2007 年内蒙古工业化进程分享及综合得分

年份	人均地区生产总值	三次产业增加值比例（%）	制造业增加值占总商品增加值比重（%）	城镇化率（%）	三次产业就业比例（%）	综合得分	工业化阶段
2000	13	20	0	21	12	13	工业化初期前半阶段
2005	53	49	19	28	14	39	工业化中期前半阶段
2007	63	53	34	33	17	47	工业化中期前半阶段

综合来看，"十五"时期全国工业化指数由 26 分，处于工业化初期后半阶段，演变为 2005 年的 50 分，处于工业化中期后半阶段，完成了从工业化初期向中期的跨越（见表 4 - 11）。同期，内蒙古工业化综合指数由 2000 年的 13 分，处于工业化初期的前半阶段，演变为 2005 年的 39 分，工业化处于工业化中期的前半阶段，也完成了从工业化初期向中期的跨越，但工业化水平要低于全国平均水平，工业化进程要滞后于全国 3～4 年。

表 4 – 11　2000 年和 2005 年全国工业化进程分享及综合得分

年份	人均地区生产总值	三次产业增加值比例（%）	制造业增加值占总商品增加值比重（%）	城镇化率（%）	三次产业就业比例（%）	综合得分	工业化阶段
2000	23	45	23	10	22	26	工业化初期后半阶段
2005	46	57	73	21	33	50	工业化中期后半阶段

资料来源：陈佳贵等：《中国工业化进程报告》，社会科学文献出版社，2007 年版。

"十一五"以来，内蒙古工业化持续快速推进，2007 年工业化综合指数上升为 47 分，工业化处于由中期前半阶段向后半阶段转变的过渡时期，接近工业化中期的后半阶段（工业化综合指数在 50 ~ 65 之间）。由此推断，"十二五"时期内蒙古工业化将进入工业化中期后半阶段。由于内蒙古工业化进程滞后于全国，"十二五"时期产业结构变动趋势将与"十一五"时期全国的变动趋势相似，即第一产业比重进一步下降，第二产业比重特别是工业比重不断上升，第三产业比重逐步上升。

三、内蒙古工业化中期前半阶段向后半阶段过渡时期工业结构调整的要求

工业结构是指工业内部的构成与其相互制约的联结关系，是国民经济结构的重要组成部分。根据产业结构变动规律，在工业化发展的不同阶段，工业结构存在较大差异，其演变顺序为农业（工业化前期）—轻工业（工业化初期）—基础工业（工业化中期前半阶段）—加工工业（工业化中期后半阶段）—轻重结合高技术加工业（工业化后期）—现代服务业（后工业化阶段）。

根据上文对内蒙古当前和"十二五"工业化发展水平的判断，当前内蒙古正处于由工业化中期前半阶段向后半阶段过渡的关键时期，"十二五"时期将进入工业化中期后半阶段，工业结构也将由以原材料为重心的重化工业阶段向以加工、组装工业为重心的高加工度化阶段转变。"十二五"时期，是内蒙古加快推进新型工业化、全面建设小康社会的关键时期。要实现工业结构的高加工度化，就必须立足于内蒙古工业化发展的实际，坚持走新型工业化发展道路，深入贯彻落实科学发展观，充分发挥资源优势，在促进重化工业

科学发展的同时，着力提高装备制造、高新技术等产业的比重，促进工业结构向合理化和高度化方向发展，提高工业增长质量和整体竞争力，以实现经济发展方式转变和经济又好又快的发展。因此，要抓住国家应对金融危机，加大产业升级和结构调整力度以及国际国内产业转移加速的历史机遇，以市场为导向、企业为主体，以培育核心竞争力强、优势突出的特色产业群为主线，以技术创新为动力，以开放式配置各类生产要素为手段，承接先进生产力转移，以国际化提升、信息化带动、市场化导向、差别化竞争、集聚化发展、绿色化推进为原则，着力优化、调整产业、区域、产品、组织和所有制结构，力求实现新的突破，在发展中升级，在升级的基础上实现工业可持续发展。

1. 重视市场机制和产业政策的导向作用，走以市场为主导的发展道路

内蒙古工业结构调整要在国际国内经济发展大背景和产业分工大格局下，按照推进新型工业化的要求，在产业选择和产业结构调整中，要更大程度地发挥市场在资源配置中的基础性作用，发挥企业的自主性行为。要坚持市场为导向，依靠市场机制调整工业经济关系，运用市场手段调整工业经济运行中的各种矛盾和问题，通过市场运作实现资源的优化配置。要以企业为主体，进一步确立和尊重企业的市场主体地位，最大限度地发挥各类市场主体的活力和潜力，从企业层面优化其产品结构和组织结构，并将其上升到产业层面，促进产业内部结构比例协调、分布合理，提高资源配置效率。同时，加强产业政策的导向作用。运用产业政策等手段调节、弥补市场的失灵。有效配置公共资源，注重创建要素支撑条件，提高环境承载能力，把经济管理职能转到主要为市场主体服务和创造良好的发展环境上。

2. 积极推进产业集中，走产业多元、产业延伸和产业升级的发展道路

要逐步由单一的抓具体项目向抓产业化基地转变，由单一的地区发展向区域全面发展转变，实现集约发展、配套发展、规模发展，培育功能明晰、产业配套的产业集群。产业多元方面，要着力推进产业多元化发展，在继续发展壮大资源型产业的基础上，加速推进非资源型产业发展，解决好六大优势特色产业中"三大三小"的问题，进一步完善产业体系，增强防范和化解产业发展中的政策风险、市场风险和价格风险的能力。产业延伸方面，要改变采掘和初加工行业发展较快，原材料和中间产品比重较高，企业粗放经营、产业外延形式发展的局面，延长产业链条，提高资源精深加工水平，重点解决生产方式"粗"、产品结构"初"、产业链条"短"的问题。产业升级方面，要充分发挥后发优势，提高内蒙古工业生产水平。坚定不移地执行国家

淘汰落后产能的政策，提高新上项目市场准入门槛，积极承接国际和国内发达地区的污染少、能耗低的先进产业转移，使优势特色产业达到国内先进和国际一流的水平。

3. 走资源消耗低、环境污染少的发展道路

新型工业化道路要求我们从根本上转变经济发展方式，在提高资源综合开发利用水平的同时，积极引进非资源型加工，减少资源占用与消耗，彻底抛弃以往过度消耗资源和破坏环境搞工业化的粗放式、野蛮式发展道路，加快建设资源节约型、环境友好型社会。因此，必须通过优化调整工业结构，提高能源、原材料利用效率，处理好工业发展与资源节约、环境保护的关系，广泛推行清洁生产、文明生产方式，发展绿色产业、环保产业，加强环境和生态保护，鼓励企业循环式生产，推动产业循环式组合，全面推行清洁生产，强化节能降耗，最终实现走节能减排、节约发展、清洁发展和安全发展的可持续发展道路。

4. 促进工业结构优化升级，走依靠科技创新的发展之路

科技创新是推动工业结构演进和升级的最重要因素之一，技术水平决定产业结构调整的深度和力度。要按照新型工业化的要求，把增强自主创新能力作为调整工业结构的中心环节。大力采用先进适用技术改造传统产业，加快传统产业的优化升级，实现跨越式发展。建立以企业为主体、市场为导向、产学研相结合的技术创新体系。大力提高原始创新能力、集成创新能力和引进消化吸收再创新能力，提升工业整体技术水平。在积极引进新技术的同时，大力开发具有自主知识产权的关键技术、核心技术和知名品牌，促进产业技术升级，提高内蒙古工业综合竞争力。在具有比较优势的产业和关系全局的领域，加快科技创新，保持行业领先和产品升级优势。

四、内蒙古工业结构演进特征及存在问题

根据产业经济学，一个地区的工业结构是衡量经济是否稳定、是否协调发展的主要标志。工业结构主要包括工业产业结构、所有制结构、区域结构、企业组织结构、技术结构、产品结构等。

（一）内蒙古工业结构演进特征

"十五"以来，内蒙古在工业化初期前半阶段向工业化中期后半阶段演变的过程中，不断加快工业结构战略性调整，一大批重点项目建成投产，传统产业得到改造，新兴产业有了快速发展，产业结构、所有制结构、组织结构和产品结构不断优化升级，工业经济自主发展的能力显著增强，工业经济运

行质量与效益明显提高。

1. 工业产业结构

"十五"以来，内蒙古以积极推动产业多元、产业延伸、产业升级为抓手，实现了由能源、基础原材料为主的工业结构到构建多元产业体系的历史性跨越，工业产业结构调整成效显著。

（1）轻重工业。"十五"以来，内蒙古抓住国家进入工业化中期、能源原材料需求增加的机遇，大力发展能源及相关产业，重工业发展明显加快，重工业在工业经济中的比重进一步提升，工业结构重型化特征更加明显，表明内蒙古工业进入重工业化阶段。重工业总产值由 2000 年的 738.59 亿元增加至 2008 年的 7025.3 亿元，占全部工业总产值的比重由 59.7% 提高至 71%；轻工业总产值由 464.26 亿元增加至 2069.37 亿元，占全部工业的比重由 40.3% 下降至 29%（见表 4 - 12）。轻重工业产值比例由 2000 年的 40.3：59.7 演变为 2008 年的29：71。伴随着我国进入工业化中期阶段，工业结构重型化符合我国产业结构演进趋势，有利于推进国家工业化进程，也是内蒙古发挥资源优势、参与我国产业地域分工的优势所在。

表 4 - 12   2000 ~ 2008 年内蒙古轻工业、重工业变化情况

年份	轻工业		重工业	
	绝对量（亿元）	比重（%）	绝对量（亿元）	比重（%）
2000	464.26	40.3	738.59	59.7
2001	536.76	39.8	810.43	60.2
2002	614.38	40.0	921.42	60.0
2003	754.71	39.0	1180.40	61.0
2004	893.21	31.8	1912.00	68.2
2005	1171.70	30.3	2689.98	69.7
2006	1506.72	29.0	3694.40	71.0
2007	2069.37	28.9	5074.00	71.1
2008	2069.37	29.0	7025.3	71.0

资料来源：《内蒙古统计年鉴》（2007）。

（2）优势特色产业。"十五"以来，内蒙古依托地区优势和特色，在淘汰落后产能的同时，鼓励要素向优势产业聚集，大力扶持和培育优势特色产

业，不断提高产业和产品附加值，逐渐打破了能源、原材料为主的单一工业结构，形成了以能源、冶金、化工、装备制造、高新技术和农畜产品加工等六大产业为主的优势特色产业体系。2008 年六大优势特色产业工业增加值达到 422.2 亿元，占全区生产总值的 5.4% 和规模以上工业增加值的 11.1%（见表 4－13）。涌现出了一批在国内较有影响和地位的名牌企业和企业集团，有力地带动了全区工业经济向品牌效益、规模效益、创新效益的方向发展，目前全区荣获中国驰名商标的品牌主要集中在六大优势特色产业。

表 4－13　优势特色产业规模以上工业增加值变化情况　　单位：亿元，倍，%

产业	2000 年		2005 年			2008 年	
	绝对数	占全区的比重	绝对数	占全区的比重	"十五"年均增长	绝对数	占全区的比重
能源工业	86	30.71	342	30.10	31.79	1600	39.6
冶金建材工业	66	23.57	318	27.99	36.96	1040	25.7
机械装备制造业	7	2.50	43	3.78	43.75	250	6.2
化学工业	10	3.57	60	4.40	43.09	370	9.2
农畜产品加工业	62	22.14	231	20.34	30.10	650	16.1
高新技术产业	12	4.28	28	2.46	18.43	130	3.2
合计	243	86.77	1022	89.07	33.31	4040	100.0

注：本表中数据按现价计算。

2. 工业区域结构

"十五"以来，内蒙古遵循非均衡发展规律，以工业园区为载体，推动资源富集区和优势地区率先发展，形成了以"呼包鄂"地区为龙头、东部地区迅速崛起、其他地区快速发展的区域工业经济发展新格局。

"呼包鄂"地区成为全区工业经济增长的"领头羊"。2002 年，针对工业总量小、水平低、市场机制尚未形成、工业发展步履艰难的实际，内蒙古提出充分发挥资源、区位、政策、地广人稀和后发优势，借鉴沿海地区率先起步的经验，选择优势地区为突破口，启动了"呼包鄂""金三角"战略，推动"呼包鄂"地区率先发展。几年来，呼、包、鄂三市以项目拉动为先导，以资源开发利用为主线，工业经济快速发展，工业增速连续几年居全区第一，实现了从常规发展到跨越发展、从西部水平到接近东部水平、从加快发展到又好又快发展的重大转变,成为引领全区工业经济发展的增长极。2008 年,呼、包、鄂三市规模以上工业增加值达到 1846.71 亿元,占全区的 53.5%(见图 4 – 3)。

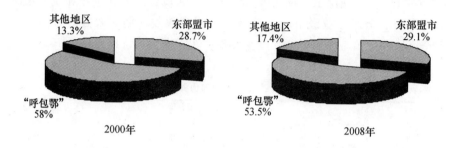

图 4 – 3　2000 年和 2008 年"呼包鄂"地区、东部盟市
规模以上工业增加值比重变化情况

资料来源:《内蒙古统计年鉴》(2008)、《2008 年内蒙古统计月报》。

东部盟市工业经济加快发展。支持东部盟市工业经济加快发展,是内蒙古自治区党委、政府落实科学发展观,促进区域协调发展的重大战略决策。2004 年以来,内蒙古自治区从规划指导、项目安排、资金支持等方面对东部盟市给予倾斜,一批大项目、大企业落户东部盟市。同时东部盟市抓住列入振兴东北规划实施范围,充分发挥比较优势,加快发展能源、化工、农畜产品加工等优势特色产业,工业化快速推进,其中呼伦贝尔市和锡林郭勒盟有望成为内蒙古乃至全国重要的新兴能源化工基地,成为内蒙古一个新的增长极。2008 年,东部五盟市规模以上工业增加值达到 1003.7 亿元,占全区的比重由 2000 年的 28.7% 提高至 29.1%。

工业园区成为聚集重点项目和重点企业的重要载体。内蒙古工业区域结构呈现出园区化的特征,"十五"以来,内蒙古不断加大工业园区建设投入,并通过"以奖代投"的方式对重点工业园区基础设施建设进行了表彰奖励,工业园区内水、电、路、通信、功能区等配套设施逐步完善,为项目入园提供了良好的综合配套条件,大大提升了工业园区层次,增强了工业园区的容纳力和吸引力。逐步改善的基础设施环境,为企业发展营造了良好的区域环境,吸引了一大批科技含量高、经济效益好、劳动密集型项目落户工业园区,工业园区的产业集聚效应明显增强,对推进生产力布局和工业结构优化升级,促进工业经济发展起到了良好的辐射、示范和带动作用。截至 2007 年底，内蒙古国家级和自治区级工业园区分别达到 6 个和 39 个，共实现工业增加值 1028.5 亿元，占全部工业增加值的比重达到 37.5%，比 2005 年提高 4 个百分点；就业人数达到 44.5 万人，比 2005 年增加 12.9 万人。

3. 工业所有制结构

"十五"以来，内蒙古在不断壮大工业经济总体规模的同时，不断加大国有经济战略性调整力度，加快发展非公有经济，所有制结构呈现出多种经济成分共存、各种类型企业竞相发展的多元化格局，促进了优胜劣汰的市场竞争秩序的建立和完善。

私营经济发展迅速。内蒙古先后出台了一系列加快私营经济发展的政策，为私营经济的发展营造了良好环境，私营经济规模不断扩大，已成为全区经济增长的重要推动力量。截至 2007 年，内蒙古规模以上私营企业户数达到 1562 个，是 2000 年的 7 倍；占规模以上工业企业总户数的 46.4%，提高 32.9 个百分点。实现工业总产值 1174.6 亿元，是 2000 年的 27 倍；占规模以上工业企业工业总产值的 20.2%，提高 14.7 个百分点。利润总额达到 78.3 亿元，是 2000 年的 55 倍；占规模以上工业企业利润总额的 12.2%，提高 3.5 个百分点（见表 4－14、表 4－15、表 4－16）。

表 4－14　按所有制划分的规模以上工业企业单位数变动情况

年份	总量（个）	国有和集体经济		私营经济		股份制经济	
		绝对量（个）	比重（%）	绝对量（个）	比重（%）	绝对量（个）	比重（%）
2000	1373	667	48.6	185	13.5	371	27
2007	3364	291	8.7	1562	46.4	1283	38.1

资料来源：《内蒙古统计年鉴》（2008）。

表 4－15　按所有制划分的规模以上工业企业工业总产值变动情况

年份	总量（亿元）	国有和集体经济		私营经济		股份制经济	
		绝对量（亿元）	比重（%）	绝对量（亿元）	比重（%）	绝对量（亿元）	比重（%）
2000	749	251	33.5	41.3	5.5	385.3	51.4
2007	5813	636.1	10.9	1174.6	20.2	3247.5	55.9

资料来源：《内蒙古统计年鉴》（2008）。

表4-16 按所有制划分的规模以上工业企业利润总额变动情况

年份	总量（亿元）	国有和集体经济		私营经济		股份制经济	
		绝对量(亿元)	比重（%）	绝对量(亿元)	比重（%）	绝对量(亿元)	比重（%）
2000	16.1	6.3	39.2	1.4	8.7	6.7	41.6
2007	642	68.2	10.7	78.3	12.2	394.4	61.4

资料来源：《内蒙古统计年鉴》（2008）。

股份制经济较快发展。随着内蒙古国企改革的不断深入，股份制经济作为现代企业的一种资本组织的有效形式和公有制的主要实现形式，也得到飞速发展。2007年，内蒙古规模以上股份制企业户数达到1283个，是2000年的2.5倍；占规模以上工业企业总户数的38.1%，提高11.1个百分点。实现工业总产值3247.5亿元，是2000年的7倍；占规模以上工业企业工业总产值的55.9%，提高4.5个百分点。利润总额达到394.4亿元，是2000年的58倍；占规模以上工业企业利润总额的61.4%，提高19.8个百分点（见表4-14、表4-15、表4-16）。

国有和集体经济比重不断下降。近年来内蒙古积极推进国企改革，加快调整国有经济布局，加大企业改制重组、优化整合力度，国有资产的配置和国有企业的组织机构明显改善，初步建立起国有资产监管体系，市场竞争力明显增强。截至2007年，内蒙古规模以上国有和集体户数达到291个，比2000年减少376个；占规模以上工业企业总户数的8.7%，降低39.9个百分点。实现工业总产值636.1亿元，占规模以上工业企业工业总产值的10.9%，降低22.6个百分点。利润总额达到68.2亿元，占规模以上工业企业利润总额的10.7%，降低28.5个百分点（见表4-14、表4-15、表4-16）。

随着内蒙古改革开放的进一步深入和招商引资环境的逐步优化，外资及港澳台资企业也得到了较快发展。截至2007年，内蒙古规模以上港澳台商投资企业和外商投资企业户数达到186个，比2000年增加96个；实现工业总产值678.8亿元，是2000年的11倍；利润总额达到91.2亿元，是2000年的21倍（见表4-14、表4-15、表4-16）。

4. 工业组织结构

合理的工业组织结构是实现资源优化配置的重要条件。"十五"以来，内蒙古把推进工业企业结构优化升级作为增强工业企业竞争力的重要途径，不断加大工业企业组织结构优化调整力度，进一步提高大、中小企业比重合理化程度，大型企业活力明显增强，中小企业数量迅速增加、素质逐步提高，初步形成了大、中小企业优势互补、分工协作的格局，工业经济整体配套和平衡能力明显提高。

大型企业地位有所下降。近年来，内蒙古逐步提高大型企业规模合理化程度，鼓励行业龙头企业、优势企业兼并重组落后企业和困难企业，鼓励关联产业、上下游企业联合重组，淘汰落后产能，促使符合产业发展方向和有发展前途的大型企业提高规模效益，形成了一批经济规模合理、效益高、有较强竞争优势的大型企业，但大型企业在整个工业经济中的比重呈逐步下降态势。2007 年，规模以上工业企业中，大企业为 50 户，比 2000 年减少 37 户；占规模以上工业企业的 1.5%，下降 4.5 个百分点；工业总产值达到 1617.2 亿元，占规模以上工业总产值的 27.8%，下降 16.2 个百分点（见图 4-4）。

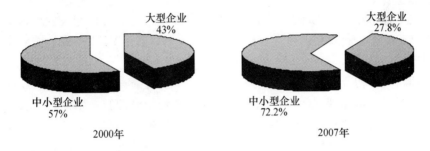

图 4-4　2000 年和 2007 年大、中小企业工业总产值比重比较

资料业源：《内蒙古统计年鉴》（2008）。

中小企业成为经济发展的主体。内蒙古先后出台了《内蒙古人民政府关于促进工业中小企业发展的意见》、《内蒙古财政厅、经济委员会关于印发内蒙古中小企业技术进步贴息资金管理办法的通知》等一系列加快中小企业发展的政策措施，不断完善中小企业信用担保体系，建立中小企业人才培训体系，加强中小企业培训基地建设，支持中小企业吸引区外、境外资金，放宽中小企业市场准入，建立多层次社会化服务体系，加大税收扶持力度，极大地促进了中小企业持续、快速、健康发展，目前中小企业已成为内蒙古工业经济的主体。截至 2007 年，规模以上工业企业中，中小工业企业达到 3314 户，占规模以上工业企业的 98.5%，比 2000 年提高 4.5 个百分点。工业总产值达到 4195.8 亿元，占规模以上工业总产值的 72.2%，提高 16.2 个百分点（见图 4-4）。

5. 工业产品结构

近年来，内蒙古着眼于提高工业产品竞争力，不断加大技术创新投入，通过实施名牌推进战略、技术转移战略，工业产品结构得到进一步调整和优化，一批知名品牌脱颖而出，高技术含量、高附加值的产品比重逐步提高，推动了企业技术进步和核心竞争力的增强。

名牌推进战略成效显著。从 1995 年开始，内蒙古积极实施名牌推进战略，出台了《内蒙古人民政府关于培育工业自主知名品牌的指导意见》、《内蒙古人民政府关于加快名牌产品生产企业技术进步的决定》等一系列优惠政策措施，一批知名品牌产品和企业脱颖而出，促进了工业结构的调整和优化升级，推动了全区经济的快速发展。截至 2008 年底，全区已有包钢铁路用钢轨、鄂尔多斯羊绒衫、鹿王羊绒衫、维信羊绒衫、伊利乳粉和液态奶、蒙牛液态奶 6 个产品被评为中国名牌产品。鄂尔多斯、鹿王、伊利、蒙牛、草原兴发、小肥羊、科尔沁、伊泰、蒙古王、赛飞亚、吉泰等 32 个商标荣获中国驰名商标。

原材料、初级产品比重不断下降。近年来，内蒙古在加快发展高新技术产业的同时，依托现有的产业基础，不断提高传统企业技术水平，延长产业链条，提高资源精深加工水平，加快推进由主要生产面向中下游产业的原材料和中间产品，向延伸到生产直接面向市场和消费者的最终产品转变，工业产品结构发生明显变化，技术含量高、竞争力强、附加值高的产品比重明显上升。稀土、光伏材料、中蒙药、生物制药等高新技术产品，煤炭液化、煤焦化、甲醇及二甲醚、甲醇制烯烃、煤焦油等煤炭深加工产品，合成氨、尿素、液体燃料等系列天然气化工产品，中厚板、汽车板、特种钢、稀土钢和不锈钢等钢铁产品，氧化铝、铝板带、高档铝箔、稀土铝及铝基系列合金材料产品以及铜、铅、锌等有色金属深加工产品比重不断上升，极大地促进了内蒙古工业产品核心竞争力和市场占有率的提高。

（二）内蒙古工业结构存在问题

"十五"以来，内蒙古工业经济快速增长，结构优化升级步伐加快，但工业结构调整滞后于经济发展，经济发展中的一些深层次的问题尚未解决。

1. 产业结构不尽合理

轻重工业比例不合理。虽然内蒙古重工业比重高，但是重工业没有呈现出高级化的特征，加工工业和采掘原材料工业比例失调，煤炭、黑色金属、有色金属等原材料工业比重偏高。这表明内蒙古工业结构尚未实现高加工度化，尚未实现由以原材料工业为重心的向以加工、组装工业为重心的转变。

由于原材料重工业大多是"两头在外",依托资源优势建立的能源、原材料为主的工业体系,只完成了上游工业的发育过程,没有很好地转化为深度加工增值的产业优势,而把价值增值过程留在了区外。从长期来看,原材料重工业比例偏高会对内蒙古新型工业化发展产生较大制约。主要表现在两个方面:一是重工业能耗强度较大,从单位工业增加值能耗看,重工业近4吨,是轻工业的近2倍,轻重工业比重不合理是导致内蒙古工业能耗水平偏高的一个重要原因。二是重化工业结构的升级相对缓慢,改革的难度也比其他行业大,偏重型工业结构无疑会加大内蒙古产业结构调整的难度。

优势特色产业发展不均衡。一方面,六大优势特色产业中只有能源、农畜产品加工两个产业,以及冶金中的钢铁"半个"产业发展得比较好,其他产业的整体实力还比较弱,特别是具有广阔市场前景和增长潜力的高新技术产业起步晚、规模小、比重低、发展不充分。另一方面,六大优势特色产业发展不协调,资源型产业比重偏高,而非资源性产业比重仅占14%左右。能源、冶金产业的资源型特征比较明显,对市场的依赖性较强,满足最终市场需求和适应市场变化的能力低,受经济周期的波动和价格因素的影响比较大。在其他产业发展滞后的情况下,如果不尽快提高其整体竞争力,不能促进其他产业的加快发展,一旦出现不利的市场变化或者竞争威胁,这两大产业势必会产生较大的负面波动,并最终影响内蒙古工业整体抵御风险能力。2008年四季度以来,受金融危机的影响,加上近些年的快速发展导致部分能源、冶金产品产能过剩,内蒙古能源、冶金产业增速明显下滑,进而对全区工业经济造成严重影响。农畜产品加工业中的乳、肉等产业链上游环节有待进一步加强,2008年的"三鹿奶粉"事件对内蒙古的乳产业造成了很大冲击,也对内蒙古农畜产品加工产业安全提出了更高的要求。

2. 区域结构不合理

区域工业发展不均衡。2008年,全区超过半数的规模以上工业增加值集中在"呼包鄂"地区,而东部五盟市工业经济发展相对滞后,其规模以上工业增加值占全区的比重比"呼包鄂"地区的比重低24.4个百分点,煤炭、有色金属、农畜产品等资源优势尚未充分转化为产业优势和竞争优势。其余4个盟市规模以上工业增加值的比重尚不足20%。

地区产业结构存在同化现象。由于内蒙古工业生产地域分工不够明确,尚未形成各具特色、联系紧密的工业地域分工体系,重复布点、盲目建设现象依然存在,不同地区间产业结构在一定程度上趋同,影响了全区工业整体竞争力的提高。各地方政府长期追求工业自成体系,没有充分考虑自身的资源环境承载能力和发展基础，低水平重复上项目、铺摊子，造成重复投资、重复引进、重复生产，最终导致各地区之间产业结构趋同，分工协作程度弱化，产业、产品缺少特色，资源浪费严重，未能体现产业集聚效应和规模效益。

园区集群效应不明显。部分工业园区未能很好地考虑区域背景，致使园区的产业定位与周边地区相脱节，不能实现园区与所在区域产业的联动发展；部分园区还是简单的企业扎堆，园区内企业之间、园区内企业与园区外企业之间的联系状况比较松散，园区运行中缺乏应有的集聚效应。

3. 所有制结构有待进一步优化

尽管近些年来，内蒙古非公有制有了较快发展，但占国民经济的比重依然较低，在市场准入、项目审批、融资等方面不能享受与国有经济一样的待遇，发展速度缓慢，在一定程度上影响了工业经济发展的活力，制约了工业经济的发展速度。从工业增加值看，2007 年内蒙古非公有制经济工业增加值占全部工业增加值的比重为 59.8%，比全国平均水平 62.8% 低 3 个百分点。从固定资产投资看，2007 年内蒙古非公有制经济固定资产投资额为 2182.56 亿元，占全社会固定资产投资的比重为 49.6%，比全国平均水平 71.8% 低 22.2 个百分点。

4. 工业企业组织结构

企业规模结构偏小。从规模以上工业企业看，内蒙古工业经济总量和企业资本较小，与产业集中度低、无法实现规模经济不无关系。2007 年，内蒙古全部工业增加值中，规模以上企业占 92.4%，低于全国 94.6% 的平均水平。在一些规模经济要求较高的能源、化工、冶金等行业中，缺少实力很强的大型企业，现有大企业的规模也不大，特别是缺少具有国内外较大影响的、对行业具有龙头作用的特大型企业，2007 年规模以上大型工业企业仅占总户数的 1.5%，主营业务收入过百亿元的企业只有两家。这种偏小的规模决定了企业在生产、市场开拓和产品开发等方面都无法利用规模经济的优势，导致支柱产业"有柱难支"，优势产业"优而无势"，企业市场抗风险能力弱、竞争力不强。

专业化分工协作水平低。总体上看，内蒙古中小企业不专不精问题依然突出，与大型企业间的分工协作有待进一步加强。主要表现为一方面，"全能"型中小企业不少，重复布点、重复生产的问题突出，由于没有专业化优势，很难满足市场分工要求，产品市场竞争能力很弱，不仅分散了有限资源，还影响了技术水平的提高。另一方面，为大企业协作配套的能力较弱，产业链未能得到有效延伸，结果是许多大型企业都是两头在外，中小企业各自为政，各个层次的企业之间无法形成良性互动，没有真正形成大企业为主导，大中小企业协调发展的格局。

5. 工业产品结构

内蒙古以能源、原材料开发为主的工业结构决定了主要产业产品大多数属于基础型的上游产品，产业链条短，资源精深加工能力不强，满足最终市场需求的能力低。主要表现为原煤、原盐、平板玻璃、钢材、木材等加工度低、附加值低、竞争力低的原材料、初级产品和中间产品多，机电一体化产品、生物制药、计算机电子产品等加工度高、附加值高、竞争力强的终端产品少；缺乏名牌产品，现有不少名牌产品在科技含量方面缺乏核心技术，拥有的自主知识产权少，存在着缺乏发展后劲的隐患。由于产业链条短，产品加工层次低，产业间缺乏关联，只能形成初中级产成品，使得内蒙古大量工业产品附加值流失，企业自身积累能力不强。究其原因，一方面工艺落后，如建材行业的大型水泥企业中落后的湿法生产工艺依然占据一定地位，部分平板玻璃企业仍采用传统生产线。另一方面，产品开发能力弱。由于内蒙古技术研发投入不足，高等院校和科研院所的研发与市场需求脱节，科研成果转化率低、产业化程度不高，加上企业自主创新能力不足，质量管理手段薄弱，导致工业产品中拥有自主知识产权，技术含量、附加值高的新、高、精、尖产品较少，粗加工、低附加值产品雷同现象较多。

五、优化调整内蒙古工业结构的对策建议

遵循工业结构演进的一般规律，按照走新型工业化道路的要求，坚持以市场为导向，企业为主体，以提高产业素质和增强竞争力为目标，把增强自主创新能力作为中心环节，调整和优化产业结构、区域结构、企业组织结构、产品结构和所有制结构，促进工业升级，增强市场竞争力和抗风险能力，推动内蒙古工业经济又好又快发展。

（一）产业结构

抓住国家实施重点产业振兴规划等一系列结构调整政策的重要机遇，围绕产业多元、产业延伸和产业升级，加快产业结构调整步伐，努力做到依托资源而又不依赖资源，促进产业升级，转变发展方式，切实提高工业经济发展质量和效益。

进一步巩固和发展壮大资源型产业。继续坚持发挥资源型产业的比较优势，在提高资源开发利用水平上下工夫，巩固能源、冶金、化工和农畜产品

加工等优势传统产业的主导地位。煤炭工业要根据市场供求，适当控制生产规模，除煤炭就地转化项目外，不再新批煤炭建设项目，重点抓好已经核准和在建项目建设和整合技改工作进度；做好煤矿沉陷区和煤田火区治理工作，推进露天矿区植被恢复工程。电力工业除国家已经核准及满足开拓东送市场项目外，重点解决城市集中供热的电力项目；根据电网接纳能力，继续扩大风电规模，推进太阳能发电项目的试点工作；加快东送三通道和呼伦贝尔送辽宁、锡林郭勒送山东 500 千伏电力输出通道建设。化学工业要根据国家产业政策导向和市场需求，加强调控，避免盲目发展；大力推进煤电化路港一体化发展，鼓励拓展煤化工新领域，支持煤基烯烃、煤制气及其他煤化工新产品延伸精细加工项目建设，为尽快形成千万吨级煤化工生产能力奠定基础；研究出台 PVC 产业前伸后延产业规划，提升产业竞争力。冶金行业要坚持整合资源和调整结构同步，进一步提高深加工转化量比重，重点抓好包头、霍林河铝深加工和巴彦淖尔市、赤峰市铜深加工园区建设；全力推动在呼和浩特市、包头市和鄂尔多斯市建设 3 个粉煤灰提取氧化铝及硅铝钛合金循环经济项目。农畜产品加工业重点是加强质量标准化建设，强化品牌培育，确保食品安全。积极推进乳制品加工业调整结构，不断提高高附加值产品比重；肉类加工业要积极开发新产品，进一步提高精深加工比重；羊绒加工业要通过政策引导和行业准入限制，避免低水平重复建设和无序竞争，促进重点企业开发高科技、高附加值产品，推动品牌国际化，提升羊绒加工业的整体竞争力；玉米发酵工业、番茄产业在稳定总量的前提下，不断提升产业层次，使深加工能力和水平走进全国前列；马铃薯加工业要重点发展马铃薯淀粉、薯条（片）和膨化食品，积极拓展淀粉衍生物以及有机化工产品等深加工领域。

努力扩大非资源型产业规模。把装备制造业作为调整优化结构和扩大产业转移成果的重要产业来抓，紧紧围绕大产业、大集团、大园区，突出抓好汽车及配套产业、风电设备制造及配套产业、煤矿机械及配套产业、化工机械及配套产业以及冶金和有色金属小五金装备制造的招商引资工作。加快推进高新技术产业化进程。加强稀土资源整合和初级原料调控，大力发展稀土深加工产品和应用产品；对进入稀土高新区建设的稀土应用项目，稀土原料保证优先、优价、稳定供应；鼓励本土企业与国内外企业在稀土深加工、新材料与应用方面的合作与重组。认真落实扶持多晶硅、单晶硅产业发展的政策措施，积极打造多晶硅—单晶硅—电子级硅片和太阳能级硅片—太阳能电池和组件等完整的硅材料产业链，形成产业集群和规模效应。加快发展服装、鞋帽等劳动密集型产业。

　　积极承接产业转移。把招商引资、承接发达地区先进产业转移作为调整结构的重要抓手，培育和发展新的增长点。有色金属冶炼加工领域要依附现有的加工园区，重点承接一批铝、铜、铅、锌冶炼及深加工项目。装备制造领域重点承接一批煤矿机械制造、火电和风电装备制造、汽车及配件、化工机械和农牧机械装备配套等项目。PVC深加工领域重点承接建筑用、工业用PVC深加工项目。陶瓷加工领域重点引入广东佛山、河北唐山等地著名陶瓷企业的先进技术、工艺和装备，承接民用卫生洁具、墙地砖及工业陶瓷生产线。稀土加工领域重点引入稀土研究开发机构及其专利技术、工艺，承接技术成熟的稀土永磁、稀土发光、稀土储氢和稀土催化材料项目。电子制造领域重点建设与电力和太阳能等配套的"大电子"制造基地，积极承接一批发电、输变电配套设备、电器开关设施、仪器仪表制造等项目，以及多晶硅、太阳能薄膜电池等硅产业项目。服装加工领域以产业集群转移为重点，积极承接沿海地区服装、鞋帽等加工项目。

　　加大落后产能淘汰力度。坚持有保有压的原则，通过扶优扶强，保护和发展好重点支柱产业、骨干企业、重要品牌、重要生产能力和重要的市场份额，保持和增强发展后劲。抓住市场倒逼压力带来的机遇，充分发挥政策导向和市场调节作用，坚决淘汰落后产能，将不符合科学发展观要求、不符合新型工业化原则、不符合工业做优做强目标的落后产能和产品压下来，特别是要防止"两高一资"的落后产能死灰复燃。切实加强淘汰落后产能工作目标责任制管理，进一步健全和完善退出补偿奖励政策。继续关停小火电、小水泥、小焦炭，淘汰不搞深加工的硅铁、电石、铜铅锌冶炼项目，继续整合关闭年产30万吨以下的小煤矿，继续关闭不符合安全生产条件的非煤矿山，继续改造或关闭高耗能、高污染的工业项目。

　　强化节能减排。围绕十大节能工程，继续开发推广节约、循环利用资源和治理污染的先进适用技术，加大对现有工艺、设备技术改造，实现技术性节能减排。加快实施重点节能减排工程，建设循环经济园区，完成大中型火电机组和非电行业脱硫改造，加强污水、垃圾处理设施建设和运行管理，实现工程性节能减排。继续强化节能目标责任制，按照《内蒙古人民政府批转节能减排统计监测及考核实施细则的通知》要求，强化地方主要领导的领导责任，继续实行严格的问责制和一票否决制。继续加强节能基础建设，建立完善年耗标煤5000吨以上重点企业能源利用状况数据库，建立健全节能监察监测机构，进一步加大节能执法力度。

(二) 工业区域结构

坚持率先发展和促进协调发展相结合,在支持"呼包鄂"地区率先发展的同时,根据资源禀赋和发展基础,支持其他区域发挥比较优势,大力发展特色经济和优势产业,促进产业向园区集中,逐步解决地区产业结构雷同和低水平重复建设问题,促进区域经济合理布局和协调发展,形成优势互补、分工协作、协调发展的生产力布局。

支持"呼包鄂"地区率先发展。"呼包鄂"地区要努力打造成国家重要的能源重化工基地、特色绿色农畜产品生产加工基地、稀土高新技术产业基地,我国北方重要的冶金、装备制造业基地。呼和浩特市继续把发展非矿产资源依赖型和高科技型产业作为主攻方向,着力提升乳业、电力、电子信息、生物制药、冶金化工、装备制造等优势特色产业的发展水平,加快发展新能源、新材料产业。包头市坚持产业基地化、集群化和高新化发展方向,加快发展钢铁产业,稀土产业和煤电、风电等电力产业,积极推进铝产业向化成箔、电子光箔、铝型材、稀土铝合金等方面延伸,大力发展客车、工程机械及矿用车、铁路车轴、特种作业车等装备制造业,煤制烯烃、煤制甲醇等煤化工,促进硅、镁、塑料等新兴产业做大做强。鄂尔多斯市坚持资源型产业向下游延伸的发展方向,延长产业链条,进一步培育壮大煤炭,电力,煤制烯烃、煤制甲醇、煤制油等煤化工,羊绒等优势产业,加快发展清洁型发动机、自动变速箱、轿车冲压、煤机制造、重型卡车、重型工业机械制造、风电装备等装备制造业,积极发展陶瓷、多晶硅、光伏、液晶显示器等新型产业。

加快东部盟市工业经济发展。东部盟市要着力建设成为国家新型能源基地、化工基地、有色金属加工基地、绿色农畜产品生产基地。大力发展以煤炭、火电和风电为重点的能源产业,以煤气化、煤液化、煤焦化为重点的煤化工产业,以铝铜铅锌等有色金属和贵金属采冶炼为重点的有色金属加工业,以水泥、玻璃和新型建筑材料为重点的建材产业,以肉、乳、粮、油等为重点的农畜产品加工业。抓住国际国内特别是沿海发达地区产业加快转移的有利时机,大力发展非资源型加工业特别是装备制造业和高新技术产业,着力培育新的工业经济增长点。加强同东北经济区的融合发展,坚持优势互补原则,按照区域发展的内在要求和东北振兴规划的部署,加快东部盟市与东北三省产业对接。针对东北三省工业基础好但资源不足的现状,大力支持东部盟市充分发挥资源优势,搞好与东部三省在资源开发利用方面的合作,加快资源优势向经济转换,延长产业链条,最大限度地提高资源开发利用的附加值。

加快工业园区建设。按照集聚发展、集约发展的要求,通过税收优惠、信贷支持等财税手段，引导产业向工业园区集中，加快传统园区经济向产业集群经济转变，把工业园区建设成为优势产业的主要聚集地和产业集群发展的重要载体。高起点、全方位科学制定工业园区发展规划，明确各园区的功能定位和发展方向。加强对各园区间产业布局的引导，按照各园区的产业定位，确定发展目标和项目建设，努力形成特色鲜明、优势互补的新型工业化园区。各园区要围绕功能定位和主导产业，规范入园企业和项目标准，引导布局分散的中小企业围绕主导产业进行上下游配套，提高产业集中度和关联度，尽快形成集聚效应。健全园区生产协作与服务体系，提高产业集群的专业化协作和社会化服务水平。进一步完善工业园区基础设施，提高承载能力，改善发展条件。优化产业布局，加快产生集聚。加大园区土地储备力度，预留出必要的产业发展空间。

（三）所有制结构

提高国有经济整体竞争力。按照"有进有退"的原则，加快国有资本退出竞争性领域的进程，通过对国有资本进行资产重组和结构调整，在市场公平竞争中优胜劣汰，尽快从竞争性领域有序退出，为进一步优化国有工业经济布局和工业所有制结构奠定坚实基础。着重解决好自治区监管的重点骨干企业国有独资和一股独大的问题，通过吸纳非国有资本入股或转让部分国有股权等方式，加快产权重组，改善股权结构。围绕做优做强国有经济，不断完善国有企业改革思路，创新改革模式，深化国有企业公司制股份制改革，继续推动监管企业重组，完善公司法人治理结构，健全现代企业制度，推动企业管理水平和经济效益进一步提高，增强国有经济活力、竞争力、影响力。

大力发展非公有制经济。进一步消除制约非公有制经济的制度性障碍，取消各类不合理的行政性收费，完善财税扶持政策，为非公有制经济发展创造公平、宽松的发展环境。进一步完善项目审批制度，健全企业投资项目核准制和备案制，规范投资管理部门的核准、备案行为，为公有制经济投资提供平等的待遇。通过财政贴息、设立担保基金和投资补贴等方式，积极引导非公有制资本投资能源、冶金、化工、高新技术等产业，参与国有企业改革及国有经济的战略性调整。深化金融体制改革，积极拓宽融资渠道，大力发展为非公有制企业服务的地方性金融机构，构建适应非公有制企业发展的地方金融体系，解决非公有制企业融资难的问题。合理安排非公有制投资项目建设用地。加快改进对公有制经济投资项目的管理，在现有产业发展规划和导向目录的基础上，出台投资导向目录，强化投资对公有制经济投资的导向作用，并做好公有制经济投资项目信息的统计、分析和公告工作。积极推进非公有制企业体制、技术和管理创新，鼓励非公有制企业创新组织结构，规范管理，逐步建立和完善现代企业制度。建立健全非公有制企业员工社会保障体系，加大监管力度，维护职工应享有的合法权益。

（四）企业组织机构

以市场为导向，加快企业优胜劣汰，在推进规模经济，实行大企业、大公司战略，促进生产要素和市场份额向优势企业集中的同时，加快发展中小企业，搞好专业化协作，进一步完善以大企业为主导、大中小企业合理分工、有机联系、协调发展的企业组织体系，促进产业集群发展。

支持大企业集团发展。按照市场优胜劣汰原则，实施大公司大集团战略，把有限的资源向能够带动整个产业升级的主导大企业大集团倾斜，发展规模经济，增强企业竞争力，提高规模效益。鼓励有实力的大企业、大集团，以资产和资源为纽带，实施跨地区、跨部门、跨行业的兼并、联合重组，提高煤炭、钢铁、有色金属、化工、乳肉制品等优势特色产业集中度，实现生产要素的优化组合。鼓励行业龙头企业、优势企业兼并重组落后企业和困难企业，鼓励关联产业、上下游企业联合重组，增强大型企业的辐射功能。防止采取不顾市场规律的"拉郎配"式的强行组成企业集团的行政干预，不能一味求"大"。进一步消除体制障碍，顺应市场要求，推动重组，为大公司和企业集团发展创造公平的竞争环境和条件。对重点支持发展的大型企业集团，在项目核准、土地审批、贷款、税收等方面上，优先给予支持。

加快中小企业发展。按照围绕重点项目搞配套、围绕重化工基地搞配套、围绕骨干龙头企业搞配套的要求，培育壮大一批配套延伸加工型、非资源型中小企业及劳动密集型中小企业。继续实施"一个产业带动百户中小企业"和"一个园区带动百户中小企业"的"双百工程"，通过产业、园区的发展带动中小企业发展，促进中小企业向"专、精、特、新"方向发展，提高配套协作水平。继续发挥中小企业发展专项资金、科技型中小企业技术创新基金和中小企业国际市场开拓资金等财政资金的扶持、引导和带动作用，切实解决中小企业融资难问题。完善中小企业信用担保体系，建立中小企业信用制度。扩大自治区支持中小企业发展资金的规模，通过信用担保、贷款贴息、风险补偿等方式，鼓励和引导商业银行加大对中小企业的信贷支持。加快发展小额贷款公司，拓宽中小企业融资渠道。建立中小企业政府采购制度，在商品和服务质量无明显差别的条件下，适度优先采购中小企业的产品和服务。进一步放宽市场准入，完善中小企业税收优惠政策，清理涉及中小企业的不合理收费，优化中小企业发展环境。建立健全多层次的中小企业社会化服务体系，加快中小企业数据库、信息网站等建设，强化和规范中介服务组织，提高服务水平，形成多主体、多层次、全方位地为工业中小企业提供技术支持、市场开拓、创业辅导、管理咨询等多方面服务的社会化服务体系。

（五）产品结构

将当前市场需求趋紧、产品价格下行压力转化为调整优化产品结构的动力，以实施品牌带动战略为抓手，注重发挥科技创新的引领支撑作用，延长产业链，增加产品附加值，大力推动产品结构向多元化、高端化、品牌化方向发展，进一步提高产品竞争力和市场占有率，努力提升名企名品对内蒙古工业经济的带动力和影响力。

大力实施名牌带动战略。继续坚持以企业为主体、市场为导向、政府积极推动的原则，尽快健全和完善自治区、盟市两级品牌培育体系。通过创建知名品牌，提高企业的竞争能力，使更多资源转化为商品优势、经济优势。充分利用税收、财政政策支持自主品牌生产企业进行新产品开发和技术改造，提高企业的技术装备、工艺水平和生产能力。鼓励名牌产品和著名商标生产企业通过多种途径做大做强，发挥品牌的带动作用，以品牌企业为龙头带动其上下游企业、平行企业共同发展，形成更多的优势产业、品牌产业。积极引进中国自主知名品牌来内蒙古生产和投资办厂，支持拥有名牌称号或著名商标的企业建立多元化的产权结构，引入各种资本或与国际大企业合资合作。落实扶持自主品牌出口的各项政策，用好出口品牌发展资金，支持企业以自主品牌出口。将自主品牌发展情况纳入统计指标体系，对拥有自主知识产权和核心技术的知名品牌企业给予支持。在政府采购中优先选用具有内蒙古自主知识产权或自主知名品牌的产品和技术。对荣获中国驰名商标、自治区著名商标、中国名牌产品和自治区级名牌产品的企业实行奖励政策，以奖代补，并对培育开发上述产品的有关人员进行奖励。

积极推进自主创新。把自主创新作为推动工业产品结构调整的重要抓手，强化工业自主创新目标管理，制定实施全区工业自主创新产业化发展计划，明确工业自主创新的重点行业、重点项目和发展目标。加强企业技术中心、工程技术研究中心、国家工程研究中心、国家工程试验室等技术创新平台建设，形成以国家级和自治区级企业研发机构为平台的企业技术创新核心体系。加大科研开发经费的投入，增强自主研发能力，不断提高核心技术的原始创新、集成创新和引进消化吸收再创新能力，开发具有自主知识产权的新技术、新产品，增强品牌的活力。加强产学研联合，提高科研成果转化率，完善知识产权保护制度，不断提高产品附加值和品牌的核心竞争力。

分报告五 创新型内蒙古发展战略

一、建设创新型内蒙古在内蒙古经济社会发展中的重要地位

（一）国内外背景

1. 国际竞争形势发生了深刻的变化

创新是经济社会发展的不竭动力。伴随着知识经济的发展和经济全球化时代的到来，一个国家和地区的创新能力对实现这个国家和地区的社会经济发展目标将发挥关键性的作用，创新已经成为衡量一个国家和地区竞争力的关键因素。

进入 21 世纪，国际竞争格局正在发生深刻的变化。创新，特别是原始性创新已经成为国家间科技与经济竞争成败的分水岭，成为决定国际产业分工的一个基础条件，成为经济全球化条件下国家和地区经济发展的根基所在。考察世界经济的发展史，不难发现在每一个阶段，异军突起的国家和地区往往是创新活动频繁发生的区域。

2. 经济增长模式的变化

自 20 世纪 70 年代以来，科技创新迅猛发展，科学技术成为第一生产力，提高创新能力成为经济增长的主要驱动力。以资本、劳力、资源为支撑的传统经济发展模式，正在向以知识、人才、信息为依托的创新发展模式转变。

一个国家、一个地区能否掌握可持续发展的命脉，关键在于能否掌握和驾驭不断创新的技术。可以说，从全球范围看，技术创新正在成为一个国家、一个地区经济增长的发动机。发达国家正是得益于持续的技术创新，能够不断地推出处于全球技术前沿的创新产品，并形成了强有力的支持创新的制度，从而保持住了本国的竞争优势。反观发展中国家和地区，由于内在的创新动力缺失，仍主要依靠要素和投资驱动经济增长，其所生产的产品只能以处于技术低端的产品为主，难以有效地提高自己的竞争能力，技术创新能力上的差距导致了发达国家和发展中国家差距的拉大，发展中国家资源和初加工产品、劳动密集型产品的低价格优势正在逐渐消失。所以，构建有效的技术创

新体系，迅速地提高技术创新能力，已经成为发展中国家地区经济发展自强自立的当务之急，是事关民族生存、国家兴旺的迫切任务。

3. 我国经济发展战略的变化

我国已经进入必须转变发展模式的历史阶段。国际经验表明，这是一个经济结构转型的敏感期、社会形态活跃的变化期。与其相适应必然发生两大变化：①劳动力、资源、投资和土地等要素对经济增长的边际贡献率将出现递减趋势，而包括技术创新在内的要素投入重要性将明显上升。②经济增长方式处于由数量型、粗放型向集约型和质量与效益型增长转换的关键阶段。适应这种变化的发展模式，只能是创新发展。

（二）现实意义

1. 加快实施创新发展战略，是内蒙古建设创新型社会的重要举措

建设内蒙古创新型社会，是建设创新型国家的重要组成部分。大力实施创新发展战略，对于推进内蒙古实现经济社会发展的历史性跨越，推进改革开放和社会主义现代化建设具有重要意义。内蒙古的创新发展战略要坚持以创新促跨越，把解放思想贯穿于发展的全过程。建设创新型社会，要注重创新发展理念，转变发展模式，营造发展优势，增强发展活力。要认真贯彻中央的"自主创新、重点跨越、支撑发展、引领未来"的指导方针，大力进行创新实践，积极努力创新工作理念、创新发展模式、创新工作机制和激励机制等，加强全区区域创新体系的建设，实行原始创新、集成创新、引进消化吸收再创新相结合，提高全区区域创新能力，建设创新型社会，具有重要的、深远的影响。

2. 加快实施创新发展战略，是实践科学发展观，转变经济增长方式，实现内蒙古经济社会又好又快发展的重要途径

内蒙古地处西部落后地区，欠发达、欠开发是目前内蒙古的基本区情和经济社会发展最显著的特征。改革开放以来，尽管内蒙古实现了经济的快速增长，但是很大程度上，是依赖于高消耗的粗放增长方式实现的。同时，内蒙古经济结构性问题较为突出。工业产业结构中，主要以传统产业和资源型产业为主，高新技术产业比重较小，能源、原材料工业所占比重大，主要以冶金、化工、建材、火电、煤炭等高能耗、高材耗、重污染行业为主，技术、工艺、装备水平总体上较落后，企业生产管理水平低，规模偏小，粗加工产品多，精深加工产品少，消耗高、浪费大，资源利用效率低，企业成本高、经济效益差。这样的产业结构，对内蒙古实现国家要求的节能降耗减排目标任务，带来相当大的压力。要解决这些问题，必须大力调整经济结构、转变

增长方式，必须坚持科学发展观统领全局，大力实施创新发展战略，推进科技创新、管理创新，体制机制创新。采用高新技术和先进适用技术改造提升传统产业，促进产业结构的优化升级，以企业技术创新推动产业创新，提高产业、企业的创新能力，依靠科技创新，实现节能降耗减排，发展循环经济，提高资源的利用效率，降低生产经营成本，提高经济效益，提升产业、企业的市场竞争力，全面推进经济增长方式由粗放型向集约型、由资源依赖型向创新驱动型转变，促进内蒙古经济社会又好又快发展，实现历史性跨越。

3. 加快实施创新发展战略，是内蒙古更好应对未来发展环境的必然选择

在新形势下，内蒙古经济社会发展的环境已发生了根本性变化：一是随着改革开放的扩大和经济全球化的加深，内蒙古经济发展将面临更为复杂的国内国际环境，竞争将日趋激烈。二是随着经济的快速发展，资源、环境问题日趋严重，资源、环境约束不断加大。中央实施可持续发展战略，以科学发展观指导经济社会发展，国家土地、资源环境政策越来越严格，传统的资源依赖型经济增长模式已越来越受到资源、环境的约束和国家政策的严格限制。三是《国家中长期科学和技术发展规划纲要》确定了"自主创新、重点跨越、支撑发展、引领未来"的指导方针，提出了建设创新型国家的总体目标，为建立创新型内蒙古指明了发展方向。随着创新型国家总体目标的确定，江苏、广东、山东等地相继提出建设创新型省市的战略目标，明确其在区域发展中的战略地位，力图抢占新一轮经济增长的先机，以确保区域持久的竞争优势。内蒙古自治区党委和政府也对科技工作提出了更新更高的要求，要求加大自主创新力度，加快创新型内蒙古建设步伐。在这种形势下，内蒙古能否把握机遇，发挥后发优势，克服劣势，实现历史性跨越发展，关键在于创新能力的提升。只有实施创新发展战略，建设创新型内蒙古，才能缩小与经济发达地区的差距，进而在新一轮经济增长过程中，分享到更多的利益。

总之，从内蒙古的实情出发，进行内蒙古创新型发展战略研究，构建一种适应内蒙古战略需求的具体有效的创新体系是落实科学发展观，加速发展模式转变，促进内蒙古经济跨越式发展的关键措施。

二、创新发展战略的理论

（一）创新发展战略的基本内涵

新经济增长理论认为，经济增长的最终动力不是来自自然资源、物质资本的数量增加和单纯的规模扩大，而是来自知识和人力资本积累水平所体现的技术进步。技术进步不仅能够有效地抑制要素投入的边际收益递减效应，

而且通过技术因子的内在作用和资源的有效配置，从而实现生产要素的更大效能。

创新是技术进步的来源和根本保证，创新是经济社会发展的不竭动力。在一个区域里，区域创新与区域发展紧密联系，区域创新是实现区域发展的重要条件，区域发展是区域创新的结果，区域创新发展就是区域通过创新实现的发展。创新发展战略就是建立一个以创新应用为核心，以促进科技文化教育的进步与经济增长，提高区域竞争力和可持续发展能力为目的，以市场机制为基础，企业为主体，政府为引导的开放型区域创新系统。

创新发展战略的根本目标，就是要推动区域经济增长从资源依赖型向创新驱动型转变，推动区域经济社会发展切实转入科学发展的轨道。经济增长方式的转变不是原有传统方式一般发展的自然结果，必须寻找和强化与传统发展模式截然不同的发展动力，即区域创新能力，只有在不断提高区域创新能力的基础上，才能有效地推动经济增长方式的彻底转变。

区域创新能力是在区域创新过程中，在充分利用区域内外各种创新资源的基础上，不断将知识、技术和信息等要素纳入地区社会生产过程中，并不断将这些要素转化为新工艺、新产品、新服务的一种能力，其本质就是对区域知识积累和技术发展状况的综合反映。区域创新能力由知识创新能力、知识流动能力、技术创新能力、环境创新能力和制度创新能力组成。

（二）国家创新体系

国家创新体系是指由一个国家的公共和私有部门组成的组织和制度网络，其活动是为了创造、扩散和使用新的知识和技术。其中政府机构、企业、科研机构和高校是这一系统中最重要的要素。

国家创新体系是由政府和社会部门组成的、以推动技术创新为目的的机构和制度网络。其主要影响因素有五个：企业是创新的主体，它在市场经济的激励下去从事创新；科研机构和大学是重要的创新源，因为知识经济时代企业的创新活动越来越依赖于它们所生产的知识；教育培训是知识生产、应用和传播的重要环节，必须通过教育培训造就一支高素质的人才队伍和劳动者队伍；中介机构是沟通知识流动的重要环节，不同层次、不同领域的咨询服务机构是沟通科研部门和企业知识流动的桥梁和纽带；政府是制度创新的载体，通过制定政策、法律，形成有利于创新的机制，提高创新效率。

（三）区域创新体系

区域创新体系是指在特定的经济区域内和特定的社会经济文化背景下，各种与创新相关联的主体要素（实施创新的机构和组织）和非主体要素（创新所需要的物质条件）以及协调各要素之间关系的制度和政策所构成的网络。通常由创新主体、创新环境、创新主体之间的联系与运行机制这三个部分构成，其目的是推动区域内新技术或新知识的产生、流动、更新和转化。区域创新体系的研究是国家创新体系研究的延伸和发展，同时，又具有很高的实践价值。

以提高区域创新能力为目的的区域创新体系是一个复杂的系统，影响系统运行的因素很多，而这些因素所处的层次不同，分析的角度不同，其所起的作用也大不相同。合理定位区域创新体系的结构及功能，准确把握区域创新体系的动力机制，正确分析区域创新体系构建的基本原则和影响因素，是有效推进区域创新体系建设的重要前提。

1. 知识创新体系

知识创新是指通过科学研究，包括基础研究和应用研究，获得新的基础科学和技术科学知识的过程。知识创新的目的是追求新发现、探索新规律、创立新学说、创造新方法、积累新知识。知识创新是技术创新的基础，是新技术和新发明的源泉，是促进科技进步和经济增长的革命性力量。知识创新为人类认识世界、改造世界提供新理论和新方法，为人类文明进步和社会发展提供不竭动力。

知识创新体系是由与知识的生产、扩散和转移相关的机构和组织构成的网络系统，其核心部分是国家科研机构和教学科研型大学，其功能是通过科学研究获得新的基础科学和技术科学知识。它是技术创新的先导和源泉。

2. 技术创新体系

技术创新是以新技术（全新的或改进的）为手段并用以创造新的经济价值的一种商业活动，它是新技术的首次商业化应用。技术创新体系是由与技术创新全过程相关的机构和组织构成的网络系统。它的主要功能是创造、应用、扩散和传播新技术，其核心部分是企业，企业技术创新积极面向市场，直接创造经济价值，并逐步成为技术创新的决策、投资、开发和收益主体。

3. 制度创新体系

制度是指约束人们社会、经济和政治行为的一系列规则。新制度经济学认为，制度的存在，可以解决不断出现的社会问题和约束人们的竞争和合作方式。制度创新则被理解为是一种更为有效的制度的产生过程。该体系由政府管理创新活动的机构、宏观管理运行机制及法律、法规和政策组成。其作用主要体现在两个方面：第一，降低创新中的不确定性和交易费用；第二，提高对创新的奖励。其主要功能是为创新活动提供制度保障及法律、法规和政策保障，并着力解决系统失效和市场失效问题。

4. 服务创新体系

服务创新体系是指区域创新体系内部起支持和服务作用的子系统，其主要作用是加速知识的传播和技术的流通。该体系主要由两部分组成：一是教育培训体系，其功能是知识的传播和各类专门人才、高素质劳动者的培养，其核心部分是高等教育体系和职业培训体系。二是中介服务体系，其功能是为创新活动及知识、技术的传播和应用提供中介服务，它的核心是中介机构和基础设施，既包括推动科技成果转化的社会机构和组织，如高新技术产业园区、开发区、技术产权交易市场等，又包括在创新活动中起桥梁和纽带作用的机构和组织，如生产力促进中心、技术开发中心、科技创业服务中心、图书情报信息中心等，还包括各种咨询评估服务机构，如会计、审计、专利、法律、资产评估、技术评估、争议仲裁、企业咨询、风险投资、人才交流、网络与信息服务等机构。

上述四个子系统既相互独立，又相互作用，彼此促进或制约，成为区域创新体系的决定性因素，缺一不可。知识创新增进作为技术创新基础的知识存量，技术创新拓展知识创新的领域，并为知识创新提供必要的资金和技术支持；制度创新为知识创新、技术创新提供激励和保障，同时，知识创新和技术创新也构成制度创新的必要条件；服务创新为各个环节的创新活动铺平道路，架起桥梁，而其他创新成果也为服务创新创造条件。

（四）区域创新体系构成的影响因素

区域创新体系的建设过程是一个各地寻找创新空间和特色的过程。由于各地在自然资源、人力资本、产业基础以及文化环境等方面存在着差异，各地区的创新体系结构也会千差万别。影响区域创新体系构成的决定因素有以下几方面：

1. 创新体系建设及经济体制背景

区域创新体系建设必须以国家创新体系为指导。区域创新体系是指能够基于市场体制和国家战略引导，有效促进各类创新主体网络化互动的组织系统，是国家创新体系的重要组成部分。国家创新体系框架下的区域创新体系必然带有层次性特征，而区域创新体系的多样性也是国家创新体系的活力所在。因此，新时期区域创新体系建设必须站在国家战略的高度，遵从国家创新体系的整体设计，同时区域创新体系将比国家创新体系呈现更多的特色制度安排，更强的产业、技术专业化，而且，企业的创新性也更明显。必须以区域的资源特色、战略目标为着眼点，把增强区域创新能力作为建设国家创新体系的重要内容，通过创建区域创新体系来逐步健全和完善国家创新体系。

随着市场经济体制的逐步建立与完善，区域创新体系正在从计划体制向计划与市场混合的体制过渡。区域创新体系的高效运转需要面向市场经济的科技资源、不断衍生和壮大的经营机制灵活的新型企业、新的经济政策与政府管理办法。不同区域市场经济体制的发育程度不同，创新体系的架构也不同，企业的创新动力、科技与经济的结合程度、中介市场的发育程度、政府对创新的管理模式都会不同，而正确分析和运用这些差异性因素，就能找到区域创新体系的内核，这也是地区经济获得核心竞争力的关键。因此，区域创新体系绝不是国家创新体系的缩影，而是创新的区域化。

2. 经济发展战略

区域创新体系的建设必须与区域经济发展战略相一致。区域经济发展战略是指为促进区域经济、社会、科技及其他诸要素协调发展而进行的全局性、根本性的谋划，是对区域经济发展方向、步骤、阶段、重点等全局性问题的根本性决策。一般包括战略目标、战略重点、产业布局、发展步骤、战略措施等。目前，我国不同区域根据其各方面条件及发展阶段的不同，采取了不同的发展战略，如区域均衡发展战略、梯度推移战略、重点倾斜战略、协调发展战略等。构建区域创新体系必须以区域经济发展战略为指导，而区域经济发展又必须以区域创新为重要战略手段，二者相辅相成，互不可缺。

3. 产业专有因素及产业集群

区域创新体系建设必须以区域产业专有因素为特色。区域产业的专业化程度是一个地区能否形成自己特色创新体系的一个重要前提。在计划经济时代，我国的产业结构不合理，缺乏地方特色产业专业化，众多地区都把少数几个制造业作为自己的支柱产业，不管本地是否有产业基础，从而导致产业结构趋同比例相当高。如今，在市场经济的推动下，一些地区中蕴涵的无形的、适宜创新的专有因素正蓬勃发展，出现了极具竞争力的产业集群。这种无形的专有因素的核心是当地化的学习机制及隐喻知识和技术的分享机制，这也是产业集群形成竞争优势的重要来源。

产业集群，是创新因素的集聚和竞争动力的放大。群聚区能够提高生产率，提供持续不断的改革动力，促进创新，促发新企业的诞生。同一产业的企业在地理上的集中，能够使厂商更有效率地得到供应商的服务，能够物色招聘到符合自己意图的员工，能够及时得到本行业竞争所需要的信息，能够比较容易地获得配套的产品和服务，使群聚区内的企业能以更高的生产率来生产产品或提供服务。

同时，企业的地理集中，能够获得政府及其他公共机构的投资，可以在基础设施等公共物品上降低成本。与群聚区同时产生的一些中介服务机构、行会组织、教育培训机构、检验认证机构等，也对提高企业的生产率有积极的作用。产业集聚增强了竞争，同时，竞争也提升了产业集聚区的竞争能力，竞争者不断地从对手那里得到信息和激励，不断地改进管理，以更加有效的方式组织生产，不断地发现新的市场机会。竞争的结果是，产业群聚区内的企业比起那些散落在各个地方的企业，更具有竞争优势，更容易通过竞争进入这一行业的前沿地带。可以认为，产业集聚地区就是区域创新体系发达的地区。

综上所述，在区域创新体系建设的众多影响因素中，地方政府的作为是关键性和主导性的，它不仅主导着区域经济体制环境，左右着区域市场经济发展的进程，而且直接对区域创新体系规划做出决策，同时，作为创新对象，政府机构还是区域制度创新的载体。因此，有必要进一步对政府在区域创新中的地位和作用进行重点分析，以便提高区域创新效率，探索最佳的区域创新模式。

（五）创新型发展模式

创新型发展模式是历史、政治、经济、制度等多种因素作用的结果。在现代经济条件下，创新型发展模式主要受到政府和市场两种力量的制约。从政府与市场的不同组合上看，创新型发展可分为三种模式：政府主导型发展模式、市场主导型发展模式和混合型发展模式。

1. 政府主导型发展模式

区域政府制定明确的创新型城市发展战略，制定和颁布促进创新型区域建设的政策措施，不断加大基础设施投资，推动国际、国内的创新资源要素向区域集中，支持和鼓励创新主体之间形成互动和网络关系，营造有利于创新的文化氛围，引导全社会参与创新型区域建设。政府主导型的发展模式主要依靠自上而下的力量，发展中国家一般采用此模式。

2. 市场导向型发展模式

市场导向型的创新区域发展模式在市场机制配置资源的前提下，围绕营造区域发展的创新环境间接引导创新要素和产业要素向区域集中，创新主体在各自的利益需求和市场竞争压力下，不断寻求技术上的突破和科技创新，自发地在区域地区形成产业创新集群和有利于创新的环境。这种市场导向型发展模式主要来自自下而上的力量，发达工业化国家一般采用此模式。

3. 混合型发展模式

混合型发展模式就是在创新型区域建设中同时吸收政府与市场两种力量。

创新型区域建设与发展不仅需要充分利用市场机制推动创新要素向城市集聚与流动，还需要利用政府的推动力促进区域公共设施的完善，特别是增大对区域科技和知识竞争力的基础投入。区域作为公共产品与私人产品的统一体，区域的创新发展需要市场与政府、自发性与目标性等综合力量的推进。从历史实践看，西方发达市场经济国家越来越重视有目的的区域规划的制定，以引导区域的发展方向，说明政府导向的区域发展因素在增加；同时，政府导向比较强的发展中国家则越来越重视市场导向的因素，以克服政府主导的弊端。因此，长远意义的创新型区域的建设和发展将逐渐趋向混合型发展模式，采取自上而下和自下而上的有机结合。

三、国外技术创新体系建设经验借鉴

国家经济的发展离不开技术创新体系的建设。每个国家根据自身特点建立适合自身的技术创新体系，并且不断完善和发展。

（一）美国技术创新体系建设的特点

1. 技术创新体系以企业为主体

美国经济是建立在资本主义私有制的基础之上的。大量的经济活动都具有私人性，受支配于私人的决策，市场是企业间协调的主要机制。各级政府主要是从国家和地区角度为企业技术创新创造环境，通过各种直接或间接手段进行调控。

2. 政府的制度和机构多元化

在美国，由于市场是企业之间进行交往和协调的主要机制，资源配置也几乎是采用市场的方式，企业的技术创新活动也都是由市场决定的，因此，美国各级政府从供给、需求和环境保障等几方面由不同的机构制定了多元制度来促进国内技术创新活动的开展。这些制度安排可以归结为如下方面：对研究开发的支持。政府支持的研究开发是选择性的，通常有三种类型：第一类涉及基础研究。第二类与政府自身需求有关。第三类是旨在提高某个特定产业或厂商群商业竞争力的计划；制定有关创新的法令、法规和加强基础设施建设，为企业提供有助于创新的环境；通过税收政策（包括鼓励风险投资的税收政策）、政府采购、国防开支等政府行为推动工业创新；通过推出科技发展计划，促进系统要素，特别是政府与企业、研究机构之间的互动。

3. 政府在创新体系中的作用是间接和有限的，创新模式以区域合作创新模式为主

虽然政府在技术创新中占有重要地位，但是与其他大多数工业化资本主

义国家相比,美国政府所起到的作用仍然是有限的。除了政府促进体系要素间的交互之外,美国的一些企业组织通过合作组建正式的研究机构从事基础研究,并且积极与大学及其他一些专门科研机构密切合作,联合建立科技研究中心,形成了一套"科研—生产—设计"的一体化体系,充分体现了其作为区域技术创新体系主体核心的作用。

(二) 韩国技术创新体系建设的特点

在韩国的国家技术创新系统中,企业是创新活动的核心,提供科技知识的供给部门(研究开发主体)。潜在市场和现存市场通过需求拉动,也是国家技术创新系统的一部分。韩国已经由以政府主导模式,即政府主导进行研究与发展投入和参与活动的模式,转移成企业主导模式,即企业作为技术创新活动的主体。韩国国家技术创新系统中行为主体的作用表现出如下特征:

(1) 政府在国家技术创新系统的建设和发展中起着重要作用。政府不仅是技术创新活动的投入者和执行者,而且还是鼓励和促进企业技术创新活动的政策制定者,并为企业尽快成为技术创新活动的主体,提供了有利的条件和良好的环境。韩国政府的研究机构主要从事基础研究和应用研究,但也从事部分试验发展的活动,其研究与发展的经费主要来自于政府,企业提供的比例不到1/3。

(2) 企业已经成为研究与发展的主体,是其研究与发展的经费来源。据相关统计,韩国每年技术创新投资的98%是民间自筹的,政府投资的比例仅为2%。企业的研究与发展经费主要用于试验及开发。在电子、汽车、造船等领域,韩国企业有较强技术创新能力,高技术产业发展较快,企业技术创新能力不断提高。

(3) 大学的研究环境较差,研究潜力没能很好地利用和发挥,是韩国国家技术创新系统中较弱的环节。

(4) 韩国主要通过政府来协调研究机构、大学和企业之间的联系,以促进国家创新系统各组成要素之间的技术转移、扩散和产学研协同。韩国建设国家技术创新体系的主要做法:一是有效利用国外技术资源。二是确立技术立国的方针,加大技术创新投入力度。三是鼓励国内外竞争,激发企业技术创新动力。四是对技术创新提供有力的法律、财政、金融、人才、信息服务等方面的保障。五是建立产、学、研相结合的研究开发与成果转化机制。

(三) 英国技术创新体系建设的特点

英国国家技术创新体系的主要特点是科学研究系统非常发达,但企业技术开发能力不强,科学研究系统与企业的关系不够紧密。英国国家技术创新体系的组成主要包括企业、大学、政府科研机构、非营利机构等,其研究与发展经费的来源特征是：

（1）政府为研究与发展（R&D）总经费提供大约 30% 的资助。政府的研究与发展经费投入主要有三个渠道：一是通过相关政府部门的投入。二是科学投资，该投资由科技办公室控制，七个研究理事会执行。三是由高教基金委员会管理的科研基础设施建设基金。政府部门一般下设科研机构，其研究经费主要来自财政拨款。

（2）英国大学科研经费主要来自中央政府、地方政府和企业界，私人捐赠也是大学科研经费的重要来源。政府对大学科研经费的资助主要通过两种渠道：一是大学基金委员会向大学提供年度资助（类似于我国的科研事业费），其内部分配由学校自行决定。二是由上述各研究理事会提供，通过向科学家个人或研究所以课题立项的形式提供资助。大学基金委员会是英国大学研究与发展活动最大的经费支持者，大学基金委员会每年从中央政府教育科学部和科学财政预算中得到拨款，作为年度经费分配给大学。

（四）加拿大技术创新体系建设的特点

加拿大国家创新系统的组成包括了企业、大学、政府实验室和非营利机构。政府不仅投入大量的经费支持企业，也给政府自己的实验室以大量的支持，有近 20% 的研究与发展经费由政府实验室执行。其创新系统各行为主体作用的特点是：

（1）联邦政府不仅在研究与发展的经费投入上，而且在执行上，都占相当大的比例。在 20 世纪 70 年代，政府执行研究与发展经费的比例高达 47%。加拿大政府的研究与发展经费主要投资于农业、能源和矿产，强调资源部门的作用。加拿大政府中最重要的研究与发展部门是国家研究理事会，在执行和支持研究与发展以及协调研究与发展机构中起到了重要作用。加拿大政府对研究与发展经费的投入总量近年来有不断减少的趋势。

（2）加拿大的高等院校在国家创新体系中发挥了重要作用。大学以教育和从事基础研究为主要任务，在基础研究方面有相当的实力和效率，加拿大发表的科学论文在世界排名为第七位，同时，部分大学从事应用研究，有时也与工业部门开展合作研究，通过获得许可证转让或研究人员开拓新的商业领域得以实现。

（3）加拿大工业研究与发展经费的支出，主要集中在几家大企业。这几家大企业发明专利数占加拿大发展专利数的比例较高。加拿大工业研究与发展活动主要是在服务部门（包括公共事业、通信、工程和科学服务）。近年来，加拿大工业向知识密集型制造业和知识密集型服务业转移。

（4）加拿大国家技术创新体系强调各组织机构的相互联系和作用。这些机构的相互联系和作用，可以通过各种方式进行，主要有：研究与发展、示范项目的联合支持或联合执行；通过中介机构促进使用方和供应方的合作；通过人员的流动进行知识和技术的转移等。更多地强调每一个机构对其他机构做出贡献的效力，强调这些机构的相互联系和作用。由于加拿大有以自然资源为导向的经济特点，行业创新系统被分为两部分：一是由能源、冶金、林业和农业组成的传统技术创新系统。这个创新系统是以国内工艺的改进为导向，以加拿大独特资源的高租金为创新回报，通过在国际市场上销售原料来获得增加的利益的。二是由航空、电信和信息技术组成的新型技术创新系统。这个系统较少与加拿大自然资源相联系，而更多地与人力资源相联结，并以产品创新为导向。

四、实施内蒙古创新型发展战略的国际、国内环境分析

（一）国际环境分析

经济全球化的深入发展势必导致科学技术在国际间交流日益频繁，从而在世界经济中形成一个明显的科技全球化趋势。不论在世界哪个地方，得到技术产品变得越来越容易了。自从现代科学和技术作为促进经济增长的关键因素出现以来，技术知识和技术创新的扩散、转移和利用速度以及强度一直在以加速度扩大。当前，世界上的创新活动集中在为数不多的几个发达国家，世界科技发展的非均衡性比世界经济发展的非均衡性还要大。从性质上说，由于科技全球化的直接动因是以跨国公司生产和经营国际化为主要推动力的经济全球化浪潮，它直接服务于跨国公司的全球化经营战略，服务于跨国公司的全球利益。因此，科技全球化主要是由西方发达国家机器跨国公司所主导和操纵的，由科技全球化所引起的国际科技结构变化也主要有利于西方发达国家而不利于发展中国家。从这个意义上来说，所谓科技全球化既是科技活动的全球化，更是科技争夺的全球化。谁能够争夺到更多的技术资源，谁的发展就迅速，就可能超越他国。但是发展中国家由于历史原因，科技、经济实力都落后，所以竞争力较弱，因此，对发展中国家来说，在短时期内，科技的全球化更多地表现为一种挑战而不是机遇。发展中国家和发达国家的科技差距也许会越拉越大。

（二）国内环境分析

1. 政策体制环境

国家陆续出台了一系列促进科技创新的政策性文件，这些文件主要有国

务院发布的《国家中长期科学技术发展规划纲要》、《中共中央、国务院关于实施科技规划纲要，增强自主创新能力的决定》（以下简称《决定》）、《国务院关于实施〈国家中长期科学技术发展规划纲要〉若干配套政策的通知》。国家提出的一系列政策举措，旨在营造激励自主创新的良好环境，推动企业成为技术创新的主体，努力建设创新型国家。这些创新政策措施，站在新科技革命的时代高度，把握了全球各个经济体全力推进科技创新的大趋势，从我国经济发展的历史新高度出发，形成了我国完整的促进科技创新的政策框架。与过去相比较，这些科技创新政策具有以下特征：

第一，既有政策连续性，又具有重大突破性。出台的科技创新政策，是在过去政策执行的基础上制订的，延续了我国科技创新政策的主要脉络，但有所突破，在突破的内容中有继承。一系列有利于创新体系的政策的制定，既体现了政策的广泛性，又突出了政策的重点。国家出台的科技创新政策，内容涉及范围之广，政策条款之多是前所未有的，它包括了经费投入、税收优惠、金融保障、政策采购等十大政策方面，可谓面面俱到。但在政策制订的着力点上，又不是平均分配，而是突出了财政科技投入、税收优惠扶持、政府采购促进等重大政策。

第二，既具有宏观指导性，又具有很强的可操作性。中共中央、国务院的《决定》，重点体现了宏观指导的功能；国务院出台的《国家中长期科学技术发展规划纲要》，重点体现了任务布局的功能；而国务院出台的"六十条"具体政策，则体现了实践和操作层面的功能。三个文件功能不同，显示了国家在科技创新政策上宏观指导和具体操作的完整结合，可以说是达到了国家科技创新政策制订的新的历史高度。

国家有关政策既与现行国际科技创新政策接轨，又结合了中国的国情实际。我国加入世界贸易组织之后，按照世贸规定，我国不可能脱离国际上有关经贸政策的约定。有些科技创新政策，必须在世界贸易组织规则框架下来制订和实施。但是，我国有自己的国情，例如，我们制定了科学技术普及政策，这在国外是不可思议的，但限于我国人口众多，且科技素质低下的特点，就必须有这方面的政策措施。

2. 经济发展环境

我国始终坚持以经济建设为中心，综合国力迈上新台阶。从 1978 年到 2007 年，我国国内生产总值由 3645 亿元增长到 24.95 万亿元，年均实际增长 9.8%，是同期世界经济年均增长率的 3 倍多，经济总量上升为世界第四位。我国依靠自己的力量稳定解决了 13 亿人口的吃饭问题。我国主要农产品和工业品产量已居世界第一位，水利、能源、交通、通信等基础设施建设取得突破性进展，生态文明建设不断推进，城乡面貌焕然一新。

3. 科技进步环境

近年来，我国科技工作围绕提高科技创新能力，采取了一系列重大改革措施，在促进科技与经济结合方面取得突破性进展。

（1）《关于深化转制科研机构产权制度改革的若干意见》、《关于进一步加强原始性创新能力的若干意见》等政策的发布，使我国科技体制改革的政策措施进一步完善。具有世界先进水平的重大科技创新成果不断涌现，高新技术产业蓬勃发展。"龙芯"系列通用芯片研制成功，"CPU 方舟 3 号"研究取得重要突破，使我国在结束信息产品"无芯"的历史方面迈出了关键步伐。联想万亿次计算机研制成功，使我国超大规模计算机技术进入世界先进行列。

（2）我国企业技术创新能力不断增强。企业研究开发投入占全社会研究开发投入比重达到 65%，已经成为研究开发活动的主体。一批国有大中型企业的技术水平和市场竞争力显著提高，一大批充满生机与活力的科技型中小企业也迅速崛起。

（3）应用型科研机构向企业化转制，形成了以市场需求为主要导向的研究开发新格局，使其创新能力和活力得到了显著提高，产业规模和效益大幅度提高。

（4）社会公益类科研机构分类改革取得进展。确实需要国家支持的社会公益类科研机构得到切实加强，一支稳定服务于社会公益型事业的精干科研队伍正在加速形成。

（5）通过进一步深化科技体制改革，使我国科技结构和力量布局更加趋于优化。中国科学院实施"知识创新工程"试点取得积极进展，对学科结构、管理体制等进行了调整和优化；中国工程院在国家工程科技发展中发挥积极作用；国家自然科学基金评审制度不断发展和完善；"211 工程"取得显著进展，高校科技事业发展迅速，在创新人才培养、科技园和基地建设以及教育信息化等方面发挥着日益重要的作用，高校已经成为知识生产、知识传播、技术创新和成果转化的重要基地；地方科技事业蓬勃发展，区域创新体系建设取得进展。

4. 人才培养环境

（1）我国建立了从小学到大学，包含各类职业教育、成人教育以及继续教育在内的人才培养体系。中国现有各类高校 1500 多所。目前我国各类人才总量达到 6075 万人，其中专业技术人员 3914 万人，约占人才总量的 2/3；党政机关、社会团体及企业中的经营管理人才约占总量的1/3。"十一五"期间，我国有近3000万名普通高校毕业生，每年净增70万～100万人。

（2）教育与信息技术的高度融合，正在成为世界各国教育发展的新趋势，这将孕育出崭新的经济增长模式和教育形态。教育信息化是教育现代化的基础和前提。当前，我国的教育信息化已初具规模，正处于发展和完善当中。

（3）中国高等教育国际化逐步发展。高等教育国际化是全球经济一体化的必然结果，经济全球化和我国加入WTO之后，高等教育已经不再具有国际间的屏障，教育具有了走向世界和展示实力、增加影响的机会，也具有了国际视野。高等教育必须适应"全球化"和"国际化"的趋势，培养一大批"具有世界眼光、能在国际舞台上大显身手，能游弋于世界各种领域而得心应手、富有排除各种险恶能力的能人"。

（4）高校间各类交流合作越来越频繁。发展各国高校间的合作，是培养国际化人才的条件之一。经济全球化要求高校在教学、科研、学术等方面必须走出国门，加强国际交流，了解国际社会和经济状况，培养具有国际视野的人才。在未来发展中，高校自身以及高校的教师和学生都要适应国际经济和文化发展需要，要突破观念和文化差异的障碍，以国际交流推动我们的学校加入教育国际化的行列。教育走向国际化，重要的是要构建包括科学合理的、与国际接轨的课程体系、国际交流合作项目、教育教学内容和研究课题在内的教育国际化的体系，加快实现教育国际化的培养目标。

五、内蒙古创新型发展现状

1. 综合科技进步水平

根据国家综合科技进步水平指数五级划分分制，内蒙古综合科技进步水平处于第四级，在31个省区排名由2007年的第22位（得分35.54%）上升至2008年的第21位（得分38.62%），但是都远低于当年的全国平均水平。

2. 科技进步环境评价

按照国家科技进步环境评价指数，2008年内蒙古在全国31个省区排序中处于第11位，得分（55.16%）略低于全国平均水平（56.66%），但是相对2007年全国地区排位有所下降（2007年排第9位）。

3. 科技活动投入评价

在科技活动投入指数的排序中，2007年、2008年内蒙古排在全国31个省区的第 24 位，远低于全国平均水平（2008 年全国科技活动投入指数为 55.13%）。

4. 科技活动产出评价

在科技活动产出指数的排序中，2007 年内蒙古排在全国 31 个省区的第 26 位，2008 年排第 27 位，远低于全国平均水平（2008 年全国科技活动产出指数为 51.61%）。

5. 科技促进经济社会发展评价

在科技促进经济社会发展指数的排序中，2007 年内蒙古排在全国 31 个省区的第 16 位，2008 年上升 2 位，排在第 14 位，基本达到全国平均水平（全国科技促进经济社会发展指数为 57.02%），增速高于全国平均增长速度。

6. 内蒙古创新体系建设的经济基础

近年来，改革开放和西部大开发战略的实施使内蒙古获得了一次经济腾飞的历史机遇。内蒙古充分利用一系列独特的优势条件，以开放促改革，以改革促发展，经历了一个由资源出口型向资源导向型发展的工业化快速增长时期。内蒙古产业结构进入新的调整升级阶段，高新技术产业的逐步兴起和传统优势产业的改造升级，使内蒙古在国内外市场环境变化中继续保持较高的经济增长速度，2008 年在全球金融危机的影响下，地区生产总值增幅达到 17.2%，多年保持全国各省、直辖市、自治区经济增长的前三名。

六、内蒙古创新发展现状分析

（一）创新能力分析

2007 年以来，代表内蒙古自主创新水平的成果不断涌现。在新能源、新材料、生物技术、装备制造、化工、环境保护、农牧业等领域，共获得国家科技进步奖 1 项，培育了 15 项具有自主知识产权技术、4 项国际领先技术，填补了 1 项国际生物技术研究领域的空白。在原始创新方面，内蒙古自主研发国内首台兆瓦级双电机风力发电机，在全国领先开发出低乳糖新乳产品生产技术，首次成功克隆绵羊。在集成创新方面，自治区大口径厚壁无缝钢管生产实现了国产化，高速钢轨集成生产技术达到国际先进水平，流程工业自动控制技术创新成果使呆滞煤柱回收效率提高 1 倍。在引进、消化、吸收、再创新方面，镍氢动力电池生产新工艺使 10 亿元的生产线"起死回生"，高效制钠技术打造出世界最大的金属钠生产基地，利用 CSP 工艺生产热轧钢带成功开发出直缝焊电油套管。2007 年共取得重大科技成果 237 项，其中，基础理论成果 36 项，应用技术成果 199 项，软科学成果 2 项；全年申请专利

2221 项，授权专利 1328 项；签订各类技术合同 1068 项，技术合同成交金额 9.4 亿元。

根据《2008 年中国区域创新能力报告》，内蒙古是全国创新能力较弱的地区，高耗能、高载能的资源型产业是拉动内蒙古地区生产总值的主要动力。2008 年内蒙古的创新能力综合指标列全国第 26 位，与 2007 年的第 23 位相比，有所下降。在知识创新能力、知识获取能力、企业创新能力、创新环境和创新绩效五个指标中，知识获取能力综合指标列第 22 位，企业创新能力指标、创新环境综合指标和创新绩效综合指标分列第 26 位、第 24 位和第 27 位，处于较低水平，知识创新能力综合指标列全国最后一位。

在知识创新能力方面，内蒙古的研发开发投入综合指标、专利综合指标和科研论文综合指标均处于低水平，多数指标排名第 25 位之后。

在知识获取能力方面，大中型工业企业国内技术成交金额、大中型工业企业国内技术成交金额增长率、技术市场企业平均交易额、技术市场交易额的增长率、大中型工业企业技术引进金额增长率的排名均为前 6 位，但科技合作综合指标仅列第 30 位。

在企业创新能力方面，企业研发投入综合指标、制造和生产能力综合指标和新产品销售收入综合指标均处在低水平。大中型工业企业科技活动经费内部支持总额增长率、实用新型专利增长率、大中型工业企业平均生产经营用设备原价、大中型工业企业平均生产经营用设备原价增长率和每个大中型工业企业技术改造的投入额指标位居前 10 位。

在创新环境方面，劳动者素质综合指标与 2007 年相比下降了 12 位，为全国最后一名，金融环境综合指标列第 16 位，比 2006 年上升了 12 位。创新基础设施综合指标和市场环境综合指标的排名保持稳定。

在创新绩效方面，内蒙古宏观经济综合指标依然保持在第 8 位的水平，产业结构综合指标列第 26 位，比 2007 年下降了 13 位；产业国际竞争力综合指标列第 30 位，比 2007 年下降了 10 位。

（二）高技术产业分析

从 20 世纪 90 年代开始，内蒙古高技术产业得到迅速发展，产业规模不断扩大。

2006 年，高技术产业总产值 138.31 亿元，同比增长 22.77%。2006 年，内蒙古高新技术产业产值占本地区地区生产总值的比重仅为 2.89%，与全国的 19.82% 相差甚远（见图 5-1、图 5-2）。内蒙古高技术产业占全国高技术产业比重小得可怜，2006 仅占全国总量的 0.33%（见图 5-3）。

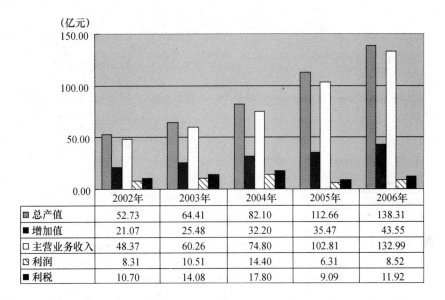

(亿元)	2002年	2003年	2004年	2005年	2006年
▨ 总产值	52.73	64.41	82.10	112.66	138.31
■ 增加值	21.07	25.48	32.20	35.47	43.55
□ 主营业务收入	48.37	60.26	74.80	102.81	132.99
▥ 利润	8.31	10.51	14.40	6.31	8.52
■ 利税	10.70	14.08	17.80	9.09	11.92

图 5 - 1 内蒙古高技术产业规模

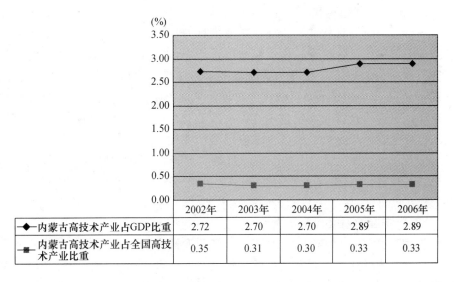

(%)	2002年	2003年	2004年	2005年	2006年
◆ 内蒙古高技术产业占GDP比重	2.72	2.70	2.70	2.89	2.89
■ 内蒙古高技术产业占全国高技术产业比重	0.35	0.31	0.30	0.33	0.33

图 5 - 2 内蒙古高技术产业规模

资料来源:《中国高技术产业统计年鉴》(2007)。

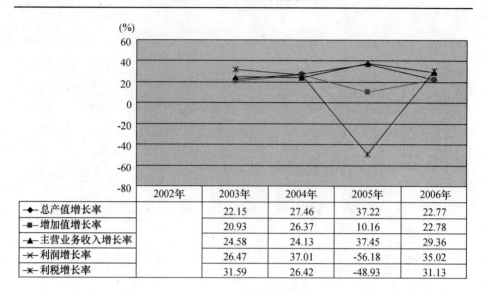

	2002年	2003年	2004年	2005年	2006年
◆ 总产值增长率		22.15	27.46	37.22	22.77
■ 增加值增长率		20.93	26.37	10.16	22.78
▲ 主营业务收入增长率		24.58	24.13	37.45	29.36
✕ 利润增长率		26.47	37.01	-56.18	35.02
✻ 利税增长率		31.59	26.42	-48.93	31.13

图 5 – 3 内蒙古高技术产业发展情况

资料来源：由《中国高技术产业统计年鉴》（2007）和《中国统计年鉴》（2007）数据整理而成。

（三）科技创新现状

当前，内蒙古科技事业正处在重要发展阶段。特别是近几年来，内蒙古相继推出了科技名牌培育、技术标准推进、知识产权创造三大战略。在"十一五"期间，确定了"建设一条高新技术产业带，建设三个科技开发区片、建设 60 个不同类型的高新科技园区和特色科技产业化基地"的全区科技生产力布局，明确了农牧业高新技术开发与产业化、新材料开发与产业化、生物技术与特色制药产业化、信息技术应用与产业化、能源高效利用新技术开发五大重点领域；提出了着力加强高等院校与科研院所两大原始创新高地，20家重点实验室、30 家工程技术研究中心、100 家企业技术中心、10 家创新示范工程建设目标。

（四）存在的重要问题及成因

通过上述分析，目前内蒙古高技术产业发展存在以下问题：一是发展速度较快，总体规模偏小。内蒙古近几年高技术产业发展迅速，总资产增长率一直保持在 20%，2005 年更是达到了 37.22%。高技术资产增加值连续几年也保持高速增长。但是内蒙古的高技术产业还处于发展初始阶段，无论相对于内蒙古的经济总量还是全国高技术产业，总体规模还很小，对内蒙古国民经济的带动作用有限。二是产业发展不稳定，存在大起大落现象。三是产业水平较低，技术含量不高。内蒙古高技术产业的整体技术水平、生产工艺及最终产品的知识、技术含量处于较低层次，专业化分工与协作水平也比较低，在我国技术产业分工体系中目前仍处于价值链的中低端水平，从事的是劳动密集程度较高，而技术密集程度相对较低的产业。真正具有自主创新和具有竞争力的产品有限。四是高技术产业呈现区域化、集聚化发展态势。内蒙古高技术产业呈现区域化特征，形成了以呼和浩特如意开发区为代表的电子信息产业制造加工基地，以金发开发区为代表的生物制药基地，以包头稀土高新技术开发区为代表的新材料基地等。造成以上问题的原因主要有以下几个方面：

（1）企业尚未真正成为科技创新的主体，高等院校、科研单位的科技研发又往往与企业发展的需求脱节，大量国家科技财政经费支持的成果停留在实验室阶段。

（2）高等院校、科研单位科研成果的转化机制和以企业为主体的自主知识产权成果产业化机制不健全，高校与科研单位科研成果自行产业化比例很高。

（3）科研经费投入少，自主技术开发能力低。内蒙古在科研经费的投入很少，与全国其他地区相比差距明显，2006年内蒙古科学活动经费筹集额占全国比重只有0.03%（见表5－1）。企业很少具有自主技术开发的能力。以生物医药产业为例，除双歧因子是自主开发新药外，其他企业主要通过购买区外研发到一定程度的药进行后期开发然后生产。

表5－1　内蒙古科学活动经费筹集额与全国的对比情况

指标	2002 年	2003 年	2004 年	2005 年	2006 年
全国科学活动经费筹集额（万元）	3330674	4275667	5428187	6343232	7424144
内蒙古科学活动经费筹集额（万元）	811	762	1273	2818	2585
内蒙古科学活动经费筹集额占全国比重(%)	0.02	0.02	0.02	0.04	0.03

资料来源：《中国高技术产业统计年鉴》（2007）。

（4）对高技术企业的知识产权保护不到位。内蒙古通过多年的努力，在一些高技术产业上形成了一定的突破，培养了一批具有独立创新、自主研发的高技术企业。但是，由于知识产权保护意识不强，在企业的改制或股改过程中，企业自主研发的产品知识产权没有得到应有的保护，造成高技术的流失或严重削弱企业的创新能力。

（5）对高技术产业扶持政策不明确，政策的配套措施不完善。目前，政府及相关部门对高技术产业在实现经济增长方式的转变和对其他行业的带动作用有了清晰的认识，对高技术产业的发展给予了高度的重视。但是，对高技术产业如何进行扶持，对高技术企业应给予哪些优惠政策还不明确，也没有相应的配套措施。

七、创新型发展战略的构想

当前，内蒙古经济发展的基本面和长期态势没有改变，仍处在发展的重要战略机遇期。从发展基础看，目前内蒙古经济发展水平已有明显提升，经济实力不断增强，发展的基础较为稳定，已经具备了实施创新型发展战略的基础和条件。从发展潜力看，目前内蒙古正处在经济结构转型、发展方式转变的关键时期。只要我们积极应对世界金融危机给内蒙古发展环境带来的新变化，迎接新一轮科技革命的挑战，认真抓好创新体制建设，加速推进创新型发展战略，解决好制约当前和长远发展的重大瓶颈问题，内蒙古就一定能够实现新的跨越。

（一）指导思想

在国家创新体制发展规划的指导下，坚持以市场为导向，以企业为主体，以支持高技术向现实生产力转化为重点，充分发挥政府在高技术产业发展中的推动作用和宏观导向作用。坚持科学发展观，紧紧抓住即将到来的第四次世界技术革命浪潮，把科技创新作为应对金融危机的当务之急和促进内蒙古长远科学发展的根本，注重发挥科技创新对经济发展的引领支撑作用，加大对科技进步与自主创新的投入，加快科技成果转化应用，引导和支持创新要素向企业集聚，加强创新人才队伍和创新文化建设，加快区位优势、资源优势向开放优势、经济优势转变。逐步实现内蒙古经济增长方式由要素投入拉动型向科技创新驱动型的转变。

（二）战略重点

根据《内蒙古人民政府关于贯彻落实国家重点产业调整和振兴规划的实施意见》以及"十二五"时期内蒙古解决社会发展所面临的主要任务，未来内蒙古创新型发展战略的发展重点有以下几个方面：

1. 新能源

世界光伏工业已经走过了近半个世纪的历史。由于太阳能发电具有充分的清洁性、绝对的安全性、资源的相对广泛性和充足性、长寿命以及免维护性等其他常规能源所不具备的优点，光伏能源被认为是 21 世纪最重要的新能源。当前，太阳能开发利用技术及其推广应用突飞猛进，在世界各国尤其是美、日、德等西方发达国家先后发起的大规模国家光伏发展计划和太阳能屋顶计划的刺激和推动下，世界光伏工业近年来保持着年均30%以上的高速增长，是比IT发展还快的产业。专家预测，光伏发电将在21世纪前半期超过核电成为最重要的基础能源之一。内蒙古幅员辽阔，太阳能资源和硅矿石资源十分丰富，全年日照时数在2600～3400小时，仅次于西藏，居全国第二位。鄂尔多斯市已建成伊泰太阳能光伏示范电站，装机容量205千瓦，关键技术达到了国际领先水平。阿拉善左旗15兆瓦并网光伏发电项目，已按国家太阳能特许权招标规定完成前期工作。目前，内蒙古已拥有一批太阳能电池和硅材料生产的龙头企业，内蒙古神舟光伏电力公司5MW太阳能光伏示范电站项目已按照核准要求上报国家能源局。内蒙古科技大学爱能控制工程有限公司承担的100千瓦沙漠太阳能热气流发电试验电站也将在乌海市正式动工建设。具备大规模发展光伏发电的良好资源条件和产业基础。

风力发电是新能源技术中最成熟、最具规模化开发、商业化前景的发电方式。21世纪风力发电前景非常广阔。从能源、电力市场看，世界能源、电力市场发展最快的已不再是石油、煤和天然气，而是异军突起的风力发电、太阳能发电等可再生能源。特别是风力发电，以其技术成熟、无污染、可再生而备受世人青睐。据国际能源署预测，2010年全世界风电总装机容量为5500万千瓦，2020年为1.12亿千瓦，其发电量占世界总发电量的1%。自2004年以来，我国的风力发电呈爆发式发展，2004～2008年全国风电装机容量增长连续3年超过100%，其间每年风电新装机容量都是此前20多年的总和，到2008年全国风电总装机容量达1000万千瓦，风电装机规模超过了核电。估计到2020年，中国风电装机规模达1亿千瓦左右。内蒙古是全国风能最丰富的地区，在全区118万平方公里的土地上，有46万平方公里属风能丰富区，其中10米高度可开发利用的风能资源为1.01亿千瓦，占全国风能资源的40%，居全国首位。到2007年底，全区风电装机容量165万千瓦，占全国总量的27%，成为全国首个风电装机容量突破100万千瓦的省区，居全国第一位。2008年，全区风电新增吊装容量175万千瓦，新增并网容量101.3万千瓦。2008年底，全区累计投产风电装机容量达230万千瓦，在全国仍居第一位。今后要加快5个百万千瓦风电基地和10个风电试点风能区的建设，启动内蒙古"风电三峡"建设规划，做好1500万千瓦风电项目前期准备。内蒙古拟定了"115"风电基地规划方案，即乌兰察布市和锡林郭勒地区1000万千瓦送入华北电网；东部赤峰、通辽、兴安盟、呼伦贝尔市四盟市1000万千瓦送入东北电网；西部地区 500 万千瓦，送入内蒙古电网。近期重点规划建设靠近东北、华北、西北和内蒙古电网的齐达百万千瓦级风电基地，总额 1500 万千瓦。

生物质能源是一种可再生的清洁能源，是石油、柴油的优质代用品。生产生物质能源的原料主要分为两类：一种是含油脂农作物，包括亚麻、大豆、橡胶籽、蓖麻籽、棉籽、油菜、麻风树、小油桐等；另一种就是餐厨废油，包括地沟油、植物油泥等。生物质能源与石化柴油相比，具有优良的环保性、润滑性、安全性、可再生性等特点。生物柴油以一定比例与石化柴油调和使用，可以降低油耗、提高动力性，并降低尾气污染。据专家预测，到 2010 年，世界柴油需求量将从 38% 增加到 45%，而柴油的供应量严重不足，这为生物质能源提供了广阔的发展空间。内蒙古生物质能源资源主要是农作物秸秆、林木加工剩余物、能源植物等。据有关部门的初步统计，全区年产秸秆约 2500 万吨，林木生物质储量约 6.6 亿吨，在不与粮食争地的原则下，有大量宜林宜农荒地，适宜种植的能源作物有甜高粱、文冠果、蓖麻和沙柳等。动物资源中家养禽畜约百种，牛、猪、羊、鸡、鸭、鹅等存栏头数可观，其代谢排泄物、生物遗弃物、污水，以及人类生活垃圾都是颇具开发潜力的生物质能源。根据国家林业局和农业部的初步研究结论，内蒙古是开发生物质能源潜力最大的省区之一。内蒙古发展生物质能源，正在农村牧区大力推广秸秆转化为沼气的技术，目前已有近 15 万农牧户用上沼气，每年可节约近 20 万吨标准煤，减少排放 20 万吨二氧化碳。重视发展、应用生物质原料发电和转化燃料技术，有千家生物质发电企业开工建设，容量均有 201.2 万千瓦，包括两家秸秆发电企业和两家沙生灌木生物质发电企业。内蒙古已建成蒙牛澳亚牧场沼气发电项目（装机 1360 千瓦）、赤峰塞飞亚沼气发电项目（装机 300 千瓦），巴彦淖尔等地的生物质转化成液体燃料项目也已启动，正在建设国家级"生物质能源基地"。

2. 新材料

目前，新材料的研发与产业化发展水平已成为衡量一个国家综合实力的重要标志，世界各国均把大力研究和开发新材料作为 21 世纪的重大战略决策。以纳米技术开发为例，美国政府为抢占纳米技术战略高地，专门制定了"国家纳米计划"，计划到 2010 年将培养 80 万纳米科技人才；日本从 2001 年起实施为期 7 年的"纳米材料工程"计划，设立纳米材料研究中心，每年投资额达 50 亿日元，并在 5 年"科技基本计划"中，将纳米技术列入研究开发重点，还成立了有 268 家大型企业参加的纳米技术商务推进协会，以促进纳米技术研究成果尽早产业化；专家预测，未来10年全球纳米技术市场规模将达到1万亿美元左右。

内蒙古稀土等矿产资源十分丰富，今后应该走"矿产资源—高技术研发—高性能优质新材料制造—打造竞争力强产品"之路。重点发展纳米材料、特种功能材料、环境友好材料和复合材料产业化开发。鼓励采用低成本高性能钢铁材料取代传统钢铁材料，减少钢铁消耗，提高产品竞争力；推进高性能铝合金及复合材料、中空铝合金板材的产业化，研制铝合金线、板、带、薄板、铸件、锻件、异型材等系列产品的加工与焊接技术。充分利用褐煤锗、碳酸钙、膨润土、高岭土、石墨等特色资源，研制开发具有特定用途的新材料。加强纳米级超细碳酸钙等纳米材料在相关产品上应用研究，大力推广利用膜技术处理工业废水及中水回用技术，加快建设碳化物超速球化材料、纳米孔膨润土处理工业废水等示范工程，将新材料产业尽快做强。

3. 生物医药

近20年来，以基因工程、细胞工程、酶工程为代表的现代生物技术迅猛发展，目前全球研制中的生物技术药物超过2200种，其中1700余种进入临床试验。许多国家都把生物技术作为21世纪优先发展的战略性产业。例如，美国将生物医药产业作为新的经济增长点，实施"生物技术产业激励政策"，持续增加对生物技术研发和产业化的投入；日本制定了"生物产业立国"战略；欧盟科技发展第六个框架将45%的研究开发经费用于生物技术及相关领域。

内蒙古地处祖国北部边疆，生物资源十分丰富。野生植物资源中有较大开发价值的药用植物有甘草、黄芪、麻黄等104种；油用植物有较大开发潜力的有山杏、棒子等；淀粉植物有橡子等；食用菌及副食植物有蘑菇、发菜等。沙生植物资源有沙棘、梭梭、驼绒藜、花棒、柠条、霸王、沙芥、麻黄、四合木、骆驼刺、沙枣、红沙、杨材等超旱生半灌木和灌木在西部地区分布极广，有100多种。畜禽脏器资源有羊胆、羊角、羊血、羊鞭、羊宝、羊胎、牛胆、牛角、牛血、牛鞭、牛宝、牛胎、鹿茸、鹿血、犊牛血、肝脏、牛脑、胰腺、初乳等，这些历来是生物制药业的重要原料。内蒙古的特色生物资源有肉苁蓉资源、马奶资源、羊脏器资源等。这些得天独厚的资源为内蒙古生物产业的发展提供了良好自然条件。目前，内蒙古生物企业通过自主创新和合作研发相结合，在新产品的研发上取得了多项具有知识产权的新技术，这些技术研发强有力地支撑着内蒙古生物产业的发展。例如，通过多年的技术攻关，兰太生物工程分公司已经完全掌握了从盐藻中提取天然胡萝卜素的高新技术，并自主研发出国家四类新药之——β–胡萝卜素胶丸。从盐藻中提取天然胡萝卜素技术最终成为国家"火炬计划"项目，得到联合国计划开发署的援助。今后内蒙古生物产业的发展重点是：大力提高农畜产品加工的深度和精度，延长产业链，提升农产品加工档次，提高农畜产品附加值。重点支持基因工程、细胞工程等生物高技术在动植物品种选育领域的推广应用。

4. 自治区创新体系建设

（1）进一步增强自主创新能力。着力突破重大关键技术和共性技术，支撑经济社会的持续协调发展。以国家科技支撑计划和自治区重大科技专项为依托，组织、凝练和实施了一批重大科技项目，形成一系列技术突破，支撑了多个领域的持续协调发展。为资源富集的内蒙古建设循环经济和资源节约型社会开辟新的途径。

（2）加快内蒙古科技创新体制建设。通过实施"科技名牌"、"技术标准"、"知识产权"战略，以及开展人才聚集、民生科技、节能减排、新农村建设四大科技行动，为内蒙古自主创新营造良好的外部环境。

（3）实施创新内蒙古区域示范项目、技术创新引导示范项目。加快技术创新平台建设以及科技中介服务体系等系统工程建设，全面提升自治区企业的自主创新能力和地区的竞争能力，使科技真正成为自治区经济社会腾飞的助推器。

八、保障措施

（一）密切跟踪世界最新科技动态，把握高新技术产业的发展趋势，为承接国际产业转移做好准备

当前，国际上新能源、新材料、生物医药技术日趋成熟，随着高新技术产业规模的不断扩大，国际跨国企业为了降低研发成本，获取更高的利润，纷纷将包括新产品开发、中期试验等研发环节向低成本市场转移。以生物医药为例，当前许多国际医药巨头正在大幅削减研发开支，纷纷把新药开发中的非核心部分分离出来向发展中国家转移，而中国因为技术人才密集、研发成本低廉，成为国际医药巨头转移的首选地之一。据专家估计，目前全球生物医药研发外包市场总值约 200 亿美元，并以每年 16% 的速度增长，预计到 2010 年将达到 360 亿美元的规模。由此可见，世界生物制药产业国际转移的空间是十分巨大的。做好国际产业转移承接，首先，应紧密跟踪世界高新技术的发展趋势，及时了解和掌握最新科技动态，根据不断变化的发展趋势，科学制定我们的对策。其次，应加强科技情报研究工作，做好信息情报工作

是做好国际产业转移承接的基础与前提，只有做到知己知彼，才能使内蒙古高新技术产业发展真正实现科学、健康、可持续发展。最后，要进一步加大信息情报工作投入，逐步建立内蒙古职责明确、体系完善、队伍稳定的信息情报系统。同时，整合目前内蒙古各类信息情报机构，统筹情报研究、实现信息共享。

（二）从抢抓机遇的战略高度，进一步做好内蒙古中长期发展规划

科学制定内蒙古中长期发展规划，对于内蒙古未来的发展具有重要的战略意义。特别是对于内蒙古如何抓住下一轮科技革命的发展机遇，积极承接国际产业转移，实现发展方式的根本转变具有十分重要的指导作用。搞好内蒙古中长期发展规划工作，要坚持以"科学发展观"为指导，根据内蒙古经济社会未来发展的客观要求，科学把握内蒙古未来经济社会的发展方向。同时，针对当今科学技术发展日新月异，科学发现与技术创新向现实生产力转移速度明显加快，周期大为缩短的时代特征，准确把握科学技术发展的总体态势，在立足区情、国情、世界情的前提下，科学规划、适度前瞻，动态调整，不断更新。要充分考虑未来内蒙古对外开放的环境变化，立足国际科技合作与竞争，充分利用世界科技创新资源。充分发挥市场对于技术创新以及产业化的基础作用和企业在竞争领域的主体作用，重点突破对内蒙古当前和未来发展至关重要的重大科技攻关和关键产业领域，确定突破方向，建设若干科技创新基础设施平台和产业基地，增强内蒙古自主创新能力和可持续发展能力。

（三）营造良好的开发环境，做好技术引进和产业转化工作

进一步完善内蒙古对外开放政策体系，不断拓展对外开放广度和深度，积极创建富有吸引力的开放优势，提高内蒙古对外开放质量和水平，吸引更多生产要素参与内蒙古开发与建设；加强投资创业环境建设，充分利用内蒙古资源禀赋好、要素成本低等有利条件，努力打造商务成本洼地、要素聚集高地、投资兴业宝地，增强内蒙古区域经济发展的吸引力和凝聚力，力争做到硬环境更硬，软环境更优。

（四）加快技术创新平台建设，力争在技术创新、知识创新上实现新的突破

根据内蒙古的资源特色和产业优势，重点建设羊绒、乳品、稀土产业、煤液化、煤气化等国家级研发中心以及新材料、可再生能源的工程中心。通过建设具有世界领先水平的技术创新平台，总体提升全区科技创新能力，使内蒙古企业的自主创新能力得到明显增强，科技进步综合水平在全国的位次

有较大前移。

（五）落实税收优惠政策，助推高技术产业快速发展

根据高技术产业高投入、高风险、高收益、长周期等特点，积极落实国家出台的各项税收优惠政策，鼓励高技术企业增加研发投入，开发新产品、新工艺和新技术，加快创新成果转化，提高自主创新能力。对属于高技术的企业，按照《高新技术企业认定管理办法》相关要求，尽快认定，使其享受高新技术企业税收优惠政策。

（六）创新投融资体制，多渠道增加资金投入

支持符合条件的高技术企业在境内外上市融资或通过发行公司债券融资。鼓励设立创业投资引导资金，引导社会资本进入创业投资领域，增加对高技术企业的投资。建立和健全高技术企业投融资担保体系和风险投资机制，对符合产业政策和信贷政策的高技术企业给予积极的信贷支持，支持企业以专利技术为担保向银行贷款。

（七）实施人才战略，建设高素质科技人才队伍

根据市场需求调整专业结构和人才类型结构，依托高等院校、科研院所设立生物产业人才培训基地，重点培养生物技术原始性创新人才、工程化开发人才、高级经营管理者、高级技术工人等各类高技能人才，扩大生物类硕士和博士的招生规模，培育生物产业创新团队。采取团队引进、核心人才引进等方式，吸引和支持出国留学人员、海外华人华侨回国和来华创办生物企业、从事教学和研究。鼓励科研机构、高等院校及科技人员采取多种形式转化生物产业高新技术成果。收入分配向关键岗位和优秀人才倾斜，完善技术参股和入股等产权激励机制。

（八）增强企业创新能力，确立企业技术创新主体地位

支持有实力的生物企业建立自己的研究开发机构，并在科技计划中对这些企业进行重点倾斜。鼓励和引导企业加强同科研院所和高等院校科研机构的联系和合作，切实增强自主创新能力。建立生物高新企业认证制度，设定投入比例，促进企业发挥在技术创新中的主体作用，加大研发投入，大力开发具有自主产权的关键技术，形成自己的核心技术和专有技术。鼓励大型企业走出去，进行海外投资和跨国并购，努力培育一批技术创新能力强、跨国经营的大型生物龙头企业，成为促进产业发展的核心力量。

分报告六　统筹城乡发展思路

统筹城乡发展是科学发展观的重要内容，内蒙古作为经济发展相对落后地区，实现统筹城乡发展，是内蒙古进入新阶段的必然要求。对于推进经济结构战略性调整，增加农牧民收入，缩小城乡差距，实现全面建设小康社会的目标具有重大的现实意义。

一、内蒙古城乡发展的特点

（一）城乡经济结构不断优化

"十一五"以来，随着内蒙古经济的快速发展，城乡经济结构也呈现积极变化。第一产业增加值由 2005 年的 589.56 亿元增加到 2008 年的 906.98 亿元；第二产业增加值由 1773.21 亿元增加到 4271.03 亿元；第三产业增加值由 1532.78 亿元增加到 2583.79 亿元。产业结构逐步趋于合理，三次产业结构比由 15.1：45.5：39.4 调整到 11.7：55：33.3（见图 6-1）。特别是随着工业化、城镇化和农牧业产业化的迅速推进，三次产业关联度趋于紧密，促进了城乡经济互动。

（二）城乡就业结构日趋合理

城乡农业劳动力结构与城乡产业结构呈现一致性，非农劳动力所占比重呈现上升态势。从内蒙古 2005~2008 年地区生产总值构成看，第一产业所占比重从 15.1% 降到 11.7%，下降了 3.4 个百分点，第二产业上升了 9.5 个百分点，第三产业下降了 6.1 个百分点。2007 年全区第一产业就业人员 569.3 万人，占全社会就业人员的 52.6%，比 2005 年降低了 1.2 个百分点，第二产业和第三产业就业人员达到 512.2 万人，占全社会就业人员的 47.4%（见图 6-2）。

（三）城乡固定资产投入结构尚待进一步优化

城乡固定资产投资规模不断扩大。2005~2008 年，全社会固定资产投资总额由 2687.84 亿元增加到 5604.67 亿元，年均递增 27.8%。2008 年城镇项目固定资产投资达到 4712.01 亿元，占总投资的 84.1%，农村项目固定资产投资仅占 16%（见表 6-1），比例比较小。

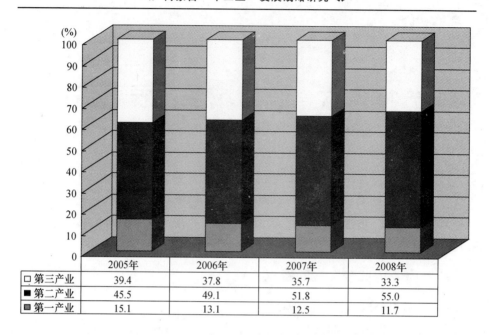

	2005年	2006年	2007年	2008年
□ 第三产业	39.4	37.8	35.7	33.3
■ 第二产业	45.5	49.1	51.8	55.0
▨ 第一产业	15.1	13.1	12.5	11.7

图 6 – 1 2005～2008 年内蒙古三次产业构成变化

资料来源:《内蒙古统计年鉴》(2008) 和《2009 年领导手册》。

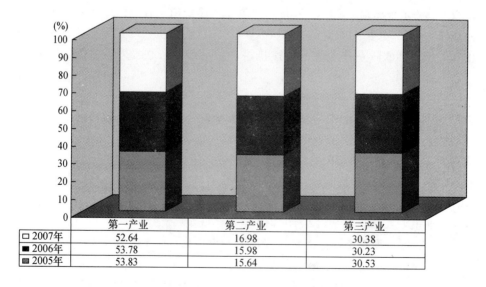

	第一产业	第二产业	第三产业
□ 2007年	52.64	16.98	30.38
■ 2006年	53.78	15.98	30.23
▨ 2005年	53.83	15.64	30.53

图 6 – 2 2005～2007 年内蒙古三次产业年末就业人员结构变化

资料来源:《内蒙古统计年鉴》(2008)。

表 6 – 1　2005～2008 年内蒙古城乡固定资产投资情况

年份	全社会固定资产投资（亿元）	城镇		农村	
		金额（亿元）	所占比重（%）	金额（亿元）	所占比重（%）
2005	2687.84	2599.05	96.70	88.35	3
2006	3406.35	3307.82	97.11	98.53	3
2007	4404.75	4286.87	97.32	117.88	3
2008	5604.67	4712.01	84.07	892.66	16

资料来源：《内蒙古统计年鉴》（2008）和《2009 年领导手册》。

（四）城乡居民收入结构不断优化

城乡收入结构不断改善。2005～2008 年，全区城镇居民人均可支配收入由 9137 元增加到 14431 元（见表 6 – 2）；农牧民人均收入由 2989 元增加到 4656 元。从农牧民人均家庭收入结构看，来自第一产业的收入逐年下降，来自第二、第三产业的收入明显增加。2005 年来自第一产业的人均纯收入达到 4408.82 元，[①] 占家庭人均经营纯收入的 96.7%；来自第二、第三产业的家庭人均纯收入为 148.38 元，占家庭人均经营纯收入的 3.3%。2008 年第一产业人均纯收入达到 2676.86 元，[②] 占家庭人均经营纯收入的 96.1%；来自第二、第三产业的家庭人均纯收入为 109.22 元，占家庭人均经营纯收入的 3.9%，比 2005 年提高了 0.6 个百分点。

表 6 – 2　2001～2007 年内蒙古城镇居民家庭收入情况　　　单位：元/人

项目	2001 年	2002 年	2003 年	2004 年	2005 年	2006 年	2007 年
家庭总收入	6997.84	6341.04	7351.58	8488.41	9565.14	10779.26	13778.85
工资性收入	3803.95	4552.20	5235.96	5894.52	6669.48	7530.03	9300.62
经营性收入	500.17	525.96	614.22	757.33	857.63	952.73	1936.32
财产性收入	61.20	50.88	83.73	98.64	161.25	209.14	206.35
转移性收入	1069.16	1212.00	1417.66	1737.92	1876.78	2087.35	2335.56

资料来源：《2006 年内蒙古经济社会调查年鉴》，"十五"期间城镇居民家庭基本情况；《2008 年内蒙古经济社会调查年鉴》，城镇居民家庭基本情况。

---

① 资料来源：《2006 年内蒙古经济社会调查年鉴》，农牧民家庭纯收入来源情况。
② 资料来源：《2008 年内蒙古经济社会调查年鉴》，农牧民家庭纯收入来源情况。

（五）城乡居民消费结构明显优化

随着城乡居民收入的提高，城乡居民的消费水平不断提高，消费领域不断拓宽，消费结构发生了明显变化。2005～2008 年，社会消费品零售总额由 1344.1 亿元增加到 2363.33 亿元，年均增长 20.7%（见图 6-3）。其中，县以上社会商品零售总额由 1177.9 亿元增加到 2091.65 亿元；县以下社会商品零售总额由 166.3 亿元增加到 271.68 亿元。从消费结构看，城乡居民消费构成中吃穿的比重逐年下降，居住、医疗、保险、文化、教育、娱乐及服务消费的比重逐年上升。2005 年农牧民家庭人均食品和衣着消费支出达到 1204.27 元，[①] 占生活消费支出的 49.23%；2007 年农牧民家庭人均食品和衣着消费支出达到 1508.45 元，[②] 占生活消费支出的 46.33%，比 2005 年下降了 2.9 个百分点（见表 6-3）。

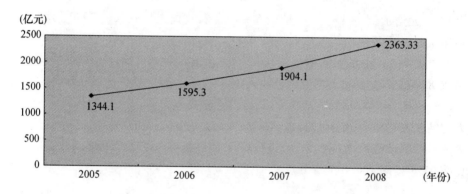

图 6-3 2005～2008 年内蒙古社会消费品零售总额变化

资料来源：《内蒙古统计年鉴》（2008）和《2009 年领导手册》。

表 6-3 2005～2007 年内蒙古农牧民家庭人均食品和衣着消费支出

年份	生活消费支出（元）	食品消费支出（元）	衣着消费支出（元）	食品和衣着消费支出（元）	食品和衣着消费支出占生活消费支出比重（%）
2005	2446.17	1054.26	150.01	1204.27	49.23
2006	2771.97	1082.07	184.6	1266.67	45.70
2007	3256.15	1280.05	228.4	1508.45	46.33

资料来源：《2006 年、2008 年内蒙古经济社会调查年鉴》。

---

① 资料来源：《2006 年内蒙古经济社会调查年鉴》，农牧民家庭生产生活支出情况。

② 资料来源：《2008 年内蒙古经济社会调查年鉴》，农牧民家庭生产生活支出情况。

二、统筹城乡发展中的突出问题和难点所在

（一）城乡居民收入差距呈扩大趋势

城乡居民收入差距逐步拉大。城镇居民人均可支配收入与农牧民人均纯收入之比由 2005 年的 3.06∶1 扩大为 2008 年的 3.1∶1。城乡消费差距也逐步扩大。2005 年，全区农牧民人均生活消费支出 2446.2 元，相当于城镇居民的35.3%，而 2008 年下降至 33.4%（见表 6-4）。

表 6-4　内蒙古城乡居民收入增长比较表

年份	农牧民人均纯收入		城镇居民人均可支配收入		城乡收入之比（以农为 1）
	绝对数（元）	名义增长（%）	绝对数（元）	名义增长（%）	
2000	2038		5129.1		2.52
2001	1973	-3.19	5535.9	7.93	2.81
2002	2086	5.73	6051	9.30	2.90
2003	2268	8.72	7012.9	15.90	3.09
2004	2606	14.90	8123.1	15.83	3.12
2005	2989	14.70	9136.8	12.48	3.06
2006	3342	11.81	10358	13.37	3.10
2007	3953	18.28	12378	19.50	3.13
2008	4656	17.78	14431	16.59	3.10

资料来源：《内蒙古统计年鉴》（2008）和《2008 年内蒙古国民经济和社会发展统计公报》。

（二）农村牧区劳动力转移困难

城乡统筹发展实现的标志之一是绝大多数农村牧区人口转入城镇，实现就业非农化，但面临着农村牧区劳动力数量和城乡产业结构调整的双重挤压。2008 年底，内蒙古农村牧区劳动力资源 783.54 万人，其中从事农牧业的劳动力有 538.56 万人。根据有关资料测算，全区农牧业劳动力的需求量[①]大约185.43 万人，仍有 353.13 万人需要转移。根据发达国家发展情况，农牧业劳动力就业只占总劳动力就业的 5% 以下，乡村人口一般占总人口的 10% 以下。而 2007 年内蒙古农牧业劳动力占全社会就业人口的 64.5%，乡村人口占总人口的 49.85%，与发达国家差距比较大，农村劳动力转移比较艰巨。目前城市

---

① 农业劳动力需求量 = 农业增加值/（国内生产总值/社会劳动者人数）。

产业正处在结构调整时期，新型产业对人员的素质要求越来越高，城市产业的市场化竞争愈来愈趋激烈，加上新型产业大多数是知识技术密集性产业，资本有机构成比较高，对劳动力的吸纳能力和"蓄水池"作用下降，而城市新增劳动力逐年增加，解决农牧民就业面临的压力比较大。

（三）县域经济发展不均衡

近年来，内蒙古县域经济快速发展，对繁荣农村经济、增强全区综合经济实力、推进全面小康社会建设发挥了重要作用。受区位、经济基础、产业特色及政策优惠等差异影响，内蒙古各旗县间在发展阶段上存在较大差距。许多旗县自然环境恶劣、区位条件差，基础设施落后，对资金和人才缺乏吸引力。突出表现在东五盟市旗县与"呼包鄂"地区所辖旗县差距较大。全区两个全国百强县在鄂尔多斯市，21个西部百强县有15个在内蒙古西部，其中11个集中于"呼包鄂"地区。从生产总值看，2007年度，最高的准格尔旗达300亿元，最低的阿尔山市仅为5.1亿元，相差近60倍。从人均地区生产总值看，2007年"呼包鄂"地区伊金霍洛旗人均地区生产总值为126224元，兴安盟科尔沁右翼中旗人均地区生产总值为6448元，相差近20倍。根据地方财政收入、人均地区生产总值、农牧民人均纯收入、职工平均工资等主要经济指标综合比较，全区经济较发达旗县比重仅占17.5%、次发达旗县占37.5%，欠发达旗县占45%。

（四）城乡社会保障差别明显

近年来内蒙古社会保障体系建设不断完善，对保持社会稳定和提高居民生活质量发挥了重要作用，但城乡差别仍然比较大。城市养老保险、失业保险和医疗保险覆盖面较高，居民最低生活保障制度、最低工资标准调整和企业退休人员基本养老金正常调整机制也已基本建立。2008年全区参加基本养老保险389.47万人，其中企业在职职工占68.6%；基本医疗保险人数达到373.7万人，其中城镇居民占63.9%。可以看出，保障覆盖面小、保障水平低、保障能力弱是农村牧区社会保障的基本特征。

（五）农牧民教育和医疗条件较差

由于基础教育薄弱、投入不足、师资队伍素质偏低等原因，部分农村牧区教育条件比较落后。多数农村牧区劳动力缺少就业必需的技能、技术，限制了剩余劳动力的转移。农村牧区医疗卫生条件虽然得到很大改善，以大病统筹为主的新型农村合作医疗制度正在建立，但发展仍相对滞后。农村牧区卫生投资比重不高，城乡医疗资源配置不合理，医疗卫生管理和服务滞后。新型农村合作医疗受地方财政资金困难、农牧民收入低、管理不规范等因素制约，严重影响了制度效力。2008 年内蒙古农村牧区每千人拥有医生数①为 1.62 人，② 城镇每千人拥有的卫生技术人员是农村牧区的 4.3 倍。

三、内蒙古城乡发展的影响因素

（一）二元经济结构的转化机制尚未形成

一是农村牧区经济发展的制度因素。由于农牧业生产经营方式分散，农牧民组织化程度低，土地占有规模狭小，土地流转制度不完善，总体上看不利于资本、技术、劳动等生产要素在更大范围内的有效配置，不利于传统农牧业向现代农牧业转型，限制了农牧业劳动生产率和农牧业商品率③的提高。2008 年与 2005 年相比，内蒙古农牧业劳动生产率年均增长 5.5%，比全社会劳动生产率④年增速低 5.9 个百分点。

二是产业结构转换的机制因素。支持农牧业结构调整的财政、信贷投入机制不健全，农牧业投资起伏波动较大，财政支出中用于农牧业的支出增长在大多数年份低于财政支出的增长，农牧业信贷占贷款的比重明显偏小。2005～2007 年，内蒙古地方财政支出年均增长 21.4%，而用于农林水事务支出仅年均增长 15%。2007 年金融机构贷款余额中农牧业贷款比重仅为 4.63%，低于农牧业增加值占地区生产总值 12.5% 的比例。

三是人力资本积累机制因素。城乡统筹发展的一个基本前提是农牧民要突破传统的小农观念，具有现代化的技术文化素质、开放化的思维意识、市场化的竞争观念等现代文明所要求的基本素质，这样才能促使传统的乡村社会转换为现代文明社会，才能缩小城乡差别。但目前农牧民的整体素质相对于城市而言明显偏低。

（二）城镇化和农牧民就业机制不完善

近年来，内蒙古城市化进程不断加快，对转移农村剩余劳动力、增加农牧民就业机会、促进城乡交流起到了重要作用。2008 年内蒙古城镇化水平为 51.7%。2007 年内蒙古农村牧区劳动力输出人数达到 247.6 万人，仅占全部农村牧区人口的 17.3%。但目前城镇化发展中仍存在着较多的问题，农牧民

---

① 农村每千人拥有医生数：指农村拥有医生数占农村人口比重，反映农村医生配备程度。
农村每千人拥有医生数 = 农村牧区医生数/农村牧区总人口数 × 100%。
② 据《2008 年农村牧区卫生管理处工作总结》，2008 年乡村医生达到 18882 名。
③ 农户农产品商品率：反映农户农产品商品化程度。农户农产品商品率 = 农户农产品销售收入/农户农产品总收入 × 100%。
④ 全社会劳动生产率 = 国内生产总值/平均就业 × 100%。

进城就业的体制和机制有待于进一步理顺。依附于户籍制度的就业、教育、保障等差别仍没有完全消除，农牧民进城就业的成本有增无减。政府对农牧民进城就业的宏观管理、相关法律法规和服务体系建设滞后，城乡劳动力市场分割严重，农牧民外出务工的组织化程度不高。据调查，农牧民外出打工在外出组织方式上，由政府（单位）组织的只占 5.5%，亲属介绍的占 45.3%，自发外出的占 49.2%。对农牧民进城务工的职业培训、养老和医疗保险等关注不够。

（三）农村牧区发展的内在动力机制比较薄弱

由城乡二元结构导致的消费"断层"、投资需求不旺以及农牧民科技文化素质低，成为城乡差别存在的重要因子。在城市已经达到"需求饱和"的许多商品特别是耐用消费品却不能够在农村牧区形成"有效需求"，阻碍了农村牧区经济的成长。2008 年与 2005 年相比，内蒙古农村牧区消费品零售总额仅年均增长 17.8%。农村牧区的商品消费在全区总量中的份额仅 11.5%。2008年末，农牧民家庭每百户拥有彩电 94.81 台、电冰箱 29.32 台，仅相当于城镇居民的 86.7%、32.2%。受制于农村牧区经济实力，农村牧区固定资产投资规模偏低且结构欠优。2008 年全区农村牧区固定资产投资完成 147.54 亿元，占全社会固定资产投资总量的 2.6%。农村牧区资金投向相对单一，农牧业、教育、卫生、社会保障和福利业、文化、体育和娱乐业等行业投资力度明显不足。农村牧区基础设施等公共产品严重不足，总体上呈供给短缺局面，已成为农牧业和农村牧区经济社会发展的"瓶颈"。

四、统筹城乡发展的思路、方向、基本原则及目标

（一）总体思路

统筹城乡经济社会发展是一项系统工程，核心是打破城乡二元结构，从制度和机制上把城乡结合起来，将城乡置于同一层次上谋划协调发展，消除城乡分割体制，促进城乡生产力的发展。因此，必须以体制机制创新为核心，以谋求城乡人民最大福祉为目的，大力推进新型工业化、农牧业产业化、城镇化、公共服务均衡化，努力构建科学发展、社会和谐的城乡协调发展新体制。重点从以下几个方面着手推进统筹城乡发展。

1. 推进城镇体系建设，梯度引导农牧民向城镇集中

坚持大中小城市和小城镇协调发展的原则，推进城镇建设。按超大城市规划建设呼和浩特市、包头市，建成为内蒙古中心城市；按特大城市规划建设赤峰市，建成为内蒙古东部地区中心城市；按大城市规划建设通辽市、乌

海市、乌兰察布市、鄂尔多斯市、巴彦淖尔市；满洲里市、二连浩特市为所在盟市的中心城市之一，要建成国内有较大影响力的国际口岸城市。按照城镇标准规划建设农村牧区新型社区，努力实现水、电、气、路和教育、卫生、文化等设施配套，形成由特大中心城市—中等城市—小城镇—农村新型社区构成的现代城乡体系。

为从根本上解决"三农"问题，必须按照主体功能区的要求，有组织分层次地引导农牧民向城镇和第二、三产业转移。一是在中心城区，实行农村牧区与城市社区完全接轨，按照城市社区标准建设新型社区，推动农牧民向市民转变；二是以县城和区域中心镇为重点，按照城市社区标准建设城镇新型社区，引导农牧民向城镇集中；三是在有条件的农村牧区，参照城镇社区的标准建设农村牧区新型社区，引导农牧民向农村新型社区集中。

2. 强力促进工业向园区集中，夯实产业基地建设

根据内蒙古资源禀赋、产业基础和国家产业政策，科学规划，合理布局，建成若干特色明显、配套能力强、产业关联度高、技术先进、竞争力强的大型产业基地，促进特色优势产业的集约化、规模化发展。规划建设化学、冶金、机械、有色金属工业和以稀土高科、生物制药为主的高科技产业基地，重点建设"呼包鄂"、"霍白胜"（霍林河—白音华—胜利）、呼伦贝尔和蒙西（棋盘井—乌斯太—西来峰）等能源重化工业基地；以乳、肉、绒和粮油等为重点，在全区范围内建设各具特色的绿色农畜产品生产加工基地。基地要配套建设交通、供电、水源地和物流等基础设施，促进各种生产要素集聚，增强竞争优势。

大力改变城乡建设上存在的"村村点火、户户冒烟"粗放型发展格局，促进资源节约、环境保护，按照走新型工业化道路的要求，制定了城乡一体的工业布局规划，工业重点向45个国家和自治区重点开发区（工业园区）集中。通过规划调控、政策引导，建立投资促进机制，强力推进工业向园区集中。

3. 推进城乡交通体系建设，构筑便捷的城乡交通网络

从加快现代城市与现代农村牧区融合发展的角度，进一步完善了市域交通建设规划。即按照市域交通一体化、区域运输综合化、交通管理智能化和建设中西部一流的交通枢纽的要求，大力推进市域轨道交通网、市域高速公路网、中心城区快速路网、市域干线路网、城镇路网建设，努力做好市、旗县区之间路网连接和主要城市之间高速公路的连接，形成以中心城为核心、以快速轨道交通为骨干、以快速路网为主体，积极推进管道运输，基本形成

"贯通区内、畅通三北、联通俄蒙"的综合交通运输网络。

4. 稳步推进土地向规模经营集中，建立比较完善的土地流转机制

坚持以稳定农村家庭承包经营为基础，按照依法、自愿、有偿的原则，采取转包、租赁、入股等形式，稳步推进土地向农牧业龙头企业、农村牧区集体经济组织、农牧民专业合作经济组织和种养殖大户集中，实施规模化、集约经营。加快城乡一体化进程，在农村牧区大力开展了农牧业产业化经营、农村牧区发展环境建设、农村牧区扶贫开发"三大工程"。

5. 提高公共服务均衡发展水平，让更多的经济发展成果惠民

着眼于促进社会公平，继续大力推进公共服务改革，推动公共服务均衡发展。进一步完善统筹城乡发展的公共财政制度，调整收入分配格局，使财政资金更多地支持农牧业和农村牧区，实现财政分配的公平和公正；深化城乡就业制度改革，完善城乡一体的就业服务体系和政策体系；完善城乡社会保障和农村低保、住房、上学、就医等社会救助制度，逐步形成与城市接轨的农村牧区社会保障体系；大力推进教育、卫生、文化等体制改革，全面完成农村牧区中小学、卫生院（站）、公共文化设施等硬件建设，积极推进用人和分配制度改革，提升农村牧区公共服务的质量和水平。要在努力实现城乡公共服务全覆盖的同时，切实解决好农村牧区低收入人群的基本公共服务和社会保障问题，统筹解决好农牧民工的居住、就业、社会保障、子女入学、基本医疗等实际问题，让改革发展的成果惠及广大人民。

（二）坚持的原则

（1）在全面建设小康社会的总目标下推动城乡统筹发展。党的十六大提出的全面建设小康社会是统筹城乡发展制定政策和考虑问题的出发点。全面小康的重点在农村牧区，难点也在农村牧区，只有农村牧区和城市都实现全面小康，全面小康的科学内涵才真正得到了体现，两者不可偏废。

（2）体制和制度创新中统筹城乡发展。统筹城乡发展的重要"瓶颈"制约是制度和体制，是城乡分割体制和"城市偏向"战略，没有统一的城乡体制和政策平台，统筹只能是一句空话。在制度和体制创新中，必须充分发挥政府调控和市场配置资源两方面的作用，建立一个充满生机和活力的市场经济体制。

（3）在实施重点突破过程中统筹城乡发展。城乡差别是在长期的历史条件下形成的，要缩小城乡差别不能一蹴而就。必须抓住关键问题采取关键措施，在整体推进中实施重点突破。要根据不同发展阶段的条件和要求，采取适宜的统筹手段、方式方法和政策措施。

（4）在实行全方位发展战略中统筹城乡发展。统筹城乡发展包含多方面的内容，既有经济、社会层面的，又有政治、文化层面的；既要缩小收入、消费方面的差距，又要缩小农牧民和城市居民在政治、民主、身份地位等方面的差距；既有总体上的统筹城乡问题，又有区域统筹问题。因此，现阶段的城乡统筹发展，在立足于基本省情、县情的基础上，必须要重视全方位统筹。

（三）目标

统筹城乡发展的总体目标应是：通过体制和制度创新，构建城乡统一的市场机制和经济运行环境，为城乡居民创造出平等的发展机会；城乡资源得到合理配置，各种生产要素得到高效组合，2010 年全区非农产业就业人口比重达到 70% 以上；城乡居民从加快发展中得到更多的实惠，农牧民人均纯收入和城镇居民人均可支配收入之比控制在 1：2 左右；农村牧区教育、卫生、社会保障等社会事业长足进步，农村牧区基础设施更加完善，实现城乡协调发展。

五、统筹城乡发展的路径选择和政策建议

统筹城乡发展必须切实转变传统的发展观念，彻底改变就农牧业抓农牧业、就农村牧区抓农村牧区的发展模式，走城乡互动、工农互促的协调发展道路，增强城市对农村牧区的带动作用和农村牧区对城市的促进作用，逐步改变城乡二元结构，实现城乡经济社会一体化发展。

（一）建立城乡统一制度，构筑平等和谐的城乡关系

（1）建立城乡统一的户籍制度。按照人口分布和生产力的分布相一致的原则，改革户籍管理制度，实行按居住地登记的新型户籍制度，并依法享有与当地城镇居民同等的福利保障待遇。

（2）建立城乡统一的产权制度。主要是按照市场经济发展的要求，改革农村牧区土地所有制度和住房制度，让土地和房产成为农牧民的真正财富，消除城乡之间的劳动力转移障碍。

（3）建立城乡统一的就业管理制度。全面清理不利于农牧民进城就业的政策和法规，研究制定城乡统一劳动力市场建设的规划，实行城乡统一就业、失业登记制度；清理和取消针对农牧民进城就业的歧视性规定，整治恶意拖欠、克扣农牧民工工资的行为，保护农牧民工的合法权益；建立健全农牧民进城就业的服务体系，探索建立农牧民进城务工的援助制度；将农村劳动力培训费用纳入财政预算，加强对农牧民的职业技术培训，深入开展百万农牧

民大培训。

（4）建立城乡统一的保障和教育制度。构建起能够覆盖城乡的公共保障和教育网络，凡是城市居民享有的各种保障和教育待遇，农牧民也应同样享有。考虑到农牧民进城面临很多风险和不确定性，应当建立适合农牧民进城的社保体系。改革教育管理体制，优化全社会教育资源配置，减轻农牧民的教育负担，提高农村牧区教育质量。

（5）建立统一的财税金融制度。将农村牧区公共产品的供给纳入各级财政负担的范围，加大财政转移支付力度，应将财政新增的一部分教育、卫生、文化等经费开支用于农村牧区。

推进农村牧区投资体制改革。按照公共财政要求调整财政支出结构，综合运用财政贴息、财政补助、以奖代补、农牧业信贷风险担保等多种方式，规范引导财政支农支牧行为，建立多元化的农村牧区基础建设投入机制。整合支农支牧资金，捆绑使用财政、生态补偿、项目建设和企业投入等各类资金，变资金投入分散为集中，主要投向人口转移安置、产业发展、基础设施建设和社会事业，充分发挥各类项目和资金的聚合效益。按照公共财政的改革方向，切实保障教育、科技、社保、卫生、文化等由政府承担的财政投入，加强农村牧区公共事业和公共设施建设。

加快建立商业性金融、合作性金融、政策性金融相结合，资本充足、功能健全、服务完善、运行安全的农村牧区金融体系，引导更多的信贷资金和社会资金投向农村牧区。拓展农村牧区资本市场，放宽农村牧区金融机构准入政策，发展农村牧区贷款担保业，扩大保险范围。加强金融资金的整合和优化使用，支持建立农牧业产业投资公司，有效聚合社会资金投入"三农三牧"。

进一步完善农村牧区信用社改革试点政策；鼓励、支持农村牧区小额信贷机构发展，充分发挥小额金融的作用；适当降低农村牧区金融市场的准入门槛，孵育、培养民间金融机构，放宽民间资金进入金融业的限制。

（二）统筹城乡经济发展，开辟城乡共同发展新境界

统筹城乡劳动力、土地、资本和技术等生产要素，实现生产要素在城乡间的合理流动和优化配置。积极推进城乡产业的融合和结构调整，有效解决城乡产业分割、关联性不强的矛盾。加快乡镇企业的产业结构调整，把发展农副产品深加工和现代物流业作为重点，让"绿色农牧业"打向国际市场，挤入国内超市，以促进农牧业增效，农牧民增收。在统筹城乡经济发展过程中，要高度重视县域经济的发展和壮大。发展壮大县域经济，进一步转变政府职能，用市场机制构建充满活力的县域内生发展机制，使民众成为创造财富的主体，激发起民营经济的巨大创造活力；充分发挥各地的比较优势，确定确有优势的优势产业和支柱产业，集中人才、资金和技术进行开发，形成产业的集聚效应；把小城镇建设与专业市场、乡镇工业园区建设有机结合起来，形成专业化分工、社会化协作的企业群和特色产业集聚区，有效地发展特色块状经济，以促进农牧业现代化水平的提升；调整农牧业结构，大力发展优质高效农牧业，逐步形成地区性农牧业产业特色，同时发展农畜产品加工业，实现农畜产品增值；扩大劳务输出，扩大农村牧区劳动力转移。

（三）统筹城乡社会发展，力促城乡共同全面进步

农村牧区社会与城市社会文明的差异是城乡差别的显著特征之一，也是城市偏向的二元发展模式的直接后果。统筹城乡发展必须统筹城乡社会发展，加快建立促进农村牧区教育、文化、卫生等各项社会事业的公共财政体制。进一步调整并完善农村牧区义务教育的管理体制和投入机制，加大自治区、盟市级政府对农村牧区基础教育的投入比重，明确教师工资、公用经费缺额、校舍维修费用、教师培训费等费用来源，这样不仅可以大大减轻农牧民负担，解决部分旗县乡政府财力不足的矛盾，而且将有力地提高农村牧区人口的受教育水平，开发巨大的农村牧区人力资源，为城市输送高素质劳动力资源。不断增加对农村牧区基层卫生投入，以国家投资为主将现有的乡镇办卫生院逐步改造成具有相当规模、较高医疗水平的医院，提高农村牧区社会医疗卫生事业水平。农村牧区文化设施、信息服务、科技服务、劳动力培训、资源环境保护等都要纳入统筹的范畴。

（四）统筹城乡建设规划，提高城市化质量

促进城镇布局合理、空间协调，有助于城乡资源的高效利用，提高城乡生产力的发展，就必须统筹城乡规划建设。在政府宏观规划中编制城乡建设规划。在规划中，确定在一定时期内城乡公共设施发展的程度、公共服务体系的目标、产业发展布局和规模，以及环境、交通、电力、教育、文化、卫生等的具体目标；编制城乡规划用地，建设用地、住宅用地、生态用地等要合理布局；确定城乡居民生活水平的改善目标及全面建设小康的时间表等。对基础条件较好的建制镇，应科学规划，合理布局，完善功能，聚集人口，不断提高小城镇的承载能力和发展潜力，使小城镇建设从数量扩张向质量提高和规模成长转变。

（五）完善对农牧业的政策支持体系

要稳定农村牧区基本政策，赋予农牧民长期而有保障的土地使用权，改革土地征用制度，妥善解决失地农牧民的生活及就业问题。积极探索农村牧区土地产权多元化，如少量的宅基地可以明晰为产权个人所有，以利于土地和人力资源的最佳配置和利用。建立公共财政对农牧业和农村发展的扶持机制，运用转移支持制度改善农村特别是落后地区的生存条件和发展条件。健全农牧业补贴制度，制定有效政策，通过市场机制配置城乡资源，引导和鼓励城市的优质生产要素向农村牧区流动。加大对农村牧区的投入力度，正确把握农村牧区投资的方向，确保投资的有效性。通过国家投资的战略转移弥补农村牧区经济社会发展的巨大资金缺口，为城市经济和工业发展创造市场需求。

（六）积极推进"区直管旗县"试点

县域是统筹城乡发展的重要环节，加快县域经济发展是实现统筹城乡发展的重要途径。通过扩大旗县市的经济管理权限，可以为经济实力较强和发展潜力较大的旗县市充分发挥自身优势，为加快县域经济发展提供广阔空间，增强自我发展能力。通过改革财政体制，可以增强经济弱旗县市的财政实力，对提高公共服务的资金保障，强化公共服务和社会管理职能，缩小城乡差距具有重要的意义。内蒙古县域经济快速发展，随着信息化的加快推进，以网络、通信等技术手段保障的电子政务正在不断推广，从技术上为扁平化的行政管理创造了条件。牢固树立和全面落实科学发展观，按照"制定标准，选择试点；制定规划，分步实施"的原则，以"审批权和财权"为核心，积极推进制度创新，扩大部分旗县市行政管理权限，减少管理层次，提高工作效率，降低行政成本，推进形成一批经济活力强、发展速度快、综合素质高、带动作用大的旗县市，促进城乡经济和区域经济协调发展。

（七）推进农村牧区土地制度改革

深入学习和贯彻落实《物权法》，需要解放思想、更新观念，要遵循法律的规定，尽快在土地流转、承包经营等方面进行新的制度设计和机制建立，积极探索与《物权法》相适应的新型农村牧区生产经营模式，如农田股份制、家庭农牧场制、公司承包制等，以加快农村牧区土地的流转，推动农村牧区土地的有效集中，有效解决土地撂荒的现象，从而为统筹城乡发展打下最坚实的基础；而且还要积极按照"非禁即准、非限即许"的要求，按照"三个有利于"和实现科学发展与和谐发展的原则，对土地制度进行创新。

在坚持现有土地承包制度的基础上，进一步完善经营形式。允许农牧民以转包、出租、互换、转让、股份合作以及返租倒包等形式流转土地承包经营权，发展多种形式的适度规模经营。建立"归属清晰、权责明确、保护严格、要素流动"的现代农村牧区产权制度，实现农村牧区土地资本化。完善土地和草牧场承包经营权权能，允许持证人在不改变农村牧区土地集体所有制和农牧户承包经营权的基础上，拥有土地的使用权、流转权、转让权和收益权。在产权期限内，按规定用途，可依法使用、经营、流转，也可以作价、折股等形式进行股份经营、合作经营或抵押担保，探索土地承包经营权的多种有效实现形式。探索建立土地产权流转交易服务中心，鼓励农牧民以土地承包经营权换取社会保障，以土地为质押参与担保和融资活动，以土地入股设立企业，真正使土地资源成为农牧民可转移的资产、成为活的财富。

积极探索建立土地使用权交易、租赁市场，推进农村牧区土地规模化经营、集约化利用，带动农牧业劳动生产率提高和现代农牧业发展，引导农牧民共享土地增值效益。明确界定农牧民的土地财产权利；严格控制农牧业用地转为非农牧业用途；改革现行的耕地制度。耕地补偿以土地的市场价格为依据，实行公平补偿，不以损害农牧民利益为代价降低建设成本。完善征地程序，保证在征用农牧民土地过程中土地权利人有充分的知情权和参与权；允许农村牧区集体非农建设用地直接进入市场流转；为失地农牧民建立社会保障。

统筹城乡发展，需要在扩大城市容纳能力上寻求出路。城市能否扩大容纳能力，大范围地接受进城农牧民，就成为决定统筹城乡发展的关键环节。根据内蒙古推进形成主体功能区的要求，提高呼—包—鄂、赤—通、海—满等重点开发区域人口集聚能力，在扩大城市容纳能力上探寻新出路。

（八）推进城乡社会保障制度改革

1. 建立完善社会保障体系

建立和完善城乡统一的社会保障体系，逐步实施"全区统筹、账随人走"，居住地管理的模式，实现进城农牧民医疗、养老、失业、工伤、生育保险与城镇居民同等待遇。进一步完善城乡最低生活保障动态管理机制，实现最低生活保障全覆盖；建立新型农村牧区合作医疗和城镇无业居民医疗保险全覆盖制度，逐步提高筹资标准、报销比例和金额；建立农村牧区养老保障全覆盖制度，逐步提高养老金发放标准，支持社会化养老；进一步拓宽社会保障基金的筹集渠道，加大财政对社会保障事业的投入力度，推进社会保障管理服务社会化。

实施城乡统筹的养老保险制度。凡没有土地、草牧场经营权的农牧民，自愿放弃土地、草牧场经营权的农牧民，禁止开发区、限制开发区转移到城镇居住的农牧民，享受同城镇居民一样的养老保险标准；凡有土地、草牧场经营权且在农村牧区居住的农牧民，按照原有农村牧区居民养老保险标准执行。

鼓励有条件的农牧民积极参加城镇居民养老保险的政策，重点引导被征地农牧民、转移农牧民或在城镇稳定就业农牧民的基本养老保障向城镇职工基本养老保险和城镇居民基本养老保障转移。按照社会基本养老保险最终由国家统筹的发展方向，个人跨地区就业的，其基本养老保险关系随本人转移，个人退休时基本养老金按照退休时各缴纳地的基本养老金保证和缴费年限，由各缴费地分段计算、退休地统一支付。

禁止开发区转移出来的农牧民，按照农牧民个人缴纳和政府补贴相结合的方式，纳入城镇居民养老保险体系，少数民族农牧民个人缴纳费用全部由政府承担。要积极探索打破区域限制，在地区间自由转续农牧民工养老保险的办法，保障农牧民工合法权益。

2. 建立城乡统一的医疗保险制度

本着参保居民待遇水平不降低的原则，整合新型农村牧区合作医疗和城镇居民基本医疗保险，逐步提高新型农村牧区合作医疗报销比例和报销限额，建立城乡统一的居民医疗保险制度。将在校学生（包括幼儿）意外伤害门诊医疗费列入统筹基金支付范围。凡符合医疗保险规定，在定点医疗机构就医发生的医疗费，统筹基金支付比例、最高支付限额、起付标准与住院报销相同。建立城乡一体化的重大疾病救助制度，使具有城乡常住户口、享受城镇居民最低生活保障、农牧民最低生活保障或农村特困户救济待遇且未参加基本医疗保险的城乡居民，在本旗各医疗保险定点医院接受指定病种治疗的均能享受医疗救助。

完善城乡居民最低生活保障制度。加快低保制度与最低工资制度、城乡居民社会养老保险制度的衔接，逐步扩大低保覆盖面，提高保障标准，建立低保标准增长机制，缩小城乡低保差距，改善城乡贫困人口生活质量。

转移出来自愿放弃草牧场和基本农田经营权的居民，享有城镇居民的同等待遇。从事土地、草牧场经营的居民继续按照原农村牧区标准执行。

建立针对农牧民的失业保险制度。在农村牧区承包土地经营的劳动者、在城镇就业以及外出经商务工的本地户籍农村牧区劳动者、有转移就业愿望尚未实现转移就业的农村牧区劳动者一并纳入失业保险范围。将城镇各类企业招用农牧民工，纳入城镇企业职工失业保险缴费范围，实现农牧民工与城镇职工同比例缴费，享受与城镇职工同等待遇。

建立与收入增长联动的社会基本保障增长制度。坚持社会保障与经济社会发展水平相一致的原则，在社会基本保障与经济社会发展水平相一致的原则下，在社会基本保障广覆盖的基础上，实行城乡居民社会基本保障与本地区平均收入增长联动机制，根据城乡居民收入增长、物价上涨和基本养老保险基金可承受的能力，适时提高基本养老保险待遇。

（九）推进农村牧区社会管理和公共服务体制改革

围绕增强社会管理和公共服务职能，进一步推进撤乡并镇、撤村并组，整合社会管理资源，完善社区管理体制，增强基层自治功能。以发展社会事业和解决民生问题为重点，进一步优化公共资源配置，统筹公共服务的分配与布局，形成城乡统筹的公共服务新格局，推进城乡基本公共服务均等化。统筹配置城乡教育资源，优化农村牧区学校布局，着力提高教育质量和水平。整合城乡卫生资源，加强旗乡村三级医疗卫生服务网络建设，向农牧民提供安全价廉的基本医疗服务。坚持预防为主，扩大农村牧区免费公共卫生服务和免疫范围，加大地方病、传染病及人畜共患病防治力度。大力发展农村牧区文化事业，加强苏木、乡镇文化活动场所和队伍建设，改进面向农村牧区的广播、影视、图书、报纸、杂志、演出工作，加大送文化下乡力度，丰富农村牧区群众文化生活。

（十）加强组织领导，有序推进城乡统筹

统筹城乡发展，加快农村牧区全面建设小康社会，事关农村牧区发展大局和广大农牧民切身利益。各级各部门要从落实科学发展观和正确政绩观的高度，切实加强领导。市、县两级要建立由主要领导任组长、分管领导为副组长、有关部门主要领导为成员的统筹城乡发展领导小组，下设办公室，指导和协调统筹城乡发展的各项工作。

建立完善考核办法，把统筹城乡发展的工作实绩作为检验各级干部执政能力和执政水平的重要标志，作为考核各级干部政绩和工作水平的重要内容，形成分工协作、责任明确、绩效考核的工作机制。

分报告七 "呼包鄂"一体化发展战略

"十五"以来，"呼包鄂"三市按照科学发展、和谐发展、协调发展、可持续发展的要求，着力转变发展方式、破解发展难题，地区整体经济实力显著增强，在全国和西部的地位明显提升，显示出巨大的发展潜力，成为了促进内蒙古经济社会又好又快发展的增长极。本项研究，以全面建设小康社会和国家及自治区推进形成主体功能区为背景，以打造全国重要增长极和推进"呼包鄂"区域一体化为目标，重点研究"呼包鄂"区域一体化的途径和对策，为编制内蒙古"十二五"发展规划和制定 2020 年中长期发展战略服务。

一、从一体化角度考察的"呼包鄂"经济区发展现状

进入 21 世纪以来，"呼包鄂"三市紧紧抓住国家实施西部大开发、加强和改善宏观调控等重要机遇，坚持以科学发展观为统领，以工业化为主导，经济发展呈现出总量扩大、结构改善、质量提高、环境优化、合作加强、后劲增强的良好态势，实现了从常规发展到跨越发展、从西部中等水平到接近东部水平、从加快发展到又好又快发展的三个重大转变。到 2008 年，三市经济在三次产业共同拉动下，整体经济继续保持平稳较快协调发展，投资、消费、出口三大需求不断扩大，城乡居民收入进一步提高，优势特色产业体系基本形成，一批具有较强竞争力的企业快速成长，煤制油等一批技术领先的大项目相继投产，整个经济已经进入工业化后期阶段，社会已进入城镇化快速推进阶段。从"呼包鄂"地区面临的一体化角度考察，该地区经济社会发展状况和水平，可概括为以下几个方面：

（一）经济总量不断扩大，总体实力显著增强，为一体化奠定了物质基础

2008 年，"呼包鄂"三市经济总量达到 4679.37 亿元，比上年增长18.9%，增速快于内蒙古平均水平 1.7 个百分点。与 2003 年相比，年均增长23.5%，快于内蒙古平均水平 3.6 个百分点。三市经济总量占全区的比重也由 2003 年的 48.4%提高到 2008 年的 53.7%，提高了 5.3 个百分点。其中，2008 年呼和浩特市生产总值 1316.37 亿元，年均增长 20.1%；包头市 1760 亿

元,年均增长 22.9%;鄂尔多斯市 1603 亿元,年均增长 28.1%。"呼包鄂"
三市人均生产总值由 2003 年的 18651 元增加到 2008 年的 69454 元,高于内蒙
古平均水平 1.16 倍,按年平均汇率折算达到 10000 美元。"呼包鄂"三市地
方财政总收入合计达到 605.15 亿元,占内蒙古的比重达到 54.7%,比上年增
长 37.8%,高于内蒙古平均水平 5.3 个百分点,增加额占内蒙古增量的 61%,
是内蒙古财政增长的主要力量。其中,呼和浩特市地方财政收入 158.31 亿
元,增长 32.4%;包头市 181.81 亿元,增长 26.5%;鄂尔多斯市 265.03 亿
元,增长 50.8%。"呼包鄂"三市人均地方财政收入达到 8982 元,比内蒙古
平均水平高 95%,其中,鄂尔多斯市达到 16885 元。截至 2008 年末,三市各
项贷款余额 2187.6 亿元,占内蒙古金融机构各项贷款余额的 48.3%;全年新
增贷款 459.4 亿元,占内蒙古新增贷款的 52.3%,贷款增速达 24.4%,高于
内蒙古平均增速 1.1 个百分点。在内蒙古经济总量前 10 位的旗县(市、区)
中,"呼包鄂"占 9 个;内蒙古财政收入超过 10 亿元的 23 个旗县(市、区)
中,"呼包鄂"占 15 个;内蒙古工业 10 强旗县(市、区)中,"呼包鄂"占
8 个。不久前人民网公布的中国城市最新经济实力排行榜中,"呼包鄂"三市
均进入了全国 88 个地区生产总值超过千亿元城市的榜单。

(二)产业升级,"三化"推进,成为一体化的巨大动因

近年来,"呼包鄂"三市大力推进新型工业化、城镇化和农牧业产业化,
优势特色产业不断壮大,产业结构得到进一步调整和优化。三市三次产业结
构由 2003 年的 7.9:46.0:46.1 调整为 2008 年的 4.0:52.1:43.9,规模以上
工业增加值达到 1846.71 亿元,占内蒙古各盟市的 53.5%,5 年平均增长
30.4%。其中,呼和浩特市、包头市和鄂尔多斯市年均分别增长 26.4%、
30.3% 和 32.8%。

能源、冶金、装备制造、化工、农畜产品加工和高新技术产业等优势特
色产业不断发展壮大,已占三市工业总量的 90% 左右。其中呼和浩特市已形
成生物制药业、机械电子工业、食品及烟草加工业、毛绒纺织及服装加工业
和建筑业等支柱产业,并正在成为中国"牛奶之都"。包头市已形成冶金、机
械、电子、轻纺、稀土、化工等支柱产业,并成为国家冶金、重汽、稀土生
产基地和我国西部地区现代化中心城市。鄂尔多斯市已形成以纺织、煤炭、
化工、电力、建材、机械、食品等行业为主的多门类的工业体系。其中除煤
化工、石油天然气化工发展潜力巨大并已具有一定的基础外,依托丰富的盐
碱资源发展起来的盐碱化工产业,已占我国盐碱化工行业的半壁江山。同时,
目前该区域已形成了"鄂尔多斯"、"鹿王"、"伊利"、"蒙牛"等一批全国驰

名品牌。第三产业发展水平稳步提高,形成各具特色的服务业发展格局,第三产业增加值5年平均增长22.6%,快于全区平均水平5.2个百分点。其中,"呼包鄂"三市年均分别增长20.5%、21.7%和28.5%。近几年,"呼包鄂"三市扎实推进社会主义新农村、新牧区建设,大力提高农牧业综合生产能力,积极促进农牧业产业化进程,呈现出"农业增效、粮食增产、农民增收"良好势头。与此同时,三市的农村牧区人口加快向城镇转移,城镇化水平不断提高。2008年,"呼包鄂"三市常住人口679.56万人,人口密度为51.6人/平方公里,城镇人口占总人口的比重达到67.2%,比上年提高1.9个百分点。其中"呼包鄂"三市分别达到60.3%、75.9%、65%,分别比2007年增长1.31、1.26、3.96个百分点,高出全区平均水平8.57、24.21、13.3个百分点。

(三)需求扩大,科技进步,为一体化提供了强大动力

近年来,随着经济总量的快速上升,"呼包鄂"三市的投资、消费和出口三大需求持续增长,其中2008年"呼包鄂"三市50万元以上项目固定资产投资完成2790.76亿元,占内蒙古的50.6%,5年平均增长39.7%;社会消费品零售总额达到1318.68亿元,占内蒙古的55.8%,5年平均增长33.6%,快于内蒙古平均水平13.8个百分点;外贸进出口总额达到41亿美元,占内蒙古的比重达45.9%,5年平均增长22.2%,拉动内蒙古进出口增长9.3个百分点。其中出口26.99亿美元,占内蒙古的75.4%。当年三市实际利用外资额达到23.28亿美元,占内蒙古的比重为87.8%,5年平均增长52%。三市还集聚了内蒙古90%以上的创新技术、设备和项目,拥有世界第一条具有自主知识产权的煤直接液化生产线、国内第一条煤间接液化生产线、国内第一条粉煤灰提取氧化铝生产线;拥有国内最大的稀土研发基地,最大的重轨、无缝管、合金铝生产基地;拥有世界上第一个单井年产原煤2000万吨的井工矿和亚洲装机容量最大的火力发电厂。需求持续扩大与科技不断进步的态势,将为"呼包鄂"的一体化提供强大动力。

(四)城乡居民收入增加,生活水平进一步提高,一体化成为越来越多群众的共识和愿望

"呼包鄂"三市市委、政府坚持"以人为本、执政为民"理念,在经济发展的同时,努力增加居民收入水平和改善民生,使广大人民群众共享改革开放和现代化建设的成果。2008年,"呼包鄂"三市城镇居民人均可支配收入达到20231元,比内蒙古平均水平高出40.2%,比上年增长17.8%,5年平均增长19.3%。其中,"呼包鄂"三市城镇居民人均可支配收入分别达到

20267元、20861元和19004元，分别比上年增长19.8%、16.7%和17.1%。当年三市农牧民人均纯收入达到7058元，比内蒙古平均水平高出51.6%，比上年增长15.2%，5年平均增长17%。其中，"呼包鄂"三市分别为7051元、7076元和7052元，分别比上年增长15.2%、15.1%和15.2%。从就业情况看，2008年，"呼包鄂"三市城镇单位从业人员达到78.32万人，占全区城镇单位从业人员的32%；三市在岗职工平均工资分别达到30872元、31780元和36255元，列各盟市的前三位，分别比上年增长15.5%、18.3%和13.9%。收入增加，生活水平提高，使得人们对于未来发展的关心和发展道路的关注进一步提升。一体化在发展成本与效率方面的优势日益为老百姓所认同，一体化的社会基础正变得越来越巩固。

总体来看，进入21世纪以来，内蒙古的发展经历了从加快发展、又快又好发展到又好又快发展的重要时期，实现了综合实力的快速提升。在这一进程中，"呼包鄂"人均生产总值突破1万美元，达到了发达国家和国内发达地区的水平，经济总量和对内蒙古经济发展的贡献率占据了全区的半壁江山，实现了大步跨越，成为带动内蒙古经济发展的"火车头"，并已具备了一体化发展的基础和条件。

二、"呼包鄂"一体化面临的问题和挑战

实现上述目标，实施一体化战略，必须着手解决许多现实问题，同时要应对一系列长期挑战。这些问题和挑战主要如下：

（一）"三低一高"的经济社会发展方式

"三低"，一是整个区域的工业化水平较低，而且发展不平衡。不仅工业结构畸轻畸重，产业链短，产品附加价值低，而且工业化所需要的职业经理人和技术工人短缺，仍有超过一半的劳动力从事农牧业生产，中心城市以下城镇工业相对落后。二是区域的城镇化水平较低。"呼包鄂"三市2008年城镇人口占总人口的比重虽然达到67.2%，其中的包头市甚至接近76%，但城乡二元结构矛盾仍相当突出。三是经济国际化水平较低，经济外向型联系较弱。无论外商直接投资，还是商品出口额，都与发达地区无法相比。"一高"是能源消耗水平相对偏高，节能降耗任务艰巨。目前自治区能源消耗的约一半来自这一地区。

（二）跟不上发展需要的统筹、协调机制

目前内蒙古的统筹协调机制整体不健全，相形于快速发展的经济，"呼包鄂"地区统筹协调机制尤其脱节于发展需要。三市在规划、布局产业和基础

设施时，大都从各自的行政区利益或当前利益出发，造成区域内产业的同构化特别是工业项目重复建设现象严重，基础设施投资和资源浪费明显，发展成本增高加大，优势得不到充分发挥，不但降低了区域内的产业整体竞争力，而且十分不利于区域产业的协调发展和区域经济一体化。

（三）严重落后的文化软实力

在经济社会总体发展格局中，"呼包鄂"地区的地区生产总值总量和人均地区生产总值虽然已经超过了东部沿海地区的部分发达省市，文化资源也有着十分明显的优势，但体制的先进性、市场的成熟度、文化产业的比重、发展的协调性、社会的创业冲动和创新意识等，都与发达地区有着明显的差距。

（四）艰巨的科技创新任务

目前受技术水平制约，"呼包鄂"的资源综合利用水平还不高，产业延伸和产品深度开发还不够，以资源能源消耗为主的经济增长方式还没有实现根本性转变。以煤炭行业为例，目前煤矿的平均回采率只有40%左右，原煤的就地转化水平不高，投产及在建的煤化工项目大多为甲醇、二甲醚等初级产品，二次、三次开发产品很少。冶金等其他行业也存在同样的问题。究其原因，主要是现有科技水平和自主创新能力低，科技成果的转化能力和科技服务能力弱。

（五）急待调整升级的经济结构

从全球经济的垂直分工体系看，"呼包鄂"的主导产业仍处于垂直分工体系的末端，产品也以初级能源、原材料为主，竞争中的效益流失严重，特别是在能源价格的市场化改革还没有完全到位的情况下，产品价值的向外转移趋势明显。与此同时，"呼包鄂"三市的人均地区生产总值虽然超过了1万美元，接近上海等省市，但服务业占地区生产总值的比重却低于世界60%的平均水平。金融、物流等现代服务业与发达地区相比相对落后，与本区域的发展需要相比明显滞后。

三、未来"呼包鄂"的定位和发展目标

面对新挑战，顺应新形势，瞄准新目标，走一体化发展之路，是"呼包鄂"区域发展的必然选择。目前，"呼包鄂"三市已经进入新的发展阶段，站在了新的历史起点，因而必须依据新的形势和新的标准确立新的定位和新的目标。

在未来一个时期，"呼包鄂"三市应把确立发展定位和制定发展目标的参照系由西部转向东部，在更高层次、更高水平上谋划和推进科学发展。基于

这一共识，至少在未来 7 年中，即到"十二五"末，"呼包鄂"地区要通过一体化发展，继续成为内蒙古经济社会发展的"火车头"和西部的先行者，为全区乃至整个西部的现代化提供思想与理论、体制与机制、文化与产业、社会与政治等经验和启示，要成为全国新的经济增长极和区域经济的示范区。要在全国发展大局中努力实现"一、二、三"的奋斗目标。"一"，就是要努力成为我国中西部乃至全国的一个科学发展的先行区。"二"，就是要努力在我国中西部乃至全国率先实现全面建设小康社会和率先基本实现现代化两个目标。"三"，就是要努力建成我国中西部乃至全国的新型工业化、城乡一体化和生态文明三个示范区。

四、"呼包鄂"一体化的基础与条件

（一）一体化是世界经济发展的大势所趋

伴随着经济全球化的进程，国际国内区域经济一体化的趋势也越来越强。尤其是近 20 年来，区域经济组织发展逐年加速，到 1995 年世界贸易组织（WTO）成立时，除日本和中国香港外，几乎所有成员国均是一个或多个区域经济组织的成员。近年来日益成为区域合作热点，并有望成为世界涵盖人口最多的区域经济组织，即所谓"10＋3"（东盟加中国、日本、韩国）将把日本和中国香港也纳入区域经济一体化之中。至于存在多年，并日渐成熟、规范的欧盟、北美自由贸易区、南美经济共同体、亚太经合组织等区域经济一体化组织，则范围越来越大、联系越来越紧密，一体化的内容也越来越丰富。

（二）统筹区域发展，加快区域经济一体化是我国的重要战略

为实现全面建设小康社会目标，党的十六大提出了统筹区域发展的要求。2003 年的中央经济工作会议，第一次提出了区域协调发展的战略，并对我国区域发展作出了重大部署，即积极推进西部大开发，有效发挥中部地区综合优势，支持中西部地区加快发展，振兴东北地区等老工业基地，鼓励有条件的东部地区率先基本实现现代化，逐步形成东、中、西部经济互联互动、优势互补、协调发展的新格局。这一战略的主题是发展区域经济，核心是各区域经济要协调发展，关键是调整生产力布局和形成新的增长极。

随着国家战略的调整，具有配置资源、扩大市场、节约资本、提高效益等功能的区域经济日益发展，区域性经济合作组织、论坛、活动日趋活跃。特别是近年来"环渤海经济区"、"长三角经济区"、"珠三角经济区"等传统的经济区和黑龙江"哈大齐工业走廊"、辽宁"中部城市群"、湖南"长株潭经济区"等一批新生的经济区域开始向区域经济一体化过渡，区域经济

发展的格局越来越明显。所有这些都在有力地推动着我国区域经济的一体化进程。

（三） 内蒙古自治区党委、政府的积极倡导和有关方面、有关单位的大力推动

2003 年底召开的内蒙古全区经济工作会议，首次就"内蒙古区域经济发展问题"进行专门讨论和部署，明确提出了"呼包鄂"地区要加快发展、率先发展，努力成为自治区经济社会发展的"火车头"。自 2005 年起，内蒙古自治区政府每年组织召开一次"'呼包鄂'工作会议"，从各个方面对"呼包鄂"地区的区域经济发展进行指导。

部分厅局和一些自治区级研究单位，以及一些企业，在推动"呼包鄂"区域经济发展的过程中做了大量具体工作。如内蒙古自治区党委政策研究室、自治区经济发展研究中心、自治区社会科学院、自治区党校等，近年来提出了不少关于"呼包鄂"经济一体化的设想和建议；还有伊利、蒙牛、鄂尔多斯、小肥羊、源龙源等一批企业，在其原料基地建设和销售网络布局时，自觉地把"呼包鄂"三市作为一个区片。

（四） 相关部门多年努力建设的基础设施

如自治区交通厅、呼和浩特铁路局等，谋划在前，"跑部"在后，不遗余力地规划、建设"呼包鄂"环状通道，积极谋划、筹建进出干道和区际通道，目前已经初步建立起了内部畅通、区际便捷、通疆达海的交通运输网络。一是通过京包—包兰铁路、准（格尔）大（同）—大（同）秦（皇岛）铁路、包（头）神（木）—神（木）骅（黄骅港）铁路以及 110、109 等干线公路与环渤海经济区紧密相连，可直达天津港、黄骅港、秦皇岛港以及大连港等出海口和满洲里、二连浩特等陆路口岸。二是一批交通干线和枢纽的新建与扩能改造工程陆续完工，大大改善了"呼包鄂"经济区的交通运输条件。三是呼和浩特白塔机场和包头机场扩能改造完成，鄂尔多斯机场新建并交付使用，已开通连接国内外主要城市和俄罗斯、蒙古国的国内国际航线，而新一轮的较大规模的机场扩能改造正在紧锣密鼓地进行。管道运输正向大规模方向发展。

五、"呼包鄂"一体化战略选择

（一） 一体化的指导思想

从内蒙古区域经济发展现状和区域经济发展的客观要求出发，全面贯彻落实科学发展观，坚持"全面、协调、可持续"原则，不断创新协调发展机制,努力打破地区间壁垒,加强分工与协作;加强区内、区际资源共享和优化配置,建立统一开放的市场体系;科学规划、准确定位发展产业,调整优化生产力布局;加大开放力度,积极参与邻近各大经济区域的协作与交流,加速一体化进程。

(二) 战略重点

(1) 融入"环渤海",推进大合作,建设"一体两翼"区域合作新格局。"呼包鄂"经济区的一体化过程,首先要遵循"相对独立,绝对开放"的原则,加强本区域的对外经济合作,推进跨地区开放开发,形成主动承接"一个龙头"带动,积极参与"两个基地"建设的"一体两翼"区域经济合作新格局。一是以启动建设(北)京(天)津—呼(和浩特)包(头)银(川)经济带契机,积极争取"呼包鄂"地区进入国家重点优先开发区,为进一步加快"呼包鄂"经济区的发展和推进一体化创造宽松的外围环境。二是加强与京津及环渤海经济圈的全面合作。随着以京津为重心的环渤海经济圈的崛起,整个北方经济将快速发展。内蒙古应通过西部经济区的快速发展加快推进京津—呼包银经济带建设,同时接受环渤海经济圈对内蒙古的"龙头"带动。要加快推进"呼包鄂"经济区与环渤海经济圈的交通、产业、技术、人才、市场等方面的紧密对接,扩大内蒙古能源、原材料、绿色食品、旅游等优势产品在环渤海经济圈的市场覆盖面;引进资金、技术、人才等要素,承接劳动密集型和高载能产业的转移。三是联合陕、甘、宁,大力推进鄂尔多斯盆地能矿资源综合开发,建设我国 21 世纪战略性能源接续基地。由内蒙古鄂尔多斯市、呼和浩特市、包头市、乌海市等地区和陕北、宁夏、陇东南等地区构成的鄂尔多斯盆地,蕴藏着极其丰富的煤炭、石油、天然气、煤层气及铀矿资源。国家有关部门已经对这一区域的能矿资源开发做了总体规划,目标是把鄂尔多斯盆地建成我国 21 世纪战略性能源接续基地。内蒙古应联合相关地区积极争取国家加快建设步伐,为本区域发展能源和高载能产业创造良好的产业政策条件,以此带动"呼包鄂"一体化发展。

(2) 立足大市场,建设大基地,推动"呼包鄂"区域经济进入网状发展新时代。区域经济一体化,不但需要更高层次、更具活力、更加有效的外部支持,而且需要区域内更多"节点"、更强"基础"、更紧联系的支撑。"呼包鄂"要以建设国家级能源重化工基地、绿色农畜产品及其加工基地、稀土科研及生产基地、冶金及重型汽车生产基地和我国北方重要的生态防线为目标,加快推进"二横四纵"交通干线和数十个城镇构成的网状区域经济新格局建设,其中二横及其节点由北向南依次为:①京包—包兰铁路和 110 国道集宁至临河段，线上有集宁市、卓资县、呼和浩特市、土左旗、包头市、乌拉特前旗、五原县、临河市；②丰准—准东—东乌铁路和 109 国道内蒙古段，线上有丰镇市、清水河县、准格尔旗、东胜市、杭锦旗、鄂托克旗、乌海市。四纵由东向西依次为：①京包铁路集宁到丰镇段和 208 国道集宁到丰镇段，线上有集宁市、察右前旗、丰镇市。②即将修建的呼准铁路和呼准高速公路。线上有呼和浩特市、托县、和林县、准格尔旗。③包神铁路鄂尔多斯段和 201 国道鄂尔多斯段。线上有包头市、达旗、东胜市、伊旗。④包兰铁路临河到乌海段和 110 国道临河至乌海段。线上有临河市、阿左旗、乌海市。到 2015 年前后，实现发展模式由目前的"呼包鄂"中心城市带动向网状格局推进转变。届时，内蒙古整个西部地区将进入一个新的区域经济时代。

（3）瞄准同城化，率先城镇化，从经济社会快速发展的需要出发进一步加快城镇化步伐。加快推进城镇化，对提高城乡居民收入水平、保护生态环境、培育经济增长点都具有重要作用。"呼包鄂"经济区要进一步加快城镇化步伐，一是要立足中心城市群的形成，抓紧搞好三市的城镇体系规划，把城镇规划与重点旗县和重点开发区规划以及重点产业和重点项目布局等紧密结合起来，做到突出重点、合理布局、准确定位，避免重复建设导致资源浪费，防止盲目竞争。二是从推进城镇化与生态保护、扶贫开发的需要出发，建立三市"环境保护联盟"，以统一实施生态和扶贫移民工程，把这一区域生存条件恶劣和居住偏远分散的农牧民尽量向城镇集中，使退出来的大量土地恢复生态，使扶贫难度大的贫困人口尽快富起来。三是要增强城镇接纳农村转移人口的能力。大力发展城镇经济，尤其要加快发展第三产业，增加城镇就业岗位。改善教育和医疗卫生条件，加强文化体育等公共设施建设，努力适应城镇人口不断增加的需要。四是要大胆创新体制，在全区率先以户籍备案制取代户籍审批制，尽快取消对农牧地区人口进入城镇的限制。五是要大力发展城市经济，构建"'呼包鄂'城市经济圈"。继续发挥三市各自的特色和优势，形成互为补充、相互带动的城市经济结构。大力发展教育产业，加快科技进步，提升服务业层次和水平，壮大城市经济规模，更好地发挥中心城市的辐射带动作用。通信要尽快建设"呼包鄂"三市城域网，实现三市移动通信的同城化。六是要大力推进三市的交通、电力、金融、信息、科教、环境、社保等公共服务对接，在全区率先实现公共服务均等化。

（4）继续加强基础设施建设，进一步改善经济社会发展的基础条件。推进"呼包鄂"一体化，最基本的是推进基础设施对接，特别是交通条件的进一步改善，是"呼包鄂"地区加快发展的重要保证。要进一步完善三城市交通、通信、金融、水利、能源等基础设施,加快体制机制和管理创新,进一步开放基础设施建设和经营领域,提高市场化、社会化水平,提高规划衔接水平,建成与区域经济社会一体化发展要求相适应、配套齐全、保障有力、"无缝对接"的基础设施体系。要进一步畅通该地区与其他地区以及区域内的交通联系,增强该经济区的吸引力和辐射能力。总体上要围绕以下两个方面来进行:一是畅通对外骨干通道。加快京包、包兰等干线铁路提速步伐,对包头枢纽站进行改造,在京包、包兰铁路全线实现电气化牵引。尽早新建呼和浩特—北京高速铁路并延伸到包头、东胜,把"呼包鄂"进京时间缩短至3小时之内,畅通该地区与京津地区及环渤海港口群的联系。把目前该区域开行的旅客列车进一步延伸到广州、大连、重庆、北海等城市,全面增加旅客运输的通达深度,提高该地区的知名度,增强吸引力和辐射力。建设呼和浩特经准格尔至东胜高速铁路,形成"呼包鄂"三市间的环形高速通道。二是加快县际公路建设,实现公路"村村通",进一步完善区域内的路网布局,全面改善区域内的交通条件。

国家工业和信息化部已将"呼包鄂"列为全国首个"两化融合"创新试验区,"呼包鄂"三市要紧紧抓住这个机会,在推进工业化和信息化融合的同时,进一步搞好"呼包鄂"基础设施的对接和融合。

六、"呼包鄂"一体化对策建议

(一) 制定区域经济一体化规划

从"呼包鄂"三市发展的现状看,由于长期存在的体制障碍,各个城市之间,甚至同一城市的区县之间、乡镇之间,生产力布局、产业定位、基础设施建设等方面仍然存在着各自为政、画地为牢的分割局面,阻碍了区域经济一体化的顺利进展。因此,做好统一规划显得尤为重要。要结合新形势和新要求尽快编制"呼包鄂"区域经济一体化发展规划。规划要按照以市场配置资源为基础,以提高实效为目标,突破行政界限,打破地区封锁,促进地区间优势互补和合作交流,形成区域整体优势。要强化区域内的土地、矿产、文化、旅游和路、讯、水、电网等的统一规划、有序开发和协调管理,使区域内公共资源成为促进区域合作的重要保障和支撑。要优化区域产业布局,对重大项目进行统一规划安排,避免产业雷同下的恶性竞争。要统筹区域内基础设施建设,构建规划科学、布局合理、互通互联共享的一体化基础设施网络。积极实行跨地区联合与重组,形成分工明确、协作配套、优势互补、整体联动的经济、社会、文化发展机制和生态可持续发展的格局。

（二） 加快区域产业一体化发展

推进产业对接，是"呼包鄂"一体化的关键。区域整体竞争力归根到底在于产业的竞争力，而产业竞争力的关键在于产业区域优势特色的形成。经过近年来的发展，"呼包鄂"三市已经形成一定规模和层次的优势特色产业，下一步内蒙古自治区有关部门要从"呼包鄂"各自的比较优势和竞争力出发，制定和完善统一的区域产业政策，明确各市的产业发展重点，形成生产要素互补、上下游产业配套、城市合理分工的产业布局，避免产业趋同和低水平重复建设。要加强区域的分工协作。充分发挥区域的资源、区位、资金、科技和人才等方面的优势，促进资源优化配置，提高产业层次和产业效益，逐渐形成以分工协作为基础的区域性产业网络。加快建立旅游区域协作机制。按照互利互惠、优势互补、资源共享的原则，建立区域旅游合作联盟，完善合作机制，整合旅游资源，打造"呼包鄂"区域旅游精品线路和品牌，联合开展宣传促销、共同研究旅游市场、组合旅游产品，实现全方位的协作与配合。在产业协调发展的基础上，积极打造"呼包鄂"经济圈。三个市也要在各自强化优势主导产业集群的同时，合理定位，明确重点，重视产业的配套整合与产业链延伸、转移，防止产业同构，走区域协调、统筹、错位和特色发展道路，促进产业互动互补、市场互融互通，形成大范围、宽领域、高起点配置资源的格局。

（三） 加强区域一体化创新体系建设

"呼包鄂"地区集中了全区大多数科技教育资源，提高"呼包鄂"区域自主创新能力是建设创新型内蒙古的关键。要发挥"呼包鄂"区域政府、市场、企业、科研机构、大专院校的综合作用，形成科技创新的整体合力，建设具有地区特色、符合创新规律的区域创新体系。加快建立以企业为主体、市场为导向、产学研相结合的技术创新体系，建设高新技术研发、区域技术服务和科技成果、人才、信息集聚等创新平台，加大对企业自主创新的引导和支持力度，为企业自主创新创造良好的环境。加强区域优势产业核心技术的自主研发，努力在能源、化工、冶金、农畜产品加工等优势产业领域保持技术领先和品牌知名优势。加大区域自主创新和对外开放的协调发展，扩大多层次、多渠道的国际科技合作与交流，充分利用国际创新资源，提高引进、消化、吸收、再创新能力。建立健全科学合理的人才开发和管理体制，培养一支规模大、结构优、素质高的创新人才队伍。大力发展职业技术教育，面向社会实际需要，造就一大批有较高素质的产业工人。制定优惠政策，促进区域人才自由流动。

（四）构筑区域经济一体化服务平台

构筑服务平台是促进区域一体化的重要保证。一要建设区域信息服务平台，加强区域信息网络互联合作，尽快建立健全政府、中介机构、企业之间纵横相连、快捷畅通的信息联通网络和区域信息交流协作机制，开展区域信息收集汇总和综合利用工作，使信息平台为区域的产业配套、物流配送、电子商务、电子政务、信用体系建设等提供全方位服务。二要建设区域金融服务平台，建立统一的区域金融服务体系，逐步形成统一的融资市场，探索组建区域性开发银行、民营银行或其他金融机构。三要建设区域交通运输网络，按照统筹规划、总体协调、合作建设、统一管理、统一服务的原则，推动交通一体化的形成，实现人流、物流、资金流的快速运转，为产业发展提供便捷和低成本的基础保障。四要建设区域信用体系平台，加快政府、企业和个人信用系统建设，逐步完善区域信用制度网络，促进市场经济持续健康发展。五要建设区域统一市场体系，进一步优化区域政策和市场环境，实行统一的非歧视性原则、市场准入原则、透明度原则、公平贸易原则，取消一切妨碍区域市场一体化的制度与政策规定，取消一切妨碍商品、要素自由流动的区域壁垒和歧视性规定，促进市场的发育与完善。加快区域市场整合，按照专业与综合、集中与分散相结合和统一、协调、开放的原则，重点推进区域商贸流通、人力资源、科技成果交易等市场的合作共建，发展多层次、多形式、多元化的区域大市场，保证各生产要素通过市场体系合理流动。

（五）建立区域一体化协调机制

"呼包鄂"经济区域要形成一体化的新格局，必须建立具有相当权威性的一体化协调机构或协调组织。根据区域利益和各城市利益相统一的原则，通过协商和协调，达成共识，有计划地逐步推进。尽快成立由内蒙古自治区政府牵头，有关部门、"呼包鄂"三市政府负责人参加的区域经济一体化领导小组，负责制定全区域发展战略和政策，协调解决基础设施建设、城市规划、产业整合、环境治理和生态保护中的重大问题；研究探讨区域内联合协作中的重大政策和重大联合项目，同时分析通报本区域经济形势、安排部署半年工作和研究决策宏观战略问题等职能。在一体化领导小组框架下，区域协调组织和协商制度可包括以下几个层次：一是要定期召开区域内各城市政府负责人参加的协调会，具体负责解决经济运行中生产要素自由流动以及生产、销售中的合作与互利问题，负责解决科研、教育、文化和旅游资源的共同开发和利用问题。二是建立由内蒙古自治区发改委牵头，"呼包鄂"三市发改委等有关部门参加的"'呼包鄂'区域经济发展会商机制"。该机制专门负责制定涉及"呼包鄂"区域经济发展有关问题的解决方案和实施意见，监控有关决策、政策的落实情况和进度等。会商活动，可根据会商内容及其影响，邀请周边地区有关领导参加。三是成立由政府官员、专家学者、企业家组成的"呼包鄂"区域经济发展专家顾问委员会。专家顾问委员会负责从宏观层面对"呼包鄂"发展中的相关问题特别是宏观战略问题进行深入研究，为解决区域内各种合作问题提供经过科学论证的方案，为区域共同发展中的双赢问题提供互惠可行的利益分配方案等，同时负责对上述会商成果进行评估，对部分决策方案进行论证。四是在内蒙古发展论坛框架内建立"呼包鄂"区域合作与发展论坛，组织区域内及国内外官、学、商界的代表人物和专家学者为"呼包鄂"区域经济一体化献计献策，提供思路，为在各种重大合作问题上达成共识奠定思想和理论基础。五是组建"呼包鄂"地区性的行业协会和其他中介机构，如建立"呼包鄂"三市联合商会和行业协会等，负责解决产业一体化过程中出现的各种经济、财务和法律问题。六是立足"呼包鄂"地区相对脆弱的生态环境和高速发展的工业经济，成立"'呼包鄂'环境保护联盟"，以加强三市在清洁生产、水环境保护、生态环境保护、大气环境保护和生态产业化治理等方面的合作。

（六）营造区域一体化的良好氛围

首先要深化"呼包鄂"区域经济一体化的研究。区域经济一体化在内蒙古既是新任务，也是新课题，迫切需要理论指导。"呼包鄂"地区位处我国西部，环境条件独特，经济特色鲜明，区域经济一体化更有其特殊性。虽然在20世纪80年代就提出了区域一体化问题，但始终没有形成发展区域经济的内在机制，相关理论研究也没能在区域一体化中持续不断地开展相应研究。目前，这一区域的一体化发展面临着一系列难题，深化研究有着重大的现实意义。自治区党委政研室、政府调研室、经济信息中心、社科院及各大学所属研究所等部门和机构，都要组织力量，加强对区域经济发展规律和"呼包鄂"一体化问题的研究，保证"呼包鄂"区域经济发展始终有科学的理论指导和政策支持。其次要扩大对"呼包鄂"一体化的宣传。区域经济一体化需要区域内各级领导的共识，也需要区域内各种力量的参与。从"呼包鄂"经济区的发展现状来看，还远未具备这样的社会氛围。因此，各级宣传部门、各新闻媒体、政府网站等，都要通过组织宣讲、开辟专题专栏、举办网上论坛等形式，大力普及区域经济一体化相关知识，争取让区域经济理论和区域一体化知识深入人心，让"呼包鄂"区域一体化发展规划成为指导这一区域发展的基本纲领，让遵循区域经济发展规律、加快"呼包鄂"区域一体化进程成为"呼包鄂"三市各级领导的自觉行动。

（七）着力解决区域一体化中的关键问题

（1）调整城镇用地结构，用好用活土地政策。土地问题是"呼包鄂"三市现阶段面临的共同问题。土地问题解决不好，关于"呼包鄂"区域一体化的一切规划和设想都将无从落实。自治区政府要把这一问题上升到战略高度予以重视。一方面，把三市作为整体，统一制定土地利用规划和实施方案，积极争取国家给予土地利用方面的优惠和支持。另一方面，要在高度垄断土地一级市场的基础上，继续实行国有土地储备、租赁、招投标和拍卖制度。通过土地储备中心，对土地实行统一规划、统一征用、统一储备、统一开放、统一配置、统一管理。放开搞活土地二级市场，对市区内经营性房地产开发用地一律采用招标拍卖方式。在市政、区政中心和生产性企业外迁，拓展城市发展空间的基础上，通过道路、绿地和商业中心等配套建设，提高城市土地价值；通过"城中村"拆迁和旧城区改造，提高城市土地的利用率和吸纳人口的能力；通过适当的行政区划调整，解决城市市区发展中的土地不足问题。

（2）加大招商引资力度，努力拓宽融资渠道。在内蒙古自治区财政投资能力相对不足的情况下，借助外力促发展是未来一个时期的内蒙古经济社会发展的必然选择。"呼包鄂"地区人文环境优良、基础设施配套、城市化水平较高、资源富集、产业集中，具有良好的招商引资条件。引资的目标是建立国家战略能源基地、国家稀土科研与生产基地、自治区加工制造业基地和全区金融中心、物流中心、文化中心。引资的方向是国内外资本和产业转移，重点是高技术水平、高附加价值的资源深加工企业和现代服务企业。在继续重视国内融资和间接融资的基础上，更加重视国外融资和直接融资。利用项目融资、产权交易等新型融资方式推动企业战略重组和资本运营。鼓励社会投资参与"呼包鄂"地区的基础设施建设和城市公用设施建设。主动协调中国人民银行，批准内蒙古设立更多的股份制地方银行，鼓励成立多种形式的投融资公司、担保公司等民间非金融组织。积极引进国际金融组织来"呼包鄂"地区建立分支机构，鼓励呼和浩特市、包头市商业银行到其他省市设立分行。

（3）加强城镇基础设施和服务设施建设，强化城镇的要素集聚功能和辐射带动作用。基础设施和服务设施，是构成城市集聚功能、形成城市辐射带动作用的基本要素，也是推进一体化进程的关键所在。城镇基础设施和服务设施建设的力度，在很大程度上决定着一体化的速度。城市基础设施和服务设施建设，要按照"突出发展中心城市，大力发展口岸城市，重点加强中小城市，择优扶持小城镇"的原则，全面推进城镇路、气、暖、水、电、讯及园林绿化建设。在目前城镇基础设施和服务设施建设资金社会性投入不足的情况下，各级政府要列出专项资金，用于城镇基础设施和服务设施建设。通过政府引导，吸引外部资金投入。建立基础设施建设项目法人制度，实行特许经营方式，吸引社会资金和境外资本投资城镇基础设施和服务设施建设。

（4）鼓励人口转移，建设城镇体系。鼓励和吸引更多的农牧民进城，是现阶段加快"呼包鄂"一体化进程的主要目标之一。为此，需要在加强城镇基础设施和服务设施的基础上，制定和调整相应政策，鼓励和支持农牧民进城。一是要根据农牧民来自土地的实际收入水平和预期收益，以及财政能力，综合测算对完全放弃土地承包权农牧民的补助标准，并出台相应的政策；二是（推广包头市经验）取消户口上的"农业"和"非农业"划分，所有人统一登记为居民；三是明确规定所有居民均可自由选择居住地、职业和子女受教育的学校，逐步实现福利待遇和社会保障政策同等化。

"呼包鄂"要以工业园区、住宅小区和农牧业示范园区建设为主要载体，以三市之间的环状快速通道为依托，不断扩展城市空间，拓展城乡联系渠道。呼和浩特市、包头市要早日建成城镇人口超过 200 万人的特大型城市，鄂尔多斯、达拉特、棋盘井、准格尔、托县、和林、察素齐、萨拉齐 8 个大中城市，榆林、台阁牧、美岱昭、希拉牧仁、乌兰木伦、巴拉贡等数十个中心镇和一大批小集镇为主体的四级城镇体系，同时建设一批各具特色的旅游型、工矿型、城郊型和口岸型小城镇。到 2010 年，把"呼包鄂"地区建设成特大型中心城市和中小城镇布局合理、内循环紧密、对外区域合作优良的全区城市化示范区，基本形成"呼包鄂"城市圈。

（5）加强人才培养和引进工作，为"呼包鄂"一体化提供有力的智力支撑。"以人为本"，充分发挥激励政策的重要作用，采取有力措施为人才的引进和培养创造良好的政策和社会环境。继续加强学科带头人、首席专家、技术能手和创新人才的培养引进工作，积极推动技术创新专业人员、科技企业家、管理专家和高级经济专家、高级技术人才队伍建设。鼓励和支持有创新潜质和能力的人员出国进修、深造和参与国际学术交流及科研合作。发挥呼和浩特市科技、教育、人才优势和文化中心作用，建立覆盖"呼包鄂"三市的科技教育平台和创新网络。充分利用国内、国外两种资源，发挥市场对人才资源的优化配置作用，调动区内外各类人才的积极性和创造性。

分报告八 提高城乡居民生活水平的对策

一、内蒙古城乡居民生活水平现状

进入 21 世纪以后，随着我国经济体制改革的不断深化，内蒙古经济增长势头强劲，城乡居民收入稳步提高，收入来源渠道更加多元化，消费内容更加丰富、消费质量全面提高，住房条件明显改善，城乡居民生活向全面小康社会迈进扎实的一步。

自 2000 年以来，伴随着全区经济连年来的高速增长，内蒙古的综合实力不断增强，到 2007 年底内蒙古的经济总量排名由全国第 24 位跃升至第 16 位，人均地区生产总值也跃居全国第 10 位，全区城乡居民也从社会经济发展中得到了更多的实惠，居民人均收入大幅增长，人民生活水平和质量明显提高，消费能力进一步加大，生活环境得到很大改善。

（1）内蒙古城乡居民收入连年快速增长，城镇居民收入的来源逐步趋向多元化。2007 年，内蒙古城镇居民人均可支配收入已突破万元，达到 12378 元，比 2000 年的人均 5129.1 元增长了 2.41 倍，扣除同期物价上涨因素，实际年均增长 11.2%，收入在全国的位次上升到第 10 位，首次进入全国前 10 位的行列中，在西部位次由第 8 位上升到第 2 位，并连续两年居西部第 2 位；农牧民人均纯收入达到 3953 元，与 2000 年全区农牧民人均纯收入 2038 元相比，增长了近 1 倍，年均增长 6.97%。2007 年城镇居民的全部收入中作为城镇居民收入主体的工资性收入占 75.1%，比 2002 年翻了一番；但与此同时，由于近年来内蒙古不断推动社会就业、再就业工作，居民就业渠道的不断拓宽，人们的市场经营意识不断增强，越来越多的人走向市场、走上了自主经营之路，经营性、财产性收入的不断上升，成为城镇居民收入增长的亮点，到 2007 年，经营性收入和财产性收入所占比重达到 14.4%，是 2002 年的 1.3 倍。农牧民人均纯收入中作为主体的家庭经营性收入占 70.5%，比 2000 年的低 12.5 个百分点；而工资性收入、转移性和财产性收入比重明显提高，工资性收入占 18.1%，转移性和财产性收入占 11.4%，分别比 2000 年提高 4 个和 8.5 个百分点。

（2）随着内蒙古城乡居民收入水平的大幅提高，居民生活质量明显提高，居住环境不断改善。随着内蒙古城乡居民收入水平的大幅提高，居民消费持续增长，消费结构和消费质量有了很大的提升。城镇居民人均消费性支出由 2000 年的 3927.75 元增加到 2007 年的 9281.5 元，年均增长 13.1%；恩格尔系数由 2000 年的 34.5% 降至 2007 年的 30.4%。消费结构加快转型升级，正逐步由温饱型消费向享乐型和发展型消费转变，20 世纪 80 年代的消费热点商品，如彩电、冰箱、洗衣机等已全面更新换代，取而代之的是品质更佳、功能更全的新产品，如彩电，现今市场上流行的是高清晰度、数字式的纯平彩电、背投彩电，已远非 20 世纪 80 年代电视机所能比拟。新一批的消费热点商品，如手机、家用多媒体电脑、家用中央空调、汽车等已逐步进入百姓家庭。城镇居民的居住条件明显改善，20 世纪 90 年代后期城镇居民逐渐成为了住房投资和消费的主体，大大加快了内蒙古城镇住房市场化进程。到 2007 年末，城市人均居住面积达 28.88 平方米，比 2000 年的 15.54 平方米增加了 13.34 平方米。随着交通网络的发展和完善，内蒙古城镇居民交通支出的大幅度上涨，交通工具更新换代的速度逐步加快。2007 年内蒙古城镇居民人均交通和通信支出 1124 元，比 2000 年增长了 2 倍。同时，家用汽车作为奢侈品的代表已经“进入寻常百姓家”，2007 年末内蒙古城镇居民家庭每百户拥有家用汽车为 6.5 辆，比 2000 年增长了 4 倍。

表 8 - 1　城镇居民平均每百户耐用消费品拥有量

项　目	计量单位	2000 年末	2007 年末	比 2000 年增长（倍）
移动电话	台	15.12	161.64	9.7
家用空调	台	1.38	9.24	5.7
家用电脑	台	3.47	31.93	8.2
家用汽车	辆	1.30	6.49	4.0

2000 年以后，中央高度关注农村经济的发展，一系列惠农政策使农民得到更多实惠，粮食直接补贴、退耕还林还草补贴和政府无偿扶持等多项惠农政策落实到位使农牧民直接受益，有力地拉动了农牧民收入的快速增长，再加上农牧业结构调整及农牧业产业化的积极推进，使内蒙古农村牧区经济快速发展，农牧民收入呈现出阶段性快速增长，为农牧民生活的不断改善和升

级换代提供了必要的资金保证。农牧民人均生活消费支出到 2007 年底达到
3256 元，比 2000 年的 1614.91 元翻了一番，年均增长 10.5%。2007 年末，
农村牧区居民恩格尔系数已由 2000 年的 0.448 下降到 0.393，标志着农牧民
生活已达到小康水平的初级阶段。随着农牧民经济实力的增强，农村牧区人
口流动加快，农村、牧区居民家庭用品消费领域也不断扩大，消费层次也逐
步提高。电视机、冰箱、洗衣机、电话机等家用电器的拥有量不断上升，一
些新型家电如影碟机、微波炉、热水器、电脑等奢侈电器正以较快的速度进
入农牧民家庭。农牧民居住条件得到进一步改善，房屋质量明显提高。到
2007 年末，农牧民人均居住面积达到了 21.0 平方米，比 2000 年增加 4.0 平
方米；砖木结构和钢筋水泥结构住房占到 65%，比 2000 年增加近 16 个百分
点；农牧民用于住房方面的消费人均约 473.98 元，比 2000 年增长了 61%；
使用暖气和煤炭的农牧民家庭占到 12% 和 15.7%，能够使用安全饮用水、住
房有卫生设备的农牧民家庭占到 75% 以上。新建住房大多设施齐全，注重内
部装修装饰，住房舒适洁净，布置优雅美观。

表 8-2　农牧民平均每百户耐用消费品拥有量

项　　目	计量单位	2000 年末	2007 年末	比 2000 年增长（倍）
黑白电视机	台	50.88	9.00	-0.8
彩色电视机	台	45.19	93.00	1.1
电话机	部	5.94	43.83	6.4
电冰箱	台	5.94	26.00	3.4
洗衣机	台	25.64	49.00	0.9
摩托车	辆	25.69	63.00	1.5

（3）劳动保障达到新水平，城乡居民享受到了更多的社会保障和福利制
度。到 2007 年末，内蒙古有 170.65 万居民享受政府的最低生活保障，比
2000 年增加 65.3 万人，其中有 90.59 万农牧民也享受到了最低生活保障；有
371 万人参加了基本养老保险，97 万人参加了离退休基本养老保险，比建立
初期的 2001 年分别增加了 145.7 万人和 31.7 万人；有 353 万人参加基本医疗
保险，其中 310 万人参加了大病统筹，比建立初期的 2001 年分别增加 173.4
万人和 231.2 万人；有 224 万人参加失业保险，比 2001 年的 217.7 万人增加
了 6.3 万人。2007 年末内蒙古全区各类社会福利院床位 4.1 万张，收养 3.16

万人,与 2002 年相比这两项指标均翻了近一番;全区各项社会福利事业支出达 28. 31 亿元,是 2002 年的 2. 8 倍。

(4)医疗卫生事业取得长足发展,文化教育事业蓬勃发展。经过多年来的不懈努力,内蒙古的医疗卫生事业有了长足发展,农村牧区卫生事业不断加强,部分旗县开展了新型农村合作医疗试点,农村牧区就医覆盖面扩大。以此为保障,内蒙古儿童死亡率不断下降,人均寿命也相应增长。2007 年全区 5 岁以下儿童死亡率为 18. 75‰,全区平均预期寿命达到 73. 53 岁,距小康的目标值相差 1. 47 岁,实现程度为 98% 。

表 8 - 3　卫生机构及床位数情况

项　目	计量单位	2000 年末	2007 年末	比 2000 年增长（%）
卫生机构	个	4427	7853	77. 4
每万人口拥有卫生机构数	个	1. 87	3. 30	76. 5
卫生机构床位数	万张	6. 69	7. 38	10. 3
每万人口卫生机构床位数	张	28. 24	30. 76	8. 9

在物质生活不断提高的同时,为满足居民在文化教育方面需求的不断升级,内蒙古在文化教育方面的投资不断增大,推动了文化教育事业的蓬勃发展。县乡两级公共文化服务体系初步形成,基本实现了县县有图书馆、文化馆。到 2007 年末,全区共有艺术表演团体 109 个,文化馆 102 个,公共图书馆 113 个,博物馆 37 个;每人每年拥有报纸 11. 33 份,每人每年拥有图书杂志 4. 35 册,分别比 2000 年增加了 3. 77 份和 0. 56 册。全区文化信息资源共享工程、广播电视村村通工程等基层文化设施建设扎实推进,2007 年末广播综合人口覆盖率为 93. 0%,电视综合人口覆盖率为 91. 4%,分别比 2000 年提高了 7. 4 个和 10 个百分点。在教育方面,农村义务教育已全面纳入财政保障范围,对全区农村义务教育阶段学生全部免除学杂费、全部免费提供教科书。学龄儿童入学率由 2000 年的 99. 50% 上升到 2007 年的 99. 71%;每万人口中在校大学生数由 2000 年的 29. 60 人增加到 118. 42 人,增长了 3 倍。

二、制约内蒙古城乡居民生活水平提高的主要因素分析

(一)收入水平偏低是制约内蒙古居民生活水平提高的首要原因

1. 内蒙古城乡居民生活水平仍低于全国平均水平

(1)从收入水平看,内蒙古居民收入水平虽然实现了较快的增长,但是仍低于全国平均水平。2007 年,全区城镇居民人均可支配收入 12378 元,比

全国平均水平 13785.8 元低 1407.8 元；农牧民人均纯收入达到 3953 元，比全国平均水平 4140.4 元低 187.4 元。

（2）从收入增长速度看，内蒙古城乡居民收入增速远远低于地区生产总值增速和地方财政收入增速。进入 21 世纪以来，内蒙古城镇居民人均可支配收入年均增速比地区生产总值增速低 7.42 个百分点，比地方财政收入年均增速低 11.27 个百分点；农牧民人均纯收入年均增速比地区生产总值增速低 11.75 个百分点，比地方财政收入年均增速低 14.60 个百分点。

（3）从收入构成看，尽管内蒙古居民收入来源渠道呈现多样化趋势，收入构成不断优化，但是其优化速度仍低于全国平均水平。内蒙古城镇居民总收入中，工薪收入比全国高 3.1 个百分点，而转移性收入却比全国低了 4.7 个百分点，说明内蒙古城镇居民收入对工薪收入依赖度还很高，而且作为中国的欠发达地区，内蒙古还应加大对老百姓的转移支付力度，为其提供更多的保障。内蒙古农村居民收入构成状况和全国水平相比更是不容乐观，家庭经营性收入在总收入中所占比重过大，与全国相比高了 17.5 个百分点，而工资性收入所占比重则比全国水平低了 20.5 个百分点。这说明内蒙古农牧民收入主要依靠经营农牧业生产获得，今后内蒙古应加大农牧民的转移力度，通过多种方式鼓励农牧民向第二、第三产业转移以增加收入，进一步提高自身生活水平。

表 8 - 4　2007 年末城乡居民收入构成比较　　单位:%

	内蒙古		全国	
	城镇居民收入构成	农牧民收入构成	城镇居民收入构成	农民收入构成
合计	100.0	100.0	100.0	100.0
工资性收入	71.7	18.1	68.6	38.6
经营性收入	8.0	70.5	6.3	53.0
转移性收入	18.0	8.4	22.7	3.1
财产性收入	2.3	3.0	2.3	5.4

2. 内蒙古城乡居民生活水平与全面建设小康社会的要求之间仍存在较大差距

提高居民生活水平和质量是全面建设小康社会的核心内容。为了实现全面建设小康社会的目标，自治区党委、政府按照党的十六届六中全会精神，确立了全面贯彻落实科学发展观，构建和谐内蒙古的战略目标，通过努力扩大就业、建立经常性的工资增长机制、发放生活补贴，以及建立最低生活保障制度、积极鼓励农村牧区剩余劳动力向城镇转移等多种措施，切实有效地提高了城乡居民的收入水平和生活质量。然而，由于内蒙古经济基础弱、底子薄，城乡居民生活水平与全面小康的目标仍然有一定的距离。

一是生活质量仍有待进一步提高。2007 年，全区生活质量指数为73.5%，距实现全面建设小康社会目标差 26.5 个百分点。其中，全区居民人均可支配收入为 7024 元（2000 年可比价格），距全面小康目标值 15000 元（2000 年可比价格）差 7976 元，实现程度为 46.8%；人均住房使用面积为21.2 平方米，距全面小康目标值 27 平方米相差 5.8 平方米，实现程度为78.6%；2007 年全区 5 岁以下儿童死亡率为 18.75‰，距全面小康目标值12‰相差 6.75 个千分点，实现程度为 64%；2007 年全区平均预期寿命为73.53 岁，距目标值相差 1.47 岁，实现程度为 98%。

二是社会不和谐因素仍然存在。2007 年社会和谐指数为 84.4%，距实现全面建设小康社会目标差 15.6 个百分点。其中基尼系数为 0.423，超出了目标值 0.4 的范围，实现程度为 94.5%。改革开放以来，全区居民收入普遍提高，但是随着分配方式、分配渠道多元化，居民收入分配差距呈现逐步扩大的趋势，特别是城乡居民收入差距明显扩大。2007 年城乡居民收入比为3.13∶1（以农为 1），超出目标值 2.8∶1 的范围，实现程度为 92.4%。完善的社会保障体系是广大人民安居乐业、老有所养、病有所医、幸福安康的必要条件。2007 年全区基本社会保险覆盖率为 59.56%，距目标值 90% 相差 30.44个百分点，实现程度为 66.2%。

三是文化产业发展相对缓慢。虽然近几年全区文化教育等社会事业取得了显著成绩，但发展速度较慢，产值增长乏力。2007 年，全区文化教育指数为 68.6%，实现程度较低。其中文化产业增加值占地区生产总值比重仅比2000 年提高了 1.28 个百分点。经济增长与收入分配不够协调，城乡居民收入增速与生产总值增速差距较大，收入总额占生产总值的比重较低，导致居民消费增长乏力，特别是居民文教娱乐服务支出徘徊不前。2007 年，居民文教娱乐服务支出占家庭消费支出比重为 13.2%，比 2000 年降低了 0.36 个百分点，距目标值 16% 相差 2.8 个百分点，还有一定差距。

（二）居民收入差距依然较大，制约了内蒙古居民整体生活水平的提高

1. 城镇居民之间收入差距不断扩大

2007 年，内蒙古被调查的 2420 户城市居民家庭中，10% 的高收入组人均可支配收入为 28846 元，10% 的低收入组人均可支配收入仅为 4861 元，高、低收入组的收入比达到 5.93∶1。工薪收入是城市居民收入的主要来源，不同行业职工工资性收入是否增长和增长多少，在相当大的程度上决定着居民收入水平的差距。内蒙古近年来行业之间职工平均工资差距越来越大，2000 年最高行业（电力、燃气及水的生产和供应业 11777 元）和最低行业（农林牧渔业 4729 元）的收入比为 2.49∶1，2007 年最高行业（电力、燃气及水的生产和供应业 36806 元）和最低行业（农林牧渔业 11580 元）的收入比上升为 3.18∶1。而据统计局最新资料显示，2008 年内蒙古行业间工资收入差距仍在不断的拉大。

2. 城乡居民之间收入差距不断拉大

2007 年，全区城镇居民人均可支配收入为 12378 元，而农牧民人均纯收入仅为 3953 元，两者相差 8425 元，且低于占城镇居民 10% 最低收入组 4636 元的收入水平，仅高于占城镇居民 5% 的困难户组 3909 元的收入水平，略高于 1997 年的城镇居民人均可支配收入（3944.7 元），这意味着农牧民收入水平比城市居民落后 10 年。"十五"时期，内蒙古城乡居民收入分别增长 78.1% 和 46.7%，城镇快于农牧区 31.4 个百分点，但由 2000 年的城乡居民收入之比 2.5∶1，扩大到 2006 年的 3.10∶1，2007 年进而又扩大为 3.13∶1。

3. 地区间居民收入差距越来越大

由于地区经济发展的不均衡，内蒙古各地区间居民收入差距不断拉大，制约了自治区的和谐发展。从盟市的角度看，包头市、呼和浩特市、鄂尔多斯市由于近年来经济发展迅速，不论是城镇居民可支配收入还是农牧民纯收入，都高于其他地区。2007 年，城镇居民可支配收入水平最高的包头市（17876 元）是最低的兴安盟（8386 元）的 2.13 倍；农牧民纯收入水平最高的乌海市（6497.75 元）是最低的兴安盟（2533.51 元）的 2.56 倍。

（三）居民消费构成不尽合理，医疗、教育等方面负担过重，成为制约内蒙古城乡居民生活质量提高的主要障碍

随着我国医疗、教育等领域市场化改革的不断深化，内蒙古城乡居民在这些方面的费用支出不断增加，支出负担日益加重，使一部分刚刚走出贫困的社会成员又重新流回贫困的行列，严重制约了内蒙古城乡居民生活质量的提高。

医疗保健支出在消费支出中的比例逐年提高。2000~2007 年，内蒙古城镇居民人均医疗保健支出年均增速为 14%，人均可支配收入和消费支出年均增速分别为 11% 和 13%，城镇居民医疗保健支出分别高于人均可支配收入和消费支出平均增速 3 个和 1 个百分点；2007 年农村牧区居民人均医疗保健支出年均增速为 15.2%，分别高于人均可支配收入和消费支出平均增速 3 个和 1

个百分点,占消费支出的比例为 7.7%,比 2000 年提高 1.5 个百分点。城镇低收入群体和农村牧区居民医疗负担尤其沉重,许多人由于收入水平低,一旦患病,小病主要靠扛,大病靠天,一人得病,全家都陷入极度贫困状态。

教育费用不断攀升。2007 年,内蒙古城镇居民人均教育支出和农牧民人均教育支出分别达到 553.34 元和 423.75 元,比 2000 年分别增长了 83.1% 和 82.2%。近年来从幼儿园到高中的入园(学)赞助费、择校费等费用不断攀升,大学的学费、生活费超出了部分居民的承受水平。

(四)弱势群体生活质量改善缓慢,成为制约内蒙古居民生活水平提高的不和谐因素

所谓社会弱势群体是指由于某些障碍及缺乏经济、政治和社会机会,在社会上处于不利地位,在生活上处于贫困窘境的人群。由于改革开放以来我国经济体制、产业结构、就业制度、分配制度等都发生了巨大的变化,使得内蒙古低收入人群的数量不断扩大。2007 年末,在对内蒙古城镇 2420 户家庭的调查中,占调查户数 40% 的城镇居民家庭人均可支配收入低于 12378 元的平均水平;20% 的低收入户家庭人均可支配收入只有 6033.5 元,不到全区平均水平的一半,其人均消费性支出则为 5342 元,占到收入的 89%,有的贫困家庭甚至出现收支倒挂的现象。农村牧区居民的情况则更是不容乐观,2007 年 58.3% 调查户的人均纯收入低于 4000 元。内蒙古农牧民的收入基本全部用于支出,2007 年农牧民人均总收入和人均现金收入分别为 6787.27 元和 5483.17 元,而农牧民人均总支出和人均现金支出则分别为 6485.07 元和 5466.33 元。

城镇低收入群体和大部分农牧民成为内蒙古的弱势群体,他们普遍受教育程度低,缺乏专业技能和竞争优势,导致其就业难度大且收入不稳定,就业难、就业率低仍是长期困扰低收入困难家庭的一大难题,较低的就业率严重影响其家庭收入水平和生活质量的提高。尤其是世界性经济危机的不断蔓延、深化,对内蒙古经济的冲击作用也日益显现。低收入群体本来抵御经济严冬的能力就弱,因目前经济形势而导致的失业和收入水平下降,更是雪上加霜,令很多低收入家庭入不敷出。所有这些都为内蒙古城乡居民生活水平的提高上了一道紧箍咒。

三、以进一步扩大就业为基础,多方并举,努力提高内蒙古城乡居民生活水平

(一)着力增加就业机会,提高城乡居民收入水平

增加居民收入的最好途径是增加就业机会。而从当前形势看,国际金融

危机对内蒙古就业形势的影响有所减弱，但从全球经济和就业形势的发展看，就业形势仍会受经济形势变化的影响，就业的供需矛盾在一定时期内依然存在，就业形势依然严峻。

1. 城镇就业增量有所增加，但新增就业与 2008 年同期相比仍为减少，劳动力市场供大于求的矛盾仍旧突出

据劳动保障部门数据资料显示，2009 年 1~6 月内蒙古自治区累计实现新增就业人数 13.67 万人，下岗失业人员再就业 7.38 万人，就业困难对象实现再就业 2.51 万人，分别完成计划的 68%、67%、84%。但新增就业与 2008 年同期的 14.39 万人相比仍为减少。就业需求不足，导致劳动力供大于求的矛盾更加尖锐。据内蒙古自治区劳动和社会保障厅数据显示，在经济正常运行的情况下，2009 年全区需要安置就业的城镇各类人员约 50 万人，实际可提供比较稳定的就业岗位约 30 万个，有 20 万人处于失业半失业状态。从就业增速看，2008 年全区新增就业人数前三季度的平均增速为 9.9%，而第四季度则降至 5.2%，就业增速急剧下滑。

表 8-5　2007~2009 年内蒙古累计实现新增就业情况表　　单位：万人

年份	2007	2008	2009（上半年）
累计实现新增就业人数	25.14	23.80	13.67
下岗失业人员再就业	15.31	14.38	7.38
就业困难人员再就业	6.40	5.11	2.51

2. 全区处于停产半停产状态的企业数有所减少，但部分行业停产半停产和企业岗位流失仍较严重，企业裁员和隐性失业压力较大

2008 下半年以来，受金融危机影响，内蒙古很多企业处于停产、半停产状态，造成部分人员失业。2010 年 1 月份开始，内蒙古经济虽有小幅回升迹象，但企业失业及隐性失业人数并没有减少。截至 5 月底，全区 3638 户规模以上工业企业中有 451 户企业仍处于停产半停产状态，涉及并影响到的企业职工人数达 7.01 万人，1.33 万人与企业解除了劳动关系。目前还有一批企业处在停产、半停产的状况，并没有与职工解除劳动关系，但职工放长假、等订单，处于隐性失业状态。2009 年，伴随着金融危机的探底过程及宏观经济影响，部分地区、部分行业的失业问题仍有可能集中爆发，失业及隐性失业数字还将不断增加。

表8-6　金融危机对内蒙古企业就业影响汇总表

(截至2009年2月5日)

地区	波及企业数	受影响职工人数	未解除劳动关系的人数	解除劳动关系的人数
呼和浩特	31	5270	5200	70
包头	193	19342	19190	153
呼伦贝尔	2	916	910	6
兴安盟	2	2030	1650	380
通辽	99	5790	2924	2983
赤峰	15	6891	5891	1000
锡林郭勒	112	9559	9559	0
乌兰察布	172	12290	6982	5308
鄂尔多斯	90	17041	13938	3103
巴彦淖尔	52	9608	8195	1413
乌海	73	10416	9850	566
阿拉善	92	9130	5595	3535
满洲里	49	2870	1600	1270
二连浩特	0	0	0	0
合计	982	111271	91484	19787

注：表中数据来源于内蒙古经济信息网。

3. 返乡农牧民工实现就业人数有所增加，但农民工在城镇就业难的问题依然存在

据就业部门统计，截至2009年5月，内蒙古受金融危机影响，导致的劳动力遣返和外地务工人员返乡人数为14.53万人，与2008年底相比减少1.83万人，返乡农牧民工中有就业愿望的12.52万人，占返乡农牧民工的86.18%，比2008年底提高21.48个百分点；其中已参加培训的2.59万人，占20.69%，经帮助实现就业的6.63万人，占52.98%，比2008年底提高25.63个百分点。从以上数据可以看出，由于各级政府重视和配套措施的逐步到位，内蒙古返乡农牧民工就业问题部分得到解决，但由于返乡的农牧民工中绝大多数缺少专业技能和专业特长，其就业难的问题在一定时期内还将会存在。

4. 大学毕业生就业形势严峻

在国际金融危机影响，社会整体就业形势严峻的情况下，高校毕业生就业问题也将面临着严峻的挑战，加之近几年高校毕业生数量的增加和所学专

业与当前结构性人才需求矛盾的增大，使得大学生的就业形势更加严峻。据内蒙古自治区教育部门统计，2009 年全区高校应届毕业生为 7.87 万人左右，比 2008 年增加 2936 人，加上 2008 年未就业的 18896 人以及其他年份未就业毕业生，共有超过 10 万毕业生需要解决就业问题，就业压力很大。从教育部门目前已掌握的情况看，目前高校毕业生就业率很低，仅为 33%（已返回与用人单位签订就业协议书的）。

表 8-7　内蒙古 2004~2009 年高校毕业生毕业、就业情况统计表　　单位：人

年份	高校毕业生人数	就业人数	就业率	未就业人数
2004	31995	21520	67.26	10475
2005	40794	28474	69.8	12320
2006	55801	39775	71.28	16026
2007	68501	49656	72.49	18845
2008	75764	56868	75.06	18896
2009	78700	—	—	—

注：表中数据来源于内蒙古经济信息网。

　　综上所述，尽管 2009 年上半年内蒙古的就业局势有所稳定，但由于国际金融危机对我国的影响尚未见底，经济发展的不确定性和不稳定性因素较多，再加上就业的变化滞后于经济发展的变化，预计这场危机对就业的不利影响还将进一步显现，影响的周期会更长，波动也会更大。这些新问题与原有的劳动力总量供大于求的压力和突出的结构性矛盾相互交织，将导致严峻的就业形势难以在短期内缓解。我们必须采取有效的措施在稳定就业岗位的同时，多方位拓展就业渠道，努力扩大就业规模，以确保内蒙古居民收入水平的稳定提高。

　　1. 支持劳动密集型产业，实现多渠道就业，增加居民收入

　　增加居民收入的最好途径是增加就业机会。政府应积极支持鼓励，创造灵活多样的就业模式，包括个体经济、独立服务者、社区服务、自我就业等，同时创造临时性就业、按小时就业、劳务派遣就业、服务项目就业等，让下岗和失业人员通过各种类型的劳动就业渠道实现就业，提高收入水平。

　　完善社区服务，增加就业岗位，提高居民收入。根据国家今后大力发展第三产业的方针，结合内蒙古自治区实际看，第三产业发展比较薄弱，是今后一段时期内失业人员的主要就业渠道。在具体就业领域的选择上，社区服

务的潜力很大，随着社会发展出现的人口老龄化、家庭的小型化、城市建设现代化等，各种生活服务需求将会日益增加，应将这些潜在的需求变为失业人员再就业的途径，并逐步建立一个规范有序的服务市场。以基层组织为依托，在社区服务方面深入挖潜，积极探索企业与社区共建社区服务中心，为失业人员安置就业岗位，增加居民收入。

2. 以创业促就业，拓展扩大就业新渠道

2008年，按照党的十七大"以创业带动就业"的总体要求，内蒙古许多地区积极探索以创业促就业的新路子，经过一段时间的摸索，取得了一定的成果，在实践中找到了许多切实可行的办法，值得我们在全区推广。如包头市政府不仅出台政策鼓励创业，而且在资金方面给予大力支持，政府每年将创业资金列入财政预算，截至目前，已累计投入资金2000多万元，初步形成了政府主导、部门协调配合的促进创业带动就业的长效机制。至2008年底，包头市累计培训各类创业人员1.42万人，共为5607名创业者发放小额担保贷款2.23亿元，通过创业累计带动就业2.27万人。在今后的以创业促就业方面，我们不仅要把已有的经验加以推广，还应创新思路，着重做好以下几方面的工作：

首先，要以培训为先导，创新培训模式，全面提高创业者创业能力。要加强创业培训力度。在培训过程中，要强化创业意识培训。将创业意识培训内容贯穿到下岗失业人员技能培训、复员转业军人转业培训和大中专毕业生技能培训中，通过创业启蒙教育和邀请经培训后创业成功的创业者现身说法，激发下岗失业人员、转业军人的创业意识和激情，使他们从单纯就业观念转为自主积极创业。在创业培训中，应结合地区经济发展，注重选择有创业条件、创业环境和创业发展空间的地区办学。创业培训要有针对性，培训内容要理论联系实际，不仅安排一些创业所需的基本知识，如企业经营、市场营销、科学预测销售、利润等有关知识，还应组织学员到小企业考察学习，对企业经营进行会诊，通过总结交流经验，发现经营中存在的问题，共同讨论制定解决方案，提高学员们的创业实践能力，使创业者经营理念和企业管理技能得到进一步提升。

其次，在政策和资金上给予创业者切实的支持。在"以创业促就业"工程启动之初，各级政府一方面可以通过财政划拨一部分作为支持创业的启动资金，也可以通过政府担保为创业者发放小额贷款等形式，为创业者筹集创业资金，扶持"以创业促就业"工程的启动。在"以创业促就业"步入良性发展后，应积极探讨创业资金筹集的新模式，鼓励创业者之间相互扶持，如通过联保取得借贷资金等；由政府牵头成立创业风险基金，为建立创业长效机制提供资金保障。此外，政府还应建立创业项目风险评估机制，提高创业资金使用效率。对吸纳失业人员多、发展潜力大的企业和失业人员组织起来创办的小企业，提高贷款额度，支持企业安置和吸纳更多的下岗失业人员就业。

最后，政府应下大力气做好"创业促就业"的后续服务工作，推动"创业—就业—创业"的良性循环。要发挥就业联席会议的作用，定期召开就业联席会，及时研究在贯彻落实创业扶持政策过程中遇到的新情况和新问题；要加强创业师资队伍建设，积极为教师提供培训、研讨等各种学习和深造的机会和条件，满足开展不同层次的创业培训工作的需要；要加强创业指导，各地区要成立专门的创业指导中心，聘请工商、税务、司法、劳动保障等部门资深人士组成专家咨询团定期接待创业人员的咨询和求助，帮助解决遇到的困难和问题，在解决创业困难上实现新突破；各地应成立创业企业协会，并充分发挥创业企业协会的作用，在小老板、社会、政府之间搭起沟通的桥梁，帮助学员沟通创业信息并开展结对互助活动，较好地发挥支持创业、促进就业的作用。

3. 继续加大就业培训力度，为失业者再就业创造条件

近年来内蒙古各地区在实施再就业工程中，做了大量的针对下岗职工、农民工的职业技能培训工作，但是经过参加培训而拥有一技之长的下岗职工与农民工的数量还是很有限，绝大部分人还是缺乏必要的劳动能力，寻找工作非常困难。据有关资料显示，到 2009 年 2 月 28 日，由于受全球性经济危机的影响，因企业停产、裁员、破产返乡的 25.7 万农民工中，有职业技能的只有 58591 人，而已参加培训的只有 42127 人。可见，内蒙古今后还应下大力气抓好职业技能培训工作，扩大培训的覆盖面，使更多的下岗失业人员和农民工通过参加培训提高自身的素质，为今后就业打基础。

在开展职业技能培训时，一定要注意结合经济社会发展和企业用工需求，突出重点专业，提高培训的针对性和实用性。此外，技能培训应与就业对接，坚持"订单"培训，以促进农牧民稳定转移就业。如通辽市各培训院校就从抓"订单"、建基地入手，积极深入企业开展调研，与企业签订联合办学协议和培训"订单"，利用企业的厂房和机械设备等优势资源建立实训基地，既解决了培训院校实操场地和设施不足的问题，又根据企业的就业岗位和"订单"要求，做到了定岗定向培训，实现了校企挂钩、优势互补，提高了培训质量和就业率。目前通辽市已建立起相对稳定的就业基地 184 个，90% 以上的就

业学员都在与学校建立基地关系的企业内就业,其中工业 42.1%、建筑业 28.2%、服务业 29.7%。通过培训,学员稳定就业的比例和工资收入均有大幅提高。

(二)合理调整产业结构与布局,大力发展比较优势产业和产品,真正把比较优势转化为经济优势、市场优势、增收优势

1. 调整、优化产业结构,大力扶持第三产业和非公有制经济的发展

长期以来内蒙古经济结构性矛盾比较突出,第三产业所占比重偏低,工业结构相对单一,非公有制经济和中小企业发展不足。2007 年,全区第三产业所占比重比全国平均低 4.3 个百分点,而第一产业比重比全国平均高 2 个百分点。目前,东部地区发达省市的第一产业比重大多降至 10% 以下,如江苏为 7.2%、浙江为 5.9%、广东为 6.1%、山东为 9.8%,而内蒙古仍高达 12.5%。服务业和非公有制经济弱小是导致经济落后的重要原因之一。全区服务业整体水平不高,首先是规模小、比重偏低,在西部地区内蒙古第三产业所占比重仅高于新疆、青海和陕西三个省区。其次是结构不合理。全区交通运输、仓储和邮政业、批发和零售业等传统产业占地区生产总值比重为 22%,这一比例居全国各省区市之首。而信息传输、计算机服务和软件、金融业、房地产业、租赁和商务服务业、居民服务等现代服务业仅占地区生产总值比重的 9.5%。最后是服务业投入相对不足,发展机制不够灵活。同时非公有制经济总量小、实力弱,对经济发展的拉力不大。目前,在全区工业中国有经济占据着较大比例,非国有经济比例相对较低,发展速度缓慢,在一定程度上影响了经济发展的活力,制约了整体经济的快速发展。

要加快发展,必须认真贯彻落实科学发展观,切实转变经济发展方式。一是要在结构调整和产业升级上下工夫。当前,要把加快第三产业发展作为结构调整和产业升级的重点来抓。加强第三产业和非公有制经济等薄弱环节,大力发展服务业,把服务业发展与工业化、城镇化结合起来,发展面向生产的服务业。同时提升扩展面向生活的服务业,以城市社区为重点,发展生活型服务业,大力扶持发展面向农村牧区的服务业。继续贯彻落实国家和自治区促进非公有制经济发展的各项政策措施,进一步降低非公有制经济和中小企业进入特色优势产业、现代服务业和社会事业领域的门槛。

加强农牧业的技术创新和推广步伐,提高农牧业技术装备水平,创新农牧业经营方式,推动传统农牧业向现代农牧业转变。要把加快县域经济发展,全面提升县域经济发展水平作为重点。当前,要以新农村建设为契机,以文明生态村建设为载体,改善县域区位条件和发展环境;优化产业结构,处理

好县域经济内、县域经济间或县域经济外的关系；积极在农牧区推广新型合作医疗保险、养老保险，加大对欠发达旗县的扶持力度，实现加快发展县域经济与促进社会全面进步的有机结合。要加快县域城市化进程，注重发挥中心城市及建制镇的辐射作用，以城市经济带动县域经济发展；以市场为导向，优化配置资源，将农牧区的资源、城市的消费和支柱产业、农牧民就业等有机结合起来。

2. 从实际出发，发挥、挖掘特色优势，多渠道开发农牧民增收途径

（1）要大力推进农业和农村经济结构的战略性调整，发展高产优质高效农业，提高农牧业的整体素质和效益。内蒙古农牧业经济结构的主要矛盾是农畜产品品质低，加工程度还有待进一步提高，以及转化增值不够等现象，从而在一定程度上制约了农牧民收入水平的提高。要从内蒙古的实际出发，通过发挥优势，放大强势，着力寻求提高农牧民收入的途径。要立足内蒙古733.3 万公顷耕地、8666.7 万公顷草原的资源条件，借助农畜产品加工业的发展势头，将农牧业产业化作为内蒙古农牧民增收的主要渠道去扩展。近年农牧业产业化中参与的农户达 40%，为农牧民收入增加做出了 34% 的贡献。因此内蒙古在农牧业产业化方面应有更明确更倾斜的政策，将其作为新农村、新牧区的产业支撑。这样做，农牧民收入的增加就有比较可靠的源头。农牧业结构的调整必须突出市场导向、突出特色。针对不同季节、区域和消费层次的需要，加快开发名优、特、稀品种，发展优质专用品种，实施农牧业名牌战略，全面提高农畜产品的市场占有份额。加快发展内蒙古具有比较优势的羊绒、牛奶、牛羊肉、土豆等主导产业，不断对龙头企业在政策、资金、技术上进行扶持，使它们把内蒙古的优势资源带入国内外大市场。真正把比较优势转化为经济优势、市场优势、增收优势。

（2）要大力发展农村非农产业，促进农牧民收入持续增长。2007 年全国农民人均纯收入为 4140 元，比内蒙古高 187 元。其中，非农产业纯收入为2045 元，比内蒙古高出 1219 元，在农民纯收入中所占比例达到 50%，对农民收入增长贡献率也达到 50%。目前全国农民收入结构已形成农业收入与非农产业收入并重、非农收入逐渐占主体的格局，近几年农民收入增长主要是依赖非农产业的贡献。而内蒙古农牧民收入还主要依赖第一产业增收，非农产业很不发达。2007 年内蒙古非农产业收入比全国平均水平少 1219 元，贡献率低了 27.4 个百分点。其中工资性收入的贡献比全国平均水平低 19 个百分点；家庭经营第二、三产业的贡献比全国平均水平低近 6 个百分点。目前内蒙古农牧民非农产业收入占农牧民收入的比重仅为 21%，农村牧区非农产业发展

水平还处在全国较低水平。近期内由于受多种因素制约，仅靠农畜产品产量、农畜产品价格以及农牧业生产效益的提高来促进农牧民收入增长的空间会进一步缩小，对农牧民收入增长的拉动逐渐减弱。因此，必须大力促进农村牧区非农产业的发展，以此促进农牧民收入持续增长。首先要在指导思想上突出非农化，出台有利于非农经济发展的各项政策，运用税收、财政、金融等经济手段，努力营造有利于农村非农经济发展的政策环境、融资环境和法制环境，为非农产业发展铺平道路；还要在财政上集中一定资金集中投入结构调整，使之在尽可能短的时期内取得成效。其次应在小城镇发展上推动非农化。内蒙古农村与发达地区农村的差距，从一定意义上讲是城镇化发展的差距。因此，必须加快小城镇建设，以小城镇建设提高城市化水平，吸纳更多的农村劳动力，促进劳动力就业结构非农化和城乡社会经济统筹发展；以小城镇建设带动产业结构调整，带动农村牧区经济发展；以小城镇建设扶持乡镇企业发展，共同实现可持续发展的良性运作，为农村剩余劳动力转移营造更多就业空间。此外，还要大力发展劳务经济，促进农牧民工资性收入增长。发展劳务经济是当前提高农牧民收入最现实、快捷、有效的途径，所以各级政府要把劳务输出作为当前最大最快的富民产业来办，应拓宽进城务工渠道，推进劳动力市场的改革，建立城乡统一的劳动力市场，加强农牧民技能培训，改善进城农牧民待遇，解决其在住房、教育、医疗、子女就学等方面的问题。

（3）要建立顺畅高效、便捷安全的农产品流通体系，切实解决农产品卖难问题，稳定农牧民家庭经营收入。要采取措施改变农产品流通环节多、流通成本高、市场秩序混乱的状况，建立顺畅高效、便捷安全的农产品流通体系，切实解决农产品卖难问题。要千方百计提高农业生产效率、减轻农牧民负担，制止乱收费、乱罚款等行为，消除各种影响农牧民进入市场的障碍，提高农牧民进入市场的组织化程度。要引导和发展优势特色的农畜产品生产基地和农畜产品深加工产业，不断开发具有高附加值、前景广的新产品以适应市场需求。通过龙头带基地、基地带农户等方式组织和带动农牧民进入市场，延长农牧业生产链，使农牧业向第二、三产业延伸，使农牧民从产品的储藏、加工、流通、销售环节中不断增加收入。此外，鼓励农牧民建立专业化合作组织，以提高农牧业的专业技术和专业化程度，增强抵御市场风险的能力。

（三）统筹城乡发展，切实缩小城乡收入差距，从整体上提高内蒙古城乡居民生活水平

城乡居民收入差距、行业间收入差距的不断扩大，严重阻碍了内蒙古居民生活水平的提高。要想缩小差距，就必须彻底打破城乡分割的二元经济体制，打破行业垄断，以公平为基础，构建公平和谐的市场竞争环境，调动各种劳动者的积极性，提高整个社会的劳动效率，促进全体居民生活水平的提高。

1. 以公平的理念统筹城乡发展

要下决心改变二元经济体制下形成的城乡分离的各种制度，要给予农牧民平等的就业、教育、医疗机会以及平等的国民待遇。要以平等的原则作为基本理念，构建内蒙古城乡居民收入与消费差距的平抑机制。一是要提供平等的就业机会。完全开放劳动力市场，彻底改革现有城乡分割的户籍管理制度，是控制和缩小城乡居民收入差距的有效途径。在工业化进程中，要把解决城市就业和解决农村、牧区富余劳动力转移问题统筹考虑，取消限制农民工进城的不合理规定，取消针对农民的不合理和不合法费用，整治恶意拖欠、克扣农民工工资问题。要彻底消除农牧民进城务工的歧视性政策和障碍，简化各种手续，防止乱收费。积极完善促进农村、牧区劳动力转移和充分就业的工作机制，努力构建城乡统一的劳动力就业市场，为农民提供平等的就业机会。二是要提供平等的受教育权利。要加大对农村、牧区基础教育的支持力度，让农牧民子女享有平等的受教育权利。农村、牧区基础教育、职业教育和技能培训要统筹兼顾。同时，积极推进教育体制改革，最终形成城乡统一的教育体制。三是要提供平等的医疗救助。农村、牧区公共卫生是典型的公共产品，必须予以全力关注。现实生活中，农牧民因病破产的事在农村牧区屡见不鲜，这对改变农牧民生活状况十分不利。政府应加大财政转移支付力度，切实扶持农村牧区的卫生事业。要对农村、牧区卫生事业体制进行彻底改革，在城乡之间公正分配医疗救助资源，彻底改变农村、牧区缺医少药和公共卫生事业建设滞后的局面。

2. 逐步打破行业垄断，营造公平的竞争环境，缩小行业间收入差距

市场经济强调公平竞争，为此必须逐步打破导致机会不平等的垄断体制，建立平等公开的、市场竞争的收入分配秩序。加快对部分垄断行业的市场化改革，打破垄断，消除市场进入歧视，创造平等、公平的市场参与环境，加强对垄断性高收入的调节和监管，规范国有资本收益收缴办法，强化收入分配的产权约束，切实缩小行业间收入差距。

（四）完善社会保障体系，切实保证最低收入群体收入的提高

内蒙古要加大财政对社会保障的投入力度，多渠道筹措社会保障基金，建立与经济发展相适应的管理体制统一、保障方式多层次、管理服务社会化

的社会保障体系，合理确定保障标准和方式。继续建立和完善城镇职工基本养老保险、医疗保险、失业保险、工伤保险、生育保险，进一步完善城镇居民最低生活保障制度、提高相关待遇的标准，下大力气解决城镇最低收入居民的增收问题。要随着经济发展和财政收入的提高，适时提高城镇职工最低工资标准和离退休职工的离退休金标准，要提高农民、农民工和城镇居民下岗失业人员、低保人员的收入和社保水平。建立定期联动调整机制，依照国家政策合理调整、提高各类社会保障标准，扩大社会保障覆盖面，逐步将事业单位、非公有制企业、灵活就业人员、进城务工的农民工、城镇周边被征地农民纳入社会保障覆盖范围，并提高参保人员的保障水平，采取措施逐步降低参保困难人群医疗保险个人负担，深化和完善农村新型医疗制度，进一步完善被征地农民社会保障制度。健全扶贫济困机制，加快覆盖城乡的社会救助网络体系建设。

要继续完善以养老、医疗、失业保险为主的农村牧区社会保险制度建设，重点解决农民工的工伤保险和医疗保险问题；全面实施社会医疗救助制度，适当提高医疗救助资金标准，切实解决农牧民因病致贫问题；加快农村牧区敬老养老设施建设，鼓励和支持民间资本依法进入社会福利和社会救助领域，提升各类福利服务机构层次，提高管理服务水平，促进社会福利事业发展。

（五）深化分配体制改革，加强企业工资宏观调控力度，促进企业职工工资水平合理增长，鼓励各种要素参与分配

1. 积极探索和建立收入增长、就业增长与经济增长良性互动机制，合理调节收入分配结构

合理的收入分配是社会公平的重要体现。当前，内蒙古城乡居民收入总体上不断提高，但在收入分配结构中，政府和企业占国民收入分配的比重偏高，而居民收入占比偏低，劳动报酬在初次分配中的比重偏低。从整个经济社会发展看，一方面，如果广大劳动者收入长期得不到提高，收入差距不断扩大，很可能落入"中等收入陷阱"，即居民收入增长慢，影响到社会稳定，进而影响投资环境，反作用于经济发展，使人均地区生产总值一直徘徊在中等收入线，难以有效提高居民的整体收入水平。另一方面，消费率偏低、投资率偏高，还会导致生产能力过剩，最终反过来制约经济的发展。

要努力改变当前"强势资本、弱势劳工"的局面，保护处于弱势地位的劳动者，使得劳动者收入能够随着经济的增长而得以相应增长。一方面要健全工资、社会保障、劳动保护等方面的法律制度，提供公正的规则，加强对劳工权益的保护；另一方面各级政府要转变观念，把提高人均收入也列为发

展目标，促进需求全面增长，稳步提高居民消费率，促进消费、投资相协调，增强经济发展后劲，全面提高居民生活质量。

2. 提高劳动报酬在初次分配中的比重

目前内蒙古劳动力市场化程度已很高，劳动力价格总体上由市场机制发挥作用。但问题是职工工资增长与否、增长多少，基本上由企业决策机构说了算，而相应的工资集体协商、国家公布行业人工成本信息、指导工资线等制度没有普遍建立，使劳动者在工资分配上处于被动地位，加上农村剩余劳动力多，企业压低工资也能招到人，造成一线劳动工人工资十几年不变或很少上涨。特别是农民工的工资拖欠问题仍时有发生。要改变这种状况，职工工资就不能完全由企业主说了算，而是要有一个机制保障。各地应积极推行工资集体协商制，让劳动者组织起来，靠集体的力量跟雇主谈判，改变工资由企业单方决定的现状。继续做好机关事业单位职工工资调整工作，严格执行最低工资制度，健全企业职工工资正常增长机制。

3. 提高内蒙古城乡居民收入在国民收入分配中的比重

要发挥政府宏观调控的作用，着力提高低收入者收入水平，逐步扩大中等收入者比重，有效调节过高收入，促进收入分配结构合理化。首先应继续提高企业退休人员养老金，推进事业单位工资制改革，同时千方百计增加农民收入。对城镇低收入者，一方面要不断提高低保标准和最低工资标准，另一方面要加强技术和职业培训，提高其劳动技能和素质，提高低收入者收入水平，稳步提高中等收入者比重，争取实现到 2020 年中等收入者占多数的目标。要强化政府对收入再分配的调节职能，规范分配秩序，保护合法收入。

分报告九　生态文明发展战略

"人类的文明史是一部人与自然的关系史。从人类产生便有了人与自然的关系，而人类创造的文明，总是与支撑文明的环境息息相关的。文明是某一地域文化对环境的社会生态适应的全过程，文明的起源，文明的延续乃至文明的衰亡，都与支撑文明的环境有着密不可分的关系。"（《文明消失的现代启悟》）

中国共产党第十七次全国代表大会提出，要建设和发展社会主义的生态文明，并把其和物质文明、精神文明、政治文明并列，作为国家发展战略之一，使生态文明与社会主义物质文明、精神文明、政治文明一起成为建设和谐社会的重要内容，成为中国特色社会主义社会的基本特征。内蒙古作为边疆和少数民族地区之一，如何从内蒙古自然、经济、社会特点出发，建设生态文明，不仅是内蒙古社会、经济长期发展中面临的一个重大问题，也是实践科学发展观、体现科学发展观的战略要求。

一、生态文明的含义

（一）生态文明的概念

中国共产党第十七次全国代表大会报告明确指出，建设生态文明，就是要使我国基本形成节约能源资源和保护生态环境的产业结构、增长方式和消费模式；使循环经济形成较大规模，可再生能源比重显著上升；使主要污染物排放得到有效控制，生态环境质量明显改善；使生态文明观念在全社会得到牢固树立。原中国科学院院长路甬祥院士认为：生态文明是人类社会文明的一种形式，是社会物质文明、精神文明和政治文明在人与自然和社会关系上的具体体现。生态文明以人与自然关系和谐为主旨，在生产、生活过程中注重维系自然生态系统的和谐，追求自然——生态——经济——社会系统的关系协同进化，以最终实现人类社会可持续发展为目的。从广义角度理解，生态文明是以人与自然协调发展作为行为准则，建立健康有序的生态机制，实现社会、经济、自然环境的可持续发展之路，这种文明形态表现在物质、精神、政治等各个领域，体现人类取得的物质、精神、制度成果的总和。从狭义角度理解，生态文明是与物质文明、政治文明和精神文明相并列的现实文明之一。统筹理解，生态文明就是在人类社会建设和发展中形成的人与自然的和谐关系，是人与自然、人与人、人与社会和谐共生、良性循环、全面发展、持续繁荣为基本宗旨的文化伦理形态。

生态文明具有丰富的内涵，主要包括生态意识文明、生态制度文明和生态行为文明三个方面。生态意识文明是人们正确对待生态问题的一种进步的观念形态，包括进步的生态意识、生态心理、生态道德以及逐步趋于稳定的、体现人与自然平等、和谐的价值取向和生态文化以及意识形态；生态制度文明是生态环境保护和建设水平、生态环境保护制度规范建设的成果，体现了人与自然和谐相处、共同发展的关系，反映了生态保护的水平和认知程度，也是生态环境保护事业健康、有序发展的保障，生态环境保护和建设的水平，是生态制度文明的外化，是衡量生态制度文明程度的标尺；生态行为文明是指人们在一定的生态文明观和生态文明意识指导下，在生产、生活和各种社会实践活动中推动生态文明进步发展的活动。包括清洁生产、循环经济、环保产业、绿化建设以及一切具有生态文明意义的参与和管理活动，同时还包括人们的生态意识和行为能力活动的培养。

（二）生态文明的特征

（1）具有公共性产品表征。生态文明是以生态环境为基础的，其最终体现的物质成果是不同形式存在的生态环境、生产环境、生活环境等公共产品。和农业文明时期不同，现代社会建设、维护、利用良好的生态、生活、生产环境需要付出越来越多的成本和代价，良好的生态、生活、生产环境也愈来愈成为一种稀缺资源。根据管理学理论，公共产品最鲜明的四个特点：①利益的共享性。即生态文明建设成果一旦形成就具有公众共同享受其好处的作用。但生态产品利益的共享性会造成"公用地的悲剧"现象的出现。②正外部性。即生产者的经济活动对其他人带来了利益，但生产者却得不到应有的利益补偿。产生了社会收益大于私人收益的现象，其结果影响了生态保护者的积极性。③负外部性。和正外部性相反，生产者某项经济活动对其他人带来了损失，但生产者不支付必要的代价。产生了社会收益小于私人收益的现象。结果导致过多生态破坏活动产生。比如，过度放牧，过度砍伐森林资源，造成生态环境的日益恶化，等等。由于这些负效应都不包括在生产者的成本里，对这些不利活动也不付出任何代价，因而这些对生态保护的有害活动也不会自然降温。④利益的无偿性。即一般情况下不需要个人从享受生态文明建设成果中支付费用，其支付方或者是政府、或者是利益主体的某个组织或群体，而且一般情况下很少有直接的资金利益回报。

生态成果这些特性决定了在生态文明建设中必须注意以下问题：生态建设理应由政府来实施，或由政府组织实施。同时在组织实施过程中，需要正确选择建设和投资主体、合理确定建设方式、科学安排管理形式。同时要注意，生态文明建设成果的评价不是取决于组织者或投资者，而是无偿享受建设成果的民众或组织内部的成员的意见。这要求在建设生态文明中，必须从民众的利益角度出发，以满足民众的需求为生态文明建设的出发点和归宿。

（2）具有产业性表征。现代生态文明主要反映的是社会再生产过程中各产业内部、不同产业之间形成的相会依存、相互促进，从而形成和谐共生的关系。这种关系最终表现为人与自然的和谐共生的良性发展状态。应该说，生态文明的产业性表征是生态文明的核心表征，是生态文明战略的基本支撑，产业性表征左右着其他表征的表达方式。这也是中国共产党第十七次全国代表大会报告中强调建设生态文明要"基本形成节约能源资源和保护生态环境的产业结构、增长方式和消费模式；使循环经济形成较大规模，可再生能源比重显著上升；使主要污染物排放得到有效控制……"的意义所在。

（3）具有综合性表征。生态环境是好是坏，并不单纯取决于对生态保护的情况，而是人们各种经济和社会活动综合作用的结果。各类经济活动或直接或间接地对环境和生态造成影响，第一产业中的农业、畜牧业、林业、渔业均是依靠自然进行的再生产过程，都会对环境产生有益或不利的影响。第二产业中有些产业，例如采矿业或直接攫取自然界的物质，或间接利用自然界物质，并将无法利用和不能利用的物质排放给自然界。第三产业则多数是通过间接和自然界交换物质来实现再生产的循环。各类社会活动则通过对经济活动的干涉、影响，或通过消费来间接或直接影响环境。因此，生态文明直接的表现是生态状况，但实质是各种因素综合影响的结果。从这点出发，要求我们在建设生态文明时需要采取全方位的、综合性的措施。

（4）具有社会性表征。如前文所述，人们的社会活动不仅会通过对经济再生产的影响来影响生态文明建设和发展情况，而且人类活动本身，如对人口的增加或减少、人口的迁徙、人们的活动和生活方式都会直接造成影响。在一些情况下，这种影响甚至具有决定作用。从这点出发，要求我们在建设生态文明时不仅要重视物质生产活动，而且需要重视人们的社会活动。

（5）具有区域性表征。生态文明的区域性表征主要是由不同地区生态条件、经济类型和人文社会条件决定的。就内蒙古而言，东部地区的林业生态和草原生态区域，中部地区的农业和草原畜牧业生态区域，西部地区的黄河灌区农业区和荒漠型草原畜牧业生态区域。即便是同一地区也可以因城市和农村或城镇和牧区而呈现出不同的生态特点和由此产生的不同的生态文化特点。从这点出发，要求我们在建设生态文明时首先要考虑的是在建地区的生态特点和文化习惯等具体情况。

（三）生态文明的一般历史演进

从人类和自然相互关系的演变历史来看，人类文明发展史可以分为三个阶段：第一阶段是农业文明阶段。是由原始的蒙昧状态，狩猎的文明萌芽期阶段，经社会生产力发展、推动进入农业文明阶段的。在农业文明阶段，人类对于自然资源的利用能力非常有限，对自然的索取在总体上尚未超出自然界自我调节和再生的能力，因此自然界较少受到破坏，人与自然的关系处于比较和谐的状态，自然秩序没有发生紊乱。第二阶段是工业文明阶段。随着蒸汽发动机的出现，机器大工业逐步取代手工工场，工业文明开始出现并逐步取代了农业文明。在工业文明阶段，社会生产力有了巨大的发展，人类开始具备改造自然、征服自然的能力，出现了由狩猎状态和农业文明状态下恐惧自然、崇拜自然的行为，向支配自然、征服自然转变的行为。在工业革命出现后的短短二百多年间，人类对自然的索取超过了过去几个世纪的总和，也超过了自然界自我调节和再生的能力，从而导致植被破坏、温室效应加剧，使长期形成的人与自然的和谐关系面临严峻的考验。第三阶段是生态文明阶段。生态文明是人类文明发展的新阶段，生态文明以尊重和维护自然为前提，以人与人、人与自然、人与社会和谐共存为宗旨，以建立可持续的生产方式和消费方式为内涵的新型文明形态，是在克服工业文明偏重发展物质生产力、物质消费，重视生态环境建设和处理人与环境和谐共存关系不够等不足基础上产生的一种更高级的文明形态。在生态文明阶段，通过提高社会生产效率、控制和减少有害物质的排放、合理进行生产力布局、优化产业结构、强化生态保护和建设力度，实现生态和环境良性循环的同时，经济不断发展、社会不断进步。

值得自豪的是，生态文明建设和我国传统的"天人合一"、"仁民爱物"的思想不仅是相吻合的，而且是一脉相承的，从中也可以看出，建设生态文明，不仅是现代经济社会发展的客观要求，而且符合中华民族的传统发展思想。这对于我们增强生态文明观念、建设生态文明社会是一个非常有利的条件。

二、内蒙古生态文明建设的现状

(一) 内蒙古生态文明建设历程

新中国成立以来内蒙古生态文明建设大体可分为三个时期。

内蒙古自治区成立到十一届三中全会的重经济社会建设、轻生态建设阶段。这一时期，内蒙古生态文明建设呈现出的特点是：广大农村牧区和小城镇仍以农业文明为主，大中城市逐步过渡到以工业文明为主的格局。但相对农牧业，工业规模小、产出少，且仅分布在少数城镇，对内蒙古经济影响也较小。人为的对自然生态的影响还比较有限，绝大部分草原、森林和农田保持着良性的自然再生产循环状态。

但这一时期一些影响生态良性循环的不和谐因素已开始显现。突出地表现在两个方面，在农村牧区，在人口增长的推动下，大规模进行了草原和农田开垦。这段时间内，内蒙古较大的垦荒运动进行了三次，共计开垦荒地250多万公顷、草原333多万公顷。在城镇，在推进经济特别是工业化过程中，主要注重的是工业建设速度和规模，基本不考虑发展工业所带来的能源利用、空气污染、废弃物排放等一系列对环境和生态影响问题。没有从维护生态平衡或从生态和谐发展的角度制定出台有关保护生态的政策和法律法规等。在认识上和观念上还没有树立起经济、社会和生态相互共生、和谐发展的理念。

十一届三中全会到第十七次全国代表大会召开的经济社会建设与生态建设并重阶段。这一时期的主要变化是内蒙古工业以及其他非农产业的总产值逐步超过农牧业总产值，迅速确立了工业和其他非农产业在内蒙古国民经济中的主导地位，这一趋势虽在"文化大革命"中受到了一定影响，但工业加上其他非农产业在国民经济的扮演主导角色的地位没有发生改变。

这一时期，工业产生的废弃物和排放物对生态和环境的负影响开始显现，并逐步加重，一些工业特别是重化工业比重较大的城市，污染日渐严重，生态恶化和植被退化对人民生活的影响愈来愈严重，迫使人们重新审视新中国成立以来的经济社会建设认识和政策。以十一届三中全会为标志，党和政府开始重视生态建设，全社会迈出了生态治理和建设的步伐。这个步子首先是从认识和制定治理生态政策开始的。一是制定和出台了计划生育政策和法规。二是从保护生态的角度，做出了全民植树造林的战略决策。在全社会掀起了植树造林的运动，并作为一项战略决策坚持不懈；开展了建设"三北"防护林，构建绿色长城的浩大工程。三是改变了农牧业生产方式。全面提倡和推广了围封转移、圈养牲畜，为草原提供恢复植被的机会；在农村，对不适宜种植农作物的坡耕地、荒地，全面推行了退耕还林、退耕还草（牧）的政策措施，为有效遏制生态恶化创造了条件。四是市场经济体制的推行，使许多在计划经济时期无偿使用的自然资源，不仅变得愈来愈稀缺，而且需要付出的使用费和代价也愈来愈大，资源有价、环境有价的思想逐步成为人们的常规观念之一。五是大幅度增加了生态建设的资金投入。

虽然采取了一系列措施，但生态条件继续退化，局部环境恶化趋势仍没有得到有效遏制，新的生态问题开始出现并变得突出起来。非农产业主要是工业迅速发展的过程中废弃物的排放问题、资源利用效率不高的问题愈来愈广泛和突出，节能减排成为这个时期生态和环境建设新的突出矛盾。安全生产和安全消费问题越来越引起全社会的关注和重视，不仅考验着人们的生产消费信心，而且还不断引起国际间的贸易摩擦，对涉及的产业和相关企业造成了重大的甚至是致命的打击。

中国共产党第十七次全国代表大会召开后的建设生态文明和谐发展阶段。自中国共产党第十七次全国代表大会提出建设生态文明后，内蒙古生态建设即将进入一个新的历史时期。这一时期，生态建设的理念、内涵、方式都将不同于前两个时期。第一，将从单一的生态保护或建设，转变为以人为核心的社会化的、综合性工程，将更加注重不同部门、不同产业间的配合和协调。第二，在建设理念上将由之前的以"工程"、"项目"等形式的建设，升华为"文明"建设，突出强调了人的核心作用，因为"文明"体现的最主要对象是"人"。第三，生态文明建设，既是一个"生态"建设的过程，也是一个"社会"建设的过程。第四，生态文明建设必然是一个长期的过程。

从内蒙古生态文明建设的发展过程可以看出，建设生态文明有其历史发展的必然性。一是顺应了人们社会需求。进入 21 世纪以后，我国在经济社会各个领域取得了巨大成就，人们的物质生活得到了极大提高。根据马斯洛的需求层次理论，当人们对食物、水、住房等需求满足以后，会开始向更高的需求层次发展，安全舒适的生活环境、清洁的空气、明亮的天空、多样化的生物种群以及和谐的人与自然的关系等就成为人们一种新的消费追求。建设生态文明正是顺应了人们的需求。二是改善生产生活环境，遏制生态环境持续恶化、退化的要求。三是在整合诸多领域生态保护、建设理念、政策、措施基础上，形成的统一的、更高层次的生态建设理念。四是提高人们基本素质和社会文明程度的需要。

（二）内蒙古生态文明建设的主要成就

经过近 60 年，特别是改革开放 30 年来的工作，内蒙古生态总体上的退化问题虽然没有得到根本扭转，但在遏制恶化趋势加快，促进局部地区改善并步入良性发展方面，取得了许多历史性成就。

（1）保护和建设生态的法律法规和政策不断得到加强。改革开放以来，特别是进入 20 世纪 90 年代以来，内蒙古保护和建设生态的法制化步伐逐步加快，出台了大量地方法规和规章，有效地推动了自治区生态文明的建设步伐。在保护林地、草场、耕地资源，促进农牧业方面，陆续颁布出台了《内蒙古自治区草原管理条例》、《内蒙古自治区耕地保养条例》、《内蒙古自治区草畜平衡暂行规定》、《内蒙古自治区林木种苗条例》、《内蒙古自治区农业节水灌溉条例》、《内蒙古自治区公益林管理办法》、《内蒙古自治区退耕还林管理办法》等多部法规性文件；在保护矿产资源、水资源，促进工业发展方面，陆续颁布出台了《内蒙古自治区实施〈中华人民共和国节约能源法〉办法》、《内蒙古自治区矿产资源管理条例》、《内蒙古自治区地热资源管理条例》、《内蒙古自治区境内西辽河流域水污染防治条例》等法规性文件；在保护人民生命、财产，促进人民改善生活条件方面，陆续颁布出台了《内蒙古自治区人口与计划生育条例》、《内蒙古自治区实施〈中华人民共和国消费者权益保护法〉办法》、《内蒙古自治区城市市容和环境卫生违法行为处罚规定》、《内蒙古自治区产品质量监督管理条例》等法规性文件；在保护、建设自然环境和城市建设方面，出台了《内蒙古自治区自然保护区实施办法》、《内蒙古自治区自然保护区实施办法》、《内蒙古自治区湿地保护条例》、《内蒙古自治区机动车排气污染防治办法》、《内蒙古自治区珍稀林木保护条例》等法规性文件。

除颁布大量的法规规章外，自治区党委政府还制定出台了大量政策性文件，有效促进了环境保护、生态建设工作的开展。例如，1997 年内蒙古党委政府《关于加快沙区山区生态建设步伐的决定》（内党发［1997］27 号）、政府办公厅下发的《关于严禁在牧区和林区开荒种地的通知》，1999 年政府下发的《关于严禁乱开滥垦加强生态环境保护与建设的命令》（内政发［1999］1 号）、内蒙古党委政府下发的《关于加强草原保护和建设的决定》（内党发［1999］5 号），2002 年内蒙古政府办公厅关于印发《内蒙古自治区退耕还林（草）工程管理办法（试行）》（内政办发［2002］12 号），以及《关于加大生态保护与建设力度严禁乱开滥垦的通知》、《关于深化改革加快林业发展的决定》、《关于加快沙区、山区生态建设的决定》等重要文件。同时，内蒙古自治区党委和政府还将生态保护与建设工作列入各盟市党政领导班子考核目标，建立了各级领导目标责任制度，层层签订责任状，确保生态保护和建设的任务、目标、责任得到落实。

（2）生态、环境恶化的趋势得到遏制。"十一五"期间，国家实施的退耕还林还草、退牧还草、京津风沙源治理等八大重点生态建设工程，范围涉及了内蒙古90%以上的旗县，累计投资了145.9亿元，共完成了退耕还林233.6多万公顷，退牧还草997.2多万公顷以及京津风沙源治理216.5多万公顷的任务，营造了161.6多万公顷公益林，治理水土流失面积达28万公顷，建设与保护了38.1万公顷的草原，治理荒漠化面积38.0万公顷。完成造林、封育、飞播433.3万公顷。通过生态建设和保护，内蒙古自治区森林覆盖率由"九五"期末的13.8%提高到目前的17.57%。荒漠化面积与1999年相比减少160.1多万公顷，沙化土地面积减少了48.8万公顷，并且土地荒漠化的程度明显降低，流动沙化面积减少。内蒙古生态状况已进入"整体遏制，局部好转"的阶段（《关于内蒙古生态建设和保护情况的调研报告》，全国人大环资委宋照肃副主任委员内蒙古自治区生态建设和保护情况报告）。从2003年到2007年，林业生态建设面积339.9万公顷，治理水土流失面积219.0万公顷，草原建设总规模660.0万公顷以上，禁牧休牧草原面积4290.0万公顷以上，加强重点区域、重点流域和重点行业环境治理，内蒙古环境质量明显改善，地表水质达标率由27.8%提高到66.15%，全区监测的15个城市空气质量达到二级标准的有9个，达到三级标准的5个。在环境保护建设项目方面，到2007年，内蒙古已建立自然保护区203个，其中，国家级自然保护区22个，自治区级自然保护区60个，自然保护区面积1388.35万公顷，其中国家级自然保护区面积350.63万公顷。全区拥有生态示范区建设试点单位28个，拥有各级环境监测站70个。

同时，内蒙古合理地解决畜牧业生产、草原生态保护和人民生活三者之间的关系，使草原畜牧业走上可持续发展道路。内蒙古从草地资源当中按照自然规律划分出不同的生态功能，制定出生态功能的规划、草原生态功能区划；从严格执法、保护好草原方面入手，全面推行禁牧休牧和划区轮牧的制度和基本草原保护制度。转移一部分草原上草地资源非常匮乏、生活比较困难的群众，到水资源条件比较好的地方，从事第一产业，或者是经过职业技能培训，从事第二、三产业，减少了生态脆弱地区、生态功能区的人口数量。在草原资源相对比较好的地方，实行季节性休牧、划区轮牧，同时提高优良畜种的比重，提高草原畜牧业的质量和效能，提高畜牧业的科技含量，保证牧民的生产生活。继续完善草原"双权一制"制度，使草原能够合理有序地进行流转，加大基本草场的保护。

在节能减排方面，内蒙古注意通过产业结构调整、建设基地，引进、开发、延伸加工项目，出台限制低水平建设的政策，制定对煤炭、电力、化工、钢铁、高耗能等行业最低规模标准和工艺标准，提高产业准入门槛，淘汰落后生产力，切实落实了环保节能措施，在节能降耗方面有了长足进步。到2007年，累计关闭小煤矿1500余处，淘汰产能5000万吨，关停10万千瓦及以下小火电机组50台，总装机容量103.2万千瓦，清理关闭小电石、小铁合金企业64户，淘汰产能56万吨，淘汰小炼钢、落后水泥产能分别为216.6万吨、126万吨，全部淘汰土焦、改良焦企业和年产20万吨以下的机焦企业共计226户，淘汰产能550万吨。其中，仅2007年就关停小火电机组总容量103.8万千瓦，完成国家任务75.5%；关闭小煤炭产能600万吨，小钢铁产能369.3万吨，小水泥产能142.4万吨，电石产能10万吨。为后续发展留出了空间。

在控制城市污染方面，2005~2007年，内蒙古14个监测城市的二氧化硫平均浓度下降4.8%，二氧化氮浓度下降8.3%，可吸入颗粒物浓度下降25%，浓度级别由2005年的三级轻污染转变为2007年的二级良好，污染明显减轻。内蒙古主要城市的优良天数从2005年平均266.3天提高至2007年的311.5天。

（3）生态产业得到进一步发展，林业产业总值持续增长。"十五"期末，林业产业实现产值100亿元，比"九五"期末翻了将近一番。沙产业长足发展。内蒙古现有规模较大的山杏仁、沙棘、枸杞等食品、药品加工企业和沙柳等灌木人造板、造纸、柳编、灌木饲料加工厂等30多家，年创产值10亿元以上，解决了22万人就业。涌现出了一批有影响的沙产业企业。如内蒙古毛乌素生物质热电有限公司利用沙柳做原料进行发电，每年可消耗沙柳20万吨，带动治理荒漠1.3万公顷，是我国首家大规模建设生物质原料林自有基地的生物质电厂。内蒙古东达蒙古王集团利用沙柳制造高级箱板纸，年产量可达到40万吨以上，产值近8000万元，人均增收1000余元，实现沙柳就地转化利用，变废为宝。同时启动了沙柳产业化环保生态扶贫项目。该项目辐射了库布齐沙漠周边地区近20万公顷沙柳基地，建设养殖区70个。内蒙古亿利资源集团有限公司发展以沙漠甘草为主的中药加工产业和沙漠观光旅游产业，治理沙漠面积20万公顷，控制面积80万公顷，分别占杭锦旗内库布齐沙漠总面积的10%和43%。内蒙古天兰科技治沙产业有限公司种植沙柳20多万公顷、甘草近4万公顷，科学治理近2.7万公顷沙化土地，惠及多达200多户农牧民，平均每户年增收1.35万~1.5万元。沙产业的发展为沙漠治理注入了新的活力，加快了沙区生态保护与建设，并形成生态建设与产业发展良性互动机制。

（4）社会再生产中生态文明意识得到了体现和强化。在各级政府重视和强化生态保护、生态建设的同时，社会各类企业、事业单位和广大公民的生态和环保意识也显著增强。主要表现在：人们对生态文明建设的认识有了翻天覆地的变化。由无节制地开发利用自然资源到加强保护，虑及子孙、循环利用自然资源；由重采伐、轻造林，到适度采伐、重造林，重视加工增值；由把自己作为自然的主宰，到树立生物多样性认识；由重经济建设、轻生态保护，到建设生态文明；由滥垦滥伐到退耕还林、还草、还牧。内蒙古人和全国一样，在短短的几十年中在维护、建设生态方面完成了西方几百年才完成的认识上的飞跃；关心、参与生态环境保护和建设的民众愈来愈多，主动性也愈来愈强。社会上已形成了谴责不利于环境行为、尊重和维护有益于环境行为的广泛的社会氛围；人们在追求满足物质生活的同时，愈来愈重视产品的安全，重视生活环境的改善，甚至把后者作为选择物质产品的前提；各类具有环保功能的产品成为新产品研发的发展趋势，市场在强化具有环保功能产品的地位方面作用愈来愈强；人们在运用法律、政策保护和建设自身生活、生存环境方面的意识在不断增强。

（三）内蒙古建设生态文明面临的挑战

1. 内蒙古生态文明建设存在的问题

推进工业化过程中生态文明建设问题。逐步减少废弃物排放和提高资源综合利用率是工业化文明程度的基础和重要体现，但内蒙古这方面的差距还比较明显。2007 年，内蒙古单位地区生产总值电耗 2101.68 千瓦时/万元，居全国第 6 位，是全国平均水平的 132.2%，较 2005 年增长 22.6%，增幅居全国之首。内蒙古单位地区生产总值能耗为 2.305 吨标准煤/万元，居全国第 5 位，是全国平均水平的 148.2%；单位工业增加值能耗 4.879 吨标准煤/万元，居全国第 4 位，是全国平均水平的 172.5%。2007 年内蒙古的生产总值占全国的 2.4%，但是消耗的煤炭占全国的 4.8%，消耗的电力占全国的 2.3%，消耗的水占全国的 3.4%。成为 2007 年未完成节能降耗目标任务的 7 个省区之一。单位能耗较高，不仅影响了内蒙古相关产品的竞争力，同时也意味着较低的生产效益、对资源较大的浪费和对环境较大的副作用。此外，大量企业，特别是一些小型企业，设备落后，技术水平较低，没有甚至逃避添置废弃物处理的投入，任由工业废弃物自由排放，造成工业污染。同时宏观经济的阶段性偏热带来的对能源原材料的过多需求，价格的上涨，在进一步推动更多不具备排污条件企业上马的同时，也增加了新的污染源和污染物，应该说这是工业废弃物达标艰难的一个重要原因。2007 年，主要污染物排放指标中，工业废水排放达标率为 73.69%，工业二氧化硫排放达标率为 85.61%，工业烟尘排放达标率为 69.76%，工业粉尘排放达标率为 89.52%，均未达标。不仅在工业生产中存在着和生态文明建设不相和谐的问题，在产成品中也因产品污染或质量问题不时给工业化过程中的文明生产蒙上一些阴影。影响比较大的是"三聚氰胺"事件，这一事件给内蒙古乳业产业造成了巨大损失，带来了长久的不利影响，进而影响到其他食品加工行业，给内蒙古自治区以天然草原为标志的绿色食品生产带来许多负面效果。

推进农牧业现代化过程中生态文明建设问题。主要表现在以下几个方面。一是作为农牧民生活环境和生产条件的草原和耕地还很脆弱。内蒙古从大兴安岭西麓到乌海市存在一条很宽的农牧交错地带，是内蒙古重要的畜牧业和农业产区，也是湿润区向干旱区过渡地带，又是内蒙古几大沙地的分布区，人口相对稠密，人为活动对环境的干扰力度大，已治理和恢复的生态系统还是一个不稳定的系统，处在不稳定的人造生态系统向稳定的自然系统演变阶段。特殊的地理位置决定了其生态系统极易受气候波动的影响，具有不稳定性和不确定性，不仅生态保护难度较大，治理难度也较大。二是草原生产能力呈现下降现象。内蒙古大学生命科学学院刘钟龄教授等研究后认为，内蒙古草原荒漠化的加剧已使草甸草原的生产力下降到原生群落的 25%～30%，典型草原的生物量也已下降 60%～80%，荒漠草原的退化使草群覆盖度显著减少。沙区草场牲畜超载率为 50%～120%，有些地方甚至高达 300%，超载放牧使草场大面积退化、沙化。内蒙古草原牧草平均高度由 20 世纪 70 年代的 70 厘米下降到目前的 25 厘米。另据农业部统计，平均产草量较 20 世纪 60年代初下降了 1/3～2/3。三是耕地的白色污染加剧，化肥、农药等化学物质对土壤的副作用愈来愈明显。近 10 多年来，地膜的大量推广使用，使白色污染呈现急剧扩大的态势，地膜不仅降解速度慢，而且流动性大，在形成对土壤污染的同时，还造成了远远大于其使用面积更大范围的人类生存空间环境的污染。一方面有效提高了农业生产率，另一方面对耕地和环境的污染也呈现逐渐加重的态势。

推进城市化过程中生态文明建设问题。随着城市化的速度加快，城市生态问题，主要是污染问题愈来愈成为内蒙古一个愈来愈普遍的问题。主要表现在：一是工业发展给城市造成污染。能源、冶金、化工等向来是内蒙古西部几个主要城市的基础或支柱产业，由此产生的环境污染一直是困扰内蒙古西部城市环境污染的主要问题，近年来虽有所缓减，但仍未根本性扭转。二是机动车的迅速增加成为了城市新的污染源。上述两项成为城市空气污染的主要源头。以2007年为例，在城市空气质量方面，污染物年均浓度超过国家二级标准的有呼和浩特市、包头市、通辽市、赤峰市和乌兰浩特市，超过国家三级标准的有乌海市，其中，二氧化硫年均浓度超标的有呼和浩特市、包头市、赤峰市和乌海市，可吸入颗粒物超标的有包头市、通辽市、赤峰市、乌兰浩特市和乌海市。三是来势渐猛的白色污染。主要是城市废弃的各种塑料包装材料和城郊废弃的农用塑料薄膜给城市形成了另一个新的污染源。有关分析表明，现下使用的大部分塑料膜均属于难于在短期内自然降解的物质，如果找不到有效的解决途径，其产生的积累性污染效应将会越来越严重。四是旧城区和城乡结合地带存在的生活环境问题。这些地区在城市布局、城市功能化及绿地娱乐空间等方面与城市生态文明的要求都有较大差距。

推进国家北疆绿色屏障建设过程中生态文明建设问题。近年来不论是研究表明，还是舆论导向，内蒙古都成为了制造"沙尘暴"的主要"罪魁祸首"，引起了国家和京津等内地一些地区的高度重视，甚至引起了日本、韩国等一些邻国的关注。在21世纪初启动的京津风沙源治理工程中，重点放在了环北京北部地带，包括内蒙古赤峰、锡林郭勒盟、乌兰察布市等地区。最近几年的初步研究指出，包括内蒙古西部，及至阿拉善沙漠都成为造成影响京津沙尘暴的源头之一。如果这一结论得到证实，那么，今后的以风沙源治理为要旨的绿色屏障建设，就内蒙古而言，不仅仅是临近北京北部地区有关盟市的任务，有可能会成为绵延内蒙古绝大部分地区的一项更大规模的生态建设工程。

推进生态文明建设中人的观念和认识问题。主要是生态文明观念尚未在民众中普遍建立问题。由于多数居民特别是农牧民拥有的农牧业生产资源较少，和长期采取外延型扩大再生产方式，极容易养成对自然掠夺式经营习惯，改变这习惯并树立生态保护理念不仅需要创造相应的条件，而且需要时间。另外，根据马斯洛夫需求层次理论，生态文明处在一个较高的需求层次，而内蒙古自治区特别是农村牧区长期处于低生产力水平和低收入状态，客观上不具备形成普遍的生态文明观念。生态文明观念淡薄在现实中亦是普遍现象。大到普遍存在的掠夺式经营现象、乱砍滥伐现象、资源浪费和随意排污现象，小到人们日常生活中的各种影响公共环境的不良习惯都是生态文明观念淡薄的具体表现。

2. 问题的成因

（1）社会因素。一是人口的迅速增加。内蒙古总人口由1947年的561.7万人增加到2004年的2384万人，净增3.24倍。使内蒙古大地承载的负荷加大，逐渐超出了自然资源和现实生产力的供给支撑水平，影响了生态的自然恢复能力。特别是农村牧区人口的急速扩张，导致人均占有的草牧场、耕地资源迅速下降。带来的结果是，为了维持和扩大再生产的需要，在牧区进一步增加了牲畜养殖数量，从而进一步增加了对草原的压力，人为影响了草原的良性循环。内蒙古师范大学额尔敦扎布教授和内蒙古大学蒙古学研究中心额尔敦布和研究员认为，半个多世纪以来的牧区人口发展政策带来的人口超载，是导致草原荒漠化最根本的社会原因。在农村，人们不得不通过开垦不宜种植农作物的荒地、山地、丘陵来增加农产品的供给来满足需求，从而对一些比较脆弱的生态带来了不利的影响。二是广泛提倡和推行的一些生产方式打破了原有的生态循环方式。在牧区大力推行了定居生产和生活方式，改变了传统的游牧生产生活方式。其后的几年里，这种新的生产方式对生态的负面影响便逐渐显现出来。在农村，在农业学大寨精神的鼓舞下，许多地方加快了对荒山荒坡的开垦力度，带来的水土流失等问题也逐渐显现出来。三是人们认识的局限性。在对待建设方面，对草原植被恢复困难程度、对荒漠化治理的艰巨性、对原始森林的重要作用，以及恢复原始森林的难度和长期性认识不足。在对待发展方面，受社会生产力发展水平的局限，认识上偏重对物质财富的追求和积累，轻视对生态环境的建设。同时认为，内蒙古地大物博，资源丰富，从而忽视了对自然资源的保护，过多地将注意力放在了资源的利用上。四是妥协或接受"先发展后进行生态治理"这样一个带有普遍性的发展"规律"。不少人认为，新中国成立后内蒙古经济社会发展情况和西方工业化过程颇为相似，正处于工业化起步和发展时期，很难脱离发达国家经历过的先发展后治理的窠臼，缺乏改变这一发展过程的创新精神和办法。五是"产权缺位"是导致污染严重的制度根源。环境资源在相当范围内只能成为一种公共物品，在权、责、利不清的情况下，不同的经济主体都试图通过相同的"搭便车"的策略来实现自己利润的最大化，以损害环境资源为代价的社会经济行为影响了资源配置最优化的实现，影响了生态和环境的保护。

（2）自然因素。内蒙古地处三北，属大陆性季风气候，干旱多风、降雨量小，蒸发量大是本地区的主要气候特征，应该说，这样的气候特征，既是形成荒漠化的原因，也是加速荒漠化的条件。同时，已形成的荒漠化土地，特别是沙漠具有自然蔓延的特性，如果不加以人工阻止这种自然蔓延和扩张，就会不断地侵蚀周边的土地，使更多的草原、耕地加入到荒漠化面积之中。内蒙古这一气候特点决定了生态保护和建设难度、建设周期都要远远超过内地省区，单位面积的保护建设投入也远远大于内地省区。同时，内蒙古荒漠化治理面积，生态保护面积、植被恢复建设面积无论是总的面积，还是人均面积都是全国最大的省区之一，而且绝大部分耕地和草原土壤贫瘠，建设任务也是最艰巨的。

（3）经济因素。造成生态恶化、污染加剧的经济原因首先是经济发展水平较低。缺乏治理和保护生态环境的资金支持和财力保障。在发展经济，不断提高人民的生活水平主旋律和生态建设发生冲突时，资金优先选择的投入对象往往是发展经济而不是保护或建设生态环境，作为欠发达地区的内蒙古，这样的历史欠账比比皆是。据粗略计算，20 世纪以前，内蒙古草原亩均累计资金投入不足 1 元钱，绝大多数工业废水、废气和化肥、农药残留直接进入河流和田野，绝大多数的工厂没有这方面的专项治理资金投入。其次是不注意处理发展经济与生态保护的关系。在"以粮为纲"的催促声中，大量荒坡、荒山、荒沟、荒滩被开垦成农田，其中许多这样的农田又变成荒漠，在要粮要畜还是要草要林的选择中，选择的一定是前者，牺牲的往往是后者。

（4）科技因素。在过去相当长的时间内不注重通过发展科技发展生产和保护生态。在选择增加物质产品产量的主攻方向有失偏颇，过分注意了外延扩大再生产的能力，从而抑制了通过发展科学技术这一内涵再生产能力的提高。同时，在治理环境，保护生态方面严重缺乏科技手段。十一届三中全会前的几十年，科技成果较少，粮食生产也长期缺少新品种。这种情况的间接后果是进一步延长了外延型扩大再生产的时间，扩大了外延型再生产的规模。

总之，导致生态文明建设问题的原因虽然很多，但归根结底是社会生产力水平低下，物质生活不丰富的结果。

三、内蒙古生态文明建设的目标、原则和需要把握好的几个问题

（一）内蒙古生态文明建设的目标和原则

1. 生态文明建设的目标架构

综合多因素考虑，未来内蒙古生态文明建设的目标应为：在努力实现公民环境权利平等的基础上，努力追求适度消费、环境共生的城市文明；促进有机农牧业普及、农畜产品绿色安全、村容整洁的乡村文明；实现资源消耗低、环境污染少、经济效益好的可持续发展的产业文明；建设生态良性循环、植被覆盖率持续提高、人与自然和谐共生的自然生态文明；总体上形成具有内蒙古地区特色、民族特色和产业特色的生态文明。具体建设任务应包括以下几个方面：

（1）牧区形成草原生态良性循环、草原畜牧业可持续发展，进而带动草原旅游业不断繁荣的局面。要在今后的10年建设中，使内蒙古草原植被覆盖率达到50%。

（2）自然林区和林业包括三北防护林，在继续提高覆盖率的同时，使其风沙源治理功能、抵御、防护不良气候侵袭能力进一步得到提升和拓展，进而形成更多的改善区域气候环境的有效源。

（3）农村牧区在推进农牧业现代化、农畜产品特色化、农牧业产业化、新农村建设的同时，实现农牧业经营全过程的绿色化、安全化。形成农牧民居住地社会功能健全、人民文明礼貌、村落干净整洁的局面。

（4）工业在巩固地区特色和优势产业的基础上，通过技术升级、优化结构，使单位产出能耗降低到全国平均水平以上，工业排放降低到国家规定的标准之内，使绝大部分工业企业基本实现对周遭环境的零污染，进而形成循环经济主导化格局，实现资源的合理利用和保护。

（5）强化城市规划中的节能、环保功能设计。在现有基础上，进一步增加城市绿地面积，增强城市的生态功能和休闲功能，实现城市长久的蓝天绿地，保持城市经济发展与生态环境效益的有机统一。

（6）形成以绵延北部的生态草原自然文化区、东部天然生态森林旅游区、南部种植业和人工养殖区、西部沙漠戈壁特色旅游区为主导的具有内蒙古地区特点、民族文化特色的生态文明格局。

（7）城乡居民具备浓厚的生态观念，形成符合生态文明要求的消费方式和生活方式。

2. 生态文明建设需遵循的原则

（1）生态优先原则。生态优先是指在确立建设项目、生产项目和社会项目时，应优先考虑项目对生态的影响以及其项目本身在实施和运行过程中对涉及影响生态环境内容的应对措施，并把能否符合保护生态环境的要求作为项目实施与否的先决条件。设定生态优先原则主要基于以下几方面的考虑：第一，从理论上讲，生态文明是物质文明和精神文明的基础，尤其是人们对生态或环境的要求愈来愈高的时候，生态文明的基础性作用也愈加明显。第二，内蒙古生态环境脆弱，由于内蒙古独特的地理位置和气候特征，生态环境不仅极易遭到侵蚀和损害，而且恢复难度大、成本高、周期长，所以，良好的生态环境在内蒙古更显得弥足珍贵。第三，良好生态环境的稀缺性特征逐渐凸现出来，和其他物质产品的生产相比，呈现出其他物质产品的生产成本呈下降型变化，而生态环境的建设和维护成本呈上升型变化。

（2）以人为本原则。在生态文明建设中人是中心，不仅因为人是"文明"的承载体，而且因为人是生态文明建设过程中唯一的能动者。人是生态文明的建设者，也是生态文明成果的享受者。人与自然共生同息，实现经济、社会、环境的共赢，关键在于人的主动性。建设生态文明，就是要从思想上、观念上、认识上提高人的认知程度，建立新型的生态文明理论，使其转化为民众的自觉行动，使每位公民都成为生态文明的积极建设者和维护者，使人与自然形成和谐统一的关系。以人为本的另一层含义是指，人在扮演生态建设者和维护者的同时，也在扮演生态破坏者的角色。从新中国成立以来内蒙古自然生态的演变过程来看，人在草原退化、森林减少、荒漠化加剧过程中扮演过长期的负面角色，现在仍未卸去扮装，退出舞台。因此，有效约束人的自身行为也是"以人为本"的要求和具体体现之一。

（3）坚持发展原则。绝大多数人为原因造成的生态退化、恶化、污染都是人们为了自身生存和生活的必需造成的，特别是 20 世纪 50 年代到 70 年代我国人口急剧增长的时期，人们为了解决温饱问题进行的大规模垦荒，牧区为了满足人口增长的需求导致的牲畜增加和由此带来的草原退化等事例，都说明许多生态和环境问题都是落后造成的。人们在没有解决温饱问题之前不可能更多地关注生态文明建设问题。非洲正在增加的人口和生态退化情况，是一个现在进行时的例子。从另一方面来看，生态和环境治理更离不开发展。经济和社会的发展在促进人们生活水平提高的同时，也促进了人们认识水平的提高，使人们更加关注和重视生态环境问题，这成为了做好生态文明建设工作的一个前提条件。同时，建设生态文明离不开资金、科技，而这些也只能通过发展加以解决，这成为了建设生态文明的关键条件，甚至是必要条件。

（4）分类指导原则。内蒙古地跨"三北"，东西绵延数千公里，东部有着全国最大的大小兴安岭天然森林林区，北部有着全国最大的草原和牧区，西端有着全国最大沙漠之一的巴丹吉林沙漠，和全国重要的冶金、煤炭、稀土能源基地，南部有着分布广袤的农区，是国家重要的商品粮基地。城市、林区、农村、牧区各具特色，分布区域鲜明，其生态特征也因自然、人文和产业特色的不同而各具千秋。因此，在生态文明建设中，无论是自然环境，抑或是人文原因，客观上要求区别对待，分类指导，避免"一刀切"和雷同化。分类指导的理论含义还在于，在生态文明建设中，不仅要注意矛盾的普遍性，更要注意矛盾的特殊性。要按照"因地制宜"的思维思考和指导生态文明建设工作。

（二） 内蒙古生态文明建设需要把握好的几个问题

（1） 利用世界金融危机机遇，把握好投资结构和产业结构的调整，促进生态类工程项目建设。在投资结构方面，不论是政府层面，还是企业层面，用于生产类、经济类的投资多，用于环保类、民生类的投资少是多年来形成的基本投资惯性和理念，这也是内蒙古多年来经济持续高速发展的原因之一；在经济结构方面，主要是工业经济结构方面，能源类、化工类、冶金类占主要比重，是内蒙古的工业结构的基本特征和格局，这是发挥内蒙古资源优势和比较优势的结果。但这样一个结构由于其废弃物的排放，也往往成为了内蒙古一些城市的污染源，同样也成了耗能大户和内蒙古节能减排的重点和难点。经济的高速运行会导致这种结构的进一步膨胀，在这样的情况下，进行大规模的结构调整，以期引导高速奔行的列车转向恐难以立即奏效。但两个时机，为内蒙古投资结构和产业结构的调整提供了机遇。一个是世界范围内发生的金融危机带来的机遇；一个是国家实施的扩大内需，增加保障民生项目投入战略决策所形成的机遇。

从 2008 年下半年开始，内蒙古经济随宏观经济变化趋势，增速趋缓，CPI、PPI 价格指数由之前的持续上升转变为下降。受此影响，自治区能源、冶金、化工、农畜产品加工等行业产能量有所下降，库存急剧增加。钢铁、铝、稀土产品的市场价格 2008 年下半年纷纷大幅下跌，不少企业出现亏损。化工行业中 PVC 价格下降 40% 左右，甲醇价格下降 60% 左右。从行业发展的角度来看，金融危机对其影响是负面的，但从结构调整的角度看，却是一次可资利用的机会，迫使社会和企业控制对原有项目的继续投资，或缩小生产规模，为已有资金寻找新的投资项目或途径，从而达到调整结构的目的。世界发达国家利用经济危机的机会调整产业结构或经济结构的经历说明了这一点。政府可通过制定相应政策措施，来积极引导企业调整投资领域，推动宏观经济结构的调整。

同时，为应对金融危机，中央安排 4 万亿元资金启动内需，加快民生工程、基础设施、生态环境建设和灾后重建，提高城乡居民特别是低收入群体的收入水平，促进经济平稳较快增长。同时也出台了一系列加快扩大内需的金融、税收等政策。内蒙古正好抓住这个机会，调整经济结构、产业结构，加大包括生态类基础设施建设的力度。

（2） 明确生态文明建设职责，形成宏观政府主导、微观社会各类组织承担、公民规范自身行为的局面。根据公共管理理论，生态环境是公共产品，所以社会范围内的生态建设任务应由各级政府来承担。政府的职责主要有四个方面：①制定管辖范围内的涉及生态文明建设的规划并组织实施。②制定维护生态环境的各种政策和规则并监督执行情况。③处理违反生态文明建设的行为。④直接组织不属于任何组织、单位和个人职责范围内的生态文明工程项目的建设工作。

社会各类组织的职责主要有四个方面：①组织执行政府制定的生态文明政策和规则。②组织进行本组织内部的生态和环境建设工程或工作。③承担社会生态文明建设的必要义务。④教育本组织内部的员工提高生态文明的素质。公民的职责（亦是义务）是：遵守和监督政府和社会组织制定的生态文明规则，提高自身文明素养，规范自身行为。

（3）注意做好生态状况的调查研判工作，为自治区生态文明建设提供客观依据。首先，需要对自治区农村牧区的生态文明建设工作进行一次基础性调查。之所以提出此议是因为当前对自治区生态建设情况的基本判断不尽一致。认为总体上已得到遏制，局部仍在恶化者有之，认为总体仍在恶化，局部得到遏制者有之，大有众说纷纭之势。因此，有必要摸清底数，掌握实情。为制定符合实际的规划、对策或工作方案提供依据。调查的内容应包括涉及农村牧区有关生态文明建设的全面情况，如土地构成及变化、草原耕地植被、水资源、土壤、农牧业生产，以及与生态文明建设有关的制度、措施、工作等情况。调查应像全国性污染源普查和全国性土壤污染现状调查一样，确保调查数据和内容的真实性，摸清底数。其次，在此基础上，制定出农村牧区生态文明建设规划，通过规划，安排项目、落实资金，推进农村牧区生态文明建设工作，解决影响生态保护和建设、可持续发展和农牧民生活健康问题。

四、实施内蒙古生态制度文明建设战略

（一）注意引导形成生态文明的法制化基础

一是注意宏观层面的法制化建设。针对当地急需解决的问题，先国家立法部门制定出台地方性法规规章，不仅是立法制度允许的，也是各地法制建设形成的惯例。具体可考虑以下立法工作：配合全国人大加快制定循环经济法、修订大气污染防治法等相关法律，制定有关民用建筑节能、公共机构节能、废弃电子电器回收处理管理、规划环境影响评价、排污许可证管理、城镇排水与污水处理条例、节约用水、草原轮牧、休牧、禁牧，耕地退耕还林还草等地方性法规或规章。制定固定资产投资项目节能评估和审查、重点用能单位节能管理、节能监察管理办法、国家机关办公建筑和大型公共建筑室内温度控制办法、民用建筑能效测评标识管理办法、建筑节能信息公示办法、

节能表彰奖励办法、取水权转让管理暂行办法、农业废弃物资源化利用管理办法等。启动制（修）订高耗能产品能耗限额标准、地区建筑节能设计标准。进一步推动节能减排的法制化进程。注意对生态环境保护建设的执法监督。国家和自治区已制定出台了一系列有关生态、环境建设和保护的法律法规，保证严格执行已出台的法律法规不仅是公民和各社会组织的义务，也是立法和执法部门的职责。因此，自治区立法部门和自治区各级执法部门应注意建立健全生态环境建设保护执法监察体制，全面履行监管职责。同时，结合贯彻落实生态环境建设保护政策，加大生态环境建设保护监管力度，注意落实环境责任追究制度，尤其是刑事责任的追究制度。

二是注意指导微观层面制定涉及生态文明建设的规范和制度。建立健全社会各个组织、行业内部生态文明建设公约和制度是增强每个公民生态文明意识，树立生态文明观念的基础性工作。不同的社会单位、组织和行业在落实和体现生态文明的行动上，具有不同的要求，也具有不同的行为表现形式，这些都需要通过制定组织、单位或行业内部的生态文明建设公约或制度加以规范。建立生态文明建设的规范和制度的意义还在于，它是生态文明行为的具体体现，也是有关法律法规和政策执行情况的具体表现。

（二）建立健全生态补偿制度

生态补偿的做法是基于生态环境是公共产品，需由政府或组织支付其建设和维护费用这一基本原理的一项措施。生态补偿作为一项重要的生态保护和环境管理手段，启用于 20 世纪 30 年代，现在这一手段已在许多国家的生态建设保护工作中得到了应用。美国在 20 世纪 30 年代对保护性退耕采用了生态补偿手段，其本质就是对原先种地的农民为开展生态保护，放弃耕作的机会并由此带来的机会损失所进行的补偿，其补偿资金完全由政府提供。巴西在恢复退化林地和增加保护区面积则成功运用了生态增值税等手段，体现了"谁保护，谁受益"的原则。哥斯达黎加则采用市场补贴办法，为生产者提供生态服务进行补偿。我国政府也于 21 世纪初开始尝试推行生态补偿制度，比较普遍的就是退耕补偿制度的实行。实践证明，生态补偿制度不仅在国外得到了广泛的应用，在国内也证明是一种保护生态的成功的做法。应该在更多的领域和更大的范围推广实行。

生态补偿主要针对三类有益于生态保护或建设的行为进行补偿。第一类是对为生态保护作出贡献者给予的补偿。由于良好的生态环境属于公共性物品，对其实施的建设或保护性行为就存在生产不足甚至产出为零的情况，通过补贴，以达到对提供保护行为这种公共物品的单个的经济主体予以保护、激励的目的。第二类是对生态破坏中的受损者进行补偿。包括生态破坏过程中的受害者和生态治理过程中的受害者两类。第三类是对减少生态破坏者的补偿。有些生态破坏是迫于生计，在这种情况下，如果没有从外部注入一种资金和机制就不可能改善生态环境，因此，对生态环境的破坏者也不得不给以补偿。

生态补偿的形式一般有六种：生态补偿费和生态补偿税、生态补偿保证金制度、财政补贴制度、优惠贷款、市场交易体系（包括排污许可证交易市场、资源配置交易市场、责任保险市场等）、国内外基金。目前国内采用较多的是财政补偿形式。

内蒙古生态补偿包括全部应受补偿的三种类型，尤应以对生态破坏中的受损者和减少生态破坏者的补偿为主。就长远来讲，应和建立健全内蒙古生态文明法律法规体系相呼应，建立健全具有内蒙古特点的生态环境补偿机制，形成利用法律法规约束各类社会行为主体，规范生态环境标准或公共要求的行为机制，鼓励有益于生态文明建设行为的补偿机制。近期则应将以下三个方面作为补偿重点。一是补偿在建设农业和农村生态文明过程中利益受到损失的农民。2000 年以来，国家对退耕还林还牧实施的补偿已起到了很好的效果，今后需要做的应是进一步完善和深化以此为起点的农村和农业生态建设补偿机制，包括继续实施退耕还林还牧，还可尝试对植树造林、采用技术进行农牧业生产、加工利用作物秸秆替代能源等。对于这类补偿，在取消农业税的情况下，应以财政补贴为主，辅之以优惠贷款。二是补偿在草原和牧区生态文明建设中利益受到损失的农民。如当前实施的禁牧、轮牧、休牧，以及其他有益于草原生态保护和建设的行为，都应纳入生态补偿的范围。这类补偿是内蒙古涉及面最广，可能是时间最长或永久性的需要建立的补偿机制。就长远来讲，内蒙古全部草原都应纳入建立补偿机制的范围。考虑到财力限制的现实，可采取分步和分类实施的办法进行，即植被状况尚好的草原，可延后实施补偿，可以其他监管措施为主，防止草原生态的退化；植被已开始退化的草原，并且已明显影响到牧民生产生活的，应尽快建立补偿机制。采用的补偿办法应以财政补贴为主，辅之以优惠贷款。三是补偿在工业和城市生态文明建设中利益受到损失的企业和居民。在城市改造和扩张中，会涉及一些不符合环境保护规范和要求的企业、单位和居民搬迁和改造问题，由于环境要求标准的提高，在实施对这些企业环境改造过程中，或强制这些企业达到环保标准的过程中，会造成这些企业、单位和居民的机会损失，或为此做出某些牺牲，政府应对此进行补偿。补偿形式可以根据损失内容和补偿对象的性质进行确定，对以住房为主的生活类损失补偿，可以现金类补贴为主；对以生产类损失为主损失的补贴可以优惠贷款或税收减免政策予以补偿。

（三）建立健全生态文明建设监督制度

首先是建立健全以普通民众为监督主体的社会监督机制，其中尤以针对违反生态环境建设保护法律法规和政策的举报制为主要，应该说，这是监督面最广泛，也可能是最有效的一种监督形式，但其前提是需要有政府的配合和支持。其次是发挥社会媒体的监督作用。以网络为特征的现代媒体，具有影响广泛、传播迅速的特点，成为了现时较有影响的一种监督形式，特别是在和民众监督相互配合时，往往显示出较强的监督效果。最后是完善立法机构和执法机构的监督机制。

可以说，提倡对生态文明建设过程的监督，特别是倡导民众广泛参与监督，是增强公民和组织生态文明意识的有效形式，监督过程本身就是生态文明建设的一个重要过程。

五、实施内蒙古生态行为文明建设战略

（一）把"节能减排"当作内蒙古生态文明建设中的瓶颈予以重视

（1）通过调整结构"节能减排"。一是应继续坚持引进一批高起点、高水准的资源开发及延伸加工项目，加快发展能耗少、附加值高的高新技术产业和第三产业，提高服务业在国民经济中的比重，提高非资源性产业所占工业的比重，逐步使产业结构向低能耗、高技术和高水平方向发展。二是应进一步加快淘汰高能耗、高污染、低效益的落后产能。通过调整工业内部结构，提高高新技术产业在工业中的比重，培育和发展高新技术产业和装备制造业以及其他非资源型产业，以提高延伸产业链、扩大深加工、增加高附加值的低耗能产品的比重。三是应提高项目准入门槛，控制高耗能高污染项目审批和建设。应停止审批和建设单一铁合金、电石、电解铝、钢铁、焦炭、造纸、玻璃、玉米燃料酒精和没有深加工内容的褐煤等高耗能项目。四是应建立新开工项目的部门联动机制和项目审批问责制，建立高耗能行业新上项目与地方节能减排目标相结合、与淘汰落后产能完成进度挂钩的机制。五是应清理在建项目，对不符合国家产业政策的在建项目应停止建设。

（2）通过耗能政策"节能减排"。一是按照《节能法》及其《实施办法》的有关规定，应在财政资金中列支专项资金，用于重点节能示范项目和节能技术推广项目。二是尽快建立淘汰落后产能退出补偿奖励制度。应通过增加转移支付等方式，对因淘汰落后产能造成影响较大的地区和企业进行适当补

贴，同时应制订出台相应的节能目标责任制考核办法、节能奖励办法、能耗公报制度等，建立起比较完善的节能减排考核评价体系等。三是采取扩大差别电价和发电权交易等一系列政策，抑制高耗能产业的扩张。对铁合金、电石、烧碱等高耗能行业实行差别电价政策的力度，在电解铝、铁合金、钢铁、水泥等行业开展能耗超限额加价试点工作，对超过能源效率、能耗限额标准使用能源的企业实行超耗能收费，同时实行限量生产高耗能产品，制订高耗能产品产量控制计划，按地区分配配额指标，并逐步缩减计划，缩小生产区域。四是改革水价，实现水资源费按标准足额征收。尝试实施阶梯式水价、超计划和超定额用水加价制度。对国家产业政策明确的限制类、淘汰类高耗水企业实施惩罚性水价。全面开征城市污水处理费并提高收费标准。

（3）通过对重点行业和领域的监管"节能减排"。应继续做好工业、建筑业、交通业、商业及民用、农牧业、政府机构等重点领域的节能工作，在给各盟市分解节能指标的基础上，要求建筑业、交通业、商业及民用、农牧业、政府机构等用能行业制定相应的节能降耗目标、措施和实施方案，承担相应的节能降耗任务，实现全方位开展节能工作，确保自治区节能目标的顺利实现。

（4）通过技术进步和创新"节能减排"。有关测算表明，与先进国家的水平相比，我国火电供电能耗高约 22.％，每吨钢能耗高近 10%，每吨电解铝能耗高约 7%，每吨水泥能耗高约 43%，加工每吨原油能耗高约 56%，每吨乙烯能耗高约 62%，每吨合成氨能耗高约 23% 多，每吨烧碱能耗高近 15%，每吨纯碱能耗高约 20%。如果仅将这几种产品的单位能耗降低到国际先进水平，我国万元地区生产总值能耗将降低 0.145 吨标准煤。因此，通过技术创新和改造"节能减排"潜力巨大。一是加强节能减排技术研发。以企业为主体，将节能减排共性和关键技术攻关项目作为自治区科技支撑项目计划重点领域和优先主题，组织实施节能减排科技专项活动，注重开展共性、关键和前沿技术的研发，促进节能减排技术产业化。鼓励企业自主创新，围绕行业节能减排科技发展重点，建立产学研自主创新战略联盟，解决行业节能减排重大关键技术。二是建立节能技术服务体系，促进节能服务产业发展。培育节能服务市场，推行合同能源管理，支持专业化节能服务公司为企业和公共设施实施节能改造提供诊断、设计、融资、改造、运行管理一条龙服务。

（二）继续实施京津风沙源治理、退耕还林、退牧还草、天然林保护、三北防护林、水土保持等生态建设重点工程

京津风沙源治理区域主要集中在自治区中部，包括赤峰市、乌兰察布市、锡林郭勒盟、呼和浩特市4个盟市的31个旗县，包含阴山北麓农牧交错地区、浑善达克沙地全部及科尔沁沙地赤峰市全部地区。该区域内西北部比较干旱，条件相对恶劣，分布的草场类型主要是典型草原，有小面积的草甸草原和荒漠草原。在风沙源治理工程中，采取的主要措施应是对退化沙化草场进行围栏封育和改良，建立饲草料基地和人工草地，在沙区进行飞播和人工补播牧草，并采取禁牧和休牧相配合的措施，使草场得到更好的恢复。建设重点应以防沙治沙为主，加大封山（沙）育林和飞播造林的力度，大力营造防风固沙林，实施围栏封育和配套畜牧业基础设施建设，加大移民力度，依靠自然恢复，增加林草覆盖率。同时实施小流域综合治理和水源建设工程，发展节水灌溉，以提高治理成效。

天然林保护工程主要是加强森林和草原资源保护管理，建立森林和草原资源保护管理监测体系；加强森林和草原防火、森林公安、国有林场、林木种苗等基础设施建设和基层队伍建设；加强林业农牧业有害生物防治，有效防范外来有害生物入侵。继续加强湿地、野生动植物、地质遗迹保护及自然保护区、森林公园、地质公园建设，有效保护生物多样性。完善和实施全区生态功能区划，加强各级各类自然保护区基础设施建设，使重点流域、区域主导生态功能得到保护和恢复。对生态环境重点保护地区和生存条件极端恶劣但生态区位重要的地区，实施生态移民工程。

水土保持等生态建设工程应分不同类型采取相应措施。沙区宜采取造林种草、封禁保护、生态移民等措施，保持和增加林草植被；丘陵山区宜营造水源涵养林和水土保持林，加强山区综合治理开发，促进山区经济持续快速发展；平原农区宜抓好平原绿化和农田防护林建设，发展速生丰产林、防护用材兼用林、工业原料林和经济林等；草原牧区宜以保护和合理利用草原为主，保护和建设相结合，继续加大禁牧、休牧力度，以休为主，禁休结合，大力推广划区轮牧；在立地条件优越的地块，以家庭牧场为单位，小规模开发饲草料基地，并采取补播和飞播措施，加快植被恢复速度，大力发展草产业，扩大人工草地和饲料地面积；林区宜加强天然林保护，严格采伐管理，建立与市场经济相适应的林业产业体系。

（三）探索建设工业园区生态文明的途径

内蒙古工业园区起步较晚，但发展较快，辐射带动作用和产业聚集效应越来越突出，成为地区经济发展新的增长极和重要支撑。据统计，内蒙古工业园区创造的地区生产总值已占到自治区工业地区生产总值的70%。因此，抓好自治区工业园区的生态文明建设，对整个工业具有重要意义。工业园区的生态文明建设的核心是发展生态工业园。建设生态工业园区是依据清洁生产要求、循环经济理念和工业生态学原理而设计建立的一种新工业化生产组织，是一种新型工业园区，它是运用工业生态理论，寻求企业间的关联度，进行产业链接，建立相关企业间的生态平衡关系，以实现环境与经济的可持续发展。生态工业园是"资源—产品—再生资源—再生产品"的物质循环流动生产过程，是一种循环经济发展模式。在这个模式中，理论上没有废弃物的概念，每个生产过程产生的废弃物都变成下一生产过程的原料，所有的物质都得到了循环往复的利用，是可持续发展模式。生态工业区不单纯着眼于经济的发展，而是把保护环境融合于经济活动过程中，通过废弃物的交换、信息的交流、管理的配合实现了企业间经济、社会与自然环境之间的良性互动。可以说，生态工业园是人类模拟自然系统的一种模式。目前生态工业园区建设已成为解决结构性污染和区域性污染，调整产业结构和工业布局，实现新型工业化的一种新的发展模式。

发展生态工业园，一是进一步制定和完善有关环境保护、资源管理和生态建设的地方性法规，推进循环经济立法进程，制定和完善清洁生产政策法规和环境管理体系，从经济、税收和环境保护方面约束生产者行为。二是建立环保产品的标准认证体系及质量检验方法，对绿色产业和绿色产品给予奖励和优惠。三是制定清洁生产评价指标体系，完善清洁生产审计制度。四是对于有利于生态环保的重点发展产业，制定税收、信贷、土地使用等方面的优惠政策。五是要建立完整的环境监测系统，完善监测制度。对工业"三废"、大气、水体、土壤、噪声、气象等环境质量以及动植物进行制度化监测。

（四）坚持一系列行之有效的草原畜牧业和农业生态建设措施

（1）在草原生态建设方面。首先，要落实好"四个制度"。一是落实和完善草原家庭承包制。实践证明，明晰的产权是避免"公地悲剧"、调动所有者保护资源积极性的根本措施。草原在这一点上显得更为突出和迫切。因此，落实和完善草原家庭承包制的关键在于将四界不清的草原或草场以家庭承包的形式落实到每一个牧户，并建立承包草场的登记考核制度，杜绝掠夺式经营对草场造成的破坏。在此基础上，建立健全草原使用流转机制，促进草原畜牧业的规模化经营，为实行轮牧制度创造条件。二是实行基本草原保护制度。为此要进行基本草原的划定，制定不同级别草原的保护和管理制度，严格基本草原的征占用审批程序，目标是使在基本草原中，植被覆盖度高的得到延续和保持，植被覆盖度低的得到恢复的机会。从而使整个草原进入良性循环状态。三是实行草畜平衡制度。落实草畜平衡制度，是国家进行草原管理的一项政策，是遏制草原超载过牧的重要手段。内蒙古已和40多万牧户签订了草畜平衡责任书，实践证明，实行草畜平衡对保护草原十分有效，应把这项制度作为草原生态建设和提高牧民保护草原生态认识，树立草原生态文明理念的关键措施加速推广，加以巩固。四是实行禁牧、轮牧、休牧制度。对于草场植被退化、沙化严重的地区，应采取禁牧的办法；对草场植被较好的地方，应采取季节性休牧和划区轮牧的办法。内蒙古实施禁牧、轮牧、休牧制度已届七年，实践证明，对保护和恢复草原生态，效果极其显著。

其次，继续推进退牧还草战略措施。退牧还草是利用自然自我修复功能恢复草原植被的一项草原生态建设战略。对退化严重，不适宜继续放牧的草原或草场，应列入退牧还草范围，避免因继续放牧而造成进一步的退化或沙化，陷入不易恢复的状态。退牧还草应以恢复草原原生植被为主，以保护为辅，避免进行过多的人为干涉草原恢复过程，尊重草原的自然修复能力。退牧还草注意做好前期准备工作，一是搞好退牧还草调查和规划；二是安置好退牧后牧民的生产生活问题；三是明确退牧草原的承包关系不变的政策。

再次，尽快制定草原的"三区"规划。对划定为禁止开发区的草原，除保留必要的牧民负责管护草原外，其余牧民应实施迁移，使禁止开发区成为永久保护区。对于划定为限制开发区的草原，应在草原承载能力许可的范围内，合理确定牧户数量和牲畜养殖规模，做到草畜平衡。

最后，继续拓展牛羊异地育肥区域。随着交通条件的不断改善，扩大牲畜异地育肥规模，不仅是草原生态建设的需要，在经济上也变得愈加可行和核算。

（2）在农业方面。①推行保护性耕作。据专家分析，沙尘暴的沙尘主要来源于秋冬季翻耕后裸露的农田，改革耕作方式对农田实施机械化保护性耕作，可以起到减少农田起沙的作用。所谓保护性耕作，是一种利用作物秸秆覆盖，减少耕翻和利用化学除草为特征的新型耕作技术，又称"免耕法"。免耕法可以保护农田地表茬覆盖，减少对土壤的搅动，降低土壤风蚀、水蚀，蓄水保墒，培肥地力，保护耕地品质，保护农业生态环境，达到高产、高效、低耗和可持续发展的目的。河北省在18个县1880万亩耕地上实施保护性耕作的结果表明，可减少农田起沙70%，减少径流60%，减轻水蚀80%。近年来，经过实验和推广，内蒙古也建立了适合本地区具体情况的保护性耕作模式，应该说，这是一种既治土，又防沙，具有生态环境保护意义和增产增效的技术措施，有必要将保护性耕作作为生态建设的重要技术广泛推广。由于推行免耕法需要新机具、新技术作为支撑，让农户自行承担设备投资有难度，建议各级政府在资金上加以支持，推动保护性耕作技术措施的大面积推广。②通过发展绿色产业带动生态保护和建设。随着农畜产品市场绿色产品的品质优势和价格优势愈来愈突出，内蒙古具有的生产绿色农畜产品的自然和区位优势将迅速转化为经济优势，使更多地区具备了发展和生产绿色产品的条件。这样在农牧民不减少甚至增加经济收入的同时，客观上保护了农田不受或少受农药、化肥等化学物品的侵染。③继续推进退耕还草、还林工作。据有关专家总结，生态破坏的一般规律是，先毁乔木，再毁灌木，最后毁草。治理方式则恰好需要颠倒过来，以种草先行，次植灌木，再植乔木，在降雨量偏少的内蒙古中西部，掌握正确有效的"退还战略"技术措施，能促进顺利实施这一战略，避免"一年青，二年黄，三年进伙房"和"年年植树不见树"情况的出现。内蒙古应结合国家扩大内需之机，增加"退耕还草"、"退耕还林"的投入，既把"退耕还草"、"退耕还林"作为加快内蒙古生态建设的一项重要措施，也把它作为扩大投资，拉动内需的战略措施，加快"退还"战略的实施进度。

（五）发展循环经济

（1）农牧业资源利用方面。应以推广使用沼气技术和发展秸秆畜牧业为突破口。关于发展秸秆畜牧业，内蒙古有关专家（乌力吉）通过研究认为，以每1个羊单位1天2kg（干重）粗饲料标准计，全区农作物秸秆的饲草料利用率每提高10%，就能解决190.68万羊单位/年粗饲料的需求，等于全区现有天然草原面积增加3.4%或增加3.4%的载畜量。如果农作物秸秆的饲草料利用率提高到60%，则能解决1144.08万羊单位/年的粗饲料。内蒙古可利用天然草地可食牧草产量平均为643.2kg/km^2，而各类农作物秸秆的平均产量为3155.0kg/km^2，是天然草地的4.91倍，接近除锡林郭勒盟、呼伦贝尔市外的全区天然草地超载量1225.88万羊单位。农区和半农半牧区的牲畜头数占全区牲畜总数的70%以上。一方面内蒙古农区和半农半牧每年有约300亿斤的农作物秸秆以及农副产品可供饲养牲畜，但由于牲畜饲养量小，大多数农作物秸秆被白白浪费掉。据有关部门初步测算，目前农作物秸秆的综合利用率不到30%。而另一方面，牧区大部分草场超载过牧，牧草饲料严重不足，全区每年因掉膘损失的肉量就达18万多吨，相当于全区牛羊肉总产量的70%。因此，充分利用农区、半农半牧区富足的饲草资源发展畜牧业，对减轻草场压力，促进种植业与畜牧业的良性循环具有十分重要的意义。

关于推广使用沼气技术。使用沼气对于保护生态环境，减少因大批作物秸秆对环境造成的污染、节省能源、增加农牧民收入具有现实意义。内蒙古是沼气建设发展比较快的省区。据统计，2007 年，内蒙古沼气池数量已达到14.65 万个，遍及全区 12 个盟市、68 个旗县，869 个村，近 15 万农牧户用上沼气，每年可节约近 20 万吨标准煤，每年减少排放 20 万吨二氧化碳。在推广沼气技术方面应做好"两个倾斜，三个重视"。一是向有退耕还林和京津风沙源治理工程，以及设施农业建设的重点地区倾斜。这些地区开展沼气建设不仅对巩固生态建设成果意义重大，也便于不同项目的互补和整合，能显现出更低的成本和更高的经济效益。内蒙古有 12 个盟市、96 个旗县涉及退耕还林任务，赤峰、锡林郭勒、乌兰察布、包头 4 个盟市、36 个旗县有京津风沙源治理工程任务，沼气建设应向这些地区倾斜。二是向地方配套能力和技术能力强的地区倾斜。这是因为这些地区不仅产生较好的推广效果，也往往具有较高的积极性。全区有 32 个旗县具备这方面的条件。三是要重视沼气推广的统筹规划和项目整合。主要是把农村牧区能源建设和社会主义新农村牧区建设规划结合起来，将风沙源治理、退耕还林、生态移民等项目统筹规划，发挥互补作用。四是重视沼气推广服务体系建设。五是重视沼气技术的创新与引进。

（2）在工矿业资源利用方面。应着力提高资源综合开发和回收利用率。

首先，要抓好资源开采环节。对矿产资源开发应统筹规划，加强共生、伴生矿产资源的综合开发和利用，实现综合勘查、综合开发、综合利用；加强资源开采管理，健全资源勘查开发准入条件，改进资源开发利用方式，实现资源的保护性开发；积极推进矿产资源深加工技术的研发，提高产品附加值，实现矿业的优化与升级；开发并完善适合我国矿产资源特点的采、选、冶工艺，提高回采率和综合回收率，降低采矿贫化率，延长矿山寿命，大力推进尾矿、废石的综合利用。

其次，要抓好资源消耗环节。对钢铁、有色金属、电力、煤炭、石化、化工、建材、纺织、轻工等重点行业的能源、原材料、水等资源消耗管理，实现能量的梯级利用、资源的高效利用和循环利用，努力提高资源的产出效益。电动机、汽车等机械制造企业，要从产品设计入手，优先采用资源利用率高、污染物产生量少以及有利于产品废弃后回收利用的技术和工艺，尽量采用小型或重量轻、可再生的零部件或材料，提高设备制造技术水平。包装行业要大力压缩无实用性材料消耗。

再次，抓好废弃物产生环节。对冶金、有色金属、电力、煤炭、石化、建材、造纸、酿造、印染、皮革等废弃物产生量大、污染重的重点行业的管理，提高废渣、废水、废气的综合利用率。

最后，抓好再生资源产生环节。应重视回收和循环利用各种废旧资源。进一步提高废钢铁、废有色金属、废纸、废塑料、废旧轮胎、废旧家电及电子产品、废旧纺织品、废旧机电产品、包装废弃物等的回收和循环利用。支持汽车发动机等废旧机电产品再制造；建立垃圾分类收集和分选系统，不断完善再生资源回收、加工、利用体系。在严格控制"洋垃圾"和其他有毒有害废弃物进口的前提下，充分利用两个市场、两种资源，积极发展资源再生产业的国际贸易。

（3）在社会消费方面。应提倡绿色消费，树立可持续的消费观。提倡健康文明、有利于节约资源和保护环境的生活方式与消费方式；鼓励使用绿色产品，如能效标志产品、节能节水认证产品和环境标志产品等；抵制过度包装等浪费资源的行为；政府机构要发挥带头作用，把节能、节水、节材、节粮、垃圾分类回收、减少一次性用品的使用逐步变成每个公民的自觉行动。

（六）注重可再生能源的开发利用，发展内蒙古生态产业

（1）风能产业。内蒙古地处西风带，属温带大陆性气候。冬季受蒙古高压影响形成强劲的偏西偏北风，夏季受大陆低压和副热带高压影响为偏南风和偏东风，是我国风能最丰富的省区之一。全区风能资源储量为10.1亿千瓦，其中可开发利用的风能功率为1.01亿千瓦，占全国的39%，居全国首位。全区年平均风速为3.7米/秒，年可利用风时在4380小时以上。有的地方年平均风速达6.2米/秒，年可利用风时在7200小时以上。风能丰富和较丰富的盟市占全区总面积的80%。近几年来，内蒙古风力发电产业得到快速发展，至2007年底，内蒙古风电装机容量达到145.46万千瓦，成为全国首个突破百万千瓦的省区；全年发电13.34亿千瓦时，同比增长250.13%。内蒙古12个盟市几乎都在搞风力发电的规划和建设。其中，赤峰市2007年底装机容量48.79万千瓦，占内蒙古风电总装机容量的33.54%，乌兰察布市装机容量37.46万千瓦，占25.75%。内蒙古风电在建180万千瓦，规划建设700万千瓦。按目前态势，预计到2010年装机规模可达500万~800万千瓦。为加快风能资源的开发利用，自20世纪80年代末，内蒙古进入了同国际合作的阶段，先后从法国、瑞典、加拿大、瑞士、澳大利亚、新西兰、美国、日本、丹麦引进多种风机及风力发电技术。中美合作研究课题得到了美国能源部的资金支持；中德合作项目自1988年开始，现已进入第三期工作阶段，得到了德国政府的大量资助；辉腾希勒大风电场的建设与美国、德国、丹麦等多个国家的多个公司进行了合作。内蒙古由于多年开展了不同层次的技术培训，已有 56 个旗县建立了技术服务推广机构，边远农村牧区从旗县到苏木、嘎查向形成推广、维修、技术骨干队伍和服务网络的方向发展。无论是资源，还是技术抑或是经验，内蒙古都具备了快速发展风能产业的条件，剩下的只是主观努力的问题了。

（2）太阳能产业。内蒙古的太阳能资源也很丰富，总辐射量在 4800 ~ 6400 兆焦耳/平方米之间。年日照时数为 2600 ~ 3200 小时，其中巴彦淖尔及阿拉善盟系全国高值区，太阳能总辐射量高达 6490 ~ 6992 兆焦耳/平方米，仅次于青藏高原，居我国的第二位。内蒙古太阳能电池占全国的 15%。由于太阳能发电还存在成本高、效率低的问题，各国普及太阳能发电也遇到了各种各样的障碍。但这种情况正在发生变化，其中石油、煤炭等不可再生能源可用量在逐渐减少，价格在逐步上升是外在原因，由太阳能利用技术的提高而推动其经济实用性的不断提升、国家鼓励性政策的出台是内在原因，以及民众对节约资源的追求和环境保护意识的提高，太阳能发电将会占据越来越大的市场。内蒙古应发挥太阳能资源优势，增加太阳能产业的发展强度。

（3）沙产业。据统计，2007 年，全区实现林沙产业总产值 193 亿元，比 2005 年增长 70.2%，提前 3 年实现了自治区党委、政府确定的 183 亿元的"十一五"发展目标。在沙产业的发展路径选择上，可考虑以下几个方面：一是生物质直燃发电。利用沙生灌木发电，结合内蒙古沙区荒漠化治理中大面积亟待平茬的沙生灌木资源，进行生物质直燃发电。生物直燃发电项目已达到减排温室气体的"黄金标准"。内蒙古有的地区已通过"龙头企业＋原料林基地＋农牧户"的经营模式，形成了生物质种植、管护、平茬、储运、加工为一体的产业链。实践证明，生物质直燃发电产业在利用沙生灌木生产清洁型能源的同时，又通过经济诱导的反方式引导农牧民种植沙生灌木，达到治理沙漠的目的，进而解决了生态建设和提高农牧民收入的问题，是一举多得的生态产业项目。二是沙柳产业化环保生态项目。主要是利用沙柳造纸，将过去当柴烧的沙柳，变为上等的工业造纸原料，实现沙柳转化利用，大幅度提高了沙柳的经济价值，进而带动了农牧民种植沙柳的积极性。据了解，2007 年内蒙古鄂尔多斯市 3 个旗 20 多个乡镇近 12 万农牧民，种植 300 万亩沙柳，人均年增收 2000 多元。实践证明，沙柳产业化从生态建设和农牧民增收方面均具有推广意义。三是以沙漠甘草为主的中药加工产业。内蒙古杭锦旗 10 年前开始发展以沙漠甘草为主的中药加工产业。通过逆向拉动了荒漠化防治，实现了"工业反哺农业，产业反哺治沙"的新局面。已累计治理沙漠面积 300 万亩，控制面积 1200 万亩，分别占杭锦旗内库布齐沙漠总面积的

10%和43%。四是利用"人工植被技术"治理沙漠。人工植被技术是将农作物秸秆、杂草、树枝叶、人畜禽粪便等农林废弃物、城市污水处理后的淤泥、经无害化处理的城乡生活垃圾等作为主要原料，再加上其他配料加工成为人工植被基质层。当该基质层覆盖在沙地上时，就可以利用其湿化、腐化、渗透作用以及植被与地表之间的水分循环系统，来改善地表结构、增加地表湿度、促进土壤发育，为沙区植物生长提供适宜的环境。与传统治沙方式相比，"人工植被技术"具有"四不一化"的特点，即不需要灌溉、不需要耕犁、不用施肥、不用护理，而且"多功能沙漠植被建造机"也是目前唯一能在沙漠里进行机械化作业的大型机械。五是利用生泰砂基秀水砖技术进行生态建设。生泰砂基秀水砖技术是利用破坏水的界面张力的透水原理及环保型、高强度的黏结剂及免烧结成型工艺，达到就地雨污分流、节能减排、缓解热岛效应、美化人居环境的效果。据实验推广，利用生泰砂基秀水砖技术在推动沙源变为资源，实现以沙治水的用沙治沙目标，为解决"沙漠化、水资源短缺、能源枯竭"三大难题提供了崭新的途径。六是利用樟子松沙荒造林技术改造荒漠。该技术已在我国北方包括内蒙古在内的14个省区推广600多万亩。

（七）发展生态旅游业

　　草原、沙漠、民族风情是内蒙古特色旅游项目，是以草原、沙漠生态文明建设为基础的，二者具有互补关系，发展这些特色旅游项目有助于为生态文明建设积累资金，建设好草原、沙漠生态文明有助于提升这些旅游项目的层次和质量。

（八）调整产业结构，降低内蒙古经济整体能耗比

　　首先是发展第三产业。据测算，第三产业比重每增加1个百分点，工业比重每降低1个百分点，能源消费将减少2499万吨标准煤，万元地区生产总值能耗将降低0.018吨标准煤。内蒙古第三产业占地区生产总值的比重远远低于发达地区，存在着巨大的发展潜力。按照自治区关于加快发展第三产业若干政策的规定，着力推进房地产业、物流业、交通、金融、旅游、服务等行业的发展，增加第三产业的比重。其次是注意产业置换。把当地群众从只能依赖生态资源消耗才能生存的传统落后产业中解脱出来，根据当地资源、民俗等基本情况，选择能够促进生态建设和保护的生态型产业替换传统的污染型产业、破坏型产业。其次是发展低耗能、低排放的第三产业和高技术产业。用高新技术和先进适用技术改造传统产业，淘汰落后工艺、技术和设备。严格限制高耗能、高耗水、高污染和浪费资源的产业，以及开发区的盲目发展。

（九）构建节能型城市和清洁文明的农村牧区发展格局

节能型城市和清洁文明的农村牧区是建设环境友好型社会的重要体现。就消费而言，节能型城市应主要抓好以下几个环节：出台限制或鼓励性节约能源和水资源使用的政策措施。例如制定民用建筑使用节能型材料的最低限额比例，制定用水定额，实行超限额高收费的办法；出台鼓励使用节能新技术和用品的政策。如实施对使用太阳能、节能电器、清洁能源汽车等节能型产品的补贴销售等；加强城市能源管理。据统计，我国工业用水的重复利用率平均为62%，而发达国家平均为75%~85%。生活用水浪费现象也十分严重，全国城市供水管网漏损率高达20%，仅此一项每年浪费水达100亿吨以上。因此适时改造和维护管网、线路，减少浪费损失，具有相当的现实意义；制定出台废物回收制度，注意提升对污染和对环境容易造成不利影响行为的监管和处罚力度。

建设环境友好型农村牧区社会应结合新农村牧区建设工作，重点关注以下几个方面的工作：重视和加强村落建设规划。把街道改造、水源保护和使用、废弃物处理、牲畜饲养、排污等纳入规划之中；改变现行大多数村落随心所欲的建设习惯。注意农村饮用水水源地环境质量的改善。重视农村改水、改厕工作，普及农村自来水和卫生厕的使用；注意化肥、农药的科学合理使用，通过提高测土配方施肥技术覆盖率与高效、低毒、低残留农药使用率，提高农村畜禽粪便、农作物秸秆的利用率以及生活垃圾和污水的处理率；注意农村小工业、小作坊等的污染控制。

（十）倡导具有生态文明理念的生活方式

（1）在处理和周遭关系方面提倡自然和谐。应以生态优先为理念，建立人和自然之间、人与社会之间、人与人之间的和谐关系，即当生态系统的经济价值与生态价值发生冲突时，应以生态价值的实现作为优先考虑的对象。

（2）在物质消费方面提倡节俭适度。"勤俭节约"、"中庸"是中华民族的生活和处世的传统理念，深合建设生态文明的精神内涵。在日常生活上也应体现这一传统思想，应通过倡导勤俭节约的生活方式，建立和形成具有中国特色生活方式特别是物质消费方式。

（3）在构建生活环境方面提倡健康自然。就城市而言，主要包括在城市内部建设人与自然和谐的生态社区，使城市内部与城市外部周围地域形成可持续发展的生态良性循环区域。就农村而言，要在普遍推行"生态示范区"建设的同时，重点发展"绿色居住区"，建设包括文化、教育、医疗以及各种服务在内的配套设施。

六、实施内蒙古生态意识文明建设战略

（一）在政府层面

一是要通过宣传和制度引导，促进全民形成人人有责的生态意识，树立生态文明观念。生态文明观念的核心是对人与自然关系的重塑，应引导民众树立人既利用自然，又必须尊重自然，与自然和谐相处的思想。同时应以国家颁布的相关法律法规，内蒙古出台的一系列法规规章和政策为内容，作为宣传和教育内容，使民众在接受法制教育的同时，接受生态文明教育。二是要注重生态道德教育。通过教育，使人们心目中树起崇尚自然、热爱生态的道德情操，唤起关爱生物、善待生命的道德良知，树起勤俭节约的传统美德。为此，要建立完善的生态教育机制，要运用各种新闻媒体，宣传绿色产业、绿色消费、生态城市、生态人居环境等有关生态文明建设的科普知识，将生态文明的理念渗透到生产、生活各个层面和千家万户，增强全民的生态忧患意识、参与意识和责任意识，树立全民的生态文明观、道德观、价值观，形成人与自然和谐相处的生产方式和生活方式。三是营造生态文化建设的氛围。生态文化作为一种社会文化现象，摒弃了人类的自我中心思想，按照尊重自然、人与自然相和谐的要求赋予文化以生态建设的含义。

（二）在社会各类组织层面

包括厂矿、企业、街道、乡村和其他各类社会组织，应根据生态文明建设的需要，制定本组织、本行业的相关制度、规范，在农村牧区要协助制定好涉及生态文明建设的乡规民约，营造有利于生态文明建设的氛围。

（三）在民众个体层面

通过日常涉及生态文明建设相关内容的具体事例，普及生态文明知识，树立生态文明观念。结合普通居民比较关心的生活设施建设、产品质量查处案件、住房置业中环境对价格的影响、使用节能产品、节约用水用电中获得的益处让民众切身感受生态文明建设的具体内容，逐步由具体的事例向抽象，由关注个人生活环境向关注社会生态文明建设升华，进而形成生态道德观念。

分报告十　提升区域发展软实力的思路

　　区域经济、社会初期的发展主要依赖本地的资源禀赋，这之后必然转向依靠与外部的互动，吸纳更广泛资源来促进本地域的经济社会发展。在资源稀缺的基本环境约束下，伴随产品的市场竞争和区域对获得资金、人才等要素的竞争越来越激烈，当今社会对增强发展实力的要素组成已经扩展到以文化为代表的非资源、非要素、非基础设施等领域。借用国际上国家发展动力的概念，这些领域的发展动力被称为"软实力"。内蒙古作为近年来经济社会快速发展的省区，未来发展所面对的问题还有很多，保障未来发展首先需要内蒙古与其他各区域之间的合作，需要内蒙古不断在与国际国内的各地区之间的合作中，形成共同发展的合力。但在发展中，能够得到更为有效的合作还需要不断提升自身的发展水平，增强自身的发展实力；在充分发挥内蒙古资源优势、地缘优势等现有优势的同时，还需要不断培育自身的软实力，从而加快内蒙古又好又快发展的步伐。

一、区域发展软实力的内涵及作用机制

（一）软实力的概念

　　20 世纪 90 年代初，哈佛大学教授约瑟夫·奈首创"软实力"概念，从此启动了"软实力"研究与应用的潮流。奈认为：软实力是一种能力，它能通过吸引力而非威逼或利诱达到目的，是一国综合实力中除传统的、基于军事和经济实力的硬实力之外的另一组成部分。包括国家的凝聚力、文化被普遍认同的程度和参与国际机构的程度等。奈将其概括为导向力、吸引力和效仿力，是一种同化式的实力，即一个国家思想的吸引力和政治导向的能力。

　　软实力的概念提出后，在国际政治、军事、外交格局的不断变动中受到了国际社会的重视，美国学者斯拜克曼把民族同质性、社会综合程度、政治稳定性、国民士气都视为软实力。英国著名学者罗伯特·库伯则认为，合法性是软实力的核心要素。约瑟夫·奈在最新著述上，也再一次抨击以军事、武力、暴力等硬实力建构世界新格局，主张只有通过文明、文化、价值观念、

生活方式等软实力的桥梁，才能在国际政治舞台不断取得成功。

比较明确的是，软实力的提出和被关注，最初集中于国际政治社会，是国际政治舞台近年来发生变动的产物，在这个领域的新成果更是美国社会对美国在国际社会中继续保持主要角色地位策略的反思。其被世界各国所关注，也主要是来源于国际话语权竞争的需要。而正如这一词义所直接表达的内涵那样，软实力是竞争、较量、占据等"侵入性"目标下的产物。

在中共十七大报告上，我国将提高软实力作为我国社会、经济、政治发展的目标之一，从而引发了国内对软实力的研究。2006 年之后我国对软实力的讨论开始升温，在实际操作领域，有一些地方制定了"提升软实力发展规划"，更多的是一些省区在文化建设的过程中，融入提升软实力的战略构想。一些文章从中国文化的角度，提出软实力是中国文化中早已有之的概念。在国内软实力研究过程中，软实力应用的领域不断扩展，从国家战略、文化影响逐步扩展到区域软实力的研究、结合城市竞争力研究的城市软实力研究、企业软实力研究，也有对传媒等行业软实力的研究，甚至有针对个人的软实力研究。在概念上，软实力也不断被诠释和丰富，如提出软实力是"依靠某种思想、文化、道德、法律、教育、价值观念、政治制度及生活方式的先进性和吸引力，去影响别人或他国的能力"。

2008 年复旦大学国际公共关系研究中心编制了"中国城市软实力评价体系"，评价体系提出"城市软实力，是指建立在城市文化、政府服务、居民素质、形象传播等非物质要素之上的城市社会凝聚力、文化感召力、科教支持力、参与协调力等各种力量的总和"，并据此设定了具体的可量化指标。如用文化企事业数量、重点文物保护单位数量、文化生活是否丰富、文化是否有特色衡量文化感召力；用本科以上学历的公务员比例，以及上一年度城市里副处级以上官员违规比例等反映政府服务水平；用经省部级以上审批的国际活动数量反映全球化程度和国际知名度；用地级以上代表团到访数反映该城市在国内的政治地位；用世界 500 强企业分支机构数量体现城市经济影响力等。反映城市社会凝聚力的指标包括城市外来人口与户籍人口比例、外省市派驻机构数、城市归属感和包容性。而美国康涅狄格州立大学杰克·米勒关于"美国最有文化城市"的研究，所使用的硬性数据，则包括的是互联网的使用率、图书馆的利用率、图书报纸的发行率，等等。分析这些指标，我们不难看出，软实力的衡量指标包含着定量化和定性化表述两类，指标体系涵盖的范围根据设计者价值指向的不同而差异巨大；量化评价难点还在于持续性的评价很难保证定性化指标评价标准的一致。而在区域软实力评价的问题上，由于所涉及的范围扩大到省区，区域同一指标本身存在多样性，难度要远远高于城市软实力的评价。从各省区、城市提升软实力目标的内涵来看，现有的一些指标设计忽略了软实力的"影响"作用，即在国际间比较明显的"侵入性"目标。区域之间的软实力研究，提升区域软实力，核心还是增强和扩大区域的影响，进而使得本区域获得其他区域的认可，后续的内容，则是通过软实力的提升，得到社会经济发展进步的外部支撑，对于内蒙古而言直观的经济意义和市场意义包括，产品获得更好的市场认可、招商引资获得区域优势、社会发展能得到内外部人才驻留，等等，如果软实力不能转化成功利的目标，提升软实力的过程将成为社会发展自然、客观的表现。

对于区域软实力比较权威的界定来自 2007 年中国社会科学院出版社出版的《区域软实力的理论与实施》一书。在该书中，区域软实力被定义为"在区域竞争中，建立在区域文化、政府公共服务（服务制度和服务行为）、人力素质（居民素质）等非物质要素之上的区域政府公信力、区域社会凝聚力、特色文化的感召力、居民创造力和对区域外吸引力等力量的总和。这种'软'的力量能够吸引区域外的生产与消费要素，协调本区域社会经济系统的运作，提升本区域社会、政治、经济和文化的发展品位，塑造良好的区域形象，提高区域竞争力，为区域经济社会的和谐、健康、跨越式发展提供有力支持"。这里软实力的定义扩大了国家软实力的外向性指向，模糊了对外影响力因素而具有"内外兼修"的特质。区域软实力由于同在一个基本制度体系之下，隐含着比较的成分，尤其在公共服务、人力素质等方面，是不同区域之间相互比较所产生的结果。这也使得提高区域软实力成为比较缓慢的细节改善的过程。

软实力的客观表现与主观努力的背离是软实力量化的难点所在，它如同人的力量和体质健康状况的对应关系一样，描述软实力的指标可以通过人为的干扰得以提高，假设用国际活动反映影响力，一个地方完全可以通过政府主导，甚至政府出资举办多次国际活动来得到这个指标的一个高值，但得到国际社会的认可程度却可能因为举办的国际活动的混乱而下降。而倾力于基础教育水平提高尽管不会在软实力的表现上有大的改善，但却是提高软实力的重要途径。

按照国内近期概念性推动的趋势，软实力的词语性应用将进一步扩展。但软实力的基础性研究和实证性操作目前在国内还处于初级阶段，尽管有研究省区和城市软实力评测体系的案例，但实际上软实力问题研究受基础研究薄弱、所包含因素内涵的不确定性、感受性因素较多等制约，科学意义上的评测架构尚未形成，理论体系的支撑尚有待于进一步完善。如果仅从实践领域，将软实力作为土地面积、人口、自然资源、经济力量和科技力量等"硬实力"的"对称领域"，提升软实力的指向则比较明确地包含了文化的影响力和吸纳能力、区域形象等对外部的影响力等方面。这些方面尽管边界比较模糊，内涵不确定，但基本内核比较明确。而且，从内蒙古区域现实发展出发，这些方面的发展也确实能起到与内蒙古的硬实力相互作用自治区社会经济发展的目标。

（二）软实力的作用机制

软实力作为"吸引和说服他人的力量"，其作用机制是意识、心理影射方面比较综合的系统，在一般思想层面上分析，更多的是精神和文化的作用，它所触发的是情感因素，通过对他人情感的作用反映在"他人与我交互关系"的行为方面。

在现代中国社会体系之下，如果以发展为目标，当这种精神作用放大到一个地区之后，它可以分解为以下几个方面：

（1）模糊体系下的"形象"，即对一个特定的地方"怎么样？什么样？"在头脑里的印象定位。形象有传播和体验两种传播媒介，在现代信息社会下，传播往往是体验所得出的具体内容，更多的是"零星、片面"体验的积累。比较典型的外部例证是对"河南人"、"温州人"、"澳门人"等地域性人群的符号化。形象的产生有两个作用来源，一是个体的汇集，二是时间上的积累。一个区域的群体和区域中某些特定群体的行为，在与区域外部不断地交流过程中，会逐渐在区域外部的人群中形成一系列的印象，这种印象经过积累沉淀，会在外部形成比较固化的认知，这种外部个体的认知经过传播、认知会形成外部整体对该区域的认知，从而成为外部对该区域的整体性、抽象性的形象。需要说明的，一是这种认知可以是针对区域的各类组织机构的判别，也可以是针对区域内不同地域的判别，如内蒙古东部的东北如何如何，内蒙古牧区的牧民如何如何，内蒙古的官员如何如何，而且这种认知的初期未必是完整的，随着交流频度的增加，这种认知会逐渐趋近于形成"共识"。二是这种认知未必是客观、准确的，错误的印象所形成的形象也会长期存留。

形象上的认知定位会直接左右区域与外部的往来，会在外部产生一种基础性的影响力，有力量的形象会直接加大区域对外部的行为效果。内蒙古在经济发展过程中通过不断加大招商引资的工作力度，迅速加强区域的经济实力，通过连续的经济发展改变了以往多年经济落后的形象，特别是通过不断的资源优势、土地优势的宣传，在国内的经济社会中树立了资源、土地供给充分，对企业、产业在资源和土地方面有非常优越的扶持条件等形象，成为资本进入的热区。这一形象不断被强化后，对内蒙古进一步扩大招商引资起到了积极作用，是内蒙古软实力作用的例证。

（2）自身对自己的认知及其在外部的映射。区域软实力作用很重要的环节是区域状态的自我认同水平。自我认知有个体认知的汇集，也有在信息社会特定环境下区域话语主渠道体系对自身的认知，而话语主渠道体系对自身认知对外部的影响尤为重要。在内蒙古，话语主渠道体系一是政府体系，本质是政府作为，包括政府决策、政府执行、制度设置，等等。这些信息通过各级政府信息发布体系、政府官员的言论等媒介渠道和政府官员的行为汇集起来，成为软实力的构成。二是传媒体系，包括媒体和各种传媒产品，这是信息时代文化通过物的形式在市场上和社会上作用的渠道。三是分散领域话语的汇集。如内蒙古各个大学在内蒙古形成了与其他领域有区格的群落，这个群落不仅在内蒙古内部有相对独立的活动，对内蒙古的社会产生影响，而且在区外也有相对独立于内蒙古其他领域的活动，影响着外部对内蒙古的判别。经济产业领域的各个行业、社会其他机构也有同样的作用模式。

在这个体系中，对自身的认知决定着软实力的大小，决定着吸引力的方向和强弱。软实力的强弱虽然很难计量，现有的衡量方式如文化企事业数量、重点文物保护单位数量、本科以上学历的公务员比例等大部分属于硬实力（资源）范畴。而且，数量化的指标并不能揭示出质量的优劣，况且在软实力领域，同样的事情如召开国际会议，完全可以由政府主导，但实际运行情况既可以提升软实力也可能损害软实力。但感召力等因素的提出，还是比较明确地揭示出了软实力的核心内容。而感召力在作用上一定是需要有感召力的区域在地域的心理性定位上有一定的被认同。这种认同源于进步与发展，也更源于心理上的优越性判读。而由于内蒙古区域是由行政划分分割的地理位置，地理上的区格又在历史上体现出人文的区格特点决定，这种优越性的判读首先来源于区域自身的各组成要素，也就是自我认知。

每一个行为都源于自我认知，自我认知表现在各类社会和个人行为的细节之中，大到自治区的政府政策、小到一个拥有最小话语权的社会公民的言谈举止都会有所体现。如在内蒙古"煤从空中走"战略的背后，隐含着对内蒙古煤炭资源的充分自信和对自身煤炭深加工产业发展认识的不足，也包含着对先进技术体系发展难度的判别。而承接战略也展示了内蒙古对自主知识、自我投入能力上的缺乏自信。在制度设定领域，各种照顾性政策的基点是被照顾方的优越或者能力不足的自我认知，在外部会被准确地判读为自我认知的褊狭。在文化领域将主力诉求全面集中于草原文化，也表现出我们对自身文化的认知。而这种认知在外部都产生着直接的影响力，比如会更多地汇集对能源需求量较大的行业关注内蒙古；会在吸引中低端技术水平企业进入的同时，对高技术企业缺乏感召力，对高技术人才、高技术产业工人缺乏感召力；会在特色文化的影响逐步扩大的同时，在现代文化和文化广度的认同上丧失感召力和吸引力。

（3）文化内核与时代的契合，及其在他人心中的影响指向。软实力是狭义文化概念下的作用力，这种作用力更多的是在社会心理上的作用。而文化作用的方式与社会普遍认同的程度有直接关联。社会认同的基点是文化对人类核心理念、价值观的作用，如救赎理念、彼岸目标等流传至今，即是其与人类价值观的走向一致。而对于区域而言，软实力的作用基点是地域文化的深刻程度，在现今社会中这一基点也延伸到地域文化的广度，即文化所涵盖的领域。文化传播需要与所处的时代大文化契合，即能与时代的潮流同步。当今社会正处在一个价值观重塑的时期，一方面不断有新形式的文化载体或者文化表达出现；另一方面，核心价值体系也在稳定地维持，甚至可以说是处于不断地恢复之中。历史文化的积淀在这个时代逐渐被重视，用来丰富以往实用主义的单一价值观。虽然潮流文化不一定是先进的文化，但在社会心理接受层面上，以潮流文化形式表现的区域文化，更能获得社会大众的认可。

现今社会，借助于发达的传媒，文化多样性泛滥，但文化本身的变化也为文化的多样性交流而提供了更多选择。分析当今国际比较强势的西方文化体系和国内比较强势的中华传统文化体系，文化体系中价值观的稳定和在稳定中不断增强的时代感是强化软实力的重要因素。时代感是区域文化融入到现实中并逐渐引领现实的重要方式，是某一特定文化发生作用的基本途径。脱离时代的自娱自乐固然也能给区域文化提供一定的外部市场，但其更多的是迎合了对不同文化的"猎奇"心理，因为奇特，而吸引了外部社会的关注，但刻意追求奇特背后积淀的浅薄，或者与外部大环境巨大的差异化，实际上是加深了区域的封闭，对外部的感召方面所取得的效果导致了心理上的更多排斥，甚至会被定位成落后。

综上所述，区域软实力的作用机制是通过作用于人的心理，以及作用的积累在内部、外部的社会心理上产生对本区域的认知，作用的主体是区域内部的人、组织等能够构成独立行为表现的单元，构成作用力的是社会复杂系统。所以，对于提升区域软实力而言，需要进行的努力既有单纯形式上的，也有社会深层价值观领域的不断调整。

二、内蒙古软实力的分析

（一）内蒙古的发展形象及其影响分析

形象就是影响力。内蒙古自 2003 年以来经济增长速度一直居于全国之首，得到了自治区内外的广泛关注。这种经济的高速增长改变了以往内蒙古经济、社会发展滞后的形象，使内蒙古得以以一个新的形象被社会赋予继续发展的"形象力量"。经济发展是硬实力构成，但这种硬实力构成在当前社会意识被锁定在经济占据主要位置的社会思潮中，成为社会评价的主体要素时，也就构成了影响人们意识的重要渠道。事实上，我国对发达资本主义国家的文化等意识形态领域思潮的接受往往受对方的经济实力左右，欧美文化数十年来的作用固然如此，以韩剧、韩时尚为主的韩文化被追捧，也与我们所见到韩国在韩剧和社会宣传中所展现的不焦虑于经济生活等"稳定的富庶"密切相关。这种作用越是在落后地域，对经济发展所展现出的追捧越强烈，所以内蒙古这样的形象对不发达地区的作用，要远远大于对发达地区的作用。

内蒙古的现代工业体系建设从包头钢铁公司起步，在改革开放之前，通过各种渠道的宣传，包钢、包头市广泛得到社会的知晓。分析当时的作用模式，政府宣传，尤其是来自于权威媒体的宣传报道是向全国推介内蒙古的主要渠道，在当时可见的为数不多的国家级报纸、中央人民广播电台上，在《新闻简报》等电影放映时所附的短片上，人们了解了内蒙古的社会经济发展。改革开放以后，从以伊利乳制品、鄂尔多斯羊绒衫等内蒙古特色产品行销全国为媒介，到大量的草原风情的歌曲通过餐饮伴唱、旅游活动等商业渠道的渗透，内蒙古不断走进全国人民的视野。近年来，内蒙古能源原材料工业快速崛起，通过资源富集带动产业发展、经济发展的作用日益明显，大型企业能源原材料加工企业不断在内蒙古发展起来，产业强势的整体形象逐步替代了特色产品强势形象。围绕产业发展，一些产业比较集中的区域得到了经济社会的广泛重视，内蒙古的现代化形象逐步形成。这种现代化形象比较集中于经济领域，也正是这种集中，使得内蒙古的影响力更为鲜明。而且，这种可以明确比较的形象，也使内蒙古在自我认知上保持了发展中的状态，而没有心理膨胀。如抓住发达地区结构升级产业转移的机会，吸引发达地区转移出的企业落户内蒙古，对于内蒙古发挥后发优势，调整产业结构，走现代化发展的道路，在国内产业竞争中占据前沿位置，等等，都有很多的不利因素，对内蒙古工业发展水平的整体形象也有所降低，但基于对内蒙古自身的认知，却是短期目标约束下现实的选择。从 2009 年上半年的招商情况分析，在国际金融危机背景下获得较好招商引资效果，有内蒙古形象因素的软实力作用的结果。

社会发展评价在当前国内的软实力作用体系中以城市发展形象和道路等基础设施为主，这些领域一般存在可以明显识别的差异，一定程度上这种明显的差异可以表现文明、生产方式、文化的特征与水平，在社会识别系统中成为传递一个地域软实力的桥梁。内蒙古的城市发展和基础设施建设在相当长的时期内落后于周边地区，如在全国省会城市中，呼和浩特城区内大面积的土砖房是保存时间最长的；内蒙古境内的道路条件也远远滞后于周边省区，内蒙古大部分旗县政府所在地的城镇规模小、繁华程度较低、建筑陈旧的状况现在仍占较大比例，这也是为什么被一些外来人员戏称为"镇级县"的主要原因。除发展水平上的差异，在发展的模式上，内蒙古的城市、城镇建设仍然带有很多落后的痕迹，如千篇一律装饰有雕塑的广场，尽管规模宏大，但雕塑粗糙、设施破败等较多；城镇布局不合理，大量的商业设施集中于交通主干道甚至国道沿线，城市、城镇之间商业店铺、网点外观设计雷同；城镇管理水平低下，交通秩序混乱，所展示的文化主题混乱，而草原区域的城镇文化主题单一，城市、城镇各区雷同，缺乏整体的、长远的考虑；近些年来大部分的城市、城镇都进行了新区建设，所建设的新区与老区差别较大，老区大量的平房与新区相同样式堆砌的楼房相映，反映出建设、规划、城市管理水准的低下和管理运营技巧及积累的缺乏。

伴随这样的形象，内蒙古被获得其他地域识别的时候，会被对方按照个人价值观体系的着重点添加很多相关因素，如依据经济发展速度附加地方富裕、百姓收入高的认识；依据城镇建设推论出文化素质差、管理水平低的结论等。这种附加的内容是对方的知识结构和逻辑关系作用的结果，他们会用自己所掌握的社会一般理念非逻辑地去进行这种附加。而利用这种社会一般理念和逻辑，引导社会围绕一些着力点形成对内蒙古的"形象体系"，这是提高软实力的有效手段。但可能的风险是：如果这种被引导的"附加形象"与实际的观感大相径庭，对方会直接否定产生附加的主体。

（二）内蒙古的文化及其影响分析

文化形成感召力。内蒙古是多元文化聚合的区域，其中包括北方大部分少数民族文化和多元的汉文化，地域上也包括西北文化、东北文化、俄罗斯和蒙古国文化，等等。在不同区域文化、不同生产方式作用下，各种文化之间的交流也形成了很多各具特色的地方文化，也兼带形成了当前各地的人群差异。而且，内蒙古文化融合、交流、杂陈的格局古已有之，文化底蕴非常丰富。借助于工业品、旅游、餐饮、文化产品、电影电视传媒等途径,内蒙古大力推出了以草原文化为主要构成的区域文化,以草原民族文化为基础的歌曲、音乐等文化产品,和旅游相匹配的歌舞、运动、娱乐等旅游主题文化,为餐饮服务的娱乐文化,成为内蒙古文化的主要对外传播领域。

内蒙古的文化建设,在文化领域的研究和文化领域的创作方面取得了较大的对外影响。历史研究、岩画研究、成吉思汗研究、民族艺术研究、文艺评论等文化领域的建设,为扩大内蒙古在全国、在世界的影响做出了巨大的贡献,以内蒙古大区域各色生活为蓝本的文学创作、电影创作在传播地域文化上也展示出内蒙古的基本文化内涵。近年来,在政府的大力支持下,草原文化大区建设效果明显,文化大发展,特别是草原文化大发展的格局逐步形成。但在市场经济作用下,由于存在地域文化稳定性欠缺和权力因素在文化中的特殊效用,导致了内蒙古文化研究和创作领域逐渐收窄,并逐渐与民间市井鲜活的文化脱节。一方面草原文化相对丰富的其他类型文化形成了明显的"挤出效应",而草原文化自身在推介上,在市场、群体和个人利益等既得利益压力与研究开发缓慢过程之间的平衡中,找不到展示竞争力和说服力的途径,而逐渐陷入自我封闭式的发展,不去遵循一般的公共范式,刻意地"坐井",守在洞里,以空洞的文字推演,封闭的研究群体,只追求言辞的奇特,而忽视基本功能和基本逻辑的科学性,回避批评精神的相互赞赏,达成自卑心理下的自我满足,或者从中获得个人利益。在逐渐形成"洞中群落"后,浮躁、急功近利,使得文化的"高端"与民间文化、活文化形成分野,而成为一种越来越形而上的空洞文化阶层。需要注意的是,这种空洞的文化,丧失了文化研究、文化导入的先导和引领作用,对文化前沿领域本身形成巨大的破坏。在开放的大环境作用下,在自我更新缺乏鲜活文化的滋养下,在走至极端后会产生崩溃,而再行构建。但这样的往复循环也有很大的破坏力:行而上的空洞尽管可能在现代浮躁的文化背景下,因为一时的新奇而被传扬,但也会与鲜活文化表达的文化递进产生越来越远的距离。这种距离也影响着民间文化中鲜活的部分、特色的部分出现"迷失"。如民间文化也有较大的改观,20 世纪 80 ~ 90 年代还十分盛行的自歌自乐的社会文化风气,在呼和浩特等大城市中已经基本上被商业模式所代替。

在传媒体系中,自治区传媒主渠道既受到政府体系的制约又有经济收入的压力,官商混杂,在具体行为上既要迎合政府的需要,规避可能带来的对从业人员的仕途风险;又要积极创收,以获得经济上的利益。而且,这种矛盾的纠葛不仅在机构中存在,由于机构的业务分拆体系,甚至成为具体行为人的矛盾，一个电视台的普通编导、记者要承担创收任务，一个报社的记者要顾忌采访对象的感受以及回避可能给报社带来的收入损失，这已经是特别普及的传媒疾患。

区域软实力与传媒影响力直接相关，作为对外指向的展示渠道，传媒"不仅要讲究技巧，而且要有适合主流社会的思维习惯、语言习惯和表达习惯"（杜平）。封闭的文化传播的主要表现是自说自话，脱离主流，而区域的软实力主要是面向区外的，因而其传媒业必须是外向的，要以外部化的方式才能把力量传播出去，强化传媒体系是提升内蒙古软实力的重要手段。

商业渠道对文化的传播有很大的随意性，因为商业渠道传播文化的功能在于推动商业自身的销售，所以文化在这里被作为辅助的"工具"，其主要的诉求点也是迎合消费者的需要，其科学性、规范性、真实性都会有所让步。"伪"文化的泛滥会降低公众对文化的能量信任度，反过来也会驱使公众进一步破坏文化。客观上讲，出现这类"伪"文化是发展过程和商业手段的必然，如果文化前沿和传媒中的主体媒体能够坚持求真务实，"伪"文化对内蒙古文化传播的影响应该也会有正面的效果。但文化前沿迎合"伪"文化获得利益，作用于传媒为"伪"文化的发展推波助澜，商业渠道成为文化传播的主渠道，这样的文化传播结构如果持续，会对内蒙古软实力造成巨大的破坏。

内蒙古民间文化特质在很多方面传承了历史遗存。民风淳朴、大度、重人情、内敛、热情等展示性特质依然是民间文化的主要特征。但近年来，在一些现代文化积淀比较薄弱的地方，乍富之际及乍富后，也出现了自卑心理持续作用下对财富的炫耀，这种炫耀与不发达地区走向发达过程中已经历的社会心理相互融合，显示出文化内涵的浅薄。

文化是构成软实力的重要内容，在区域软实力概念下，文化也是政府机制、群体素质等要素的"动力源"和基础。在文化体系构成中，文化前沿工作、传媒具有基础和导向作用。当前，各地在寻求提升本省区软实力的途径中都将文化放在极为重要的位置上，通过各种方式，提升传媒的作用也是各省区具体措施的重中之重。同时，对商业渠道的传播，各地基于文化前沿的坚实基础和传媒的巨大作用，也制定了结合正规制度制约和非正规制度制约的体制，这是我们应予借鉴的。

（三）内蒙古的民间吸引力分析

素质构成吸引力。从软实力的角度分析内蒙古的社会吸引力，其作用主体由政府和民间百姓两部分构成，这里实际上排除了企业、学校等社会化运营机构，因为社会化运营机构在绩效的目标下具有自然的融合要求，是否具有吸引力则取决于机构内部人员的作为，这又落在民间百姓的范畴。

内蒙古的大部分城市都是大量吸纳人口发展起来的，这是内蒙古历史积淀下的整体吸纳环境，甚至可以说现代社会基础比较雄厚的呼和浩特、包头、通辽等城市都是"移民城市"，人口来源的复杂程度几乎与现代化发展水平同步。改革开放以后，内蒙古相当长一段时期是处于人口外流的状态，这也与此前期人口来源繁杂有一定关联，即有一部分处于回流或子女回流状态。南北方各地人口的汇集，城市人口与农村、牧区人口的交融，各民族之间长期的交流共生，为内蒙古城市奠定了宽容的吸纳力基础。社会心理因素的宽容性为提高内蒙古各主要城市的软实力提供了有效的支撑；而且，这种影响对一些内蒙古内部不发达的城市也有很大的促进作用，所以构成了内蒙古城市对外来人员进入的高兼容能力。在现代人口流动作用力下，外部投资、商业机构入驻、大学生异地求学、异地求职成为内蒙古城市人口机械增长的来源。由此，落脚点的稳定性成为吸纳能力的重要构成，经济发育水平、城市发展水平等硬实力，是稳定的来源，内蒙古近年来的发展为各个层次进入城市的人群都提供了一定的空间，也间接增强了内蒙古城市吸引力的力度。

但长期的机械性城市扩张，繁杂的人口来源，与当地经济社会不发达的背景结合后，也会使城市社会形成快速的"分层"，新进入的群体比较容易找到自己所处的社会阶层，共同的文化基础会增加自身所处社会阶层之间的交往，甚至会锁定密切交往的群体，形成"亲友团"。"亲友团"之间也会形成社会交往的路径依赖，近年来，呼和浩特出现了非常多的"福建商会"、"泉州商会"、"河套商会"等商业领域的地域性商会，实际上是商业"亲友团"。民间不同民族间实际上也有一定的区隔，越是社会基层层面这种区隔越明显，甚至对其他群体会有很多排斥心理，如对南方人的心理排斥，等等。我们在对农业产业的调查中经常会发现内蒙古本地农民对山东、甘肃等外省人员在劳动生产中的排斥，牧区就更为明显，甚至直接体现在社会生活之中。人员社会分层和"团块化积聚"具有双重效应，一方面会通过减少外来新进入人员的陌生感而增加城市的吸引力。另一方面，也会加大社会一般意义上的交流成本，形成文化的区隔。而有些地方照顾某一群体的倾斜政策，刺激了这种区隔力量的扩大。

内蒙古的农牧区人口稀少，社会交流的频度低，长期处于相对封闭的状态，商都县还能发现"鸡犬之声相闻，老死不相往来"的例证，尽管仅仅局限于老年人，也是极端例证，但也能说明我们曾经有过的历史。封闭的传统致使本地的和外地的心理依然存在，表现在行为上是表层的好客与深层的隔阂并存。这种深层的隔阂在政策和经济力量的作用下，人为刻意的排斥和不经意间的分割，民间底层的区隔在一定程度上被放大。但长期封闭于经济落后、社会发展水平落后的基点上，在现代农村牧区电视普及、道路普及、外出频率提高、社会交往逐渐增加作用下，尤其是在外出求学、就业、短期务工人员增多的影响下，内蒙古农村牧区的开放度日益提高，而且，新进入的力量绝大部分是企业、政府官员等处于社会上层的力量，农村牧区对外界的容纳心理在外来者优势的"强权"下得到了很大的增强。其中有内部人利用信息不对称在外来人处获得额外利益的例证，但更多的还是处于分散的弱势状态。获得发展机会的渴望与外来者背后的政府力量和经济力量，使得内蒙古大部分农村牧区表现出对外来文化的巨大兼容。这也是为什么在开放初期个别外来力量破坏当地资源、损害当地公共利益而能够得到当地容忍、支持的主要原因。从软实力的角度分析，这也是新进入者的软实力强于本地软实力所导致。

内蒙古的民间吸引力是双向的，容纳能力强会增强本地的软实力，但居于弱势地位的吸纳能力对软实力是一种极大的损害。

（四）内蒙古政府服务软实力分析

在软实力领域，政府服务的吸引力由地方性政策、制度执行和政府官员、部门人员的行为表现等要素构成。制度因素在区域虽然涉及社会运行的基本制度规范是区域不能决定的，但社会运行是通过社会各个机构、各级政府、政府各个部门所表现出来的。在制度层面上也是通过各个小的社会单元的个性化制度及制度执行表现出来的，这也是制度因素被视为区域软实力构成的原因所在。

在内蒙古，政府系统无疑成为了吸纳和实施对外影响的最重要体系。政府行为由两个部分构成，一是政府的"机构行为"，另一个是政府工作人员的"政府人行为"；在制度上也有正规制度与非正规制度两类。而所谓非正规制度大部分在内蒙古应该归属于"政府人行为"的模式化。近年来，内蒙古通过创建服务型政府、阳光政府全面树立了自治区级政府在对外开放招商引资等方面的积极形象。但基于未来发展，我们仍然可以看到内蒙古政府体系内部，唯官、唯上已经成为我们政治文化中的重要构成，而且渗透到各个领域，例如在高等院校安置博士生导师脱离教学岗位，担当处所级行政职务等"激励措施"十分普及。在这样的传统文化和社会运行逻辑背景下，行政权势的作用还在扩大，主管的作用力相当一部分已经替代了机构作用力。

内蒙古为促进经济快速发展的重要举措之一是招商引资，通过优惠政策、资源开发权限配给等种种有效手段获得了招商引资的巨大成就。但同时存在在招商引资的时候高标准承诺,而一旦企业进入之后,个别政府不仅不兑现当初的承诺,甚至基本的服务质量都十分低下,很多地方将其称之为"关门打狗"。招商引资有两个角度,一个是资本投资角度,另一个是资产运营角度,资本投资角度考虑的是投资回报,在投资成本、投资收益溢出上,内蒙古给予各类资本以较大的优惠;但资产运营方面的服务一直是我们的短板,盟市一级上述提到的重大轻小、承诺无法兑现固然较多地发生在乌兰察布等地区,旗县一级的问题更多、更细微,如税务部门不规范执法,随意查封企业账户、医疗部分恶意过度医疗、地方农民与企业纠纷、干扰企业运营等,而且多集中于政府部门和政府所辖的公共服务机构行为失当。而这种失当影响着政府行为对外部缺乏吸引力。围绕社会文化的发展进步,内蒙古各地近些年也组织了很多大型文化活动,由文化节、那达慕、文艺竞赛,等等,而且较多是由政府主导,习惯上和操作人员的具体行为上,上级政府、外部政府、大企业家等在活动中占据了主宾地位,活动的内容渐次让位于交际化、形式化,活动的吸引力受到影响。

在社会分层中,政府和政府机构的吸引力对高端的作用比较大,多是作用于企业、社会高层次人才等群体,实际上,上述需要提升的方面在其他省区也有所存在,但由于内蒙古社会发展动力体系中,政府的作用力最为强大,很多省区可以交给社会去承担的动力,在内蒙古不得不由政府来承担,而且这种动力格局短期内难以改观,所以政府行为缺乏吸引力对区域吸引力的伤害更大。

三、提升内蒙古发展软实力的途径和对策

(一) 强化政府在提升软实力中的作用

一是规范政府行为,在涉及招商引资、对外合作交流等领域提出具体明确的要求,要有上一级对下一级的监管。省管县以后,旗县的作用力将进一步扩大,会成为自治区社会经济发展前沿主力。所以,规范旗县一级政府行为,树立各级政府"重承诺、守信用、办实事"的基本行为模式,是提高内蒙古政府执行力、吸引力等软实力构成的关键环节。二是强化政府对社会的管理力度,在退出经营领域后,内蒙古各级政府对公共事业的管理还没有建立起来适宜于内蒙古各地的模式,政府如何推进文化建设、如何提高社会事业机构服务质量和服务水平、如何促进全民素质的提高等社会改进职能的发挥,还都在摸索和学习之中,大部分盟市、旗县政府的主要着眼点,还是在

夯实经济实力、促进经济发展上，对社会管理意识淡薄，需要转变观念，转变政府工作的发力点。三是提高管理技巧，通过建设学习型政府，提高政府各部门尤其是公共事业管理部门从业人员的基本素养，提高社会管理机构办事的科学性，提高社会管理技巧。真正将贯彻落实科学发展观落在具体工作实处。四是强化政府从业人员亲民意识。高度的亲民意识是弥补管理水平低、缺乏管理技巧、政府从业人员素质差等问题的重要渠道，树立亲民意识需要消除"官权崇拜"意识，不唯官，要唯民，承认事实上官民之间的区隔，并在管理机制建立上建立官民沟通渠道，对于极少数官员称小部分民众"刁民"等类似现象严厉处理，改善政府工作人员在社会上的形象，从根本上树立为人民的政治价值观。

（二）注重传媒体系的发展

传媒是"软实力的载体"，所以要按照传媒行业的传播专业原则调整自治区传媒体系，实行相应的政策调整和体制改革。调整电视台等影响较大媒体的运行机制，实行按频道细分、按版面细分的政府管理运营与企业化运营相结合模式，如在自治区和盟市级电视台将政府投入集中，开辟政府频道，将其作为宣传党的方针政策、宣传内蒙古社会经济战略、弘扬主旋律、推进文化建设等的专用频道，由政府投资建设。对其他频道、栏目实行全部放开的企业化经营，宣传部等管理部门只进行新闻内容监管。对《内蒙古日报》等有政府投入的报纸，也采取类似的模式运行。强化传播体系品牌建设，实施精品战略，这是在应对现代传媒环境，稳定提高媒体社会影响力的重要举措。各类频道、栏目除了在表现形式上不断推陈出新以外，也要把栏目的主持人、主播、评论员、访谈记者甚至嘉宾作为栏目的重点推介内容，从而形成明星阵容体系，通过打造明星阵容体系，使电视、报纸成为社会关注、百姓喜闻乐见的品牌精品，明星阵容成为电视、报纸传媒品牌识别系统的主要构成。

传媒体系要形成主题合力，以区域为单位，盟市内部、盟市之间、盟市与自治区形成稳定的传媒信息交流体系，并建起与区外重点省区、国家级传媒相互联系开放的传媒网络。推介内蒙古的文化产品，对文化经营公司给予重点政策支持，对有一定国内影响和国际影响的民间文化团体，纳入政府支持体系，并通过政府渠道向国内和世界推介。

传媒体系需要强化外向意识，塑造"外向型传媒体系"，将传媒受体指向区外，面向全国。这需要在具体的管理运营制度上向在外部有影响的产品和成果倾斜，并给予具体的奖励和鼓励，如在自治区政府投资的媒体上给予大力宣传，通过公开的、大力度的宣传，在鼓励的同时，也强化了社会监督环节，促使内蒙古的高端文化部分领域走出"洞中群落"。

（三）集中政府、社会、企业等各种力量，选准定位、突出主题，营销内蒙古

我们曾经因为"院士、主席、市长、博士"等一些负面的重大社会事件而名声远扬，从积极的方面，我们也因为经济的高速发展而被社会周知，因为我们部分产品优势、资源优势转化而得到外部的赞赏。在内蒙古各盟市间，即成功打造"乳都"之后，各地又在做打造"薯都"、"硅都"的努力，城市营销已经获得了一定的成果，为营销内蒙古奠定了一定的基础。当前，各省区也在积极探索省区营销，塑造区域形象，并付诸了很多具体行动和地方性的政策性要求，为营销内蒙古提供了一定的借鉴，可以说经验教训的积累、环境条件等使营销内蒙古时机比较成熟。营销内蒙古的总体思路树立后，将引导内蒙古各项对外工作抓住内蒙古在未来国家及各省区间发展的需要，而不是仅仅从自我主义的角度"顾影自怜"，真正能够促使内蒙古相关工作目光向外，站得更高，看得更远。在营销内蒙古的旗帜下，也便于整合自治区各种文化资源，使内蒙古文化的传播能够直接为提升内蒙古软实力有所作为。借鉴打造"乳都"、"薯都"的经验，营销内蒙古的行为主体必然为政府体系，由政府承担先导性投入，如探索方向，寻找定位，制定方针、政策、措施，等等。但活动的主力阵容还是社会各机构，包括政府各部门、企事业单位、文化机构，等等，通过机构行为渗透到社会百姓个体，从而形成一个完整的力量。

（四）突出文化的多样性特质

近年来，内蒙古草原风情和民族文化得到了全面的推广，但毕竟不能全面代表内蒙古丰厚的历史积淀和多样化的文化资源内涵，而且，仅仅锁定草原风情与民族文化并不能代表内蒙古的文化特质，即便在民族文化的宣传上也不能代表民族文化的地域构成、文化特质构成上的多样性，甚至湮没和忽略了很多重要因素，如同一少数民族仅仅宣传草原部落而忽略了在农村生活的部落的文化。草原风情的推广在一定程度上对内蒙古其他文化产生的"挤出效应"也给外部社会带来很大的误导，这种误导使得很多人在认可内蒙古自然风情的同时，也不由得将内蒙古定义为经济、社会方面的落后地区，个别外地游客现在还有抱怨呼和浩特见不到羊群和骑马的牧民，就是一个非常鲜明的例证。这里，商业渠道传播文化的功利性和主导地位以及通过对外部"猎奇心理"的曲意逢迎获得认可的方式起了主要作用。内蒙古有不同民族、不同地域的文化，同一民族内部、同一地域内部文化的多样性也非常明显，文化多样性是内蒙古文化的最重要特质。与内蒙古丰富的经济资源一样，也是内蒙古文化资源优势的重要构成。提升内蒙古的软实力需要我们的文化具有普世性，不能是小群体推崇，而排斥与大文化的兼容并蓄。所以，还需要不断丰富展现内蒙古文化多样性活动的内容，推进内蒙古文化得到更广泛的融通。

（五）强化全民文化、价值观培育，提升全民素质

一个贫穷、落后、缺乏公正、道德堕落、文化分裂的地域是不可能拥有外部影响力的，提升区域软实力的基础还是区域全民自身素质的提高。提升内蒙古的软实力，要在提高全民文化素养、文明素养方面奠定基础。如树立尊重高层次精英人才的社会文化，通过实际待遇环节对待人才方式的梳理、调整，将尊重官权的社会文化转变为尊重人才的社会文化。注重加大对劳动力及未来劳动力的教育质量，使之能够适应高价值的工作，并形成自我学习、自我发展的动力机制，适应未来提升内蒙古软实力、内蒙古经济结构调整走向高附加值经济目标的需要。以公务员文明素质教育和行为规范化约束为抓手，强化各级地方素质提高的要求。针对广大农村，普及国民科学素质教育、文明生活教育等等。

在软实力特点的约束下，提升内蒙古软实力是个长期、细致的过程，但也是一个可以干预、加速的过程。提升软实力的途径比较清晰，数量化的测度可以得到较快的变化，但软实力的真正测度在人心而不在统计部门或书本。所以需要大量全面的具体操作，需要艰苦细致的引导，也需要对各种制度、社会生活的行为进行不断地调整进步，这正是体现内蒙古政府制定方针政策能力和政府行政执行力的标志性工作。

分报告十一　促进社会和谐稳定的思路

经过改革开放 30 年的发展，内蒙古已经步入一个新的发展阶段，即由生存型社会走向发展型社会的阶段。这一时期，既是内蒙古继续实现跨越式发展的重要机遇期，又是内蒙古面临各种新矛盾、新问题的凸显期。能否处理好发展与稳定的关系，对内蒙古未来发展具有基础性、全局性的重大影响。深入分析内蒙古社会结构的变化，深入分析舆情民意及影响内蒙古和谐稳定的现实因素，对我们认识内蒙古和谐稳定的现状及未来影响，谋划未来内蒙古和谐稳定的发展大局及制定具体对策也具有重要意义。

一、宏观背景分析：内蒙古社会结构变化对社会和谐稳定的影响

"社会结构概念是分析社会变迁和社会转型最重要、最基本的工具之一，具有极为重要的理论意义和现实意义。之所以是重要的和基本的，是因为社会结构的状况直接体现了社会关系的状况，既构成社会稳定、社会和谐与社会发展的基础，又构成社会矛盾与社会冲突的原因。"[①] 因此，透视内蒙古社会和谐稳定现象首先要从分析社会结构变化入手。

社会的结构性变化，是各种社会角色和社会地位之间的比例关系变化，这些角色和地位之间的社会互动关系形态变化，以及规范和调节各种社会互动关系的价值观念变化。从社会学角度看，对整个社会影响极大的结构性变化，主要包括人口结构、家庭结构、城乡结构、区域结构、所有制结构、就业结构、职业结构、阶级阶层结构、组织结构、利益关系结构以及社会价值观念结构等 11 种重要结构的深刻变化。在理论上我们可以把这 11 种结构分为五组：①社会基础结构，包括人口结构和家庭结构。②社会空间结构，包括城乡结构和区域结构。③经济社会活动结构，包括就业结构、职业结构。④社会关系结构，包括所有制结构、阶级阶层结构和利益关系结构。⑤社会

---

① 郑杭生、李路路：《社会结构与社会和谐》，《中国人民大学学报》2005 年第 2 期。

· 274 ·

规范结构，也就是社会价值观念结构。[①]

（一）社会基础结构——人口结构、家庭结构变化

现阶段内蒙古人口结构的变化，首先表现为人口再生产模式在 30 年里从高出生率、低死亡率、高增长率转型为低出生率、低死亡率和低增长率。1978 年至 2007 年期间，内蒙古人口出生率从 18.5‰下降到 10.2‰；同期，人口死亡率平均数为 6‰，人口自然增长率则相应地从 1978 年的 13.3‰降至 2007 年的 4.5‰。内蒙古人口平均预期寿命由 1981 年的 66.7 岁，上升至 1990 年的 67 岁，2000 年的 69.8 岁。

人口出生率下降和人口寿命的延长促使内蒙古人口年龄结构迅速转型。按照联合国规定的国际通行标准，如果在一个国家或地区中，14 岁以下少年儿童人口在总人口中的比例小于 30%，60 岁以上的老年人口或 65 岁以上的老年人口在总人口中的比例超过 10% 或 7%，即可看作人口达到老龄化标准。从 65 岁以上老年人口增长态势看，2003 年末，内蒙古 65 岁及其以上老年人口共有 149.41 万人，占全区总人口的比重为 6.28%。2007 年末，内蒙古 65 岁及其以上的老年人口共有 171.24 万人，占全区总人口的比重为 7.12%，比 2003 年提高了 0.84 个百分点。从 14 岁以下少年儿童人口下降态势看，2000 年 11 月 1 日 0 时，内蒙古 0～14 岁的人口共有 505.56 万人，占全区总人口的比重为 21.28%。2005 年 11 月 1 日 0 时，内蒙古 0～14 岁的人口共有 408 万人，占全区总人口的比重为 17.1%，与 2000 的数据相比，0～14 岁人口比重下降了 4.18 个百分点。由此不难判断，在不到 30 年的时间里，内蒙古人口已经从年轻型跨过中年型而进入老年型人口阶段。人口老龄化问题已成为影响内蒙古推进社会和谐稳定的重要因素之一。

随着人口结构的变化，内蒙古家庭结构发生了重大变化。家庭结构日益核心化，扩大家庭和主干家庭日益减少，核心家庭成为占主导地位的家庭结构模式。平均家庭人口规模从 1990 年的 4.1 人下降到 2007 年的 2.9 人。人口老龄化以及家庭结构的变化，对内蒙古以传统家庭养老为主的养老模式提出了严峻挑战，家庭养老纠纷正在增加，养老社会化将成为一种必然选择。

（二）社会空间结构——城乡结构、区域结构变化

社会空间结构包括城乡结构和区域结构。在城乡结构方面，据统计，2001 年内蒙古城市建成总面积为 656.7 平方公里，到 2007 年扩大到 886.7 平方公里；同期城市人口密度由 503 人/平方公里增加到 622 人/平方公里。城

---

① 陈光金：《当前我国若干重大社会结构变化与结构性矛盾》，《新华文摘》2008 年第 8 期。

镇空间的扩张和人口密度的增长必然导致经济资源向城市大规模集中。2007年，内蒙古城市完成的地区生产总值为3450.1亿元，占全区地区生产总值（6091.1亿元）的56.6%。这样一种变化的社会学含义是城乡利益关系结构的变化，即较多的乡村人口分享较少的国民收入，其结果就是城乡收入差距持续拉大。2003年，内蒙古城镇居民可支配收入和农村牧区人均纯收入分别为6051元和2086元，二者之间的绝对差距是3965元；2007年，内蒙古城镇居民可支配收入和农村牧区人均纯收入分别为12378元和3953元，二者之间的绝对差距是8425元。这说明，近几年内蒙古城乡居民收入的绝对额差距上升了2.1倍。因此，解决农村牧区发展滞后，扭转城乡收入差距不断扩大的趋势，已成为社会各界普遍关注的重大民生问题。

在区域结构方面，改革开放以来，内蒙古经济和社会事业发展迅速，取得了巨大的成就。但是，在改革开放过程中逐步形成了东、中、西部三大经济社会发展区域，由此形成了差别性的区域经济社会发展格局。2007年，呼和浩特、包头和鄂尔多斯三个市的地区生产总值均突破千亿元大关，占全区生产总值的53.2%，而呼伦贝尔、兴安盟、通辽、赤峰和锡林郭勒五个东部盟市的地区生产总值平均数为704.7亿元，其总额占全区生产总值的31.9%。同期年末人均地区生产总值分别为48518元和5507元，二者相差43011元。从表11-1可以看出，内蒙古地区生产总值的不平衡，直接导致东、中、西部三大区域的教育、科学技术、文化、卫生事业领域的不平衡发展。

表11-1 2007年各盟市经济、教育、科学技术、文化、卫生事业发展指标对比

	地区生产总值（亿元）	高等院校数（个）	国有研究与开发机构（个）	文化馆、公共图书馆、博物馆（个）	卫生机构数（个）
呼和浩特	1101.13	19	56	20	899
包头	1277.20	4	12	21	1133
呼伦贝尔	505.04	1	10	38	1233
兴安盟	143.24	1	5	14	366
通辽	586.14	3	6	20	534
赤峰	590.14	3	3	34	851
锡林郭勒	289.46	1	5	25	530
乌兰察布	344.00	2	5	26	556
鄂尔多斯	1148.71	—	8	18	668
巴彦淖尔	341.62	1	8	18	671
乌海	190.06	1	1	8	254
阿拉善	111.39	—	3	8	158

资料来源：《内蒙古统计年鉴》（2008）。

（三）经济社会活动结构——就业结构、职业结构变化

就业结构和职业结构决定着社会成员的利益获得方式和相应社会经济地位，对社会和谐稳定具有明显的影响。从就业结构变化看，按三次产业划分的从业人员就业结构发生重大变化，其主要表现是，第三产业从业人员的比重迅速上升，第一产业从业人员的比重明显下降，第二产业从业人员比重略有下降。1978年，内蒙古第一、二、三产业的从业人员结构比例为67.1：18.5：14.5；到2007年，这一结构比例演变为52.6：17.0：30.3。这说明，随着改革开放实践的发展，内蒙古就业结构趋于合理化和现代化。值得关注的是，同期，内蒙古三次产业的产值结构由32.7：45.4：21.9演变为12.5：51.8：35.7。这表明，1978年时，67.1%的农业劳动力创造了32.7%的生产总值，两者之比是2.1∶1；到2007年，两者之比变动为4.2∶1。可以看到，由于就业结构变动步伐未能跟上产值结构的变动，内蒙古在农业与非农业两个领域不可避免地存在着结构性的偏差，而且这种偏差还呈扩大趋势。

随着市场化、工业化和城镇化的发展，以及就业结构的变化，内蒙古社会职业结构也发生了重大变化。如果按照人们所从事的工作或职业来对社会成员进行分类，在改革开放前的社会中，社会成员的类型无疑是很少的。而当今的社会中，社会成员依照工作和职业分类已经达到了一个相当细致的程度，官员与政治家、专家与学者、医生与护士、老板与经理、白领与蓝领、农民与工人、农民工与自由职业者，等等。问题在于，与特定类型的社会成员相联系的并不仅仅包含不同的工作场所、不同的收入和不同的生活方式，而且也包含着不同的利益。也就是说，类型的分明与细化，导致了不同利益群体的形成。于是，特定的利益群体对于自己利益的表达和追逐，就构成了当今社会冲突的基本内容。

（四）社会关系结构——所有制结构、阶级阶层结构、利益关系结构变化

改革开放以来，内蒙古所有制结构发生了重大变化。其主要标志是：打破了传统计划经济时代单一公有制经济一统天下的所有制格局，非公有制经济长足发展，建立起以公有制为主体、多种所有制经济共同发展的所有制结构。这一变化在城市工业发展中表现得尤为明显（见表11-2）。

从社会学角度看，这种变化具有深远的社会结构意义，其突出表现是它深刻地影响了内蒙古的劳动关系结构。劳动关系由过去单一的劳动关系向现在的多元化劳动关系转变，一方面为更多的人提供了就业机会；另一方面也为构建和谐劳动关系提出了新的挑战，劳资矛盾开始突出，劳动争议案件激增。2008年，全区共受理劳动争议案5123件，与2006年的2856件相比增加

表 11 - 2　内蒙古所有制结构变化（以工业总产值的所有制结构变化为例）

	国有及国有控股企业	集体企业	个体企业	其他经济类型企业
1978 年	77.2%	10.8%	—	—
2000 年	53.0%	5.5%	20.4%	21.2%
2007 年	37.9%	1.3%	9.2%	51.6%

资料来源：《内蒙古统计年鉴》（2008）。

了 2267 件，增长量为 44.3%。

　　所有制结构的重组、劳动关系结构的变化，以及以按劳分配为主体多种分配方式并存的利益关系格局的形成，促进了社会经济地位的分化，并带来社会阶级阶层结构的变化。改革开放以前，中国社会大致形成了由工人阶级、农民阶级和知识分子组成的相对简单的社会阶级阶层结构。改革开放后的 30 年中，内蒙古社会阶级阶层结构发生了显著的分化，产生了私营企业主、民营科技人员、个体工商户、中介政治组织从业人员、自由职业人员、农民工等新的社会阶层。但是，内蒙古当前的社会阶级阶层结构，仍具有底层比重过大（农牧业劳动者阶层过大）、城乡阶层结构差异较大的传统特点。2007 年，乡村从业人员占全区从业人员的 64.5%，其中从事具有现代职业特征的私营企业和个体工商户只占 5.7%，而城镇这一比例已扩大到 35.7%。这说明，内蒙古社会阶级阶层结构的稳定性，以及与此相关的利益关系的自我调节能力较弱，不利于社会和谐稳定发展。

　　所有制结构和阶级阶层结构的变化内在地具有利益关系结构变化的社会学含义。任何社会改革都意味着社会利益关系的重组。党的十七大报告认为，1978 年启动的改革开放是一场涉及全局、影响深远的革命。可以说，这场革命的影响最深远之处，就是我国社会利益关系格局的深刻调整。这种调整集中表现在社会成员利益实现路径的变化以及利益差别化格局的形成等方面。改革开放以来，我国逐步形成了以按劳分配为主体、多种分配方式并存的利益分配体系，除了劳动之外，其他主要生产要素包括资本、技术以及部分情况下的土地，都可参与分配。从社会学的角度看，这种利益分配格局变化，极大地激发了我国经济发展活力，但是以提高效率为重心的分配方式也促使了居民收入分配差距的迅速拉大。同时，由于某些关键领域的改革尚未完成，一些非市场因素，如城乡分割的二元社会制度安排、行业垄断、腐败以及再分配制度的不完善等，对利益分配格局都产生了较大影响。正是在这种背景下，内蒙古出现了较为明显的利益分化，不同社会阶层和群体之间的收入分配差距不断扩大。从表 11 - 3 可以看出，衡量收入分配集中程度的基尼系数，从 1998 年的 0.32 提高到了 2004 年的 0.42，超过了 0.4 的警戒线；城镇和农村牧区的基尼系数分别从 0.24 和 0.28 提高到了 0.29 和 0.34。这表明，内蒙古收入分配已经相当不公平，贫富分化较为严重，对社会的和谐稳定已经构成威胁。

表 11 - 3　内蒙古 1998~2004 年居民基尼系数

	城镇	农牧区	全区
1998 年	0.241226	0.283272	0.320515
2000 年	0.258326	0.320851	0.361526
2002 年	0.254684	0.337621	0.390518
2004 年	0.293083	0.344869	0.415451

资料来源：雍红月、李松林：《基尼系数的计算方法与失证分析——以内蒙古为例》，《内蒙古大学学报》2007 年第 2 期。

（五）社会规范结构——社会价值观念结构变化

一个社会的价值观念，既是对各种客观存在的经济社会政治结构和发展状况的反映，也是对人们理想中的个人发展目标和社会关系状况的期盼。因而，社会结构特征的变化及其多样化，将在很大程度上表现为社会价值观念的结构性变化和多样化，表现为新的价值观念的不断出现。随着中国社会结构的重大变化，社会价值观念也发生了结构性转变，这种转变的基本特征或表现形式，就是价值观念的多样化。价值观念的多样化有其自身的作用，它使整个社会日益变得丰富多彩。但是，具有社会整合功能的主流社会价值在这个过程中出现弱化趋向，从而使得社会价值整合面临新问题。物质利益的过分追求、社会不良风气，以及影响舆论的主流媒体受到挑战，是目前面临的主要问题。所谓价值整合，并不是要消灭价值观念的多样性和丰富性，而是要在承认这种多样性和丰富性的条件下，重塑全社会认可的核心价值体系。在这个复杂的整合过程中，不同价值观念和价值取向对社会稳定和和谐发展的影响尤为深刻。

二、民意调查：对内蒙古社会和谐稳定形势及问题的基本判断

为了深入了解公众对内蒙古和谐稳定状况的看法，2008 年，内蒙古社会科学院社会学研究所和科学社会主义研究所先后对《内蒙古地区社会稳定状

况》和《内蒙古公众对民族区域自治制度基本看法》进行了问卷调查。调查发现如下：

（一）对内蒙古社会和谐稳定的总体评价

1. 对内蒙古社会和谐稳定状况的评价

问卷调查首先对内蒙古社会和谐程度征询了被调查者的看法。当问及"您认为目前内蒙古是否是一个和谐的社会？"时，有64.1%的被调查者认为目前内蒙古是一个"和谐的社会"；还有35.9%的被调查者认为目前内蒙古是一个发展"不够和谐的社会"。这说明，绝大多数被调查者认为，内蒙古社会是和谐的社会。

被调查者对内蒙古地区社会稳定状况的总体评价是：26%的人认为"非常稳定"；44.4%的人认为"比较稳定"；21.1%的人认为"一般"；5.8%的人认为"不太稳定"；另外有2.8%的人认为"不稳定"。认为"非常稳定"和"比较稳定"的合计占70.4%。这说明，多数居民对内蒙古地区社会稳定状况的评价比较高。

2. 对内蒙古社会治安状况的评价

社会治安状况是社会秩序稳定状况的"晴雨表"。从调查结果看，有14.4%的人认为目前内蒙古社会治安状况"非常好"；57.2%的人认为"比较好"；24.7%的人认为"不太好"；3.7%的人认为"不好"。认为"非常好"和"比较好"的合计占71.6%，这说明多数人对内蒙古地区社会治安状况比较满意；认为"不太好"和"不好"的合计占28.4%，这说明社会治安形势不容乐观。

3. 对内蒙古处理改革、发展、稳定关系的评价

能否正确处理好改革、发展、稳定的关系，是推进社会和谐稳定的关键。调查结果显示：有77.6%的人表示内蒙古处理改革、发展和稳定的关系"很好"（18.2%）和"比较好"（59.4%）。这表明，多数人对内蒙古处理改革、发展、稳定关系持肯定态度。还有22.4%的人表示"不太好"（18.3%）和"不好"（4.1%）。这说明，工作还有一定的差距。

（二）对影响内蒙古社会和谐稳定主要因素的判断

为了全面了解居民对影响内蒙古社会和谐稳定主要因素的判断，问卷从经济、政治、社会、文化等方面进行了调查。

1. 对经济领域影响内蒙古社会和谐稳定因素的判断

当问及"您认为经济领域影响内蒙古社会和谐稳定的主要因素是什么？"时，问卷列出了7个选项，要求被调查者选择出4类主要因素。调查结果表

明，选择的前 4 位分别是"物价上涨"（88.8%）、"收入水平低"（79.0%）、"收入分配不公"（62.5%）、"环境污染"（39.3%）。这说明，物价上涨、收入水平低、收入差距在持续扩大，已经成为社会各界广泛关注的热点问题，控制物价上涨、收入分配制度改革已经成为人们普遍关注的改革焦点，是经济领域必须特别注意解决的问题。

2. 对政治领域影响内蒙古社会和谐稳定因素的判断

当问及"您认为政治领域影响内蒙古社会和谐稳定的主要因素是什么？"时，问卷列出了 7 个选项，要求被调查者选择出 4 类主要因素。调查结果表明，列 1~7 位的依次是"权力腐败"（67.6%）、"行业不正之风"（67.1%）、"行政管理效率低下"（49.1%）、"老百姓权益保障问题"（43.1%）、"执法不严"（40.2%）、"基层民主问题"（24.3%）、"干群关系紧张"（21.4%）。这表明，广大群众对腐败现象、行业不正之风抱有很深的忧虑和不满，对行政管理效率低下、执法不公和群众权益保障问题也比较关注。

3. 对社会领域影响内蒙古社会和谐稳定因素的判断

当问及"您认为社会领域影响内蒙古社会和谐稳定的主要因素是什么？"时，问卷列出了 8 个选项，要求被调查者选择出 4 类主要因素。调查结果显示，列 1~4 位的依次是："贫富差距拉大"（77.3%）、"就业问题"（62.1%）、"社会保障不健全"（56.4%）、"看病难"（36.4%）。可见，这 4 个方面问题是公认的突出社会问题、民生问题。列 5~7 位的主要因素依次是："社会治安问题"（33.1%）、"教育问题"（22.9%）、"农民工等弱势群体保障问题"（14.4%）。社会治安问题虽然排在第 5 位，但选择比例达到 1/3，也值得注意。

4. 对文化领域影响内蒙古社会和谐稳定因素的判断

当问及"您认为文化领域影响内蒙古社会稳定的主要因素是什么？"时，问卷列出 8 个选项，要求被调查者选择出 4 类主要因素。调查结果显示，列 1~4 位的依次是："拜金主义盛行"（66.7%）、"赌博成风"（48.8%）、"少数民族文化保护发展问题"（40.2%）、"黄色文化泛滥"（35.1%）。这表明，这些因素是当前内蒙古在文化领域必须特别注意解决好的问题，是保持社会稳定的重要因素，绝不容忽视。列 5~8 位的主要因素依次是："西方腐朽文化渗透"（28.5%）、"法轮功等邪教活动"（18.8%）、"宗教负面影响"（17.5%）、"大汉族主义的文化排挤"（9.9%）。人们的多元化选择反映了多元文化不同程度的影响。18.8% 的调查者将"法轮功等邪教活动"影响列在前位，应当引起政府继续重视。

(三) 对影响内蒙古社会和谐稳定重大问题的看法

1. 对影响内蒙古社会和谐稳定的民生问题的看法

民生问题是影响社会和谐稳定的基础因素。问卷列出了5个选项，由被调查者从中选出影响内蒙古社会稳定的最重要问题。调查结果显示，44.9%的被调查者选择了"收入分配"，居第1位；44.3%的被调查者选择了"就业"，居第2位，其他问题依次是"社会保障"（26.5%）、"医疗卫生"（19.7%）、"教育"（15.4%）。可见，在民众看来，当前影响内蒙古社会和谐稳定的重大民生问题是收入分配问题、就业问题和社会保障问题。

2. 对就业群体影响内蒙古社会和谐稳定的看法

就业是民生之本，是改善居民生活的基本前提和途径。当前，哪些群体就业问题对内蒙古社会和谐稳定的影响较大呢？我们在问卷中列出了10个就业群体，加上"其他"项，要求被调查者根据自己的判断，选择3项。调查结果显示，当前影响社会和谐稳定的就业群体的前3位依次是"大学生就业问题"（74.2%）、"下岗失业再就业问题"（66.8%）、"农民工就业问题"（50.3%）。这3个群体的选项均超过半数，说明这3个群体被认为对内蒙古社会和谐稳定影响最大。这又从一个侧面提示我们，在关注和解决就业问题过程中，我们应高度关注和解决大学生、失业下岗人员和农民工的就业问题，解决好这3个群体的就业问题，是实现内蒙古社会和谐稳定的一个关键因素。

3. 对政府为改善民生所采取的措施的满意度

当问及"您对自治区各级政府为改善民生采取的举措是否满意?"时，有19.5%的人表示"非常满意"；有38.8%的人表示"比较满意"；有33.0%的人表示"一般"；有8.0%的人表示"不太满意"；有0.7%的人表示"不满意"。如果使用5级量表的赋值方法，即5分表示"非常满意"，依次递减，1分表示"非常不满意"并求取均值的方法，则被调查城镇居民的家庭生活满意度为3.7分，处在"比较满意"和"一般"之间。

(四) 对内蒙古民族关系和民族自治方面的认识

1. 对内蒙古民族关系的总体评价

和谐民族关系是内蒙古发展的重要内容和前提条件。如果没有和谐的民族关系，就没有和谐稳定的内蒙古。那么，居民又是怎样评价内蒙古民族关系的呢？调查结果显示，19.3%的被调查者认为"非常和谐"；64.3%的人认为"比较和谐"；有15.3%的人认为"不太和谐"；另有1.2%的人认为"不和谐"。非常和谐和比较和谐两项合计，占被调查者的83.6%。这就表明，绝大多数居民对内蒙古民族关系持肯定态度，内蒙古民族关系有较高的和谐度。

2. 对构建和谐民族关系重点加强工作的认识

构建和谐民族关系，是一项社会系统工程，需要从多方面予以推进，但还必须突出重点。那么，当前内蒙古构建和谐民族关系应重点解决哪些问题呢？问卷提供了 8 个答案，请被调查者选择 3 项。结果显示：选择率超过30%的选择分别是"制定优惠政策，保证少数民族地区优先发展"，占63.4%；"加快解决少数民族贫困问题"，占 34.9%；"加强党的民族理论和政策的宣传教育"，占 30.9%；"加快少数民族干部队伍、人才队伍建设"，占30.5%；"加大少数民族地区社会事业的投入"，占 30.0%。选择其他问题的排序是："增强少数民自我发展能力"，占 28.7%；"加强民族文化的保护和发展"，占 28.1%；"加快少数民族教育发展"，占 25.7%。这说明，与群众直接利益关联度越近的问题越受到群众的重视。从选择点比较分散的情况可以看出，上述问题都对构建和谐民族关系有重要影响，不可忽视。

3. 对民族区域自治制度的认识

民族区域自治制度是我国的基本民族政策和基本政治制度。当问及"民族区域自治制度是否是保障民族平等的基本制度"时，有 84.0% 的人持肯定态度，有 16.0% 的人选择"否"。这说明，内蒙古创造性地实践和完善了民族区域自治制度，其保障民族平等方面的作用日益增强，广大干部、群众深有体会，但也有少数人的认识有待提高。

（五）对当前内蒙古地区社会矛盾状况的选择

1. 对内蒙古地区社会矛盾发展趋势的选择

当问及"您认为当前内蒙古的社会矛盾总体上是增加了还是减少了?"时，有 42.8% 的人表示"减少了"；有 31.7% 的人表示"增加了"；有25.5% 的人表示"无法判断"，对这一问题的判断犹豫不决。"增加"与"减少"的比例相差11.1 个百分点，且两者比例均较大。这一方面说明社会转型时期社会矛盾具有一定的常规化趋势；另一方面说明内蒙古推进社会和谐稳定方面的努力得到多数群众的肯定，同时仍面临严峻挑战。

2. 对当前社会矛盾主要集中方面的选择

了解当前社会矛盾主要集中在哪些方面，并努力化解这些社会矛盾，是维护社会稳定的基本工作。从调查结果看，当前社会矛盾主要集中的方面是"就业"（58.7%）、"腐败和官僚主义"（48.5%）、"分配不公"（38.9%）、"社会保障"（36.2%）、"拆迁"（34.4%）、"征地"（25.2%）、"环境污染"（18.6%）、"民族关系"（8.2%）和"其他"（1.4%）。由此看出，当前的社会矛盾主要集中在就业、腐败、分配和社会保障领域。

3. 对当前社会矛盾表现形式的选择

调查了解内蒙古社会稳定方面存在的具体问题及其影响，是本次调查期望了解到的主要内容。从调查情况看，37.2%的人认为"群众上访和群体性事件的发生"；33.8%的人表示"社会治安、安全防范方面的问题"；18.5%的人认为"刑事犯罪事件的影响"；7.2%的人表示"宗教文化方面的矛盾"；3.2%的人认为"其他方面的因素"。可以看出，群众上访、群体性事件、社会治安、安全防范方面的问题仍是社会矛盾的凸显形式。

（六）对社会生活状况的基本判断

1. 对自己生活水平的总体评价

当社会呈现贫富两个极端较小，中间较大的"橄榄树型"社会阶层结构时，有利于社会稳定，反之，则不利于社会稳定。本次问卷调查，我们对被调查者生活水平的主观判断也进行了调查。当问及"您认为目前自己的生活状况处在什么水平?"时，87.3%的人认为自己的生活水平属于中间阶层（中上等、中等、中下等）；有9.5%的人认为自己生活水平属下等；有2.7%的人认为自己生活水平属上等。可见，绝大多数人认为自己的生活水平属于中间阶层，这是一种有利于社会和谐稳定的状态。但是，与认为自己生活水平属"上等"（2.7%）的相比，认为自己生活水平属"下等"（9.5%）的比例高5.8个百分点，这应引起我们的关注。

2. 对社会记忆和预期生活状况的判断

过去的生活和对过去生活的记忆对社会和谐稳定的影响较大，不同的记忆对现在有不同的体验，在一定程度上讲，人们对现阶段社会和谐稳定的认识取决于人们对于过去生活的记忆。从社会记忆角度看，有16.2%的人表示与过去5年相比目前的生活水平"有明显提高"；有56.9%的人表示"有所提高"；有17.8%的人表示"没有变化"；有9.1%的人表示"有所下降"。这说明，绝大多数被调查居民的社会记忆生活水平得到了提高，总体上是有助于社会和谐稳定的；而近27%的人认为"没有变化"甚至"有所下降"，这是不利于和谐稳定的因素。

如果说社会记忆体现过去对现在的影响，那么社会预期则体现未来对现在的影响。社会预期是通过人们对未来生活的信念和希望影响当前社会和谐稳定的。从社会预期角度看，有17.4%和48.2%的人分别表示在未来的5年内生活水平"会有明显提高"和"会有所提高"；有7.1%的人表示"没有变化"；有4.5%和2.2%的人分别表示"会略有下降"和"会下降很多"；另有20.6%的人表示"不确定"。与社会记忆生活水平相比，居民预期生活水平相对低一些，这是值得重视的问题。

三、实证分析：影响内蒙古和谐稳定的主要问题

内蒙古经济社会结构的深刻变化，对内蒙古社会和谐稳定的影响在实际生活中涉及各个领域、各个方面，这里择其主要问题作一分析。

（一）收入分配差距扩大

改革开放 30 年来，内蒙古经济发展实现了历史性的跨越，但在发展中出现了经济增长与居民收入增长不平衡、收入分配、城乡差距、区域差距、行业差距不断扩大的趋势。

（1）经济增长与居民收入差距扩大。据统计，内蒙古人均地区生产总值于 2004 年超过全国平均水平，此后数年超出幅度急剧扩大。2004 年内蒙古人均地区生产总值为 11305 元，2008 年为 32214 元，与全国平均地区生产总值水平相比分别高 803 元和 9574 元；分别占全国平均水平的 107.7% 和 142.3%。但是，自 2001 年至 2008 年，内蒙古人均地区生产总值与城镇居民和农牧民人均收入差距由 1672 元和 5235 元扩大到 17726 元和 27501 元。城镇居民人均收入由占人均地区生产总值的 76.8% 下降到 44.9%，农牧民人均收入由占人均地区生产总值的 27.4% 下降到 14.5%。还有 2002~2008 年，内蒙古城镇居民和农牧民人均收入与全国平均水平相比，差距分别由 1652 元和 390 元缩小到 1350 元和 105 元，且仍处于全国平均水平之下。这说明，内蒙古近年来经济增长，但与之相应的人民收入却没有同步提高。一方面，直接体现人民生活的人均收入与作为提高收入基础的经济增长关联度下降，人均收入与人均地区生产总值的差距越来越大，没有充分体现出经济发展是为了提高人民群众生活水平的本质要求；另一方面，内蒙古人均地区生产总值大大超过全国平均水平，但城镇居民和农牧民人均收入一直低于全国平均水平。

（2）城乡居民收入差距不断扩大。1978 年城镇居民人均可支配收入与农牧民人均纯收入之比为 2.3:1；2006 年、2007 年和 2008 年两者之比均达到 3.1:1，并且绝对收入差距分别达到 7016 元、8425 元和 9775 元，具有持续扩大的趋势。此外，如果考虑到城市居民在住房、社会保障、公共卫生和教育等方面享有的补贴，而农民没有此类似的待遇，以及农民家庭收入中包括的生产资料成本，实际差距约为 4:1，甚至更高。

（3）区域之间居民收入水平差距扩大。尽管全区各盟市居民收入均有提高，但是东部盟市和中西部盟市收入水平很不平衡，并有进一步拉大的趋势。

2006 年，呼和浩特地区城镇居民人均可支配收入为 14054 元，而东部兴安盟仅为 7612.42 元，差距为 6442.51 元，比 2000 年增加了 4791.9 元。2007 年，中西部发展较快的呼和浩特市、包头市、鄂尔多斯市、乌海市、巴淖尔市、阿拉善盟 6 个盟市的农牧民人均可支配收入分别是 6121 元、6148 元、6123元、6498 元、4435 元、5072 元，均超过了 4140 元的全国平均水平，而赤峰市、兴安盟、乌兰察布市的农牧民人均可支配收入分别是 3680 元、2534 元、3346 元，均低于全国平均水平。

（4）行业之间职工工资收入差距扩大。不同行业之间职工工资收入差距扩大，主要反映在某些垄断性行业的职工工资收入高于其他行业。例如，邮电、通信、铁路、水电、煤气等行业，凭借垄断地位获取垄断利润，工资水平自然也"水涨船高"，这些行业已成为我国的特殊利益集团，已出现了"尾大不掉"之势。2007 年，按国民经济分行业职工平均工资达到 21884 元，其中电力、燃气及水的生产与供应业和金融业职工平均工资超过 30000 元，分别达到 36806 元和 30214 元；而住宿、餐饮业和农、林、牧、渔业分别为13365 元和 11580 元，占电力、燃气及水的生产和供应业和金融业职工平均工资的 36.3% 和 38.3%。

（5）高低收入群体的收入差距过大。根据内蒙古统计局的数据，2006年，内蒙古收入最高的家庭的实际收入是最低收入家庭的 6.86 倍，收入最高的 10% 家庭的财产总额占城镇居民全部财产的比重接近甚至超过一半，收入最低的 10% 家庭的财产比重只有百分之几。这两个数据已经大大超越了 30%的富人占 70% 的社会财富及 70% 的穷人仅占 30% 的社会财富的帕累托原则（唐永清：《2007 年全区基本养老保险参统人数为 370.9 万人》，内蒙古劳动保障信息网，2008 - 01 - 15）。而且，财富积累的"马太效应"正逐步显现，在未来几年，贫富差距问题依然严峻。贫富悬殊带来的利益矛盾日益突出，已经成为影响内蒙古和谐发展的主要因素之一。

（二）劳动就业形势严峻

进入 21 世纪以来，内蒙古自治区党委和政府把就业作为关系经济健康发展和人民群众切身利益的突出问题，努力扩大就业规模，就业结构有所改善。然而，由于新增劳动力每年呈大量增加趋势，加上原有庞大的劳动人口基数，使内蒙古劳动力对就业岗位的需求十分旺盛；同时，由于技术进步等因素的作用，使内蒙古各行业在结构调整和技术设备更新改造过程中对劳动力的需求增长乏力。因此，在当前和今后很长一段时期内，内蒙古的就业形势仍然比较严峻。

　　首先，从供求方面看，劳动力市场供大于求。从城镇劳动力供给与配置情况看，据统计2002年、2003年、2004年和2005年内蒙古城镇劳动力供给与配置缺口分别为17.8万、19.1万、18.4万和18.9万人。预计今后5年，全区城镇每年需要安置就业50万人左右，每年可提供的就业岗位约30万个，就业岗位缺口在20万个左右，缺口率为40%。值得关注的是，在城镇劳动力市场供大于求的情况下，高校毕业生就业日显突出。2008年内蒙古普通高校毕业生人数达到7.5万人，比2007年增加5000人，解决"知识型青年就业"问题将成为劳动就业的一大新问题。从农村牧区转移劳动力状况看，2006年全区农村牧区富余劳动力实际转移就业人数为190万人，2007年实际转移就业人数为220万人，2008实际转移就业人数为226万人，2009年仅转移就业6个月以上的达到162万人，比2008年增加15万人。随着累计转移就业人数的逐年增加，农村牧区富余劳动力的转移就业难度也不断增加，被转移农牧民的技能与市场需求不匹配的结构性矛盾十分突出。当前，受国际金融危机持续蔓延和全国经济增长明显减速的影响，内蒙古就业压力骤然加大。2010年2月15日，全区有近12万人与企业解除劳动关系或处于隐性失业状态。这种状况进一步增多了就业工作的不确定因素，使就业工作的难度空前加大。

　　其次，从就业质量看，中小企业就业质量普遍不高，尤其是弱势群体就业问题突出。如在失业人员再就业中，劳动合同普遍呈现短期化趋势；有些单位规避社会保险责任，未与再就业人员签订劳动合同，导致他们短时间内又重新失业；大量的农民工的工资仅能维持最基本生活；在非国有单位和非正规就业的大学毕业生中，由于存在社会保障体系难以覆盖，劳资关系松散等问题，又引发了他们流动率和跳槽率的上升，一定程度上反映了就业质量的下降。同时，同全国其他省区市一样，内蒙古的一些特定群体就业难的问题比较严重。如进城务工农牧民的就业难问题、高校毕业生就业难问题、女性劳动力就业难的问题、下岗工人就业难的问题和残疾人就业难的问题等。此外，还有不同于发达地区的少数民族青年就业难的特殊性问题。

　　以蒙古族青年打工群体为例，[①] 随着城市化进程的加快和蒙古族生产生活环境的变化，蒙古族打工青年人数逐年增多，已成为规模不断扩大的新群体，但他们的就业质量却相对较低。一是工资水平普遍低。调查结果显示，77.2%的被调查者的月平均工资水平低于1000元；28.1%的被调查者的月平

---

① 双宝：《蒙古族青年打工群体生存情况调查与研究》，《内蒙古民族大学学报》2009年第2期。

均工资水平低于呼和浩特市最低工资标准 680 元。二是劳动者合法权益缺乏保护。68.4% 的被调查者表示与所在工作单位"未签订"劳动合同；64.9% 的被调查者表示"每天的工作时间是 8 小时或 8 小时以上"。三是社会保障普遍空缺。有 63.1% 的被调查者表示"没参加"社会保障制度。这说明，弱势群体在就业环境、劳动强度、劳动关系、劳动待遇方面都存在着一些问题，如果不及时出台保护他们的社会政策，这些弱势群体将受到更大的伤害。

最后，从就业结构看，产业结构与就业结构很不协调。"十一五"期间，内蒙古第一产业增加值占地区的比重由 2000 年的 25% 下降到 2006 年的 13.6%，下降 11.4 个百分点。而第一产业就业人员在同期 6 年间，由占全部从业人员的 54.5% 降至 53.8%，仅下降 0.7 个百分点。就业指标在全国的位次由 2000 年的第 16 位下降至第 24 位。

内蒙古在经济大发展和人口相对较少的背景下仍然面临如此突出的就业问题既有与其他地区一样的普遍性原因，也有其特殊的原因。

第一，在供给方面，劳动力科技知识素质偏低。在 2000～2007 年，全区各行业年末专业技术人员数最低值为 704393 人，最多也仅为 742649 人，专业技术人员占就业人员总数最高比重仅为 7.23%，明显偏低。[①] 新增劳动力素质不高。改革开放之后，内蒙古在教育上曾出现了严重忽视职业教育的失误。2004 年，职业教育与普通教育中学的结构，已从"九五"前的 47.6：52.4 下滑到 25.78：74.22，而全国平均比例为 40%，有的沿海省市已超过 50%。内蒙古技能劳动者占从业人员总量比重较低，与发达地区相比有较大差距。高技能人才更为缺乏，只占技能人才总量的 17%，与全国高技能劳动者平均比例为 21% 的情况相比差距很大。职业教育跟不上，技能人才少，直接导致外资入区企业项目进入后招不上合适的人，出现了一方面大量的农民工转移不出去，另一方面企业招不上合适技工的状况。

第二，在需求方面，生产技术进步和非公有制经济发展缓慢导致企业对劳动力的吸纳能力不强。一方面，生产技术进步，削减了社会经济增长对劳动力的吸纳能力的增加作用；另一方面，由于内蒙古非公有制经济发展缓慢，致使内蒙古难以像东部沿海发达省区那样，通过非公有制经济的迅速发展来解决劳动人口的就业问题。2000～2006 年间，在内蒙古总就业量中，私营企业和个体经济的就业量从 2000 年的 201.1 万人减少到了 2006 年的 161.4 万

---

① 《富民强区之路》，内蒙古大学出版社，2007 年版，第 245 页。

人，所占比重从 18.94% 下降到 15.36%，[①] 可见，内蒙古非公有制经济发展缓慢是造成就业需求不足的重要原因。

第三，供求错位，产业结构升级使就业增长缓慢，结构性失业问题凸显。进入 21 世纪以来，内蒙古大力推进工业化和农牧业产业化，加快发展服务业，在实现经济跨越式发展的同时，产业结构也发生了深刻变化，全区经济由工业化初期阶段进入中期阶段。三次产业增加值比例由 2000 年的 22.8：37.9：39.3 演进为 2007 年的 13：51.2：35.8，农牧业占生产总值的比重明显下降，工业经济成为经济增长的主导力量，服务业比重有所提升。[②]但是，内蒙古第二、三产业的迅速发展并没有带动就业的大量增加，从三次产业的就业结构看，进入 21 世纪以来，内蒙古农牧业就业比重和非农产业就业比重并没有相应大的变化。

第四，劳动力就业观念相对落后的影响。就业观念相对落后，首先表现在一部分劳动者对就业岗位的期望过高，与社会所能提供的就业岗位不一致，从而导致失业。其次，体现在劳动者创业观念薄弱上。据有关调查结果显示，如果可以对不同工作进行选择，一般劳动者所选择的行业、部门总体优先顺序是：行政部门、事业单位、效益较好的国有企业、外资企业，自主创业是大多数劳动者在万不得已情况下的最后的选择方案。当然，之所以将创业作为最次选择，是因为创业要面临着资金、技术、场地、政策、管理能力、市场风险等方面的限制，但创业观念薄弱无疑是劳动者具有以上偏好的重要原因之一。同时，一些特定群体的就业难问题比较严重。同全国其他省区一样，内蒙古的一些特定群体就业难的问题比较严重。例如，进城务工农牧民的就业难问题、高校毕业生就业难问题、女性劳动力就业难的问题、下岗工人就业难的问题和残疾人就业难的问题等。

（三）社会保障制度不健全

社会保障是民生之基，是推进社会和谐稳定的关键环节。随着改革开放实践的发展，内蒙古已初步建立起以社会保险、社会救助、社会福利为基础，以基本养老、基本医疗、最低生活保障制度为重点的社会保障体系，社会保障工作取得了显著成绩。到 2008 年底，全区有 387.47 万人参加基本养老保险，225.5 万职工参加失业保险，373 万人参加基本医疗保险，198.85 万人得到最低生活保障救济补助，保险标准也随着经济发展不断提高。但是，我们也要清醒地认识到，内蒙古推进社会保障制度还面临着许多亟待改进和完善

---

①② 《富民强区之路》，内蒙古大学出版社，2007 年版，第 246 页。

的问题。

第一，覆盖面不够，且待遇差异明显。从参加社会养老保险的覆盖面来看，尚未将所有社会成员纳入到保障体系中来。目前，城镇大多数个体劳动者和灵活就业人员尚未参加基本养老保险制度；绝大多数农牧民、农民工及其家属仍在养老保险制度之外或处于"有制度，无保障"的状态；还有青年学生等相当人数未纳入社会保障范围之内。从养老保险的待遇方面看，目前，仍然推行的是企业、事业单位"两条腿"保险模式，不同行业和不同性质单位职工的养老保险缴费和待遇方面差距较大，企业与机关事业单位退休人员养老金差距明显，农民的保障待遇更低，城镇贫困人口、残疾人、流动人口和农村牧区贫困人口等弱势群体的社会保障问题更为突出。《关于内蒙古残疾人社会保障情况的调查》① 提供的数据显示：在被调查的 16 岁及以上的 4008 名残疾人中参加社会养老保险的有 416 人，未参加社会养老保险的占被调查残疾人的近 90%。如何鉴定和体现社会基本保障公平性原则是一个十分突出的问题。

第二，社保关系转移续接困难，影响社保政策公平推进。目前劳动力流动性日益增强，劳动者在跨地区调动社会保险关系转移续接问题变得更加迫切。虽然社会保险政策允许劳动者在跨地区流动时转接社会保险关系，但各地区都愿意把劳动者的社会保险关系转走，却不愿意接受转来的社会保险关系，导致社会保险关系正常转移续接难以实现，从而影响灵活就业人员和农民工的参保积极性。也给一些企业和单位逃避社会保险义务提供了条件。转移续接问题，主要涉及两个利益群体：一是城镇灵活就业人员，二是农民工。前者主要涉及从小城镇向大城市流动的城镇职工如何实现养老保险关系转移续接，还有就是"异地养老"的退休人员如何实现养老保险关系转移续接；后者则是流动性更大、稳定性相对小的农民工的养老保险关系转移接续问题，这是养老保险关系转移接续问题的关键。社会保险关系转移续接难，不仅会影响地区之间劳动力的合理配置，而且会影响劳动者应享社会保障权益的实现。

第三，社保资金统筹程度低，基金隐性债务重。社保资金的收缴和运作管理分散在多个部门，征收主体和管理主体分离，筹资缺乏强制性，对有些少缴、欠缴或隐瞒不缴的现象缺乏有力的约束，这对基金保质构成了潜在的流失风险。如有些盟市旗县政府没有将收缴基金作为不可推卸的责任，却片面地从地方经济发展出发，擅自挪用基金搞风险投资来弥补财政不足。同时

---

① 安华：《关于内蒙古残疾人社会保障情况的调查》，《地方财政研究》2007 年第 11 期。

对基金增值影响较大。据资料显示，2001 年，我国社保资金的收益率为2.25%，相当于同期银行利率，2005 年有所提高，但与发达国家如瑞典高达13.5%，最低的日本 4.9% 相比差距很大。由于统筹程度低，投资制度不合理，存在系统性差、制度之间难以衔接等缺陷，增加了基金监管的难度。据世界银行统计，我国隐性养老金债务规模 12363 亿元，存在社保基金总量不足支持社会保障体系运行 3 个月的状况。这种宏观背景，对于财政收入明显不足的内蒙古来说也具有基础性影响。据《民族自治区的养老保险（2006～2020）：国民经济学视野》① 一书预测，在 2006～2020 年的未来 15 年内，内蒙古基本养老保险基金的收支缺口累计值约为 1914.2 亿元。

（四）社会事业发展滞后

近年来，内蒙古社会事业取得了长足进步。但从总体上看，与经济快速发展的状况相比，社会事业发展滞后于经济发展的矛盾仍未根本改变。

在投入上，公共财政对社会事业的投入不足，经济发展快，而教育、科技、文化、卫生、就业、社会保障等社会事业明显落后。"十五"期间，内蒙古固定资产投入平均增长 44.2%，而政府科技拨款占财政总支出的比重比"九五"时期下降 0.2%，全区 22 项经济社会发展指标中未完成计划的只有农牧民收入、住房、初中毕业、研究开发经费四项指标。这些事关人民群众切身利益的问题已成为社会焦点问题，成为影响社会经济发展，影响社会和谐稳定的主要原因。

从教育领域看，教育公平问题有待进一步解决。内蒙古教育资源投入不足且分配不均，城乡之间、民族之间、区域之间以及学校之间存在较大差距；城市中小学优质教育资源缺乏，择校现象较为突出；农村中小学布局分散、规模小、水平低；少数民族教育质量不高，推进"双语"教学难度较大；职业教育发展严重滞后，高等教育结构不尽合理，远不适应内蒙古快速发展的需要。

从公共医疗卫生状况看，除投入不足外，还存在以下问题：一是对外比较看，每千人卫生人员数量居全国前列，但总量则排在全国后位，与地广人稀的需求相比差距较大；每千人拥有的床位数相对较少，与整个东部沿海地区的平均水平存在一定差距。二是从内蒙古内部看，城乡医疗卫生服务差距较大，农村牧区公共医疗卫生服务明显落后。以 2007 年底统计为例，城市卫

---

① 包学雄：《民族自治区的养老保险（2006～2020）：国民经济学视野》，中国经济出版社，2006年版。

生技术人员占全区卫生技术人员的 78%，占全区人口的 51.36%，农村卫生技术人员占全区卫生技术人员的 22%；城市每千人医院床位数为 4.72 张，而农村每千人医院床位数为 0.93 张；农牧区缺医少药的状况没有根本改观，农牧民因看病致贫的比例仍然较高。

从人口老龄化与社会保障资金缺口看，内蒙古是典型的人口"未富而先老"的地区，加速的人口老龄化将对社会经济发展造成重大影响，对推进社会和谐稳定提出了严峻的挑战。截至 2006 年末和 2007 年末，内蒙古全区参加基本养老保险人数分别为 265.54 万人和 370.9 万人，分别比上一年末增长 5.1% 和 4%；同期内蒙古参加基本养老保险的离退休人员分别为 91.09 万人和 96.61 万人，分别比上一年末增长 5.8% 和 6.1%。与参加基本养老保险人数增长速度相比，参加基本养老保险的离退休人员增长速度分别高 0.7 和 2.1 个百分点。参加基本养老保险离退休人员的快速增长将使更多的人领取养老保险金，加大了基本养老保险基金支付压力，导致基本养老保险基金的收支缺口持续扩大的趋势，必然对内蒙古社会和谐稳定带来多方面影响。

人才竞争力是综合反映一个国家或地区的社会事业发展水平和未来可持续发展能力的指标体系。2006 年，中国社会科学院可持续发展研究中心对 31 个省、市、自治区人才竞争力分析结果表明，内蒙古处于第 25 位的落后位势。

（五）"三农三牧"问题突出

"三农三牧"问题与其他社会问题相比较，更具有基础性和连锁反应的特点。目前，内蒙古许多不和谐现象都与"三农三牧"问题纠缠在一起。从社会学角度分析，农村牧区存在的比较突出的社会矛盾主要表现在以下几个方面。

从主体看，农村牧区的社会矛盾可以归纳为家庭矛盾、邻里矛盾、干群矛盾、贫富矛盾四类。家庭矛盾主要表现在代沟、赡养问题上；邻里矛盾主要体现在土地、宅基地、公共物品侵占、村霸、偷抢问题上；干群矛盾主要体现在政务处理不公、财务账目不公开等问题上；由特定个体演化扩大成的贫富阶级矛盾主要体现在利益集团对基层政权政策的影响，对弱势群体生存权利的侵犯问题上。

从国家制度安排上看，长期以来，国民财富分配制度呈现着四个倾斜：向城市倾斜、向沿海倾斜、向与国际接轨地区倾斜、向富人阶层倾斜，就连机会均等的银行贷款，农牧民也因没有担保、抵押，而取得贷款困难。近年来，政府为改变这种状况出台了一系列重大政策措施，但是仍未从根本上真正扭转"三农三牧"弱势状况。

从农牧民从事农牧业的比较收益看,农牧民产出的农畜产品价格虽总体上有反弹,但受农牧业成本(农药、化肥、种子、机械、牧业生产方式)增高、信息不灵、竞争力弱等因素制约,农牧民增收难的问题日益突出。农民工外出转移虽然越来越成为农村牧区增收的主要途径之一,但伴随着大量农民工进城,不仅使农牧区发展活力受到后继乏人的限制,而且使城乡矛盾自然紧张起来。正如美国学者亨廷顿指出的那样:"城市市民在制度上的优越感和对落后农民的鄙视感,相应地农民在道德上的优越感和对城市骗子的一种不以为然的态度。"这种快速变化也会客观地影响人们的社会心态。社会心态变化与平均化的客观指标有时并不一致。在经济高速增长的情况下,因为低收入者的食品消费增长占有很大比重,因而,农牧民在收入增长缓慢的情况下,就会直接影响到他们的生活满意度。这也是恩格尔系数变化赋予社会影响的本质所在。

(六) 生产安全和食品安全形势令人担忧

近年来,政府一直在加大安全生产工作力度,并取得明显成效。据统计,2008 年,内蒙古生产事故起数和死亡人数分别为 13209 起和 2074 人,同比分别下降 5.92% 和 11.59%。但是,我们更要关注安全生产事故总量下降趋势下的结构性隐患,避免安全生产事故结构性异化问题。2008 年,内蒙古生产事故起数或死亡人数上升的主要有烟花爆竹、建筑和农牧业机械领域。烟花爆竹领域累计发生伤亡事故 1 起,死亡 17 人,同比事故起数减少 2 起,下降66.67%,死亡人数增加 10 人,上升 142.86%;建筑业累计发生伤亡事故 50起,死亡 65 人,同比事故起数和死亡人数增加 4 起 11 人,分别上升 8.70%和 20.37%;农牧业机械领域累计发生事故 32 起,死亡 18 人,同比事故起数和死亡人数增加 18 起 9 人,分别上升 128.57% 和 100%;其他领域累计发生伤亡事故 117 起,死亡 133 人,同比事故起数和死亡人数增加 15 起 25 人,分别上升 14.71% 和 23.15%。煤炭生产安全形势不容乐观。据内蒙古煤矿安全生产监察局统计,2009 年第一季度,全区煤矿发生死亡事故 4 起,死亡 13人,同比事故起数增加了 3 起,死亡人数增加 12 人。[1]

随着人民群众对生活质量要求的提高,食品安全问题越来越受到普遍的关注,一旦发生问题,很容易产生全局性的影响。2008 年食品安全问题面临严峻形势,其中牛奶添加有毒物质三聚氰胺事件,产生了重大影响。该事件

---

① 内蒙古新闻网,http://cnnews.nmgnews.com.cn/system/2009/04/08/010203862.shtml。

的发生,不仅暴露出有关地方政府疏于监管和有关生产企业见利忘义、无视人民生命安全的问题,同时也反映出中国食品安全监管方面存在诸多缺陷。另外,三聚氰胺事件给奶制品业造成的冲击,正转移到一个新的阶段,需求的萎缩给众多奶农带来毁灭性打击,企业损失惨重。数据显示,2008 年 9 月"三鹿奶粉事件"发生后至当年 11 月,伊利、蒙牛压库产品占用资金达 50 亿元和 40 亿元,分别相当于两家公司去年全年销售收入的 1/4 和近 1/5。仅2008 年 9 月和 10 月两个月,蒙牛亏损 6.5 亿元,相当于 2003 年和 2004 年两年的利润总额;伊利亏损更多达 9.5 亿元,比 2003 年至 2007 年 6 年合计的利润总额还要多。在伊利、蒙牛乳品企业的巨亏影响第一时间传递到上游产业奶牛饲养业,奶农的亏损更惨,到目前为止内蒙古奶农仍未走出亏损经营。数据显示,呼和浩特市 2009 年 4 月初时每天仍然倒奶 100 吨左右;2009 年 1 ~3 月,土左旗共倒奶 2000 吨;在全区非正常奶牛淘汰奶牛 200 多头,从业人员退出比率为 15% ~ 20%。[①]

(七) 资源环境压力增大

内蒙古经济的快速发展依赖于资源优势的发挥,但由于生产粗放和环境治理投资不足造成的资源浪费和环境污染问题十分突出,统筹人与自然和谐发展的任务尤为艰巨。2007 年,全区单位地区生产总值能耗为 2.31 吨标准煤/万元,排在全国第 26 位;单位工业增加值能耗为 4.88 吨标准煤/万元,排在全国第 27 位;单位地区生产总值电耗为 2101.68 千瓦时/万元,排在全国第 26 位。

随着环境压力的日益增强,开发资源与保护环境矛盾日益突出,成为内蒙古和谐发展、科学发展的严重制约因素。如内蒙古的天然草地面积 20 世纪60 年代时为 8666.7 万公顷,90 年代末缩小到 7370 万公顷,共减少 1296.7 万公顷,减少率达 11.5%。而同一时期牧业人口由 50 年代的 29.6 万人增加到90 年代的 289.1 万人。

此外,内蒙古在生态环境方面由于承担着北方屏障的特殊使命,在资源开发方面还受到更严格的限制,而这种限制给本地经济和农牧民收入增长带来的束缚如果得不到应有的弥补,就会产生现存的两种倾向:一种是地方政府迫于临边地区经济快速发展的攀比压力,不顾生态限制想方设法开采资源,发展工业,结果造成以生态代价谋取地方发展的后果;另一种是,为保护生态资源,采取了近乎"一刀切"的生态移民转移,而这种转移涉及农牧民生

---

① 中国奶业协会秘书长刘成国在中国奶业协会五届四次理事会上的讲话:《增强信心 攻克时限转型升级 振兴民族奶业》,转载自《乳业时报》,2009 年 6 月 10 日,B2 版。

产方式、生活方式的根本改变，很容易产生移民"不适应症"，这些都是在生态地区增加社会矛盾的客观因素。

（八）群体事件频发问题

近年来，内蒙古群众上访事件日益频繁，特别是群体性事件明显上升。仅 2007 年上半年全区三级群体性上访就达到 6550 批次、138365 人次，同比分别上升 7.2% 和 5.1%。现阶段群体性上访事件具有以下特点：一是参与主体多元化，发生原因复杂。除工人、农民和城镇居民外，教师、离退休人员、退伍军人等都参与其中。反映的问题集中在城镇房屋拆迁、农村土地征用、国有企业改制的遗留问题、退伍转业军人安置、因司法不公导致的涉法涉诉、历史遗留问题等方面。二是组织化倾向愈来愈强。当前发生的群体性上访事件大都从总指挥、幕后策划者到具体实施人员、参加人员等都有明确分工，相互串联，互通信息，统一行动，形成了组织体系。三是择机性强，滞留时间长。许多群体上访将时间定在重大节会、重要活动期间，并长时间滞留，有意扩大影响，以达到上访的目的。四是部分参与者情绪难控，态度粗暴，行为过激。上访人员大都不同程度地存在"法不责众"的心理，由于情绪相互感染，往往失去理智，行为失控。其上访方式由过去的申诉、请愿等非对抗性行为向堵、闹、缠等对抗性行为转变，导致异常信访、突发事件明显增多。

群体性上访事件频发的主要原因：一是与某些地方领导部门和领导干部工作中缺乏科学决策、民主决策、依法决策有密切关系，也与行政机关及其工作人员不依法行政、不依政策办事以及行政不作为、乱作为、公权力运用不当，不能及时采取措施化解矛盾有直接关系。二是由于部分群众正当利益得不到保障，合理要求得不到满足。当前，在城镇房屋拆迁、农村土地征用、国有企业改制、退伍转业军人安置、因司法不公导致的涉法涉诉、历史遗留问题（如"五七工"问题）等方面出现的大量上访，既有政策规定不合理，甚至互相"顶牛"的问题，也有群众通过正常途径解决问题的渠道不畅的问题。三是群众的法制观念、维权意识明显提高。在经济体制深刻变革、社会结构深刻变动、利益格局深刻调整、思想观念深刻变化的社会转型期，群众的法制观念、维权意识明显提高，利益要求进一步扩大，当矛盾和问题发生时，群众以各种方式表达意愿和诉求，甚至组织起来进行群体性上访就成为一种现实选择。四是管理体制和机制不够完善。内蒙古一些地方政府的管理未能有效覆盖管理区域，存在不少盲区，这既有信息不对称的原因，也有管理者不能深入基层、怠于履行职责有关。五是在处理群体性上访事件方面，现行的工作机制和体制还存在与形势、任务不相适应的地方。比如，信访工作的领导体制、社会各部门齐抓共管的机制、各级各部门应承担的工作责任等还未形成硬性的制约机制。

尽管当前的社会矛盾大多数属于人民内部矛盾，但是当自发的、零散的、轻微的利益矛盾不能得到及时解决，加之思想政治工作不力，不能引导群众正确对待个人利益和集体利益、局部利益和整体利益、当前利益和长远利益，就可能转化成自觉的、有组织的、严重的群众性对抗，会使矛盾摩擦上升为矛盾冲突，甚至引发更大范围内的更加激烈的冲突。这些都说明，在基层蕴藏着、积压着大量的人际矛盾和社会矛盾，这是社会结构层面不稳定、不和谐的信号，是人民内部矛盾集中的体现。

(九) 社会治安状况复杂

从总体上看，内蒙古社会治安形势处于相对稳定的状态，但同时呈现出社会治安状况日益复杂的新情况。

第一，刑事犯罪活动继续向多样化发展。近年来，刑事犯罪活动仍然是影响内蒙古社会治安秩序的主要因素，并形成如下发展趋势：首先从犯罪类型上看，经济犯罪活动增多，维护国家经济安全的重要性、紧迫性日益突出；侵财案件居高不下，集中于抢劫、抢夺、盗窃、诈骗等犯罪活动，同时，流窜作案、有组织犯罪在局部地区依然猖獗，部分地区群众普遍缺乏安全感。例如，2008 年冬天呼和浩特地区局部社会治安有一些波动，发生多起恶性刑事案件。针对这个情况，在内蒙古公安厅的部署下，公安机关打了 11 次战役，方使呼和浩特地区的社会治安趋于稳定，随之其他 11 个盟市也开展了"冬季风暴"，因而全区冬春季节的社会治安没有出现大的问题。

第二，犯罪手段智能化、科技化倾向加剧。特别是由于计算机网络的开放性、不确定性、虚拟性和超越时空性等特点，犯罪手段看不见、摸不着，破坏性波击面广，但犯罪嫌疑人的流动性却不大，证据难以固定，使得计算机网络犯罪具有极高的隐蔽性，增加了计算机网络犯罪案件的侦破难度。从内蒙古网络犯罪的现状来看，近年来，利用网络进行金融犯罪的比例不断升高；利用金融网络用户终端诈骗、盗窃的案例多见诸报道，大多是以计算机缓存的用户个人信息为目标，以计算机网络为工具，窃取用户信用卡号码、银行卡密码等，达到非法目的。

第三，犯罪主体流动性攀升，青少年犯罪突出。虽然内蒙古青少年违法犯罪工作取得了一定的成效，但目前违法犯罪的青少年占各类犯罪嫌疑人总数的 45.7%，仍是防范工作的重点。一是犯罪逐渐低龄化。几年前，青少年犯罪的平均年龄还在 17 岁以上，而近年来青少年犯罪的平均年龄只有十五六岁。二是团伙犯罪案件增多。青少年在校容易形成"小团体"，流浪到社会上更容易群聚，只要其中一人有犯罪意识，就容易相互影响，形成共同犯罪。三是盗窃、暴力抢劫犯罪比例较高。四是作案方式"成人化"。青少年犯罪以往多属偶发性，作案前很少进行密谋。而近年来，大部分青少年作案前均有策划、分工。

第四，从社会治安防范体系建设和综合治理工作看，依然存在不少薄弱环节。内蒙古目前正在全面实施治安防范体系建设，构建包括指挥系统、打击系统、防范系统、控制系统、队伍建设系统、后勤保障系统、法制保障系统、考核系统的治安"打防控"体系框架和一体化工作机制，提高了维护社会治安稳定的能力。但是全区社会治安综合治理工作发展不平衡，在及时有力打击犯罪和有效防范犯罪等方面还存在不足，亟须加强。比如，一些地方的领导干部存在着"重打轻防"的思想，对防范工作重视不够；一些地方政法机关由于经费不足，加上装备落后、人员素质不高等原因，导致对犯罪活动打击不力，破案率不高，相当数量的逃犯未及时抓捕归案；有些地方的基层基础工作还很薄弱，群防群治工作经费得不到保障，综治和群防群治队伍受到削弱，基层安全创建活动深入不够，防范能力有待提高，等等，这些问题都有待加强。

（十）民族宗教问题复杂活跃

现代化过程是各个民族加速交流融合的过程，也是不同文化、不同观念碰撞和冲突加剧的过程。近年来国内发生的多起民族纠纷大都是由文化观念、宗教习俗不同引起的。如随着旅游经济的快速发展，内蒙古各地都开始重视民族文化的挖掘和开发，但在发展旅游经济，开发少数民族文化资源时，都涉及如何正确表达少数民族文化，如何保护和促进民族文化发展等问题。这些问题处理不好也会在感情和利益上对少数民族造成损害。又如，市场竞争从总体上说可以激发各个民族的进取精神和经济活力，但由于少数民族商品经济发育程度低，缺乏资金、技术、人才、信息等的问题不可能在短期内解决，因而在市场竞争中少数民族往往处于劣势，少数民族享受教育、就业等社会平等权利也会受到影响。随着城市化进程的加快，各民族交往日益频繁，也会由于相互了解、尊重不够，造成隔阂误会。因此，在发展社会主义市场经济的条件下如何处理市场竞争与民族平等关系是一个十分重大的问题。还有，对外开放交往的日益扩大，既为内蒙古开辟国际市场、加快发展注入了活力，同时也给敌对分裂势力渗透破坏提供了可乘之机。近年来国内外敌对势力遥相呼应，利用人权、民族、宗教问题大搞民族分裂活动，企图使我国民族问题国际化、尖锐化。内蒙古民族关系是良好的，但敌对势力破坏内蒙古各民族团结的活动从来没有停止过，他们利用现代网络通信和法轮功组织大肆攻击党的民族政策、诋毁党和政府的活动，已对内蒙古稳定团结的局面构成威胁。

除上述问题外，少数领导干部的腐败和官僚主义问题，市场经济运行机制不健全的问题，有关法律、政策和制度不完善的问题，政治思想文化领域内的问题，都会引起复杂紧张的社会矛盾。正确处理领导与群众关系、整体与局部的关系、民主与自由的关系，也是构建和谐内蒙古必须正确应对和解决的一系列重大社会问题。

四、对策建议：以科学发展观为指导推动内蒙古社会和谐稳定发展

步入 21 世纪以来，内蒙古自治区党委政府制定一系列切合实际的发展战略和重大举措，带领全区各族人民推动内蒙古实现了历史性跨越，由生存型社会转向发展型社会。站在新的历史起点上，推动内蒙古持续又好又快发展，必须坚持以科学发展观为指导，在继续加快经济发展的同时，更加重视民生问题、更加重视社会公平、更加重视经济社会协调发展、更加重视民主与法制。以下围绕内蒙古未来发展中面临的有关社会和谐稳定的主要问题，提出对策建议。

（一）按照科学发展观的要求，确立构建和谐内蒙古的实现模式

影响内蒙古和谐稳定的因素是多方面、深层次的，指望在某一方面突破达到目标是不可能的。因此，维护内蒙古和谐稳定，构建和谐内蒙古必须从实际出发进行系统谋划，提出系统规划，进行综合整治。2008 年，内蒙古党委政府已经制定《内蒙古和谐社会建设规划纲要》，明确了构建和谐内蒙古的指导思想、建设目标和主要任务与措施，为内蒙古推进社会和谐稳定建设指明了方向。系统的规划需要系统的落实措施予以配套。为此，我们按照科学发展、和谐发展的理念和《内蒙古和谐社会建设规划纲要》的基本要求，提出了"一个基点、一条主线、两个体系、五个方面"的发展思路和实现模式。

一个基点，即坚持以人为本，始终把实现好、维护好、发展好人民群众的根本利益作为一切工作的出发点和归宿。一条主线，即以科学发展为主线，为和谐内蒙古建设创造雄厚的可持续发展物质基础。两个体系，即社会管理体系和公共服务体系。建立健全社会管理体系，即从内蒙古现阶段经济、政

治、文化、社会四位一体的总体布局出发，逐步建立起一套政府调控机制同社会协调机制互联、政府行政功能同社会自治功能互补、政府管理力量同社会调节力量互动的社会管理网络，形成对全社会进行有效覆盖和全面管理的完整体系；健全公共服务体系，即在社会事业领域中，以公共管理为主要手段、以公益性为主要特征、以满足公众需求为主要目的，根据社会公共服务具有的公益性和经营性程度的不同，社会公共服务分为基本社会公共服务和非基本社会公共服务。五个方面，即贯彻落实经济、政治、文化、社会、生态五位一体的发展战略和总体布局，推动内蒙古经济社会全面协调发展。

"一个基点、一条主线、两个体系、五个方面"的发展思路和实现模式，有着丰富的内涵。作为发展思路，它与科学发展、和谐发展的理念是完全一致的，体现了科学发展观与内蒙古和谐发展战略的有机统一；作为实现模式，它是科学发展、和谐发展理念的具体化，它完全可以将解决内蒙古和谐稳定的一系列细化内容和对策措施融入其中，使其具有可操作性。因此，建议按照这一发展思路和实现模式，对《内蒙古和谐社会建设规划纲要》予以补充完善。

（二）把民生问题摆在首位，着力提高和保障人民群众的生活水平

科学发展是稳定之源，改善民生是稳定之本。坚持以人为本，构建和谐稳定的内蒙古，政府必须把改善民生放到更加突出的位置，采取切实有效的措施，解决好人民群众最关心、最直接、最现实的问题。

（1）千方百计促进就业。就业是民生之本，稳定之基。实现比较充分的就业是构建和谐内蒙古的基础目标。实现这一目标，缓解就业压力，必须积极实施符合区情的就业促进战略和就业政策。

第一，实施有利于扩大就业的产业发展政策。经济增长是扩大就业的基础。要把扩大内需作为长期的战略方针，继续实行适宜的宏观经济政策，努力保持经济较快增长，把发展经济与增加就业有机结合起来，提高企业吸纳社会就业的能力。在产业类型上，注重发展劳动密集型产业；在产业规模上，注重扶持中小企业；在经济类型上，注重发展非公有制经济。努力从多方面鼓励扶持劳动密集型产业和中小企业发展，疏通依靠相关产业发展带动劳动力就业的主渠道。

第二，实施有利于扩大就业的公益岗位开发的政策。针对高校毕业生就业问题，在坚持以市场配置为主的基础上，搞好公益性岗位开发，引导高校毕业生自主择业、自主创业。根据教育、卫生、文化等社会事业发展的需要，搞好公务员考试录用，适时扩大事业单位公开招聘数量。制定鼓励支持大学生到基层工作服务的政策，认真组织实施"村官"计划、"三支一扶计划"、"西部志愿者计划"、人才储备计划、民生工作志愿者计划，为高校毕业生创造更多的就业发展机会。

第三，积极实施灵活就业战略。随着城镇居民对社区服务需求的不断增加，灵活就业已成为城镇就业的重要方式。从政策上引导人们转变就业观念，鼓励无业人员从事社区服务和弹性就业的灵活方式，是今后解决就业出路的一个重点。内蒙古自治区应制定出台灵活就业促进条例，大力推动灵活就业。

第四，实施创业激励战略。适应市场经济的要求，政府的就业政策要逐步实现由安置型就业向开发型就业转变。这是解决就业难题的关键。创业是最大的就业，也是富民之源。对于地广人稀的内蒙古来说，培养创业性人才，扩张创业的就业倍增效应，才是解决就业问题的根本出路。

第五，继续实施就业转移和援助战略。适应城乡一体化发展，加强对农牧民劳动力转移工程，加强对转移农牧民的引导性培训和职业技能培训，提升在第二、第三产业中的就业能力和竞争力，实现移得出、稳得住、富起来的目标。继续搞好"零就业家庭"、"4050"人员、残疾人及其他群体的就业援助，确保就业政策覆盖到困难群体。

（2）不断完善推进社会保障体系。社会保障是社会稳定的"保险阀"。未来一个时期内，随着市场经济的发展，特别是老龄化社会的提前到来，社会保障的任务十分繁重。要坚持"广覆盖、保基本、多层次、可持续"的方针，以基本养老、基本医疗、最低生活保障制度为重点，以慈善事业、商业保险为补充，加快建立覆盖城乡的社会保障体系。

第一，加快建立城乡统筹的基本养老保障体系。在继续完善城市职工社会保障工作的同时，加快机关事业养老保险制度的改革，积极探索推进多种形式的农村牧区养老保险制度和城镇居民的养老保险制度，完善被征地农牧民基本养老保险制度，加强劳动保障、国土、财政等部门间的协调合作，及时将被征地农牧民纳入城镇居民的保障范围，实现即征即保。不断完善个人缴费、集体补助、政府补贴的筹资机制，完善新型农村牧区社会养老保险政策，进一步延伸农村牧区社会养老保险的管理服务网络，提高服务质量，不断扩大农村牧区养老保险的覆盖面。力争3年内实现应保居民全覆盖，并逐步缩小城乡社会保障水平的差距。

第二，加快建立城乡一体化的医疗保障体系。建立起以城镇职工基本医疗保险、居民基本医疗保险、农牧民基本医疗保险为主体，用人单位补充医疗保险和大病医疗补助制度为补充的医疗、工伤、生育保险城乡一体化的基本医疗保障体系。同时，要建立和完善城乡一体化的重大疾病救助制度，妥善解决困难群体参加医疗保险的缴费问题。

第三，进一步完善城乡居民最低生活保障制度和新型社会救助体系。加快低保制度与最低工资制度、城乡居民社会养老保险制度的衔接，逐步扩大覆盖面，缩小城乡低保享受标准差距，提高保障水平。加快建立城乡一体化社会救助联席会议制度，加大扶贫帮困力度，统一协调对困难群众的救助工作，确保救助对象不遗漏。重点抓好城镇"三无对象"和农村"五保户"的集中供养，将全社会的老年人、残疾人、孤残儿童以及需要救助的特殊困难人群纳入福利救助范围，保障其基本生活、医疗和子女上学。充分发挥慈善救助作用，完善捐赠救助管理制度，实现慈善捐赠活动经常化、制度化目标。

第四，建立完善城乡统一的失业保险制度。逐步将在农村牧区从事土地经营的劳动者、在城镇就业以及外出经商务工的本地户籍劳动者一并纳入失业保险范围，实现将所有劳动者纳入失业保险范围的目标。

第五，提高社会保障的统筹管理水平。坚持社会保障与经济社会发展水平相一致的原则，实行城乡居民社会基本保障与本地区平均收入增长联动机制，根据城乡居民收入增长、物价上涨和基本养老保险基金可承受的能力，适时提高基本养老保险待遇。提高社会保障的统筹水平，解决好社保关系跨地区难转移问题，切实保障灵活就业者、农民工和职工异地养老问题。建立便捷安全的社会保障管理服务体系，全面推行养老、医疗、失业、工伤、生育保险"五险合一"的保费申缴一单化。建立投资运营的科学管理制度，实现社保基金筹措多元化、投资营运市场化、基金管理科学化，加强社会监督，降低系统风险，确保基金保值增值。

（3）努力增加城乡居民的收入，缩小分配差距。加快经济发展是构建和谐内蒙古的物质基础。只有加快经济发展，才能缩小与发达地区的差距，提高和改善人民群众的生活水平，为有效地解决收入分配不公创造条件。但是加快经济发展，并不会自动带来公平和稳定。如果在发展中不能很好地处理效率和公平关系，同样会因为分配不公导致矛盾激化和社会动荡。因此在未来发展中，一方面，我们要坚持紧紧抓住"第一要务"不放，努力实现内蒙古经济发展的新跨越。另一方面，在推进发展中要始终坚持"以人为本"的科学发展观，着力于经济社会全面发展和人民生活水平的提高，切实保障人民群众真正享受到改革发展的成果。

第一，进一步做好"三农三牧"工作，推进新农村、新牧区建设。"三农三牧"问题是关系到自治区和谐稳定的首要问题。只有农村牧区的和谐稳定才能保证整个社会的和谐稳定，只有真正解决好"三农"问题才能把握住经济社会发展的主动权。要坚持"多予少取"和"工业反哺农业、城市支持农村"的方针，以农牧民持续大幅增收为核心目标，加快发展现代农牧业，推进农牧民产业化经营，培育农产品龙头企业，重点支持有利于增收的项目。进一步完善土地草牧场承包经营权，探索土地作价入股、土地集中经营增加收益的方式，加快发展劳务经济，促进农村牧区劳动力有序转移，增加工资性收入。建立和完善资源有偿使用和生态环境恢复补偿机制，完善现行对农牧业的各项补贴政策。健全农牧区社会化服务体系，积极培育农村消费市场，不断提高农牧民消费水平。

第二，合理调整收入分配结构，努力缩小收入差距。完善政府公平服务的公共职能，充分发挥政府在收入分配上的调节作用。完善按劳分配为主体、多种分配方式并存的分配制度，坚持各种生产要素按贡献参与分配的原则。要建立与经济发展相适应的收入分配合理增长机制，提高城乡居民收入占生产总值的比重。更加注重按社会公平的理念调整国民收入分配的格局，着力提高低收入者收入水平，逐步扩大中等收入者比重，有效调节过高收入。控制和调节垄断行业的收入，强化个人所得税征管，坚决取缔非法收入。规范国有企业经营管理者的薪酬管理，合理控制企业经营者和普通职工之间的收入差距。加大普通劳动者在第一次分配中的收入比重，有效控制社会成员收入分配差距扩大的趋势，建立和谐劳动关系，形成促进社会和谐的利益分配格局。紧紧抓住国家振兴东北老工业基地战略机遇，促进东部地区快速发展，缩小东西部差距。深入开展兴边富民行动和扶持人口较少民族的发展，加快边境地区和少数民族聚居地区发展，改善贫困地区特别是蒙古族聚居地的生产生活条件。健全行政事业单位职工工资的合理增长机制，建立企业职工工资正常增长机制和支付保障机制，确保离退休人员养老金逐年增长。

（三）加快推进社会事业发展，促进经济社会协调发展

社会事业是指为确保社会团结、维护社会安全、促进社会发展、保障社会可持续发展所提供的各种公益性支持和服务活动的总和。没有必要的社会事业，不仅社会的秩序、和谐与持续发展是不现实的，就是真正意义上的社会也是不存在的。因此，和谐稳定的社会应该是经济发展与社会发展并进的社会。但是，历史证明，社会发展与经济发展并不总是一致的，经济增长也并不总是自动地推动社会发展。推动社会事业发展尤其需要政府制定和完善相关政策，完善经济社会协调发展机制。因此，在保持经济持续快速发展的同时，必须切实把社会事业放到重要位置，不断加大对科技、教育、文化、

卫生、社会保障、生态环境等方面的政策扶持和投入力度，力争在未来10年内，使内蒙古各项社会事业的发展取得实质性的绩效。

1. 加快教育发展，提高教育水平

坚持教育优先方针，促进义务教育均衡发展。实施义务教育学校标准化建设工程、信息化建设工程，重点扶持贫困地区、民族地区教育，健全学生资助制度，保障经济困难家庭、进城务工人员子女平等接受义务教育，实现免费义务教育。加强教师队伍建设，重点提高农村教师素质，加大城镇教师支援农村牧区的力度。优先重点发展民族教育，完善民族教育助学体系，使内蒙古民族教育达到国家先进水平。加快发展高中阶段教育，推动教育结构的转型。明确把中等职业教育列入普及高中的范畴，将现在普及高中的提法，改为普及高中和中等职业技术教育，要像抓普及高中阶段教育一样，甚至以更多的投入抓好中等职业教育。

调整高等教育体系，建立高等教育双线型体制。高等教育的"双线制"是指高等教育结构应由并行的两条线组成：一条线是普通高等教育体系；一条是应用型、技术型高等教育体系。实行"双线制"人才培养体系，其目标是改善现行人才培养体制过于侧重发展"研究型"人才培养体系的单一发展思路，逐步调整为"研究型"和"应用型"并重的"均衡发展、互相渗透"的人才培养和发展模式。内蒙古高等教育存在的问题的核心是教育结构失衡：普通高校精英教育比例较大，应用型、技术型高等教育比例小，而后者又存在过度强调学科的倾向，忽视职业岗位问题。因此要解决内蒙古高等教育存在的问题，必须调整教育结构，实行"双线制"教育体制，加大职业教育的力度，提升和规正"应用型"人才培养体系的层次。通过完善"双线制"，政府在人事待遇上实行配套政策，给予应用型教育毕业生与普通大学毕业生同等待遇，并依托市场机制改变目前应用型，尤其是职业教育毕业生被社会歧视的现状，以适应产业结构升级、社会分工细化、提升劳动者素质的时代要求。

建立健全多样化的人才培养机制，构建多元化的人才培养的终身教育体系。建立和完善继续教育体系，拓宽各类专门人才和实用人才的培养和培训渠道。建设多样化学习平台，构建学习型机关、学习型企业、学习型社区、学习型城市和学习型乡村。制定公共教育培训资源向处境不利群体倾斜的支持政策，建立在职人员定期培训制度并规范带薪培训办法。积极发展多种形式的非学历教育和培训，鼓励自主学习，探索建立继续教育的"学分银行"和"终身学习账户"制度。逐步建立以学历为基础、能力为核心、符合行业实际情况的职业资历架构体系。要加大对社会事业人才特别是社会工作人才的培养，为社会事业发展提供专门人才支撑。

2. 加快公共卫生事业发展，提高全民健康水平

坚持公共医疗卫生的公益性质和以预防为主，以农村牧区为重点、中蒙西医并重的方针，强化政府投入，鼓励社会参与，建设覆盖城乡的公共卫生服务体系、医疗服务体系、医疗保障体系、药品供应体系，努力实现人人享有基本医疗卫生服务的目标。

加快公共卫生体系建设。建立和完善突发性公共卫生事件应急指挥、疾病预防控制、卫生监督执法、医疗救治以及妇幼卫生保健五大体系，健全覆盖自治区、盟市、旗县、苏木乡镇、嘎查村（社区）疾病预防控制网络，形成功能完善、反应迅速、运转协调的突发公共卫生事件应急机制，有效预防控制威胁人民健康安全的传染病、地方病、职业病、慢性非传染性疾病和人畜共患疾病。

大力实施农村牧区卫生服务体系建设工程，完成旗县综合医院、妇幼保健机构、疾病预防控制中心、卫生监督所、乡镇苏木卫生院、嘎查村标准卫生室的配套建设，健全三级农村牧区卫生服务网络，提升农村牧区卫生服务能力。

调整城市卫生资源结构，完善以社区卫生服务为基础的新型城市卫生服务体系，形成小病在社区、大病进医院、康复回社区的卫生服务机制，加大城市社区卫生工作力度，提高社区卫生服务的质量和水平。

深化医药卫生体制改革，深化医药卫生管理体制、公立医院机构运行机制、经费投入机制、医疗服务与医药价格形成机制、监管体制等改革，大力扶持发展蒙医事业，积极推动医疗卫生事业与经济社会建设协调发展，把全民健康不断提高到新水平。

加强妇幼卫生保健、儿童免疫工作，大力加强计划生育服务体系建设，加强流动人口管理，提高出生人口素质，综合治理性别比例偏高问题。

3. 加强文化建设，提高全社会的思想道德水平

文化作为一种软实力，是发展经济、维护和谐稳定的重要变量因素。在多元价值文化相互激荡的新形势下，内蒙古必须牢牢把握先进文化的前进方向，把握民族文化的内在特质和运作规律，不断提升各族人民的文化生活质量，奠定内蒙古和谐稳定发展的精神基础。

（1）加快建立公共文化服务体系，不断满足人民群众的文化需求。坚持政府主导、公益服务、社会参与、共建共享的原则，努力建设以公共文化产

品生产供给、网络设施、资金人才、技术保障、组织支撑和运行评估为基本框架的覆盖全社会的公共文化体系。优先安排关系群众切实利益的文化建设项目，以旗县、苏木乡镇文化设施为基础，统筹规划，加强图书馆、文化站（馆）、博物馆、广播电视服务站、美术馆、影剧院及妇女儿童活动场所等公共文化基础设施建设。着力实施村村通广播电视工程、广播电视无线覆盖工程、文化信息资源共享工程、农村牧区电影放映工程和送书下乡工程，保障农牧民和低收入群体的基本文化权益。不断创新公共文化服务内容和服务方式，形成实用、便捷、高效的公共文化服务网络，满足不同层次人民群众的文化需要。

（2）加快文化产业的发展，繁荣文化市场。深化文化体制改革，制定文化产业发展规划，加强区域性特色文化产业群建设。完善文化产业扶持政策，吸引企事业单位按照市场和文化生产规律发展文化产业。实施重大文化产业项目带动战略，扶持发展一批特色、有前景的文化产业项目。建设一批大型影视制作、民族动漫等产业基地，培育一批具有较强积聚效应和竞争力的出版、影视、娱乐文化集团，打造一批社会效益和经济效益显著、具有较强影响力的优秀品牌。实施文化精品战略，加快发展民族艺术精品。积极整合民族文化资源，加强非物资文化遗产保护，把文化资源开发与保护有机结合起来，不断增强内蒙古文化的影响力和竞争力。

（3）积极建设社会主义核心价值体系，努力提高思想道德水平。要将社会主义核心价值观融入国民教育、精神文明建设的全过程和经济、政治、文化、社会建设各个领域，形成全区各族人民的共同信念。继续深入研究草原文化，积极宣传草原文化"崇尚自然、践行开放、恪守信义"的理念，大力弘扬各民族团结友爱、"谁也离不开谁"的爱国主义精神。树立以"八荣八耻"为主要内容的社会主义荣辱观，大力倡导以热爱内蒙古、建设内蒙古、发展内蒙古为核心的时代精神。积极贯彻落实《公民道德建设实施纲要》，大力开展诚实守信的思想道德教育，着力解决交通、卫生、环境和服务等方面存在的突出问题。坚持正确的舆论导向。紧紧围绕干部群众普遍关心的社会热点问题，做好舆论引导和宣传；加强舆论监督，加强互联网等新兴媒体管理，努力使宣传媒体成为传播先进文化、促进社会和谐的重要阵地。广泛开展和谐社区、和谐家庭、和谐单位等各类创建活动，完善社会志愿者服务体系，加强心理健康教育和服务咨询，塑造积极向上、理性平和的社会心态，形成人人促进和谐的局面。

4. 加强环境治理保护，促进人与自然和谐发展

正确处理人与自然的关系，实现人与自然和谐发展，是社会主义和谐社会的基本要求和基本内容，内蒙古作为祖国北方生态屏障，建设环境、保护环境的任务尤为突出。

（1）科学划定主体功能区，强化法制保障。按照国家的总体要求，科学制定主体功能区规划，根据自然资源环境承载能力、现有开发密度和发展潜力，以旗县为单位划分为重点开发区、限制开发区和禁止开发区三大功能区，并严格按照其主体功能执行。根据主体功能区规划，重点开发区要按照人口向城镇集中、工业向园区集中要求，加快布局调整，形成各具功能的开发区域。将农牧业生产的相对集中区域原则上划定为限制开发区，加快禁牧舍饲、围封转移、生态移民的步伐，恢复自然修复能力；将湿地、地质遗迹和各类自然保护区划定为禁止开发区，实行自然生态强制性保护，控制人为干扰。要加快出台自治区主体功能区规划，进一步强化环境保护的执法力度，努力使内蒙古环境保护工作步入依法治理的新阶段。

（2）加强生态环境保护，处理好发展与环境的关系。按照科学发展观的要求，统筹人与自然的和谐发展，正确处理好经济建设、人口增长与资源利用、环境保护的关系，推动整个社会走向生产发展、生活富裕、生态良好的文明发展道路。坚持计划生育、环境保护和资源保护的基本国策，把促进人与自然的和谐作为经济社会发展的重要内容，纳入依法治理的轨道，建立和完善生态保护制度，形成善待自然、保护自然的社会风尚。坚持经济社会发展与环境保护、生态建设相统一，既要讲经济效益，也要讲社会效益和生态效益，改变以牺牲环境、浪费资源为代价的粗放型增长方式，实现增长方式的根本转变。大力发展循环经济，倡导绿色消费，提高资源利用率，减少环境污染，走可持续发展之路。要抓住国家西部大开发重点进行生态建设的机遇，从自然规律出发，加强生态建设，搞好综合治理，坚决制止滥采滥挖和严重浪费资源的现象。积极推进退耕还林、退牧还草、天然林保护、风沙治理等工程，加快水资源开发、生态旅游业开发建设，培育壮大后续支柱产业，努力保护土地、恢复生态植被、构筑生态经济圈。要完善和落实资源开发的补偿制度。政府开展的环境保护工程若造成当地财政收入减少和群众经济利益损失，发达地区在内蒙古利用自然资源兴办资源型开发企业，都要向资源所在地和受到损失的当地群众给予合理的补偿。对群众保护、恢复、治理生态环境和维护、涵养草原、森林、水源等行为，政府应给予奖励。积极推动节约型社会建设。以政府节约、企业节约、建筑节约和社区节约为重点，促

进节能、节水、节地、节材，提高全民的节约意识，积极推动节约型社会建设。

（四）加强民主法制建设，从制度上保障社会和谐稳定发展

民主和法制是构建社会主义和谐社会的基石。坚持党的领导、民族区域自治制度、人民当家做主和依法治区的统一，推进社会主义民主政治，发展社会主义民主，实施依法治区，并完善相应的配套制度，这是实现内蒙古和谐稳定的根本前提和制度保证。从自治区实际出发，在今后一个时期内要突出抓好以下几个方面：

（1）全面贯彻落实民族区域自治法，构建平等、团结、互助、和谐的民族关系。构建和谐的民族关系是构建社会主义和谐社会的重要内容。没有和谐的民族关系，就没有和谐的内蒙古。构建和谐的民族关系，最根本的是全面贯彻落实民族区域自治法，加快出台实施民族区域自治法的单行条例，进一步加强社会保障、环境保护、公共服务和社会管理方面的地方立法，切实保障各民族政治、经济和文化的平等权利。认真总结和完善党的民族工作的经验，努力形成处理民族关系的有效机制，将协调民族关系的调整手段纳入法制化轨道。在依法协调民族关系中，要严格区分两类不同性质的矛盾以及民族问题与非民族问题，避免将非民族问题民族化、复杂化。同时，要全面贯彻党的宗教信仰自由政策和《宗教事务管理条例》，坚持保护合法、制止非法、抵御渗透、打击犯罪、确保宗教活动规范有序进行的原则，加强对宗教事务的管理，积极引导宗教与社会主义社会相适应。要加强少数民族对外交流活动，充分利用各种外交场合宣传我国内蒙古民族团结、睦邻友好、以邻为伴、和平发展的外交政策，制止民族主义、国家分裂主义和恐怖主义三股势力的冲击，坚决捍卫民族团结和国家统一，促进各民族的和谐相处和共同繁荣发展。

（2）加强基层民主制度建设，保障人民依法直接行使民主权利。基层民主是中国特色社会主义民主最广泛的实践，只有加强基层民主制度建设，保障人民依法直接行使民主权利，才能激发人民群众的政治热情，更好地调动一切积极性为构建和谐社会服务。加强基层民主制度建设，要从广大人民群众最关心的事情入手，以继续完善村民委员会、居民委员会和企业职工代表大会为主要内容，推行和规范政务、厂务、村务公开，扩大人民群众参与管理经济、文化和社会事业的渠道，依法保障和落实公民的知情权、参与权、表达权和监督权。要深入探索和总结村级事务契约化管理等有助于实现基层组织自我管理、自我教育、自我服务、自我发展的新形式，探索党内民主与人民民主互动发展、以党内民主带动人民民主的新途径，探索选举民主与程序民主有机结合、社会自治与国家民主有机结合的新路子，培育并形成一种以广泛参与为特征、以少数服从多数为原则、以权力制约为保障的民主治理机制。充分发挥社会主义基层民主政治的自治功能，为建设和谐稳定的内蒙古夯实牢固的基础。

（3）加强法制政府建设，全面推进依法行政。按照党的十七大精神和国务院《依法行政实施纲要》的要求，加快建设法治政府，全面推进依法行政。进一步深化行政管理体制改革，理顺政府与公民、市场和社会的关系，明确政府的职能定位，转变政府职能。按照行政许可法要求，进一步减少和规范行政许可事项。加快各级政府服务中心建设，减少办事环节，提高行政效能，方便群众办事。建立健全政府信息公开工作制度，大力发展电子政务，加快政府网站建设，实现政府部门间信息互通，资源共享。推行行政执法主体和行政执法人员资格制度，加强执法队伍建设，提高行政执法水平。认真贯彻行政复议法及其实施条例，充分发挥行政复议在依法解决行政争议、化解社会矛盾和加强层级监督方面的作用。

（4）严格掌握法律政策，妥善处理人民内部矛盾。当前人民内部矛盾表现得十分复杂，尤其是群体性事件，往往是参与者的合理诉求与不合法的表达手段交织在一起，一部分人的合法要求与另一部分人的无理取闹交织在一起，群众的自发行为与一些别有用心的人插手利用交织在一起，处理起来难度很大。为此，一定要把化解矛盾、维护稳定、构建和谐的工作建立在民主法制的基础上，重点要用民主的方法、说服教育的方法予以疏导和化解，坚决反对和防止用压服的办法、强迫命令的办法来处理人民内部矛盾，不能把非对抗性的矛盾当作对抗性矛盾来处理，决不容许轻易动用警力和使用警戒。同时，坚持依法办事，一方面积极引导群众通过法律途径解决矛盾和问题，另一方面对有些人民内部矛盾应敢于和善于依法管理、依法裁决。对那些蓄意制造事端的幕后策划者和组织者以及在群体事件中实施违法犯罪活动者，应区别对待，依法处理，维护正常的生产、生活和工作秩序，维护法律的尊严，维护党委、政府的形象。

（5）完善公共财政制度，加大对社会事业和公共服务领域投入。长期以来，内蒙古社会事业和公共服务领域发展的突出问题是投入不足，除了理念上的原因外，更重要的是缺乏必要的制度安排或约束。因此，加快内蒙古社会事业发展，必须重视相关的法律制度建设，推进公民的有效参与，申明公民的基本权利并完善保障这些权利的程序和规范，明确政府在社会事业中应尽的责任，规范政府的行政行为，努力把社会事业从道义行为、行政行为转变为法律行为，以确保社会事业发展所必需的资源投入。要调整公共财政的支出力度，把更多财政资金投向教育、卫生、就业、社会保障、生态环境、公共基础设施、社会治安等公共服务领域，尤其要注重向农村牧区倾斜。进一步完善财政转移支付制度，加强公共财政管理，保障公共服务供给制度的公平和效率。

（五）强化社会建设与管理，构建和谐稳定的长效机制

加强社会建设与管理，是保持社会稳定，构建和谐社会的必然要求。必须创新社会管理体制，健全社会组织，整合社会管理资源，统筹协调各方面的利益，完善应急管理机制，加强社会治安综合治理，提高社会管理水平。健全党委领导、政府负责、社会协同、公众参与的社会管理格局。

（1）创新社会管理体制，健全党委领导、政府实施、社会协同、公众参与的社会管理格局。在政府管理层面，要建立完善与市场经济体制相适应的新型管理体制，扮演好经济调节、市场监管、社会管理和公共服务的角色，不断提高政府管理水平，建设民主、公正、责任、善治、廉洁、透明的政府。在农村，要加强和谐村镇建设，加强群众自治组织建设，强化基层组织的服务功能，着力发挥基层组织协调利益、化解矛盾、建设新农村新牧区的作用。在社区管理上，建设管理有序、服务完善、文明祥和的新型社区，加快社区体育、卫生、文化、教育等公益设施建设，开展各种有益活动，提高社区组织服务居民生活质量的水平，增强社区居民的认同感和归属感，在密切党和政府同人民群众的关系上发挥桥梁作用。对社会组织，要坚持培育发展和管理监督并重原则，完善培育扶持和依法管理的政策，引导社会组织健康发展，充分发挥各类社会组织提供服务、反映诉求、规范行为的作用，形成对全社会进行有效覆盖和全面管理的体系。

（2）健全社会管理机制。要适应内蒙古社会结构和利益格局的发展变化，完善合理有效的利益协调机制、诉求表达机制、矛盾调处机制、权益保障机制，正确把握最广大人民的根本利益、现阶段群众的共同利益和不同群体的特殊利益关系。在利益协调机制上，应注重运用法律法规的形式来调整人们之间的利益关系，统筹兼顾各方面群众的利益；在利益诉求表达机制上，要形成多样化、多层次、多领域的机制，建设通畅有效的利益表达渠道；在矛盾调处机制上，健全社会舆情汇集和分析机制，完善矛盾纠纷排查调处工作制度，建立党和政府主导的维护群众权益机制。

（3）完善社会安全防范体系。要建立城乡安全和群众生命安全、群众生

活安全、城市应急管理等安全管理体系，保障社会的稳定、人民生活的安定有序。要树立包括经济安全、政治安全、文化安全、信息安全、环境安全、社会安全等在内的综合性"大安全"观念，在应急管理上，建立健全分类管理、分级负责、条块结合、属地为主的应急管理体制，建立健全反映社会运行状况的监测体系及危机预警系统，重构危机系统和社会信息的采集、整理和披露体系，完善应急管理法律法规，实现社会预警、社会动员、快速反应、应急处置的整体联动。

（4）强化预警和排查的基础工作。要大力加强有针对性的情报信息收集工作，及时掌握社情民意和治安动态，努力做到早发现、早报告、早控制、早解决。进一步完善排查工作机制，实现矛盾纠纷排查化解、治安问题和安全隐患排查整治的经常化、规范化和制度化。要不断完善各级责任制，对排查出的矛盾纠纷、信访苗头、治安问题和安全隐患，要明确措施、明确责任、明确人员，限期解决问题，有些要挂牌督办，重要问题要实行领导责任制，通过签订责任书，加强目标管理和考核，加大治安责任追究和奖惩力度。在化解矛盾、纠纷过程中，要坚持依法、依政策办事，注重做耐心细致的疏导工作；着力健全各级人民调解委员会的组织架构，全面加强基层调解组织和调解工作的规范化建设。探索建立和完善联动、多位一体的调解长效工作机制，即注重多种调解手段、调解力量的相互衔接配合，在条件具备时，构建人民调解、行政调解、司法调解紧密结合和多种方法、多种力量联调联动的大调解工作格局。

（5）坚持"打防结合、预防为主，专群结合、依靠群众"的方针，进一步落实社会治安综合治理各项措施。要构建以旗县（市区）为单位，人防、物防、技防相结合的治安防控体系，提高动态环境下预防和控制违法犯罪的能力。大力推进警务进村（嘎查）、进社区，构建以公安民警为骨干、专职治安巡防队和保安人员为主要力量，其他群防群治队伍为补充的巡逻防控格局。今后一段时期内，为克服内蒙古警力不足的问题，尤应大力加强保安队伍建设。深入开展基层平安创建活动，深化平安乡村、平安社区、平安校园、平安市场、平安企业等系列创建活动，不断拓展创建领域，提高创建实效，营造全社会共创平安、共享平安的浓厚氛围和工作局面。

（6）强化对重点人群的治安管理和服务。重点加强对流动人口中高危人群的管理控制，对刑释解教人员的帮教安置工作，有针对性地采取和强化对社区矫正人员、吸毒人员、"法轮功"人员等重点人群的管控措施；同时，要切实关心未成年人的成长，提高对社区闲散青少年、服刑在教人员的未成年子女、流浪儿童、农村留守儿童等青少年群体的教育、服务、救助和管理水平。

(7) 坚持严打方针,深入开展严打整治斗争。要始终保持对犯罪分子严打的高压态势,突出重点和时效性。要针对严重影响人民群众安全感、社会反映强烈的突出的治安问题,因地制宜地组织开展专项打击行动,加大对严重暴力犯罪、多发性侵财犯罪和职业性犯罪团伙等的打击力度;加大对新形势下的智能犯罪和跨国、跨境犯罪以及境内外黑社会组织的渗透活动的研究、防范和打击;严厉打击各种敌对势力的渗透颠覆活动和民族分裂势力、宗教极端势力和暴力恐怖势力的分裂破坏活动,确保国家安全和边疆社会稳定。

后　记

　　进入 21 世纪以来，内蒙古经济社会得到了快速发展，取得了全面建设小康社会的重大阶段性成果。面向未来，内蒙古的发展已经站在一个新的历史起点上。从 2010 年起到 2020 年，是内蒙古全面建设小康社会的关键时期，"十二五"时期更是全面建设小康社会的攻坚阶段。立足新起点，认识新环境，把握新趋势，形成在新时期进一步推进科学发展的新思路，对内蒙古经济社会的又好又快发展具有重大的战略意义。

　　为此，内蒙古自治区发展研究中心组织相关专家，利用一年的时间开展了内蒙古"十二五"时期及到 2020 年中长期发展战略的研究工作，针对经济社会发展的总体战略和重大领域进行系统研究，希望能够为内蒙古"十二五"时期经济和社会发展提供有益借鉴，为自治区编制好"十二五"规划提供有价值的参考。

　　本课题共包括一个总报告和十一个分报告。杭栓柱提出了研究的总体思路。总报告由朱晓俊、张永军撰写；分报告一由于海宇撰写；分报告二由张晶、闫瑞芳撰写；分报告三由安士玲、赵杰撰写；分报告四由黄占兵撰写；分报告五由祖刚撰写；分报告六由张永军撰写；分报告七由段连教、刘佩兵撰写；分报告八由李丽撰写；分报告九由卢剑撰写；分报告十由于光军撰写；分报告十一由蔡长青、双宝、常文清撰写。李靖靖、司咏梅、李文杰参与了部分内容的修改。杭栓柱、朱晓俊、张永军、卢剑对研究报告进行了统稿。在此，对所有关心支持帮助本课题研究的领导、专家及相关单位表示衷心的感谢。

　　需要指出的是，由于时间紧迫，又处在国内外经济形势变化较大的时期，对发展趋势的判断难度较大，加之认识水平有限，该报告肯定存在许多缺陷和不足。敬请社会各界批评指正。

内蒙古"十二五"发展战略研究课题组

2009 年 11 月于呼和浩特